臺灣歷史與文化 研究 輯刊

二四編

第 7 冊

臺灣內渡作家研究

李詮林 著

花木蘭文化事業有限公司

國家圖書館出版品預行編目資料

臺灣內渡作家研究／李詮林 著 -- 初版 -- 新北市：花木蘭文化事業有限公司，2023〔民112〕

目 2+260 面；19×26 公分

（臺灣歷史與文化研究輯刊二四編；第 7 冊）

ISBN 978-626-344-364-8（精裝）

1.CST：臺灣文學 2.CST：作家 3.CST：文學評論

733.08   112010200

ISBN-978-626-344-364-8

臺灣歷史與文化研究輯刊
二四編 第 七 冊   ISBN：978-626-344-364-8

臺灣內渡作家研究

作   者 李詮林
總 編 輯 杜潔祥
副總編輯 楊嘉樂
編輯主任 許郁翎
編   輯 張雅淋、潘玟靜　美術編輯　陳逸婷
出   版 花木蘭文化事業有限公司
發 行 人 高小娟
聯絡地址 235 新北市中和區中安街七二號十三樓
　　　　 電話：02-2923-1455／傳真：02-2923-1452
網   址 http://www.huamulan.tw 信箱 service@huamulans.com
印   刷 普羅文化出版廣告事業
初   版 2023 年 9 月
定   價 二四編 9 冊（精裝）新台幣 26,000 元　　版權所有‧請勿翻印

臺灣內渡作家研究

李詮林　著

作者簡介

李詮林，文學博士，福建師範大學文學院教授、博士生導師。美國麻省理工學院（MIT）訪問教授，福建省第八屆社會科學界聯合會委員，福建省臺港澳暨海外華文文學研究會副會長兼秘書長，《世界華文文學》叢刊總編輯，中國世界華文文學學會青年學術工作委員會主任委員。曾主持並完成國家社科基金項目《美國漢學家的臺灣文學研究（1970～2012）》1項，目前正在主持國家社科基金項目《臺灣內渡作家的文脈傳承系譜研究》1項；出版《臺灣現代文學史稿》《美國漢學家的臺灣文學研究》《漂泊的漢學：世界華文、華人文學學科論》等學術專著4部、編著《臺灣古籍叢編‧偷閒錄》（曾獲中華優秀出版物獎）等6部；發表相關論文百餘篇。

提　　要

　　臺灣內渡作家是一個龐大的作家群體，其中不乏人們耳熟能詳的著名作家，如丘逢甲、許地山等，目前又湧現出了一大批隨著兩岸文化交流的日益頻繁而回大陸參加文學活動並開展文學創作的作家。這個群體中既有新文學作家，也有從事舊體詩文創作的傳統文人，顯示出多元化的書寫身份與寫作題材。不可忽視的是，這些臺灣內渡作家在島外創作的文學作品又在不同時期傳播回了臺灣，這種「歸岸文學」對臺灣島內留守作家的創作產生了舉足輕重的影響，對中華傳統文化在臺灣的薪傳、對臺灣文學吸取其他地區進步文化而發展自身，起到了重要作用。經歷日據時期、戰後初期以至當今的不同歷史階段，「臺灣內渡作家」的內涵顯然已呈現了多種形式的擴容。在上述不同歷史階段，以及乙未割臺之前，許多臺灣作家有著不同原因的「內渡」之舉，因此，需要重新給予定義。當然，這些動機各異的「臺灣內渡作家」又都是本質意義相同的中華文脈中的支流，自覺或不自覺地承擔著中華文脈傳承的重任。可以說，臺灣內渡作家是一個有待於系統研究的歷時性的文化群體，並不只侷限於因乙未之變而內渡的作家，時間跨度上從明末清初一直延續至今天的當代文學階段，需要以兩岸整體觀的視野梳理其文脈傳承系譜，彰顯其文化影響。

前　言

　　本書是國家社科基金項目《臺灣內渡作家的文脈傳承系譜研究》（立項編號：21BZW035）系列成果中的一部分。其中部分章節是福建省社科規劃項目《臺灣內渡作家研究》（項目批准號：FJ2019B056）的最終成果，曾以《臺灣內渡作家研究》為題結集，作為結項成果接受福建省社科規劃辦評鑒，並有幸忝列「免於鑒定」（相當於高於「優秀」之「特優」等級）結題名單。

　　福建省社科規劃項目《臺灣內渡作家研究》（項目批准號：FJ2019B056）的最終成果《臺灣內渡作家研究》（其中的大部分論文已經發表）的研究對象是臺灣作家「內渡祖國大陸」寫作現象。臺灣內渡作家，是一個龐大的作家群體，其中不乏人們耳熟能詳的著名作家，如丘逢甲、許地山等，目前又湧現出了一大批隨著兩岸文化交流的日益頻繁而回大陸參加文學活動並開展文學創作的作家。這個群體中既有新文學作家，也有從事舊體詩文創作的傳統文人，顯示出多元化的書寫身份與寫作題材。

　　有關臺灣「內渡大陸」寫作，目前國內外學者主要進行的是作家作品的個案研究，如對丘逢甲、鍾理和、張我軍的研究等，但是鮮有將其作為具有共性的群體進行系統研究者。本課題（《臺灣內渡作家研究》）在國內外屬首次系統地整理研究由臺灣內渡到大陸的臺灣作家的寫作情況，並力圖首次構建一個「臺灣內渡文學史」，意圖以史的構架還原歷史現場、謳歌這些作家的回歸原鄉的愛國情懷，在翔實的史料考證的基礎上，從文化人類學的視角對這一作家群及其作品作首次系統的論析。本書力爭在作者和其他學者的既有的個案研究成果的基礎上，繼往開來，開展一個文學流派、文學思潮性質的研究，在繼承的基礎上有所創新和收穫。

　　由於歷史原因，長久以來，中國內地的讀者對於臺灣文學感覺比較陌生。這種局面雖自上世紀改革開放後內地學者展開對於臺灣文學的研究而有所改觀，但目前兩岸學界和民眾仍存在著將兩岸文學割裂開來閱讀、欣賞與研究的慣性意識（也可以說是長時期養成的一種「集體無意識」）。實際上，兩岸的文學從來沒有隔絕過，只不過有時阻礙比較大、交流比較困難，而有時阻礙比較小、交流比較暢通。本書即嘗試用歷時性與共時性結合的方法，從「內渡大陸書寫」這一特定主題和特定創作群體的切入點出發，對明清以來臺灣海峽兩岸的文學做一個整合性的研究。如就陳若曦的內渡寫作而言，1972 年，臺灣作家陳若曦反映文革題材的小說《尹縣長》是她回到大陸在華東水利學院（今河海大學）工作數年後根據自己親身聽聞的故事寫作的，如果僅從時間來說，小說《尹縣長》是中國第一篇書寫文革題材的「傷痕小說」，顯然，可以把陳若曦的此類文學創作與中國當代文學史中傳統意義上的「傷痕小說」、「反思小說」做整體性的研究和解讀。當然，本課題研究仍然將重心放在「臺灣內渡作家」出生於臺灣或曾生活於臺灣的臺灣背景身份，意圖以史的構架還原歷史現場、謳歌這些臺灣內渡作家的愛國情懷，從審美人類學的視角對這一作家群的作家作品作首次系統的論評和分析。

　　本課題研究（「臺灣內渡作家研究」）主要包括四個部分的內容，首先是梳理臺灣內渡寫作的歷史流脈，評介各階段的臺灣內渡作家寫作的藝術傳承及其影響，勾勒出臺灣內渡作家寫作的基本面貌，其次是辨析這些臺灣內渡作家所接受的大陸文學營養，闡述他們與中華傳統文化和大陸主流文學流派、文學思潮之間的淵源，第三是考察臺灣內渡作家給大陸文壇帶來的新鮮的海外文藝血液及其影響，第四是探析臺灣內渡作家對臺灣文學的影響，如擊鉢吟詩的臺灣內渡詩人對同光體、擊壤派等文學技藝的繼承，許地山、琦君、聶華苓等的新文學對於臺灣當代文學的發展的影響等。

　　本著的研究重點是有關臺灣內渡作家的在大陸地區的活動軌跡、文學創作與社會貢獻的梳理，以及這些臺灣內渡作家對於臺灣文學發展的反哺和對於整個中國現代文學發展的影響。對各種數據和資料的搜尋與確證以及對於臺灣內渡作家藝術傳承流脈的理論辨析是本課題研究的主要難點。本著的主要目標是辨析、梳理出臺灣內渡作家的各種文學關聯，如各個臺灣內渡作家之間的關聯（如許南英與許地山的關聯）、臺灣內渡作家與中國其他地區作家之間的關聯（如許地山與陳寅恪的關聯）、臺灣內渡作家與臺灣島內在地寫作的

作家之間的關聯（如李望洋與蔣渭水的關聯）等，構建一個基於知識考古學和文學系譜學的臺灣內渡寫作文學系譜。

　　根據上述主要內容，本著從文學研究、審美批評出發，並以「以詩證史、文史互證」的視角研究臺灣內渡作家的文學創作，適當地吸取了西方理論中有關「流散」、「離散」美學的合理內核，結合臺灣的特殊歷史境遇，結合兩岸「五緣」、「六親」關係，構建了一個適合於研究臺灣「內渡寫作」這一社會現象的方法論系統。通過細緻的史料耙梳整理、紮實的理論論證分析，課題成果有效證明了如下命題：臺灣民眾和大部分作家心向祖國大陸，臺灣文化之根在大陸，臺灣文學之源在大陸，臺灣文化的光明前途乃是回歸祖國、在兩岸和平統一。

　　本書的研究方法是以文獻考證和審美分析為主，同時運用了「文化記憶」理論和身份認同理論、歷史學、文化人類學、藝術學、譜系學、知識考古學、文學場域理論等多種社會科學方法介入文學研究。課題的研究重點是尋找「臺灣內渡作家」的審美基因的淵源，從「臺灣內渡作家」與大陸作家看似各自不同的創作風格和寫作歷程中披瀝出其中的交叉點、彼此影響的結合點及其內在的規律性的文化基因，又從為人所忽視的「臺灣內渡作家」（如與其他文學研究會作家融合無間、毫無疏離的現代作家許地山）的臺灣元素著手找出「臺灣內渡作家」與其同時代大陸作家的風格差異。而論著的研究對象，不只限於文學文本，而是對有關的作家創作心理、文學思潮、文學流派、師承譜系等也進行了深入挖掘和窮力探求，但其側重點還在於從有代表性的「內渡書寫」現象（如曾維楨、陳維英、李望洋、許南英、汪春源、蕭逢源、鍾理和、許地山、汪受田等的創作）來觀察整個的「內渡祖國大陸寫作」作家群體，探討臺灣「內渡祖國大陸寫作」作家群的規律性創作風格及其共同或相似的創作傾向、審美趣味，追尋構建一個新的文學流派的可能性。課題成果的研究範圍，設定為臺灣籍作家在大陸的寫作、臺灣內渡作家回歸臺灣後的寫作，其中，臺灣籍作家在祖國內地的寫作被作為本論著的重點研究內容。具體而言，本課題的主要內容和重要觀點如下：

　　如上文所述，在臺灣日據時期和戰後，有許多臺灣作家以求學、移居等多元化的原因內渡祖國大陸生活，這些現當代文學階段的臺灣內渡作家的文學活動是本書研究的主要內容。而在日據時期之前古代和近代的臺灣，沈光文枺遊臺灣開臺灣文風之後，從 1738 年中舉的臺南文人陳輝始，臺灣逐漸湧現

出眾多通過科舉走上仕宦道路或者為人幕僚者，其中便有許多因為清代「異地為官」的職官制度而渡海至大陸謀職者。這些宦幕大陸文人在宦幕期間寫作了一定數量的詩文，但大多分散零落，目前尚未有系統對其進行整理研究者。本課題成果也首次對此一創作群體及其詩文作了初步的較為系統的鉤沉、考證和論述，研究這一群體的目的，在於耙梳二十世紀中國文學史中的臺灣內渡作家文藝傳承的肇始基因和始終未曾斷絕的繼往開來的中華文學發展譜系。

不可忽視的是，上述臺灣內渡作家在島外創作的文學作品又在不同時期傳播回了臺灣，這種「歸岸文學」對臺灣島內留守作家的創作產生了舉足輕重的影響，對中華傳統文化在臺灣的薪傳、對臺灣文學吸取其他地區進步文化而發展自身，起到了重要作用。本書即擬對這些因諸多不同原因而內渡祖國大陸寫作的臺灣作家流播回臺灣的作品進行系統整理和論述。同時，以大陸原鄉作為發抒愛國情懷的對象或媒介的臺灣作家數量頗豐，這也是臺灣內渡大陸寫作現象的形成背景和起因之一。本書認為，臺灣內渡作家的原鄉書寫反映了他們心靈深處的原鄉文化積澱，這種「文化回歸」修辭對於研究臺灣作家的創作心理動機提供了反省與借鑑的範例。

與傳統的將 1895 年乙未割臺前後由臺灣移居祖國大陸定居的作家定義為「臺灣內渡作家」相比，本課題最終研究成果認為，經歷日據時期、戰後初期以至當今的不同歷史階段，「臺灣內渡作家」的內涵顯然已呈現了多種形式的擴容。在上述不同歷史階段，以及乙未割臺之前，許多臺灣作家有著不同原因的「內渡」之舉，因此，需要重新給予定義。當然，這些動機各異的「臺灣內渡作家」又都是本質意義相同的中華文脈中的支流，自覺或不自覺地承擔著中華文脈傳承的重任。可以說，臺灣內渡作家是一個有待於系統研究的歷時性的文化群體，並不只侷限於因乙未之變而內渡的作家，時間跨度上從明末清初一直延續至今天的當代文學階段，需要以兩岸整體觀的視野梳理其文脈傳承系譜，彰顯其文化影響。

回顧課題研究的全過程，如果說本課題在學術思想、學術觀點、研究方法等方面有一些特色和創新，那便是，一是進行了艱苦的文獻整理，挖掘出許多新的史料；二是細緻考察了臺灣內渡作家的文脈傳承系譜，探究其在海峽兩岸的影響，尤其是對於臺灣島內的影響；三是進行了文本分析和審美批評，進行了理論探討，嘗試以新的視角觀察舊有的文獻資料；四是構建了一個臺灣內

渡文學發展史的初步輪廓；五是對傳統的「臺灣內渡」這一概念的內容進行了補充與擴容，提出了新的「臺灣內渡作家」內涵，即從明清至當代、當下的由臺灣赴大陸地區寫作的作家均為臺灣內渡作家。除了進行課題的基礎研究工作、在學術刊物公開發表了多篇本課題的幾篇研究成果以外，課題負責人還帶領課題組成員在本課題的基礎上開展了科普工作，舉辦了幾場公益講座，參加多次國際學術研討會，產生了很好的社會效益，對促進兩岸融合發展做出了貢獻，海峽兩岸的多位著名學者均表示本課題具有獨到的學術價值和應用價值。

目

次

緒　論

　　臺灣內渡作家，即祖籍臺灣，而從臺灣渡海來到祖國內地學習、工作、生活的臺灣作家。提到臺灣內渡作家，其中一些優秀作家及其創作已為人所熟知，如丘逢甲、連橫、汪春源、許地山、張我軍、吳濁流、張深切、劉吶鷗、鍾理和、林海音等。除此之外，另有一些鮮為人知的臺灣內渡作家，如明清時期的盧若騰、曾維禎、李清琦、黃宗鼎、葉題雁、李望洋等；臺灣日據時期的許南英、施士潔、汪受田、謝介石、王香禪、王石鵬、石中英、曾振仲（曾維禎孫）、周定山、李友邦、宋斐如、林惠祥、何非光、林菽莊（林爾嘉，菽莊吟社）、賴和、賴賢穎、洪炎秋、雞籠生、王白淵、謝春木等；臺灣光復後的陳若曦、席慕蓉、陳彼得、蔡志忠、謝雨辰等，他們的文學創作都有其各自的藝術風格、歷史意義和美學價值，近年來日益得到海內外學術界的關注和重視。臺灣內渡作家的文學活動及其藝術傳承是研究兩岸文學交流和兩岸文化融合的重要切入點，考察臺灣內渡作家群體的創作情況，既有文學方面的審美和文學史價值，就新時代兩岸關係的和平發展和中華民族的偉大復興而言，又有著重要的國家戰略意義。對於臺灣內渡作家群體的系統分析與探討，目前在國內還較少見，在國際學術界也只侷限於對其中某個作家的個案分析，因此本課題研究居於臺灣文學研究的學科前沿，具有自身獨到的創新性學術價值，有著廣闊的學術拓展空間。

一、研究緣起及該領域的國內外研究現狀

　　有關臺灣內渡作家的創作情況，目前海內外的研究主要表現為對單個作家及其作品的研究，尚無人將臺灣內渡作家作為一個創作群體乃至一個文學

流派進行研究。數十年來，兩岸的中國近代和現當代文學史專著（含臺灣文學史專著）、海外的臺灣文學研究專著（如美國德克薩斯大學教授張誦聖等主編的《臺灣文學史料彙編》）及國內一些報刊的幾篇文章介紹了丘逢甲、許地山、連橫、張我軍、鍾理和等作家的突出成就，但大多表現為兩岸文學「各自為戰」的疏離局面，或者未能顯示臺灣作家內渡後在大陸的創作與臺灣的關聯，或者未能將其含納在「兩岸文學為一個整體」的框架之下，而且篇幅較短小、內容較單薄。最近剛出版的幾部臺灣文學研究專著，其中雖有一些關於某個臺灣內渡作家與兩岸文學關係的論述，但往往側重於介紹臺灣內渡作家個人在大陸的創作，或者臺灣內渡作家與魯迅等同時代作家的交往，對其內在的藝術傳承機理鮮有揭示。另外，針對在中國現代文學史上具有重要地位的作家，如許地山等，在現有的中國現代文學論著中一般未能凸顯其做為在臺灣出生而後內渡大陸定居生活的臺灣作家身份，未能探析和挖掘這些作家的臺灣區域特性和藝術風格。

在針對臺灣內渡作家的專門研究方面，大陸學者汪毅夫的相關研究較為突出。他的《臺灣近代詩人在福建》（1998年）雖然沒有突出「臺灣內渡作家」的特殊身份及其群體性藝術特徵，而且只論述了由臺灣內渡到福建的近代詩人，但是他已注意到了這些作家的區域性共性特點，顯示了獨到的眼光和前沿的學術敏銳，實為難能可貴。此外，汪毅夫的《臺灣近代文學叢稿》（1990年）中也有關於丘逢甲、汪春源等臺灣內渡作家的論述。針對丘逢甲的研究相對其他內渡作家的研究而言要早，中國大陸最早研究丘逢甲的論述主要表現為中國古代文學史中的近代文學部分，以及中國近代文學史中的相關章節。邱鑄昌的論文《血淚的詩篇 抗敵的鼓角——讀愛國詩人丘逢甲的詩》（1979年）是中國大陸在1949年之後第一篇公開發表的專門討論丘逢甲的論文，該論文指出丘逢甲「是我國清朝末年臺灣省籍的愛國詩人」。之後，專門研究丘逢甲的論著逐漸增多，筆者現可看到的已有253篇學術論文。趙沛霖的論文《丘逢甲與許南英》（1988年）是第一篇注意到丘逢甲與許南英的互動交流關係的論文。邱鑄昌的論文《黃遵憲與丘逢甲的友誼》（1983年）則評述了近代著名詩人黃遵憲與丘逢甲的交往，指出了這是「兩位同操客家方言的愛國詩人」。包恒新、黃拔光、莊義仁的論文《臺灣愛國詩人許南英及其創作》（1982年）是中國大陸學者第一篇專門評介許南英，並注意到許南英內渡大陸寫作這一獨特現象的論文。彭妙豔的論文《臺灣愛國詩人許南英在廣東》（1987年）則最

早專門深入地論述了許南英內渡大陸後在廣東的行跡。汪毅夫的論文《臺灣內渡文人與清末民初社會變遷和社會問題——以臺灣進士許南英、丘逢甲和汪春源為例》（2006 年）主要從歷史學和社會學的角度探討臺灣內渡文人所面對的社會問題。此後，郭權的博士論文《臺灣內渡士紳施士潔研究》（2013 年）深入研究了臺灣日據時期的內渡作家施士潔，該文試圖通過施士潔這一代表來分析整個的臺灣內渡士紳群體。孟建煌的《論離臺內渡臺灣進士施士潔與日本文人》（2010 年）則分析了施士潔與日本文人的交遊，討論了施士潔生活的一個側面。孟建煌的另一篇論文《論離臺內渡進士施士潔與臺灣文壇的互動》（2009 年）則認為「1895 年割臺後，施士潔離臺內渡，在臺的交遊仍很熱絡。徵詩是施士潔與臺灣文壇互動的平臺；寫序文、寫啟示、寫碑記及應酬之作是施士潔與臺灣文壇互動的橋樑。從中可看出施士潔在文壇一字千金，廣為各界所珍愛；從施士潔與臺灣文友的互動中，凸顯施士潔在臺灣文壇的領袖地位」，指出了臺灣內渡作家施士潔雖然已經離開臺灣到祖國大陸定居，但他在臺灣文壇仍有著巨大的影響力，孟建煌的這一結論也可以看成是對本課題的研究價值的一個有力支撐。孟建煌的博士論文《施士潔評傳》（2009 年）還以「傳中有評」的形式「通過對施士潔的研究，探索這一代知識分子帶有規律性的心路歷程。」關於臺灣日據時期文學的研究，鮮有將其置於傳統的「淪陷區文學」板塊中的論著，陶德宗的論文《淪陷區文學地圖的重繪與「兩岸三地」淪陷區文學之比較》（2005 年）在此方面是一個突破，他認為「在抗戰文學研究中，那種僅以『七七』事變後的大陸時空而繪製的淪陷區文學地圖是殘缺的。自 19 世紀末開始，日本帝國主義不斷的侵華戰爭，在中國的『兩岸三地』先後形成了一片又一片淪陷區。所謂淪陷區文學，除『七七』事變後的大陸淪陷區文學外，還應包括『九一八』事變後的東北文學，日殖統治下的香港文學和整個日據時期的臺灣文學在內」。因此該論文「從比較視角對『兩岸三地』淪陷區文學進行打量」，但因著重點在淪陷區文學的整體論述，論文中沒有詳細論述臺灣內渡作家的創作。

二、結構框架及思路

　　相對於上述學者們的研究，本書突出強調臺灣內渡作家的群體性，也不諱言其中每個作家的鮮明獨特的個人風格，同時也強調臺灣內渡作家的臺灣身份，尤其著重研究其在整體的二十世紀中國文學中所起到的獨特作用，研究

他們的學術譜系、創作技巧譜系、藝術風格譜系，看其如何傳承中國優秀傳統文化，如何輾轉進行中西文化交流，如何受到大陸新思想、新文化的影響並將此影響輻射回臺灣，看其如何將源自臺灣的優秀文化因素引至祖國大陸（當然，其中也可能會有一些文化糟粕經由其中少數作家傳染至大陸，這也是需要本課題認真甄別和批評、激濁揚清、客觀評判的）。如丘逢甲、連橫等傳統詩人是如何懷抱愛國主義思想在大陸與主流詩人唱酬交往，並在與南社詩人的交往中接受民主共和與革命思想的，張我軍是如何接受五四新文學思想的影響並調和其已在臺灣所接受的私塾傳統文學教育的，劉吶鷗是如何將自身的臺灣文化因素、在日本留學時接受的日本教育、在上海震旦大學接受的法國文學教育涵化出獨具特色的新感覺派小說的，鍾理和是如何在臺灣、偽滿洲國、北平三個淪陷區生活創作卻能夠堅持自身的民族認同的，目睹「城南舊事」的林海音幼時生活於北平時所接受的教育如何使其在戰後回到臺灣時成為「臺灣文學的祖母」的，陳若曦的《尹縣長》與傳統意義上的中國當代文學史上的文革文學、「地下寫作」和「傷痕文學」有何關聯等等。

在二十世紀中國文學的框架下和兩岸文學整體觀的視野裏觀察、解讀臺灣內渡作家的文學創作，梳理其與中國大陸五四新文學運動以來的現當代作家和各種文學思潮和文學流派的精神關聯、藝術風格影響流脈，釐清其中的譜系，並進一步挖掘其流播回臺灣文壇之後，對臺灣文壇，尤其是臺灣本土成長起來的作家們的影響，可以為臺灣文學研究乃至中國現當代文學研究領域提供一種「兩岸隔而不斷」、「互相影響」、「融匯互通」的變式思維方式和嶄新視角，並由此探索思考殖民現代性與中華民族文藝形式問題、整體性的中國現當代文學史如何撰寫的問題等。就目前的情況來看，當下，對內渡臺灣作家在祖國大陸的創作，對於這些內渡作家的創作方法、創作風格、美學理念等的源頭及其創作流播到臺灣之後對於臺灣文壇的影響，相關的研究還較為薄弱。因此，本課題有著獨特的理論意義、重要的學術價值和廣闊的拓展空間，而對於臺灣內渡作家這些兩岸文化交流的先驅者事功的研究整理，也有助於促進當前的兩岸文化交流和文化融合，增強臺灣民眾心向祖國大陸的凝聚力，有著較大的現實社會應用價值。

根據上述主要內容，本書從文學研究、審美批評出發，並以「以詩證史、文史互證」的視角研究臺灣內渡作家的文學創作。本課題研究適當地吸取西方理論中有關「流散」、「離散」美學的合理內核，結合臺灣的特殊歷史境遇，

結合兩岸「五緣」、「六親」關係，構建了一個適合於研究臺灣「內渡寫作」這一社會現象的方法論系統。通過細緻的史料耙梳整理、紮實的理論論證分析，有效證明如下命題：臺灣民眾和大部分作家心向祖國大陸，臺灣文化之根在大陸，臺灣文學之源在大陸，臺灣文化的光明前途乃是回歸祖國、在兩岸和平統一。

三、研究方法、創新點及預期目標

　　本書的研究方法是以文獻考證和審美分析為主，同時運用了「文化記憶」理論和身份認同理論、歷史學、文化人類學、藝術學、譜系學、知識考古學、文學場域理論等多種社會科學方法介入文學研究。課題研究的研究重點是尋找「臺灣內渡作家」的審美基因的淵源，從「臺灣內渡作家」與大陸作家看似各自不同的創作風格和寫作歷程中披瀝出其中的交叉點、彼此影響的結合點及其內在的規律性的文化基因，又從為人所忽視的「臺灣內渡作家」（如與其他文學研究會作家融合無間、毫無疏離的現代作家許地山）的臺灣元素著手找出「臺灣內渡作家」與其同時代大陸作家的風格差異。而論著的研究對象，不只限於文學文本，而是對有關的作家創作心理、文學思潮、文學流派、師承譜系等也進行了深入挖掘和窮力探求，但其側重點還在於從有代表性的「內渡書寫」現象（如鍾理和、許地山、劉吶鷗等的創作）來觀察整個的「內渡祖國大陸寫作」作家群體，探討臺灣「內渡祖國大陸寫作」作家群的規律性創作風格及其共同或相似的創作傾向、審美趣味，追尋構建一個新的文學流派的可能性。論著的研究範圍，設定為臺灣籍作家在大陸的寫作、臺灣內渡作家回歸臺灣後的寫作，其中，臺灣籍作家在祖國內地的寫作被作為本論著的重點研究內容。具體而言，本課題的研究內容如下：

　　如上文所述，在臺灣日據時期和戰後，有許多臺灣作家以求學、移居等多元化的原因內渡祖國大陸生活，這些現當代文學階段的臺灣內渡作家的文學活動是本課題研究的主要內容。而在日據時期之前古代和近代的臺灣，沈光文桴遊臺灣開臺灣文風之後，從 1738 年中舉的臺南文人陳輝始，臺灣逐漸湧現出眾多在臺灣島內出生、成長並接受教育，然後通過科舉走上仕宦道路或者為人幕僚者，其中便有許多因為清代「異地為官」的職官制度而渡海至大陸謀職者。這些宦幕大陸文人在宦幕期間寫作了一定數量的詩文，但大多分散零落，目前尚未有系統對其進行整理研究者。本論著也首次對此一創作群體及

其詩文作了初步的較為系統的鉤沉、考證和論述，研究這一群體的目的，在於耙梳二十世紀中國文學史中的臺灣內渡作家文藝傳承的肇始基因和始終未曾斷絕的繼往開來的中華文學發展譜系。

不可忽視的是，上述臺灣內渡作家在島外創作的文學作品又在不同時期傳播回了臺灣，這種「歸岸文學」對臺灣島內留守作家的創作產生了舉足輕重的影響，對中華傳統文化在臺灣的薪傳、對臺灣文學吸取其他地區進步文化而發展自身，起到了重要作用。本書即擬對這些因諸多不同原因而內渡祖國大陸寫作的臺灣作家流播回臺灣的作品進行系統整理和論述。以大陸原鄉作為發抒愛國情懷的對象或媒介的臺灣作家數量頗豐，這也是臺灣內渡大陸寫作現象的形成背景和起因之一。本書作者經過研究認為，臺灣內渡作家的原鄉書寫反映了他們心靈深處的原鄉文化積澱，這種「文化回歸」修辭對於研究臺灣作家的創作心理動機提供了反省與借鑒的範例。

如果說本書有何創新之處的話，那就是在於首次把「臺灣內渡作家研究」構建成一個文學流派史的脈絡，擇取具有代表性的臺灣內渡作家及文本與同時期的其他大陸作家展開橫向比較研究，同時兼顧縱向的文藝傳承譜系梳理，力求呈現臺灣內渡作家文學書寫的重要本質風格特徵及其文化譜系，以期作為以大陸現代文學為中心的中國現當代文學研究的借鏡。

本課題研究堅持史學考證與援引文學理論的美學分析二者兼重而不偏廢的學術思想。作者認為，二十世紀中國文學研究應該在海峽兩岸文學整體觀的框架下進行，但是也不能忽視臺灣作家創作的獨特性。進行臺灣內渡作家的研究，可以打通中國古代文學、近代文學與現當代文學的人為時限阻隔，追溯藝術傳承淵源，同時打通傳統中國文學史研究中大陸文學研究、臺港文學研究「條塊分割、各自為戰」的「學術鴻溝」，既強調兩岸文學整體性，同時也講清大陸作家和臺灣內渡作家的風格差異和各自的區域性美學特徵。本書的主要學術觀點是臺灣內渡作家將鮮明的臺灣地區的風俗特質、美學風格帶到了大陸文壇，與整個的中國文學融合互生。臺灣內渡作家還成為西方文學影響中國文學、將中國文學介紹到西方國家的「曲線」媒介。臺灣內渡作家接受大陸的文學營養之後，又成為將優秀的中國文學、文化流灌到臺灣島內，反哺臺灣文壇的有效管道。同時，毋庸諱言的是，因為有極少數臺灣內渡作家曾在臺灣島內接受了日本皇民化教育等不良影響，他們也曾出現身份認同方面的動搖和迷惑，其個人表現也有著歷史污點和遺憾，這也需要正視、研究和批判。本

書的主要特色在於首次把「臺灣內渡作家」構建成一個文學群體和「準文學流派」，擇取有代表性的「臺灣內渡大陸作家」及文本在二十世紀兩岸文學整體中做橫向、縱向結合的分析、比較和價值重估，同時兼顧重要作家的個案研究，力爭形成一個現代「學案」、「學記」，以期作為海內外臺灣文學研究的新的學術生長點。

第一章　清領臺灣時期及其之前

　　林語堂先生的女兒林太乙曾經在其著作《林語堂傳》中說，蔡元培是晚清舉人、進士，還曾擔任過翰林院編修，似乎他應該是食古不化的傳統文人，但後來他又有了留洋的經歷，曾經赴西方的德國、法國留學。蔡元培（1868～1940）是近代以來少有的開明大學校長，尤其他在擔任北京大學校長期間，以其「思想自由，兼容並包」之精神歷來為人所敬仰。有意思的是，我們如果將蔡元培放在整個中國的科舉史的座標系下來看，觀察與他同時期，甚至同榜的舉人與進士，就會產生很多新穎的觸動和發現。經查，蔡元培1884年（光緒十年）17歲時考取秀才；1889年（光緒十五年）22歲時得中舉人；1892年（光緒十八年）25歲時，考中進士（二甲三十四名），並被點為翰林院庶吉士，當時的策論題目為《西藏的地理位置》；1894年應散館試，考中翰林院編修。按其活動年代，林紓（1852～1924）光緒八年（1882）舉人，考進士不中。臺灣進士丘逢甲（1864～1912）光緒十五年（1889）考中進士；許南英（1855～1917），1890 年中庚寅恩科會魁（同年考中進士者還有湯用彤之父湯霖）；臺灣淡水縣人陳登元光緒十八年（1892），壬辰科三甲 50 名；施之東（1859～1928）清光緒十七年（1891）以臺灣籍秀才身份中舉，光緒二十年（1894）中進士，後晉京授兵部主事。李清琦光緒二十年（1894），甲午恩科進士，散館改刑部主事；鳳山縣人蕭逢源光緒二十年（1894），甲午恩科進士，三甲 60 名；黃彥鴻光緒二十四年（1898）戊戌科進士，散館授編修，改軍機章京；臺灣新竹縣人陳濬芝光緒二十四年（1898）戊戌科進士，三甲 184 名；汪春源1888年，與丘逢甲同年考中舉人，1898 年考中貢士，1903 年（光緒二十九年），得中進士（癸卯科三甲 120 名）。由此可見，在清領臺灣時期及其之前的歷史時

期，僅僅因科舉仕宦、職官制度便會使內渡大陸的臺灣士子與大陸諸多人士或者與同為內渡人士的臺灣同鄉發生各種各樣的文化關聯。

一、科舉仕宦、職官制度與文化傳承——以清乾隆山東聊城籍進士李倓閩臺宦跡為例〔註1〕

在異地為官的職官制度下，許多清代科舉士子在被選拔為官之後，往往不辭萬里，遠遊異鄉，在參與地方政務治理的同時，也在促進在地文教發展、傳播傳承中華優秀學統方面卓有貢獻。在臺灣府諸羅縣（今臺灣嘉義）知縣任上頗有政聲的乾隆山東聊城籍進士李倓便是此類優秀科舉仕宦之一。

李倓知名於臺灣嘉義，是因為他在乾隆二十四年（1759）擔任諸羅縣知縣之後改建了玉峰書院，並在乾隆二十五年（1760）玉峰書院改建完畢後立碑為記，此一由李倓親自撰文並書丹的石碑並其《改建玉峰書院碑記》碑文，至今還保存於臺灣嘉義文廟，供民眾瞻仰。除了改擴建玉峰書院，促進當地文教興盛，李倓還在任上修建了地藏庵，用於存放由大陸流寓臺灣人士無處安葬者的棺槨，可見他是一位為民做實事做好事的良吏。實際上，他對於領地文化教育的重視早在他任崇安縣知縣的時候便已初露端倪了，他曾經於乾隆十九年（1754）在崇安縣營嶺（今武夷山市區市政府附近）主持修建了景賢書院，可謂深得朱子大儒遺風。

李倓，聊城人，乾隆十六年進士，此一履歷於「明清進士題名碑記」及諸種方志中均有相同記載，但其出身及生卒年月則多語焉不詳，另有多種方志、著作在其任職經歷方面出現了互相矛盾的說法，如有言其曾擔任淡水同知、羅源縣知縣、福州知府之說，但詳查諸地該時期方志、福建通志的記載，佐以民間文獻旁證，這些說法並不屬實；另有著作甚至出現了李倓在同一時間分別分身在不同地方任職的情況。種種錯訛，不一而足，因此，有必要予以考訂、辨正。

為什麼會出現李倓在同一時間在不同地方任職的情況呢？原因實際很簡單，那就是與聊城籍進士李倓同一時期有另兩位與其同名的李倓也在福建（含臺灣）地方任職，其中一位原籍廣東化州（今廣東），另一位原籍甘肅儀

〔註1〕 此部分曾以《乾隆年間聊城進士李倓閩臺宦跡考》為題節選發表於《團結報》（北京）2021年4月1日06版文史週刊，並曾以《清乾隆山東聊城進士李倓閩臺宦跡辨——兼論科舉仕宦與清代職官制度、人口流動及文化傳承之關聯》為題發表於「兩岸文化發展論壇」。

州（今甘肅）。

　　有關聊城李俊，宣統《聊城縣志》中在清代「國朝進士」一項中記載，「乾隆十六年　辛未　李俊　福建同知」，在清代「國朝舉人」一項中則記載：「乾隆十二年　丁卯　李俊　見進士」。據《嘉慶東昌府志》，「乾隆十二年丁卯舉人　李俊　聊城　見進士」，更進一步印證了李俊於乾隆十二年丁卯年考中舉人的事實。另據《光緒明清兩代進士題名錄·大清乾隆十六年進士題名碑錄辛未科》：「賜進士出身第二甲七十名：李俊，山東東昌府聊城縣人。」「山東東昌府聊城縣人。大清乾隆十六年進士第二甲第四十一名，賜進士出身。」參加乾隆十六年（1751）辛未科會試，與李俊一起得中同榜二甲進士的，還有後來的清代名臣劉墉。也就是說，李俊在乾隆十二年（1747）中舉之後，僅過3年便於乾隆十六年（1751）得中進士，可謂一帆風順。值得注意的是，宣統《聊城縣志》的修志者、時任聊城縣知縣陳慶藩是祖籍泉州的監生，1908年始任此職。由來自泉州的知縣在將曾在泉州擔任泉州知府、永春知州的李俊的名字寫入史冊的時候，會不會為齊魯與閩臺區域之間的文化交流、遠途跋涉以及因緣際會而感慨萬千？

　　據筆者所見李俊祖居地聊城民間文獻《界牌李氏丙林宗門家乘》（李洪悅纂修）中抄錄自舊時界牌家譜碑所刻之譜系，李俊父李增法，母楊氏；兄弟三人，長兄李耀，仲兄李偉，李俊行三。另據宣統《聊城縣志》「人物志」記載，「李俊，字泌亭，號鶴溪，師事舅氏，任宣錫深器重之，於書無所不讀。嘉慶丁卯舉於鄉，辛未成進士，福建即用知縣，奉檄喜曰：『此吾父志也！』署泰寧，補崇安邑，故剽悍難治，蒞任後一以清嚴為主，遇訟立為剖決，咸予折服。繼以循卓，調諸羅縣，邑有無賴，較內地尤甚，重懲無少貸，嗣由泉州西倉同知復請再任崇安，未入境而老幼攜扶，香花載道，以為父母重來矣。其得人心如此！後升福州府知府，卒於任」。（筆者按：上文中所述「嘉慶丁卯舉於鄉」與同書中的前文在清代「國朝舉人」一項中所記載的「乾隆十二年　丁卯　李俊　見進士」前後矛盾，經與萬年曆比對，「嘉慶丁卯」顯然是筆誤，實則應為「乾隆丁卯」。）任宣錫，任彥昉之孫，乾隆九年（1744）舉人，曾任貴州普安縣知縣。任彥昉，乃順治進士任克溥之子，東昌府聊城縣北壩人。可見，李俊乃是跟隨舅父赴聊城城內讀書，並曾師從聊城名門之後。此外，清光緒《柘城縣志》在「仕宦·竇容恂」條中記載，「竇容恂，字介子，號葵林，理學如珠。曾孫封翰林，大任孫，孝子克恭子也。少孤，隨其世父靜庵太史講

學朱陽書院，潛心力學，早聞大道，十八補邑庠，康熙壬午舉於鄉，丙戌成進士，授中書，升工部主事，遷員外郎，督理街道，監督京倉及錢法，屏絕苞苴，出知山西汾州府，平心聽獄，不事鞭扑，而真情自得。調江南徽州，修紫陽書院，增築齋舍，集諸生講學，仿白鹿洞規為條約，士風大振，……後引年歸，士民泣送者沿錦江數十里不絕，揚歷中外垂四十年，屢荷聖知，恩賜御書墨刻四幅、貂皮二張以及藥物，士林榮之。分校順天文武兩闈，首拔顧沈士、魏樞、留保、李俔、宋愛、譚五格諸人，或以經術名，或以韜略顯，咸稱為知人。生平孝友，撫同懷弟恩意殷篤，分遺田產悉以讓之，舉鄉飲大賓，年八十終。少司農留保作墓誌，大宗伯沈德潛作墓表，所著述詳書籍志。」由此可知，竇容恂在擔任順天鄉試考官的時候曾選拔了顧沈士、魏樞、留保、李俔、宋愛、譚五格等人入闈參加會試，而這些士子「或以經術名，或以韜略顯，咸稱為知人」，經查，宋愛、譚五格曾任雲南提督，均為武進士，是所謂「以韜略顯」，而竇容恂所說的「以經術名」者，便是顧沈士、魏樞、完顏留保、李俔等文進士了，其中便包括聊城籍進士李俔，可見李俔在當時文壇有較高的知名度。李俔本為聊城人氏，應為寄籍順天府參加鄉試的。

另外，據查閱資料和田野訪談，聊城附近二十公里處有村名曰「算子李村」，該村始祖名曰李珪，是唐代李世民後代汝陽王李璡的後裔，在元代曾擔任過平章事的官職，誥封光祿大夫，因統計、計算能力驚人，人稱「算子李」，後來致仕田居，定居在博平（今屬聊城市茌平區），後來人丁興旺，漸成規模，形成了自然村，經歷代繁衍生息，「算子李村」的李氏族人已至28代，後代目前應可以萬計，並散居海內外。「算子李村」與界牌村相距僅40公里，兩村李氏族人均傳說祖上來自山西。另外從界牌李氏一世祖李玨的名字來看，這應該是個有文化底蘊的家庭給起的名字，因為李玨這個字不常見，在元明清讀書人甚少的時代裏，能夠認識此字的應是一個文化水平不低的文人。另，《界牌李氏宗譜》記載，曾有一支界牌李氏族人遷居「東平草橋」，經查，「東平草橋」實應為今汶上草橋，而「算子李」村的家譜上也記載有族人遷居汶上草橋。這應不是一般的巧合，這或者是同一支族人，或者是界牌李氏前去草橋投靠已在該地的同宗族人，均是合乎情理的推斷。由此，有理由相信，聊城李氏歷史上是望族，界牌李氏、赴臺灣擔任諸羅知縣的李俔一支李氏家族應與「算子李」有淵源。從界牌李氏一世祖李玨的名字來看，他與「算子李」村的始祖李珪名字相仿（均有「玉」字旁）似乎有著比較近的親緣關係，或者至少

可以說是時代相隔不遠的族人。因此，聊城李俲的遠祖，應亦為唐皇李世民後代汝陽王李璡。

　　據連橫《臺灣通史》，「玉峰書院在嘉義縣治西門內，為舊時縣學之址，乾隆二十四年，諸羅知縣李俲改建。」乾隆三十四年（1769）《福建續志》中云：「玉峰書院在舊學宮址，初有義學，在城西北隅。康熙四十五年，攝縣孫元衡建。五十四年，知縣周鍾瑄移建於縣署右；乾隆五年知縣何衢修；十四年，知縣周芬斗改建於南門外；二十四年，知縣李俲定今所」。這裡值得注意的是，此文中所提到的孫元衡曾在康熙年間署諸羅縣篆，後任臺灣海防同知，曾著有詩集《赤嵌集》，後由臺灣升任山東東昌知府。而東昌府的府志所在地即在李俲的祖籍地聊城。孫元衡在初建玉峰書院的時候（康熙四十五年，1706），恐怕沒有想到，在 53 年之後（1759），會由他後來擔任知府的東昌府聊城縣人士，也可以說是他的門生，李俲，來重建他的創建的玉峰書院，並留下一篇題為《改建玉峰書院碑記》的墨寶且勒石為記。改建工程從乾隆二十四年（1759）十月開始，於乾隆二十五年（1760）夏完成。改建後的玉峰書院位於今嘉義縣的孔廟舊址，書院正中設有講堂，兩側建有 36 間齋舍，環境清幽，適宜讀書治學，可見李俲為諸羅縣培養人才，擢拔國家棟樑的良苦用心。就李俲的生年來說，孫元衡在東昌府任職時，李俲尚年幼，但也正是童蒙讀書直至少年求取功名的發軔時期，應該說，做為地方官的孫元衡在東昌府內施行的文教政策，直接影響著李俲的成長，甚至孫元衡親身的言傳身教直接被澤於李俲也不是沒有可能。

　　據民國《泰寧縣志》清知縣「乾隆」目下記載，「李俲，山東聊城人，進士，十六年署」，即聊城李俲曾於乾隆十六年（1751）擔任泰寧縣知縣一職，於乾隆十七年（1752）卸任泰寧知縣一職。另據乾隆《福建續志》，在「崇安縣知縣」條下，有如下記載：「李俲，聊城人，進士，十七年任」。可見，李俲於乾隆十七年（1752）擔任了崇安縣（今武夷山市）知縣一職。而在乾隆二十七年（1762）王吉士任崇安縣知縣之後，李俲又接任了崇安縣知縣一職，在他再次任職之前的各位崇安知縣，乾隆《福建續志》，仍在「崇安縣知縣」條下，做了如下記載：「柴緝生，仁和人，進士，二十五年任；王吉士，富平人，舉人，二十七年任；李俲，聊城人，年再任；蔣元樞，常熟人，舉人，三十一年任」，雖未寫明李俲何時又再次任職，但根據上下任知縣均只任職 2～3 年的慣例，李俲再任崇安知縣的時間應為乾隆二十九年（1764）或乾隆三十年

（1765）。「回爐」擔任同一職務，這在中國歷代職官制度史上較為罕見，也是一個很有趣的現象。至於他何時到諸羅縣任職的，《乾隆續修臺灣府志》中記載，「李倓，山東聊城人，辛未進士，乾隆二十二年七月任」，即，他是於乾隆二十二年（1757）七月任臺灣府諸羅縣知縣的。

在閩臺任職的還有另外一個李倓，此李倓非彼李倓也。乾隆三十四年《福建續志》在長汀「縣丞」一條中云：「李倓，化州人，二十五年任」。因此，曾經擔任長汀縣丞的這個李倓，是廣東化州人氏，乾隆二十五年時任長汀縣丞一職，而此時，聊城進士李倓正在諸羅知縣任上。乾隆三十四年《福建續志》在「諸羅知縣」一條中云：「李倓，聊城人，進士，二十二年任」，即，李倓在乾隆二十二年（1757）擔任了諸羅知縣一職。而在李倓之前後，乾隆三十四年編志之前曾經擔任過諸羅知縣者有：「戴大冕，上元人，雍正十三年任；何衢，廣元人，舉人，乾隆四年任；嚴暻，烏程人，進士，六年任；林菼，永福人，舉人，十年任；周緝敬，新會人，舉人，十年任；周芬斗，桐城人，舉人，十四年任；徐德峻，蘭溪人，進士，十六年任；辛竟可，元城人，舉人，二十年任；李倓，聊城人，進士，二十二年任；衛克堉，鳳臺人，舉人，二十六年任；張所受，靈山人，二十八年任」。有意思的是，在聊城李倓卸任諸羅知縣之後4年，上文所述與聊城李倓同名的化州李倓，又擔任了諸羅縣的縣丞，出現了諸羅縣百姓們要區分「南北（廣東、山東）兩李倓」的有趣現象，乾隆三十四年《福建續志》在諸羅「縣丞」一條中云：「化州人三十年任」；更有意思的是，此一化州李倓，在卸任諸羅縣丞，回到大陸任職數年後，又回到諸羅縣擔任了諸羅縣知縣。

乾隆四十一年（1776），化州李倓赴臺灣任職時曾向朝廷請求攜帶家屬一同前往，其上司、時任閩浙總督鍾音為他向乾隆帝上書陳情，乾隆帝曾親筆御書予以批准，此事在清高宗實錄中有記載，在李倓之前，清政府規定有子嗣的官員不可攜帶家眷一同赴任臺灣，自李倓之後此項制度被乾隆帝下令廢止，從這件事上看，李倓切切實實為他之後的大陸宦臺士子們爭取到了非常現實的權益和福利，而這也可說是清代職官制度的一項改革。據《大清高宗純皇帝實錄》卷一千六記載，乾隆四十一年（1776）四月二十日（辛酉），「辛酉。諭曰、鍾音奏、臺灣府諸羅縣知縣李倓、現年五十五歲。尚無子嗣。呈請攜眷赴臺。查與定例相符。應請准其攜帶等語。臺灣文職官員。知縣以上。年過四十無子者。方准攜眷前往。此例未知始自何時。殊可不必。該處雖遠隔重洋。自

設立府縣以來。地方寧謐。與閩省內地無異。且各員攜眷赴任。不致內顧分心。於辦公亦甚有益。方今中外一家。更不必過存畛域之見。即如伊犁等處、距邊萬餘里。其駐守之將軍等官、俱准其攜帶家眷。何獨於臺灣為禁制乎。王道本乎人情。舊例尚未為允協。嗣後臺灣文武各官。無論年歲若干。有無子嗣。如有願帶眷口者。俱准其攜帶。其不願帶者。亦聽其便。著為令。」如以此時化州李倓 55 歲計算，那麼，化州李倓應生於 1721 年（康熙六十年，農曆辛丑年）。

而據民國《寧化縣志》記載，「李倓，廣東化州貢生，乾隆三十六年任；謝洪光，廣東德慶州監生，乾隆四十二年任；陳惇，江南廣德州舉人，乾隆四十四年任；陳匯義，順天大興人，乾隆丙戌進士，四十八年任」。此擔任寧化縣知縣的李倓，應該就是曾任諸羅縣縣丞的化州李倓，而他卸任寧化知縣之後的接任者謝洪光於乾隆四十二年到任，也就是說化州李倓卸任寧化知縣的時間應為乾隆四十一年（1776）或乾隆四十二年（1777），與前文所述《大清高宗純皇帝實錄》卷一千六記載的乾隆四十一年（1776）四月二十日（辛酉）乾隆上諭，時年 55 歲，尚無子嗣，請求攜家眷同赴臺灣的李倓應為化州李倓，而非聊城李倓。而化州李倓正在乾隆三十年（1765）擔任諸羅縣丞之後 10 年，又要被清政府回到諸羅縣擔任知縣，可見清政府選用官員赴臺任職，也有儘量選用熟悉該地情況者的考量。

化州李倓在光緒《化州志》中有傳，言曰：「李倓，字愛川，優貢，宗傑季子，性孝友，嗜學，工詩古文辭，縱橫有奇氣，由貢生以貲授福建浦城縣丞，累署劇邑，以清直著卓異引見，升寧化令，首以作人為任，修葺書院、義學，增修脯膏火，鼓勵多士，每鞫事，不事鞭朴，民見即吐實，口問手判數十牒立盡。邑舊多亡命，負嵎嘯聚，滛掠橫行，官迫急，獸怒跳躑，莫敢向邇。倓整騎，率壯丁擒渠魁寘法，余悉駭汗潰散，民賴以安。為建祠肖象生尸祝焉，大吏廉其能，以最課，調知諸羅縣事，寧士民泣送數十里不絕。諸羅土沃財饒，巧宦者往往豔羨其地，倓益勵風操，不名一錢，夤緣請託，毫無瞻顧，凡一切興利除害便於民者，益力行無倦，俸滿候升，權補福清，不以盤錯易操，時值臺灣林逆猖獗，福清正當孔道大師絡繹供億甚煩，倓晝夜端辦，軍需、催科、攤派不擾一民，民多感之。事定，竟以虧空罣吏議，罷職，歸養母，以孝稱」。據《大清縉紳全書》，「調武巒諸羅縣要缺繁難……知縣加一級李倓（愛），廣東化州人，貢生，四十年七月調」，即，化州李倓於乾隆四十年（1775）調任

諸羅縣知縣（加一級）。可見，化州李俊曾擔任過長汀縣丞、浦城縣丞、諸羅縣丞、寧化知縣、諸羅知縣、福清知縣等職。諸羅曾經有兩個不同的李俊擔任知縣，也應該是一樁趣事。另外，化州李俊還擔任過臺灣淡水同知，據《新竹縣志初稿》，「淡水廳同知（雍正二年，設官守土。九年，始將大甲溪北刑名、錢穀專歸廳管）……李俊：廣東化州人，貢生。三十三年署。宋應麟：浙江歸安人，舉人。三十四年署。」即，化州李俊於乾隆三十三年（1768）任淡水廳同知一職，乾隆三十四年（1769）卸任。事實上，化州李俊於乾隆三十六年（1771）曾任寧化知縣，並於乾隆四十年（1775）在寧化知縣任上調任諸羅縣知縣（加一級）的。

再看聊城李俊。民國《永春縣志》在清乾隆「知州」條下記載：「李俊，聊城進士，三十四年署；黃彬，漢州舉人，三十五年任」。也就是說，聊城李俊於乾隆三十四年（1769）署任永春知州，最晚於乾隆三十五年（1770）卸任永春直隸州知州一職。巧的是，化州李俊也曾在永春任職，不過他任職的是「州同」，民國《永春縣志》記載說，「李俊，廣東貢生，二十三年署」此後，據光緒漳州府志，「李俊，聊城進士，三十五年任」，即，聊城李俊於乾隆三十五年（1770）任長泰知縣。據《民國長泰縣新志》，「李俊，山東聊城進士，乾隆三十五年任，郭璣……乾隆三十六年任」，即聊城李俊於乾隆三十五年（1770）任長泰縣知縣。據《晉江縣志道光本》職官志【文秩】「泉州知府」條下云：「李俊　山東聊城進士，三十五年八月署。楊廷華，直隸大興進士，三十六年九月任。有傳。」即，聊城李俊於乾隆三十五年（1770）八月署任泉州知府，乾隆三十六年（1771）八月卸任泉州知府一職。接著，據光緒漳州府志，聊城李俊於乾隆三十六年（1771）任漳州府通判。據《光緒漳州府志》「通判」條載，「李俊聊城進士三十六年任　顧朝泰無錫舉人四十年任」。即，聊城李俊於乾隆三十六年（1771）任漳州通判至乾隆四十年（1775）顧朝泰接任為止。1775年之後，1910年編宣統《聊城縣志》中所說李俊「升福州府知府，卒於任」及2001年編《地方史志資料叢書・聊城》「後升任福州知府，卒於官」在目前所見的各種版本《福州府志》中並無記載，查《福建通志：五十一總卷六百十一分卷》（李厚基等修；沈瑜慶，陳衍纂），在其「福建職官志」卷二十三「清福州府」條下歷任「知府」中也並無李俊的名字，其中所載與李俊任期時間相仿者有：「方體泰正白旗滿洲人三十五年任」「徐元仁和人四十年任」「景昌鑲紅旗滿洲人四十三年任」「蘇泰江陰人四十四年任」「永福正黃旗滿洲人四十七年

任」「恩明鑲藍旗滿洲人四十九年任」「李振文榆次人五十年任」「成寧鑲黃旗滿洲人五十三年任」，此後直至嘉慶二十八年任福州知府的史渭綸，其間在陳衍纂《福建通志》中並無出現李俊的名字，由此可知，李俊並沒有到任做過福州知府。那麼聊城李俊去哪裏了呢？據宣統《聊城縣志》記載，李俊曾任福州知府，「卒於任上」，那麼有一種可能就是李俊在被任命為福州知府後，並未能到任履職，便去世了，由此推斷，聊城李俊的卒年應該在他離任漳州通判之年，即乾隆四十年（1775），或者說，聊城李俊病逝於赴任福州知府的過程之中，他的福州知府職位為仁和籍貢生徐元於乾隆四十年（1775）取代。

1782 年，在福建羅源縣曾出現了一位名為李俊的羅源知縣，但據《道光新編羅源縣志》歷官表「知縣」條下載：「李俊，儀州貢生，四十七年任」。即，此李俊於乾隆四十七年（1782）擔任了福建羅源縣知縣，此李俊為儀州貢生，是甘肅儀州（今甘肅平涼）人氏，與聊城李俊、化州李俊均不同，是第三個生活於同時期的同名人氏。而化州李俊則因在福清知縣任上被誣告，於 1790 年被朝廷罷職，回到廣東化州老家侍養母親，因至孝聞名鄉里。

無論如何，來自山東聊城的清代進士李俊來到臺灣擔任諸羅知縣多年，後又回到大陸，擔任過崇安縣知縣、長泰知縣、永春直隸州知州、泉州知府、福州知府，可見他一生的仕宦生涯大部分時間在閩臺兩地度過。最後聊城進士李俊終老何處雖仍需進一步考證，但是他的生平軌跡已大致清楚，以與他幾乎同時期的化州李俊的生年（1721）為標準衡量，聊城李俊約生於清康熙雍正年間（1700～1733 之間），約逝世於乾隆四十年（1775），清乾隆二十二年（1757）擔任過諸羅知縣一職，籍貫山東聊城，長期在閩臺區域為官，是一個為民謀福、政績卓著、青史留名的好官、清官。

由清代不在家鄉為官的職官制度所形成的異地為官、遷徙流寓的人口流動和移民行為也是研究民族史、移民史、人口史的時候需要注意的文化現象，這也應該是除了闖關東、走西口、下南洋、唐山過臺灣等大規模移民活動之外的另一種成規模且歷史悠久、涉及人口眾多的有著由點及面、由上至下特點的移民活動，可以說，遊宦（以及與遊宦相關的遊幕）移民史也是很值得認真研究和探討的一種移民史類型，從這個角度來說，清初聊城進士李俊，及其先祖李珪的遊宦生涯僅僅是其中的鳳之一毛，麟之一角，中國歷史上更多的顯宦與優秀士子，遠溯先秦，近至當下，規模巨大、數量眾多的許許多多的家族移民史與家族文化史，等待著我們去探索，去追尋。當然修志者也有張冠李戴，出

現謬誤的時候，如上文所述多種志書、著作曾將三個同名的李倓混為一談。這一點也是歷史研究者，包括文學史研究者在使用史志文獻時所應注意的。

乾隆年諸羅知縣李倓的齊魯閩臺行跡及其《改建玉峰書院碑記》反映了齊魯文脈與學緣向臺灣的流播，職官制度的執行與變革，以及文教傳統，也呈現了李倓等科舉士子們的家國情懷。李倓在清代眾多的科舉士子中雖不是顯宦，但恰因如此，他的閩臺宦跡具有了從中考察清代科舉仕宦所帶來的跨地區人文交流、中華文化傳承、人口遷移流動等社會經濟文化問題的普遍性代表意義。

二、日據前臺灣宦幕大陸作家考論〔註2〕

從明末清初開始，有一些臺灣本土作家開始通過讀書和參加科舉考試，或者通過軍功走上了仕宦道路或者成為官宦的幕僚。因為清代有著「五百里內不為官」的異地為官的職官制度，這些宦幕文人中不乏內渡大陸，在內陸省份或京畿地區任職者。查閱《明清進士題名碑記》，即可找到如下在內地供職的臺灣進士：曾維楨、丁壽泉、陳登元、葉題雁、李清琦、黃宗鼎、蕭逢源、施炳修。其中如，光緒六年進士丁壽泉，彰化縣人，授廣東知縣。光緒十八年進士陳登元，淡水縣人，即用知縣，籤分山東。同治十三年進士施炳修，彰化縣人，授兵部員外郎，調寧都州知州。黃彥鴻，淡水縣人，寄籍侯官，由庶常授編修。……這些宦幕大陸的臺灣內渡作家在大陸期間勤政為民，並在公務之餘寫作了一定數量的詩文。

本書此節即嘗試對此一創作群體的宦幕事蹟及其詩文作較為系統的鉤沉、考證和論述，淘洗出由於空間轉換所生成的多元化文學面貌。應該特別說明的是，本節所言日據前宦幕大陸的臺灣作家，指的是乙未割臺之前的宦幕內陸的臺灣本土作家（自幼生長在臺灣，成年後始離開臺灣者）。

（一）曾維楨宦幕大陸行跡考

臺灣第二位翰林〔註3〕、彰化第一位進士曾維楨出生於彰化花壇鄉白沙坑，曾任翰林院庶吉士、湖南石門縣知縣，告老還鄉後曾致力於編修縣志。道

〔註2〕 此部分曾以《日據前臺灣宦幕大陸作家考論——以清代臺灣翰林曾維楨、進士蕭逢源等為例》為題發表於《閩臺緣》雜誌，2021年第2期。

〔註3〕 近期經汪毅夫先生考證，清代臺灣籍的第一位翰林是鄭成功的部將陳永華之子陳夢球，陳夢球於康熙年間得中進士，並在康熙年間被榮選為翰林。陳夢球雖在降清之後加入旗籍，但他是在臺灣出生的。

光《彰化縣志》卷十二后錄有曾維楨所撰《邑志書後》。據《臺灣文獻叢刊》：
「彰化縣有舉人自乾隆九年黃師琬始，有進士自道光六年曾維楨始。」〔註4〕

　　據《全臺詩》「曾維楨」條下「提要」所記：「曾維楨（？～？），字雲松。
福建泉州人，寓居彰化。清道光六年（1826）翰林，歷任湖南澧州石門知縣，
調巴陵衡陽各縣令。歸田後編修《彰化縣志》」〔註5〕。《全臺詩》並錄有曾維
楨詩一首：

題吳蘦畦先生春江載酒圖

鷺水曲復曲，春來波泛綠。螺髻鬱濃青，微茫射朝旭。

沿岸柳毿毿，天桃紅綻玉。指點翠微間，岩壑如新沐。

誰家書畫船，欸乃聲斷續。載酒並攜柑，浩歌振林木。

地遠清且幽，興移無拘束。我聞賀季真，鏡湖擅芳躅。

習氏高陽池，小築峴山麓。先生大雅人，望古遙追逐。

壯歲即掛冠，蠟屐當雕轂。愧我未識韓，交臂失良覯。

舍人君家嗣，珥筆近天祿。為言舊亭臺，遺植多芬馥。

妙手李將軍，繪事殊古穆。境澹雲悠悠，天高風謖謖。

披圖為黯然，鬢眉宛在目。〔註6〕

　　由此詩看來，曾維楨詩作古樸典雅，情感自然流淌，天然渾無雕飾，頗有
古體五言詩之風。查連橫《臺灣詩乘‧卷四》（1921），中記有呂西村作《題吳
蘦畦先生春江載酒圖》一詩事：

　　　　臺灣流寓之士，若藍鹿洲、陳少林之詩既載之矣。近代如謝管
　　樵、呂西村，皆有名藝苑。……呂西村名世宜，字可合，又字不翁，
　　泉之同安人，道光二年舉鄉薦。精金石，尤工分隸。受淡水富室林
　　氏之聘，居板橋別墅垂二十年，著《愛吾廬文集》三卷、《愛吾廬
　　題跋》一卷、《古今文字通釋》七卷、《筆記》三卷，而詩未見。唯
　　《溫陵詩紀》載其一首，迻錄於此，以覘梗概。題吳蘦畦春江載酒
　　圖云：「葡萄美酒木蘭舟，乘興春江事勝遊。人世風波多不管，且

〔註4〕〔清〕丁紹儀《東瀛識略‧東瀛識略卷三‧學校》，《臺灣文獻叢刊》第2種，
　　　　臺北：臺灣銀行經濟研究室，1957年版，第28頁。

〔註5〕施懿琳撰，全臺詩編輯小組編撰《全臺詩》（第四冊），臺北：遠流出版事業股
　　　　份有限公司，2004年2月1日初版1刷，第302頁。

〔註6〕該詩為施懿琳編校，見《全臺詩》，第302頁。詩下並注云：「此詩收於陳漢光
　　　　《臺灣詩錄》，又載賴子清《臺海詩珠》。」

浮綠蟻且盟鷗。」〔註7〕

呂西村《題吳藟畦先生春江載酒圖》詩收於《溫陵詩紀》，而「溫陵」為今泉州市的舊稱，其詩應為寫泉州事。而與其生長於同時期的曾維楨，為同一畫圖題詩，則曾維楨所題詩篇也應當是寫泉州事，詩中的「鷺水」當為如今廈門的「鷺江」。此恰可為本書下文所言曾維楨晚年流寓閩南地區的佐證。

另據目前存留的曾維楨遺墨，還可看到「興酣落筆搖玉嶽，詩成嘯傲凌滄州」的詩句，氣勢雄渾，極有氣魄。

曾維楨曾被臺灣學界認為是第一位被清帝欽點翰林的臺灣進士，被稱為「開臺翰林」。臺灣「省文獻會約聘研究員」林文龍《臺灣的科舉及相關習俗》〔註8〕一文經考察後曾經說，「清代臺灣籍進士中，獲選翰林院庶吉士的僅彰化的曾維楨一人。」

曾維楨得中翰林，還曾引出彰化縣花壇文德宮福德正神（土地公）頭戴烏紗帽、擁有翰林官位的佳話，並引發了後來延續百年至今的花壇鄉迎花燈活動等白沙坑文德宮福德正神民間宗教信仰。據彰化縣志與白沙坑文德宮廟史記載，曾維楨為花壇鄉白沙坑人，十六歲中舉後，向村裏福德正神求得神符，隨身帶符渡海進京參加大會試。因文章超群拔萃，典冊俱佳，被清帝欽點翰林。而據道光年《臺灣省彰化縣志》第四冊中《臺灣縣志卷八·人物志》「舉人」條記載：「（嘉慶）二十三年戊寅葉大章榜：曾維楨由府附生中式第三名，祖籍晉江人，丙戌科進士。」〔註9〕查嘉慶二十三年為公元 1818 年，曾維楨既為十六歲中舉，據此推斷，曾維楨的生年應為 1803 年，亦即清仁宗嘉慶八年。而彰化縣花壇鄉文德宮福德正神神像，相傳乃由新厝內李朝魁先民於康熙二十七年自內陸攜來，因屢顯靈驗，眾人倡議建廟奉祀，稱為保安宮。道光六年曾維楨經魁中式，殿試二甲，並成為開臺首位翰林，保安宮被清帝改贈謂文德宮，以保境安民，並發揚文風德教，此後，文德宮一名一直沿用至今。民間傳說文德宮正神也因保佑曾維楨渡海赴試有功，被清帝敕封翰林，並賞戴烏紗

〔註7〕 連橫《臺灣詩乘·卷四》（1921），見沈雲龍主編《近代中國史料叢刊續集·第五十一輯》，連橫著：臺灣詩乘，臺北：臺灣文海出版社，1974 年 6 月版，第506 頁。

〔註8〕 本文刊於社教雜誌第 248 期（1999 年 3 月），第 5～10 頁。

〔註9〕 《中國方志叢書·臺灣地區·第一六號》，《臺灣省彰化縣志》（第四冊），據清·李廷璧主修，周璽總纂，1968 年莊松林校訂排印本影印，臺北：成文出版社有限公司，1983 年 3 月臺一版，第 231 頁。

帽，成為閩臺地區獨一無二的烏紗帽土地公。花壇鄉規模最大的節慶活動文德宮元宵節迎燈，也是很獨特的民間節慶活動。此一節慶活動的由來也與曾維楨有關。民間傳說，曾維楨在京任職翰林院時，看到元宵節京城的熱鬧景象，不由思念起故鄉親老，因無法隨侍盡孝而傷感。皇上得知此事，便特御賜白沙坑文德宮，每年元宵節可依京城節慶方式，大排迎花燈以娛曾維楨家族長者。自此，迎花燈節慶活動持續沿襲至今，不曾中斷，距今已約有 190 餘年的歷史。白沙坑民間也有傳說彰化文德宮所奉祀之身穿古袍，頭戴御賜烏紗帽的福德正神（土地公）即為出身本地之清帝欽點翰林曾維楨者，並傳說曾維楨曾被皇帝敕封為翰林宮神。民間傳說是否屬實，有待考據，但至少說明，曾維楨得中翰林給家鄉父老帶來的榮耀及其在家鄉百姓中的崇高威望。

據報載，目前曾維楨的故宅尚存，「他的宅院規模較樸實，一字形瓦頂平屋俗稱『一字龍』，歷經多次整修，僅正廳門楣上方貼著兩條五爪龍的磁磚，代表曾家門第不凡。」〔註10〕

有關曾維楨中式後在臺事蹟，查道光四年《奉憲禁各衙胥役勒索紳衿班數碑記》〔註11〕內有曾維楨的姓名。此文引述了曾維楨等知識分子代表臺灣士紳爭取自身權益的呈狀。曾維楨等人的呈狀控訴了當時臺灣各地衙役勒索臺灣士紳的罪行，由《碑記》全文來看，這些臺灣士紳是在「秀才遇到兵有理說不清」的尷尬場面下，越級向臺灣道憲胡承珙遞狀，為臺灣知識分子爭取尊嚴，由此顯示了曾維楨擔當道義、為民請命的知識分子情懷。該篇呈狀行文果敢、仗義直言，不畏強權。語句雖平實寫真卻又不失形象生動。碑刻原文如下：

奉憲禁各衙胥役勒索紳衿班數碑記

特授福建臺灣府臺灣縣正堂加十級、記大功五次李，為請嚴勒索班數示禁等事。

案蒙前府憲蓋札：「蒙臬道憲胡批：據舉人曾維禎、貢生林慎微、監生黃錦尚、生員曾恩寵、周錦春、楊邦憲、武生林開基等呈稱：『竊惟物不平則鳴，事不能已則訟。訟也者，曲直所由判、榮辱

〔註10〕http://140.126.36.92/aerc157/133/s17/travel2.htm。

〔註11〕《臺灣文獻叢刊》第 218 種《臺灣南部碑文集成》（第肆冊），臺北：臺灣銀行經濟研究室編印，1966 年 3 月出版，第 456～459 頁；或見「國立中央圖書館臺灣分館」典藏碑刻原件。

所由分也。顧辱之所在，當在於案下剖斷之時，未聞有未經質訊而必先辱於刑杖！什差之輩橫行酷索、號曰班數，又自稱為鋪堂，甚至儒服儒冠至此亦遭其扭扯詬詈。士為民倡，辱若泥塗，此不平之鳴，禎等所為呼天而訴也。查民間詞訟，一紙之遞，所費近千。批准後，即宜送禮與承發書，乃其將案分交值承、送簽稿。嗣是而承、而差，而夥、差夥、館記、堂口、亦皆有禮、有費。諸皆分致，乃得具領投到，赴案質成。彼民之負屈含冤而家無儋石，其何堪茲索悉耶？最可恨者，刑杖什差，無票無案，如狼如虎，橫索鋪堂！投案之民有無力供奉者，驅而罰跪於福德祠，各出短棍，自頭至踵，參錯刑之，號泣哀求，既無一人焉出為救止；官衙深邃，又不聞疾痛慘怛之聲。嗚呼！含冤未伸，先有冤上加冤之慘；非罪被累，甚於罪上加罪之刑！窮戶貧民，每思及此，而或受兇惡之凌，終不敢赴衙而控也。顧此猶屬平民隱痛，陳之以瀆天聽，以冀憲憐耳！若夫儒服儒冠之士，因案而到公庭，例則罪所必懲，財請老師當堂戒飭；如未經詳革衣頂，不得遽加煉撲責，所以明聖朝崇儒重士之意。抑榮辱、黜陟之柄，自有學憲專司，地方官不得而擅奪之也。何得刑杖什差膽敢於公堂之間肆行酷索，儼如正供關稅，律所難寬；不惟不屑溫語、諛詞墾請、解囊惠賞，且視投案之貧富而分別派定額數，以待其央托議減，而許否尚聽主裁。寒士有分文莫措者，穢語以辱之，扭扯以凌之；有不能忍受而反之以惡聲，則遭其扯破衣服，互相鬥毆者，亦有之。蓋未講定鋪堂，原差亦不敢帶上堂訊，其弊之由來也久矣！夫士有三等……上士潔清自好，不屢公庭；下士則有不守臥碑，致受其辱，孽由自作，夫何足惜？所惜夫不得已而訟之中士，官且不得而辱之，而此種刑杖什差竟辱之也！士為四民之首，元氣不可以不培。臺地差役威靈，詩書色減！從前鳳邑生員王際清赴前憲張轅訊，即為遭索鋪堂鬧事；旋蒙前憲將頭役李英等責革，而士心乃安。嗣後，又有生員洪天衢再鬧。近來紳衿赴案投質，勒索鋪堂比前尤甚。如斯積弊，及今未除！禎等竊以為孔孟之徒，不如□郤之子矣，不特此也；橫索鋪堂者積習相沿，直視為分所應得。而稍有英氣者，斯文自負，又指為法所不容，倘一旦激成眾怒，釀起禍端，其患當更有不可測矣。以貴敵賤，大失便宜！禎等竊謂：

與其追悔於將來，毋寧綢繆於先事之為愈也。仰惟仁憲，東寧督學，科甲名臣；凡茲名列六庠，如嬰兒之依慈母。敢請法持三尺，以宗主而煦儒生！瀝叩伏乞欽憲大人，恩准通飭府縣，一體出示嚴禁，毋許衙門刑杖什差橫索舖堂之禮；庶紳士有別，不致以遭辱輒起禍端。一筆陽春，斯文有主，沾恩奕世！切呈」等情。蒙批：紳士人等不知自愛，干預詞訟，甸富公庭，其凌辱之加，固由自取。然舖堂等項名目，久干例禁，該胥役等何得明目張膽、任意勒索，殊屬不法。仰臺灣府通行廳、縣，一體出示嚴禁，毋再稍任私索滋事，致干未便」等因。

　　蒙此，查舖堂等項名目，久干例禁，該胥役等膽敢索擾滋事，實屬玩法，合行示禁。為此，示仰紳士及胥役人等知悉：自示之後，各胥役毋得再藉舖堂等項名目，任意勒索滋事，致干提究；該紳士等亦應知自愛，勿復干預詞訟，甸富公庭。各宜凜遵，毋違！特示。

　　道光四年　　月　　日，舉人曾維楨、陳玉輝、林大均、林謙光，貢生林慎微、王啟昭、陳連魁、施廷選、楊登科、黃天德、吳道行、邱朝宗，監生蔡耀謨、林有華、黃錦尚、曾式高，廩增附生林瓊、周錦春、洪坤、林靖邦、曾恩寵、邱宗華、周師洛、陳振玉、林正春，謝天寵、徐朝衡、蔡維俊、柯復貴、陳衡、林長青、周泰然、謝德讓、林元宗、楊邦憲、楊桂芳、林開基、蔡兆禧、蕭起鳳、江日升、六學，公捐立石。

　　參照臺灣圖書館碑碣說明：「碑原立於臺灣府奎樓書院，民國四十三年（公元 1954 年）移立赤嵌樓小碑林，六十七年（公元 1978 年）移立大南門碑林。本件碑記旨在嚴禁各衙門胥役橫行勒索所謂『班數』或『錦堂』的陋規，並期勉紳衿潔身自愛，勿復干預詞訟，而由臺灣縣知縣李慎彝示禁，府城士紳立石。文中『前府憲蓋』，即指臺灣府知府蓋方泌；『道憲胡』，即指臺灣道胡承珙。碑文曾收錄於《南碑集成》、《碑林圖志》，為清代臺灣鄉治與士風的珍貴史料。」〔註12〕上引碑文是研究清代臺灣吏治的重要歷史文獻。

　　另有《奉憲禁胥吏勒索紳衿碑記》（道光五年）〔註13〕文中亦有「據舉人

〔註12〕「臺灣記憶・臺灣碑碣拓片」http://memory.ncl.edu.tw/tm_cgi/hypage.cgi?HYP
　　　　AGE=document_ink_detail.hpg&xml_id=0000163411。

〔註13〕《臺灣文獻叢刊》第 218 種《臺灣南部碑文集成》（第肆冊），臺北：臺灣銀行
　　　　經濟研究室編印，1966 年 3 月出版，第 459～460 頁。

曾維楨、林大筠……等簽呈,請飭嚴禁,毋許衙門刑杖什差橫索『鋪堂』禮等
情,批仰出示嚴禁,……」〔註14〕等表述曾維楨事蹟的文字。

　　由以上碑文中可以看出,在當時倡立此示禁碑時,曾維楨尚未考中進士,
因此碑中列名時,曾維楨署銜為「舉人」。至於曾維楨姓名中的「楨」字時為
「楨」字,時為「禎」字,則應為書寫碑文者的筆誤所致,據《明清進士題名
碑記》,其名應為「曾維禎」,而且據其本人題寫的《三峽祠堂錦屏序》和《啟
陽祠堂錦屏序》,文內均署名為「曾維禎」,由此可知,至少曾維楨在考中進士
的時候採用的是「曾維禎」一名,榜上題名也應該是採用的「曾維禎」一名,
據現存的曾維楨中進士捷報,其中的姓名也是「曾維禎」一名(雖書為「禎」
字,但頗似「楨」字,他人由此誤認也未可知),而從其個人化的書寫文字
上看來,曾維楨個人也是認可「曾維禎」這個名字的。但據《孝感縣志》和
《石門縣志》,內載兩縣曾任知縣名中,「曾維楨」一名赫然在目。據《明清進
士題名碑錄索引》〔註15〕,道光六年丙戌科(1826),「第二甲一百一十名」中
錄為「曾維楨」。另根據近年在曾維楨家鄉發現的聖旨上的御題「曾維楨」姓
名,大致可以得出的結論是清帝御題了「曾維楨」一名,或者雖書為「禎」
字,但頗似「楨」字,估計此後大小官員大都跟隨聖意,稱「曾維禎」為「曾
維楨」了。

(二)日據前臺灣宦幕大陸作家曾維禎內渡為官後事蹟考

　　至於曾維禎內渡為官之後的行跡,可以從曾維禎臺灣家鄉的民間文獻、
口述歷史以及清代官方記載的文獻檔案、地方志書中尋找出大致的脈絡。通過
民間文獻與官方記載的兩相比照可以尋找差異,糾正錯訛,還原歷史真相。

　　據道光年《臺灣省彰化縣志》第四冊中《臺灣縣志卷八·人物志》「進士」
條記載:

　　　　(道光)六年丙戌王慶元榜。曾維楨經魁中式,殿試二甲,以翰
　　林院庶吉士散館,改任湖南澧州石門縣知縣,調巴陵縣知縣。〔註16〕

〔註14〕《臺灣文獻叢刊》第218種《臺灣南部碑文集成》(第肆冊),臺北:臺灣銀行
　　　　經濟研究室編印,1966年3月出版,第459頁。
〔註15〕《明清進士題名碑錄索引》,朱保炯、謝沛霖,上海:上海古籍出版社,1980
　　　　年2月初版第一次印刷,第2784頁。
〔註16〕《中國方志叢書·臺灣地區·第一六號》,《臺灣省彰化縣志》(第四冊),據
　　　　清·李廷璧主修,周璽總纂,1968年莊松林校訂排印本影印,臺北:成文出
　　　　版社有限公司,1983年3月臺一版,第230頁。

　　據《重纂福建通志卷》載：道光六年（丙戌）朱昌頤榜：臺灣府臺灣縣曾維楨（翰林院庶吉士改澧州石門知縣）〔註17〕。

　　據曾維楨臺灣家鄉白沙坑地方的民間文獻和庶民口碑，乾隆十一年（西曆一七四六年），曾曰瑛首先聘請貢生王宗岱來白沙書院講學，乾隆二十四年（西曆一七五九年），彰化縣知縣張世珍看到書院日趨老舊，於是撥經費重修建築。其後的彰化縣知縣張貞生聘請貢生胡遠山來講學，乾隆五十一年（西曆一七八六年），林爽文事變爆發，彰化縣城被攻陷，書院被焚毀殆盡，叛黨逼胡遠山投降，遠山不屈服，被凌虐至死。亂事平定後，新任知縣宋學灝有鑒於白沙書院已經成為縣內重要文教地標，影響人心至巨，於是再撥經費重建書院於文廟的西邊。嘉慶二十一年（公元一八一六年），知縣吳性誠將書院擴建，使建築更形寬敞，來院師生日趨增加，其中培育最著名的學生，即當數後來被譽為「開臺翰林」的曾維楨。曾維楨曾任湖南省石門縣、湖北孝感縣等地的知縣，頗有政聲，而他恰為白沙坑人，正與民間風水傳說所指出的白沙坑將出人才的說法相互呼應，以致此事一直為當地鄉民所津津樂道。

　　據《孝感縣志・職官志》（臺灣成文出版社）載，「曾維楨，福建晉江人，字子蔚，以庶常改知縣，（道光）二十一年任，官孝感十年，愛士恤民，地多善政。後遷牧河陽。臨去士民猶依戀不置。」〔註18〕但查閱《河陽州志》，並無曾維楨在該地任職的記載。而湖南石門縣有關文獻卻有曾維楨重修該縣秀峰書院的記載，原文如下：「秀峰書院，位於湖南石門。清乾隆三十一年（1766）知縣許耀祖改義學而成。有3堂8齋。嘉慶二十五年（1820）知縣蘇益馨增設膏廩，捐資助獎。道光中知縣曾維楨重修，釐定規制，改名天門書院。本縣謝鴻恩曾為山長。清末廢。」〔註19〕另見《中國方志叢書・華中地方・第二八五號》據清・林葆元修，申正揚纂，清同治七年刊本影印本《湖南省石門縣志（二）》（臺灣：成文出版社有限公司印行）卷七・職官「國朝　知縣」條下有：

　　　　曾維楨　號雲崧　福建彰化庶吉士　散館改知縣道光十年任詳

〔註17〕〔清〕孫爾準等纂修，《福建通志臺灣府》（三），《臺灣文獻叢刊・第84種》，臺北：臺灣銀行經濟研究室編印，1966年3月出版，第161頁。

〔註18〕《中國方志叢書・華中地方・第三四九號》據清・朱希白等修，沈用增纂，清光緒八年刊本影印本《湖北省孝感縣志》，臺北：成文出版社有限公司印行，1975年版，第627頁。

〔註19〕據《同治縣志》趙璿所撰「秀峰書院序」和原石門中學校長申悅廬撰文所載。另據石門縣黨史辦供稿。

名宦〔註20〕

又見同書《石門縣志卷七之二・名宦說》：

曾維楨　號雲松廉明惠和振興學校勤月課獎板孜孜不倦今書院
規條皆所酌定下鄉勘驗夫馬取給廉俸丁差异役無纖毫需索弊絕風清
時有巨盜聚黨縣北之松滋兩界橫行無忌案積如林罪在不赦拘至復敢
越禁遠逃嚴差捕獲置諸重典境賴以安〔註21〕

而同書「國朝　知縣」條下，「曾維楨」條之後，為王治元（該縣志中，該知縣事蹟缺錄），「王治元」名後有「穆清阿」條記：「穆清阿，滿洲正紅旗進士道光十二年任」。由此可知，曾維楨至晚在道光十二年（1832）已調離湖南石門知縣一職。

而據臺灣「中央研究院歷史語言研究所」明清檔案工作室所藏刑部檔案記：「移會稽察房湖廣總督奏為特參解審罪應斬決重犯徐大毛中途脫逃僉差不慎之州縣交部議處一折奉旨這所參之湖北隨州知州梁芸滋孝感縣知縣曾維楨著一併交部先行議處仍照例勒限緝拿」〔註22〕。另據臺灣「中央研究院歷史語言研究所」《內閣大庫檔案》道光二十八年（按：1848年）9月21日吏部檔案記：「移會稽察房知照湖廣總督〔裕泰〕奏孝感縣知縣曾維楨首先擎獲鄰境拒殺差役罪應斬梟盜犯奏請送部引見」〔註23〕。可見，1848年9月時，曾維楨尚在湖北省孝感縣擔任知縣。並且還立了功，抓獲了逃脫的死囚犯、大盜徐大毛。

另查現今留存的曾維禎書寫的錦屏，上有「賜進士出身奉直大夫翰林院庶吉士現陞廣東高州府裔侄孫維禎頓首拜撰」，可見，曾維禎很有可能沒有去沔陽（今湖北仙桃）任職，而是改到廣東高州任職或流寓。後又由高州回自己的原籍福建晉江定居。

目前留存的曾維禎兩幅親手書寫的錦屏文字〔註24〕全文如下：

〔註20〕〔清〕林葆元修，申正颺纂，清同治七年刊本《湖南省石門縣志（二）》，臺灣：成文出版社有限公司印行，1975年版，第526頁。

〔註21〕〔清〕林葆元修，申正颺纂，清同治七年刊本《湖南省石門縣志（二）》，臺灣：成文出版社有限公司印行，1975年版，第583頁。

〔註22〕見臺灣「中央研究院歷史語言研究所」明清檔案工作室藏刑部檔案道光25年5月刑部檔案原件，資料編號NO000054582。

〔註23〕見臺灣「中央研究院歷史語言研究所」《內閣大庫檔案》道光28年（按：1849年）9月21日吏部檔案，資料識記編號130199-001。

〔註24〕《三峽祠堂錦屏序》、《啟陽祠堂錦屏序》，凡兩屏，每屏分十二折，高約4米，每折幅寬60公分，紅底金字，文雋字秀，四周雕刻八仙、花木等，很有欣賞

三峽祠堂錦屏序

公贊

太封君太祖叔號月進公大人錦屏序

　　龍山之英賢輩出也，蓋知之非難矣。扶唐宋者，吾有以知者，經濟登甲第者，吾有以知。其文章祀鄉賢者，吾有以知。其品端學醇，獨於開基三峽之月進公、暨二世祖洽祥公，祠堂東龕雖位列功德之尊，其鴻猶駿烈（猶，應為猷）。則因年世湮遠，泉永道長，禎祗聞其略，未及知之稔而悉也。迨丁亥，自翰林假歸，抵永謁親，乃得入祠宗而再拜焉。斯時也，登公之堂，仰公之靈，曠代相感，先澤猶新也。歎曰：今而後乃知公矣。其處裏也，銀峰聳翠，蓮岫排青，不可知其知之能擇乎。其安土也，大啟爾宇，燕翼貽謀，不可知其仁之能守乎。其創造也謀始圖終，艱苦備嘗，不可知其勇之能任乎。況其善遺後世也。人誦孝經，家傳大學，經文緯武，世有聲聞，不猶可知義方之啟後者，實深且遠乎，至矣哉。藐躬而為百世祖，雙眼而相萬年基，此公也。立德立功，麟麟炳炳，殆與宗傳洙泗族，啟南豐之英豪，並稱不朽歟。三峽[註25]之雲，仍盡銘諸旗，常勒諸鐘鼎乎。老成以為然。越今歲，果謀制屏以彰顯。郵序於余，余思欲書公德，側理其將騰價，請為之占。易曰：雲雷屯。君子以經綸為之誦。書曰：君佑我後，人咸以正，周缺為之歌。詩曰：惠我無疆，子孫保之。在天而有知也，當必有怡然粲然者矣。

賜進士出身奉直大夫翰林院庶吉士現陞廣東高州府裔任孫維禎頓首
拜撰

屏之左右聯：祖德巍峨龍山並峙；孫謀悠遠峽水同流。

啟陽祠堂錦屏序

　　恭惟聖朝，奎光炳灼。駿命洪延，景福茂盛。以駢臻二儀，光華而復旦。登一世三民躋之仁，三九之域，書軌所通，莫不渾渾靈靈泯知識焉。而善享太平隆福者，莫如我族蒼亭兄。兄與予同出龍山宗派者也。我先人累代扶翊宋室，以學問為經濟，立德立功立言，

價值。製於道光廿九年（1849），至今保存完好，實屬不易。全文還可參考福建永春一都鎮文化站黃和鳴編《一都鄉土文化》。

〔註25〕　注：蘇合，古稱三峽。

彪炳史策矣。積善餘慶，後之支分派別者，亦克祖武是繩，纂舊服。若兄則所謂祖宗肖子也。余籍泉郡，離兄世居桃源之三峽頗遠，予又車歷轆計偕，故未嘗相聚晤。丁亥秋，抵永謁志沂堂，適國邕君製屏，為尊人光，請予序。予詢族中長者，備諗。兄素履。歎曰：兄真偉人哉！與賓筵應引，年巨典昭，齒德也。辟丕基以光前啟後，敦仁孝也；營別業以延師課藝，崇文教也；置厚產以保生持家，預本計也。至若法文正公之恤，鄰睦族則於門必大。而季嗣選明經，其先聲矣。七十四年中，瑞氣翔洽，和風披拂，孫曾繞膝，四代一堂，非盛德曷以致此。茲國邕及諸任，克宏先緒，繼志沂堂原構，更建安美、魁斗二廈，植德書齊悉，仿逢原之規模，為之入其中。英英玉立，咿唔滿耳，且有挾冊就余共商奧義者，竟優龍而劣虎，元孫嶄然見頭角，亢宗彥也。凡此美彰厥後，又孰非德積於前所留貽乎。雅曰：詒厥孫謀以燕翼乎。予頌曰：俾爾久而臧，俾爾熾而昌。是之謂歟。行見龍章寵錫，峽岫靈椿，承雨露留芳青史，詞臣彩筆舞神仙，予將搦管以揚於金馬玉堂中，亦與有榮矣。後之未能知兄者，予約其實以示之曰。是益應昌期而自昭明德，恢祖澤以克昌厥後者。

謹序

賜進士出身奉直大夫翰林院庶吉士武英殿協修

族弟　維禎　頓首拜撰

屏之左右聯：聖世嘉賓，德業輝煌峽水；名賢後胄，簪纓似續龍山。

而查《中國方志叢書‧華中地方‧第六十八號》，清‧楊霽修，陳蘭彬等纂，清光緒十五年刊本影印本《廣東省高州府志（全）》（臺北：成文出版社有限公司印行），沒有曾維禎在此任職的記載〔註26〕。同時，經查《中國方志叢書‧華中地方‧第一一三號》據清‧彭玉麟、殷家儁等纂修，清同治十一年刊本影印本《湖南省衡陽縣志》（全三冊）〔註27〕，其中卷五「官師表」中，道光、咸豐、同治時知縣、縣丞等諸種官職中均無曾維禎，可確知至少同治十一

〔註26〕〔清〕楊霽修，陳蘭彬等纂，清光緒十五年刊本影印本《廣東省高州府志（全一冊）》，臺北：成文出版社有限公司印行，1967年12月。

〔註27〕據〔清〕彭玉麟、殷家儁等纂修，清同治十一年刊本影印本《湖南省衡陽縣志》（全三冊），臺北：成文出版社有限公司印行，1970年11月。

年前（1872 年）前，他未在此任職。因此，據此推斷，曾維楨極有可能由湖北孝感縣任上告老退職後，轉而到廣東高州府定居。當然，這僅是一種推斷，曾維楨在湖北孝感知縣任職退下之後的行跡，目前還沒有較為完整切實的記載，故而此處不妨存疑，留待日後進一步地發掘考證，也望知其具體可靠之線索者有以教我。

（三）由日據前臺灣宦幕大陸作家親友行蹤考察作家自身動向

既然考察日據前臺灣宦幕大陸作家的生平形跡，與其相關的親友，特別是直系親屬也可順帶提及，以為考察作家自身動向之佐證。

仍以曾維楨為例。

關於曾維楨之父曾日襄，遠流出版事業股份有限公司版《臺灣歷史辭典》中記：

> 曾日襄
>
> 年代：？～？
>
> 字亦思，晚字又健，福建晉江人。先世為泉郡望族，曾祖以下均以名諸生教授鄉里。弱冠隨伯兄敦澤渡臺，居彰化，為蒙館師，越數年補邑弟子員，時仲兄老，家居，日襄竭脯修之入以為需，不有私財。嘗館二林之鹿僚，閩粵人糾眾將互鬥，從者且千人，公聞亟馳之，為散眾弭隙，民獲安堵。後 30 餘年，臺果有閩粵械鬥之變。家居恒貧，歲視束脩為豐歉，人有以匱乏告者，傾囊以濟其急，不足則稱貸無吝色。寬以處眾，嚴於家教，即三尺童子，一聞命無不拱立敬聽者。年 81 卒於家。以子維楨為翰林，封儒林郎。侄拔萃恩貢。〔註 28〕

清周璽纂輯《彰化縣志》（下）〈卷八‧人物志‧行誼〉中記：

> 曾日襄，字亦思，晚字又健，晉江人。先世為泉郡望族，高祖繼先公，順治間孝廉，宰東光，有惠政。曾祖以下均以名諸生教鄉里。公弱冠隨伯兄敦澤公渡臺，為蒙館師，越數年，補邑弟子員。時仲兄老矣，方家居，公歲竭脯修之入，以為薪水需，而不有私財。凡十餘年如一日，是可為為人之所難者。生平敦踐履，外嚴內

〔註 28〕　本篇撰文者：邵雅玲，見《臺灣歷史辭典》，永久保存版，臺北：遠流出版事業股份有限公司出版，行政院文化建設委員會國家文化數據庫存文件，因特網永久非商業性使用，2004 年。

和，質儉惠毅，與人言無二諾。嘗館二林之鹿僚，閩、粵人糾眾將互鬥，荷戈而從者且千人，公聞而亟馳之，卒為散其眾，弭其隙，而民獲安堵。後三十餘年，臺果有閩、粵城鬥之變。家居恒食貧，歲視硯田為豐歉；而性最憐苦。凡有以匱乏告者，率傾囊以濟其急，不足，則繼以稱貸，無吝色。嘗訓其子曰：「待有餘而後濟人，必無濟人之理。故克己待人，雖瀕於屢空，勿恤也」。大抵公寬以處眾，而嚴於教家，訓督子侄輩，晨雞夜火，功課必嚴。門庭之內，肅肅雍雍，即三尺童子，一聞命無不拱立敬聽者。而凡在出告反面者更無論已。年八十一，卒於家。卒之日，家所畜守犬，數日不食，若哀悼然。信乎誠至之足以動物也。子維楨經魁，庶吉士，任拔萃恩貢。〔註29〕

同書《卷八‧人物志‧封蔭》中又記：

封者何？封其祖父也；蔭者何？蔭其子孫也。國家以仁孝治天下，推親親之誼，下逮臣工，故封之以榮其先。或例有所限，又為貤封、貤贈以廣之，所謂孝思錫類也。蔭之以貴其後，或功垂不朽，又為世襲罔替以永之，所謂閥閱世家也。至於褒恤之典，尤極優厚。

曾大受，以孫維楨翰林，貤贈儒林郎。

曾日襄，生員，以子維楨翰林，封儒林郎。

《晉江縣志（道光版）》卷之三十二《封蔭志》中也記載了曾維楨的祖父和父親因他而受封的事蹟：

曾大受　以孫維楨貴，贈儒林郎、翰林院庶吉士加一級。

曾日襄　邑庠生，以子維楨貴，封儒林郎、翰林院庶吉士加一級。

《臺灣歷史人物小傳》則對曾日襄作了比較詳細的介紹：「曾日襄1748？～1829？字亦思，晚字又健，彰化人，原籍晉江。弱冠渡臺，為蒙館師，越數年，補邑弟子員。日襄外嚴內和，與人言無二諾，質儉惠毅，寬以處眾，傾囊以濟人，嚴以教家。年八十一卒。子維楨，翰林，庶吉士；另有傳。」〔註30〕這個表述除了生卒年尚待考證外，是比較準確的。

〔註29〕〔清〕周璽纂輯：《彰化縣志卷八‧人物志‧行誼》，【臺灣文獻叢刊‧第156種】《彰化縣志》（下），第245頁。

〔註30〕該條為林偉洲撰，見《臺灣歷史人物小傳——明清暨日據時期》，臺灣圖書館，2003年12月出版，第567～568頁。

關於曾維楨的後裔，目前可考者為其嫡孫曾振仲，而曾振仲當下時被福建省泉州市媒體及民間文獻認可為泉州人。例如福建省拍賣行 2007 年 12 月 30 日在福州於山賓館於山堂（二樓宴會廳）舉辦的 2007 秋季拍賣會「中國書畫」專場在拍賣曾振仲的一幅水墨紙本的行書立軸書法作品時，介紹曾振仲如下：

> 曾振仲：名道，光緒二十八年舉人，善書法。福建泉州人，曾維楨之孫。

目前，此幅曾振仲的書法立軸已拍賣完畢，價格為 2,000～4,000 元人民幣左右。

此外，廈門南普陀寺法堂後面的敬業亭有首《憨山大師警世詩歌》摩崖石刻，為曾振仲所書寫。歌詞如下：

> 紅塵白浪兩茫茫，忍辱柔和是妙方。
> 到處隨緣延歲月，終身安分度時光。
> 休將自己心田昧，莫把他家過失揚。
> 謹慎應酬無懊悔，耐煩做事好商量。
> 從來硬弩弦先斷，每見鋼刀口易折。
> 惹禍定從閒口舌，招災多為熱心腸。
> 是非不必爭人我，好歹何煩論短長。
> 世界本來稱缺陷，此身焉得不無常。
> 吃些虧處原無害，讓人幾分也不妨。
> 春日才看楊柳綠，秋風又見菊花黃。
> 榮華總是三更夢，富貴還同九月霜。
> 老病生死誰替我，酸鹹苦辣自承當。
> 人從巧計誇伶俐，天自從容定主張。
> 諂曲貪嗔真地獄，公平正直即天堂。
> 翠因毛貴身先死，蠶為絲多命早亡。
> 一劑養神平胃散，兩盅和氣二陳湯。
> 生前枉費心萬千，死後空持手一雙。
> 悲歡離合朝朝鬧，壽夭窮通日日忙。
> 休鬥勝，莫爭強，百年渾是戲文場。
> 頃刻戲房鑼鼓歇，不知何處是家鄉。

詩歌作者憨山大師即釋德清，明安徽全椒蔡姓子，字澄印，晚號「憨山」，世稱憨山大師，明代四大高僧之一。從篇後題識，還可得知這首《憨山大師警世詩歌》刻於光緒十二年（1886）。當時泉州人士林雲龍、林輅存（詮林按：林輅存為林鶴年之子）和蔡鳳機同遊南普陀寺，從寺僧處讀此《詩歌》，以為「洞徹了悟，足以警世」，便請書法家曾振仲行書繕寫鑴石傳世，它與光緒三十一年（1905）釋持慧書寫刻的大「佛」字，迄今逾百年歷史，都是南普陀寺的珍貴文物。

曾振仲的活動更多的是在泉州。

每年四月初二、初三，泉州的一些秀才、舉人都會到泉州蘇氏宗祠祖閭蘇會詩，常以并為題，吟詩作對。曾振仲曾在此地作「時過未改胭脂色，空谷年年自在香」詩句〔註31〕。

泉州晚翠亭建於1949年，是祖閭蘇民居後花園的小亭子，現為福建省泉州市第四批文物保護單位，亭名取於「枇杷晚翠」。據報載，1950年代初期，詩人曾振仲與蘇大山、林騷、洪禹川、陳仲瑾等老友常在此亭聚會，吟詩作賦。〔註32〕

光緒二十三年（1897），惠安縣鼠疫流行於130多個自然村，疫情中有6161人死亡，後來鼠疫也蔓延至泉州城內。在此疫情期間，曾振仲與黃搏扶、黃謀烈、吳桂生、陳仲瑾等泉州開明人士，戮力推行緊急救濟等慈善事業，發起創辦花橋善舉公所，施醫贈藥、發給貧民度歲錢米、施捨棺槨。〔註33〕

位於今福建省泉州市鯉城區新門街西段的泉郡西嶽宮（俗稱西嶽龍山寺）是閩南地區近代以來僅存的全真教聖地。曾維楨和曾振仲祖孫二人曾為該古寺題聯。曾維楨題聯為：「龍勢紆迴憑清拱紫，山容韶秀帶郭襟河」；其孫、晚清舉人曾振仲題聯為：「西望群山都成爽氣，嶽宗太華長鎮仁祠」，兩副對聯既恰當地描繪了龍山寺的美好地理環境，又生動地概括了西嶽龍山寺的內在宗教文化蘊涵。

由眾多有關曾振仲活動的技術文獻來看，曾振仲定居並活動於福建省泉

〔註31〕《泉州傳統民居的人文內涵》2006-4-7 10：13：00 泉州門戶網 http://www.inqz. com/car/detail.asp?id=11160。

〔註32〕《書琴緣》，《泉州晚報電子版》，http://www.qzwb.com/qzwb/20000310/gb/5148 [/url]^qz031009.htm。

〔註33〕《泉州歷史文化》http://www.cnbzr.cn/cms/?uid-1938-action-viewspace-itemid-386。

州與廈門一帶已確定無疑，他身為曾維楨嫡孫，為何定居閩南？由曾振仲的行蹤及其與祖父共為龍山寺題聯一事來看，是否可以推知其祖父曾維楨也終老於閩南？這些疑問都有待學界進一步地揭開謎底。

（四）由曾維禎、蕭逢源等出發看考察日據前臺灣宦幕大陸作家群體之必要

由曾維禎出發，可將學術視野擴展至臺灣日據前及橫跨日據前後兩個時段的宦幕大陸的臺灣作家這一獨特的創作群體。

如果從清康熙年間陳夢球（鄭成功親家陳永華之子）中舉（1683 年）進而考中進士（1694 年）開始，相當數量的在臺灣出生的臺灣籍文人通過讀書和科舉走上了仕宦道路或者成為官宦的幕僚。因為清代有著「五百里內不為官」的異地為官的職官制度，這些宦幕文人中不乏內渡大陸，在內陸省份或京畿地區任職者。查閱《明清進士題名碑記》〔註34〕，即可找到曾維禎、丁壽泉、陳登元、葉題雁、李清琦、黃宗鼎、蕭逢源、汪春源、施炳修等在內地供職的臺灣進士姓名。其中如，光緒 6 年進士丁壽泉，彰化縣人，授廣東知縣。光緒 18 年進士陳登元，淡水縣人，即用知縣，簽分山東。同治 13 年進士施炳修原名葆修，彰化縣人，授兵部員外郎，調寧都州知州。黃彥鴻，淡水縣人，寄籍侯官，由庶常授編修。這些宦幕大陸文人在大陸期間勤政為民，並在公務之餘寫作了一定數量的詩文。

以上臺灣進士的詩文，大多在最近幾年編選的《全臺詩》、《全臺賦》等選本中有所記載。但仍有少數的宦幕大陸文人的詩文失記或語焉不詳。如清末鳳山縣進士蕭逢源詩作在《全臺詩》出版計劃中雖已整理建檔，但其紙本尚未出版，而且各類文獻也鮮有記述，有待進一步的發掘。而蕭逢源的生平，雖其親生子女亦不知其詳。但作為一個獲得功名的臺灣士子，蕭逢源在其家鄉擁有較好的聲望和口碑，在其為官地則有方志的一些記載，另外，其子女前幾年還健在，他們也非常希望能夠清楚瞭解父親的詳細生平經歷，因此，筆者認為，若經認真查詢，應能爬梳出蕭逢源內渡大陸之後生平的基本面貌。近年來，經筆者艱苦求證，已可大致得出蕭逢源（1867～1926）於 1894 年殿試獲得進士出身以後內渡浙江長期為官，其子女有蕭福珍、蕭福霖、蕭福需等人，其中蕭福珍定居美國終老，蕭福霖返回臺灣定居終老，蕭福需定居北京終老

〔註34〕朱保炯、謝沛霖：《明清進士題名碑錄索引》，上海：上海古籍出版社，1980 年 2 月初版第一次印刷。

的結論。

　　日據前臺灣宦幕大陸的作家除了曾維楨和蕭逢源以外，情況類似的還有李清琦、江昶榮等。據《全臺詩》，「李清琦（？～？），字石鶴。籍晉江。光緒初寓居茄冬腳，遂隸籍彰化。學問淵博，書法瘦勁，名重一方。見洪棄生所作詩文策論，稱為海外異才，手書對聯及一律贈之。未幾赴北京會試，入詞林，與曾維楨、黃彥鴻稱臺灣三翰林。贈詩見洪棄生《謔蹻集》卷七〈遇李石鶴孝廉賦贈二首〉附錄……」〔註35〕臺灣進士江昶榮曾遊宦四川，在四川成都期間曾與當地文人雅士吟詩唱和，其事蹟及作品，目前已有較完善的考述。〔註36〕臺灣文學館出版之《全臺詩》第10冊，第43頁「江昶榮」條中對江昶榮也有相關介紹。另據賴子清《臺海詩珠》記述，宦幕大陸的臺灣進士有二十餘人，宦幕大陸的臺灣舉人有十餘人。〔註37〕其中日據前內渡者雖尚需細加考證，但其中必不乏其人或有重要線索。

　　由此可見，日據前臺灣宦幕大陸的作家還有相當的數量，其生平事蹟及詩文創作均有待於用力探勘，對此一個新的文學群體的研究也可以成為臺灣文學研究的一個嶄新領域，同時也顯示臺灣文學研究上有諸多可以開拓與擴充的空間。希望拙作能夠以淺陋稚拙的考證學力為臺灣文學研究提供新的思路，能夠對學界同好能有些微啟發。更期待學界同仁能不吝賜教，與我一起戮力攻堅，還原再現日據前臺灣宦幕大陸詩人、作家的群像，追尋其在異時空下以同文實現詩寫的歷史腳蹤。

三、臺灣霧峰林家內渡書寫之下的兩岸文脈傳承系譜分析〔註38〕

　　臺灣望族霧峰林家由祖國大陸移墾臺灣，因經濟富足而崛起於臺灣之後繼而不斷有內渡大陸義舉，近二百餘年來，霧峰林家的興衰遭際均與中華民族和祖國的悲歡榮辱息息相關，林家兒女們的內渡書寫也體現了霧峰林家愛國

〔註35〕據施懿琳等編撰：《全臺詩》，吳福助撰「李清琦」條，臺北：遠流出版事業股份有限公司，2004年。

〔註36〕王嘉弘：《清代臺灣進士江昶榮作品考述》，《中國文化月刊》第287期，2004年11月。

〔註37〕賴子清：《臺海詩珠》，臺北市：臺北市文獻會，1982年版。

〔註38〕此部分曾以《霧峰林家的內渡書寫之下的兩岸文脈傳承系譜分析》為題於2021年10月10日發表於教育部社科研究基地福建師範大學閩臺區域研究中心、福建省社科研究基地福建師範大學文學院中華文化傳承發展研究中心主辦的「臺灣霧峰林家與閩臺近代革命史」學術研討會。

愛鄉、保家衛國、開拓拼搏、追求進步、勇於擔當的良好家風，從中可以看出中華優秀傳統文化的一脈傳承。臺灣霧峰林家的內渡書寫為自清乾隆年間至今（2023 年）兩岸的文化傳承展呈了一條極具代表性的傳承脈絡，可以此為樣案分析兩岸文脈的傳承系譜。

（一）家國情懷

　　霧峰林家是由福建漳州移居臺灣後延綿至今的臺灣世居巨族，血緣親情和家族觀念是該家族凝聚至今的首要因素，而這種親族觀念顯然來自於中華民族延續數千年的「香火傳遞」、「血脈傳承」的傳統思想觀念，由這種維護家族共同利益的理念出發，篳路藍縷的艱苦開拓和惡劣的生活環境，甚至還有因惡性競爭而造成的械鬥等外界的危險，都使得這些墾民不得不採取家族成員合作，保護家族成員利益的態度和舉措。霧峰林家這種奮力拼搏、追求美好生活的初衷與樸素意願也恰恰是該家族家國意識形成的起源。霧峰林家開臺始祖林石之所以由漳州渡海赴臺，其主要目標便是改善自己家庭的生活，而當霧峰林家的利益與國家利益產生耦合的時候，其樸素的家國意識便油然生發而出。

　　霧峰林家的利益與國家利益發生耦合的關鍵節點是林定邦被殺，官府判案不公導致的林文察為父報仇事件。清福建按察使桂超萬撰《養浩齋詩稿／養浩齋詩續稿／惇裕堂文集》中有詩記林文察殺仇人後被赦免一事：「孔雲鶴觀察同年昭慈以救林密卿鎮軍文察顛末見示，詩以記之。林為彰化巨族、鎮軍，少豪俠，得眾心，率眾殺父仇，仇家控於京，誣以謀逆，大吏欲剿之。觀察時理鹿港，察其情，憐其才，為緩其事。越年，守臺郡，為剖白詳銷至粵。賊犯閩邊，調林隸曾藍田提　軍玉明營。曾號令嚴明，能用人，林亦樂為之用，戰功疊著，漸躋崇階，閩地乂安頗與有力。故記之。　　懷光本勤王，激之畔朝廷。李勣少無賴，用之為長城。勝敗分一著，世事猶棋枰。林君長豪族，藏甲而練丁。嘗膽報父仇，擅殺干典刑。神君孔奐來，察隱憐孝情。為留有用才，百計全其生。檀溪的顧馬，報主三丈騰。焉有血性男，肝膽不一傾。果然出敵愾，奮擊揚秋鷹。曾銑古名將，倚任如股肱。勳多級漸崇，專閫屯精兵。回思訟獄起，若使誅戮行。不惟保障失，翻恐變亂成。海外何以靖，岩疆何以平。知人民乃安，豈不貴權衡。願效汾陽忠，無負譎仙明」〔註39〕。桂超萬（1784～1863）「字丹盟。安徽貴池人。生於清高宗乾隆四十九年。卒於穆宗同治二年。年八十歲。道光十三年（1833）進士。署陽湖知縣。累至福建按察使。卒

〔註39〕〔清〕桂超萬：《養浩齋詩續稿》卷五，惇裕堂全集本，清同治五年刻，第 6 頁。

於官。超萬著有《敦裕堂古文》四卷。《養浩齋詩稿》九卷，續稿五卷，《宦遊紀略》六卷。」〔註40〕桂超萬在歷史上素以清廉聞名，至今，他的廉政事蹟還廣為各類紀檢、監察部門及相關人士所編寫的廉政案例及廉吏故事書籍中廣為引用，作為與孔昭慈、林文察同時期並與他們有著直接接觸的福建官員，他的記述應該具有很高的可信度。

孔昭慈可以說是為霧峰林家紓難，並助其步入仕途的恩人，他「尤愛才，重林文察材略，白其復父仇可宥而薦之，殺賊立功，官至提督」〔註41〕。孔昭慈（1795～1862）「字雲鶴，山東曲阜人，至聖七十一代裔孫。道光十五年進士，改庶吉士，散館授廣東饒平縣知縣。憂歸，服闋，發福建，署莆田、沙縣。攝興化通判，授古田縣。二十八年，調閩縣，進邵武同知，移臺灣鹿港。時南北匪徒洪恭等陷鳳山，知縣王廷幹、高鴻飛相繼死，郡城岌岌不保。昭慈聞警，航海赴援，協力守禦，殲擒甚眾。咸豐四年，擢臺灣府知府，督捕餘孽，次第蕩平。進道員，備兵臺、澎，加按察使銜，兼督學政，以助餉加二品銜。在臺五年，威信大著，外裔內番悉畏服。……同治元年，彰化亂民戴萬生等糾眾結會謀亂。昭慈偵知，督兵馳抵彰化，部署未定，變起倉卒，城陷，巷戰，力竭不支，殉節文廟先聖前」〔註42〕。孔昭慈在閩臺區域為官頗有政聲，殉節後當局為其謚號立傳，彰化地方為其建祠，「昭慈為政，興利剔弊，不遺餘力。莆田俗好鬥，推誠諭禁，勸以懲忿保身，治正兇不少貸，民憚法罷鬥。邑多孔氏寄籍，為創立義學。沙縣土利藝茶，少耕植，游民竟逐末，暇則事攘奪。為拔茶禁之，而農桑始興，至今利賴。所至停採買，革津貼，捐粟平糶，多損已益民。……治盜嚴明，誅止其魁，盜之良者，或重其賢而避之。……卒年六十八，恤世職，謚剛介，於立功地方建祠。」〔註43〕作為孔子的七十一代裔孫，孔昭慈以其知難而進、保國愛民、殺身成仁的身體力行為霧峰林家做了一個生

〔註40〕 中共北京市東城區紀律檢查委員會，北京市東城區監察局編著：《要留清白在人間 歷代詩人詠于謙》，北京市：中國方正出版社，2014年，第211頁。

〔註41〕 〔民國〕趙爾巽：《清史稿·卷四九〇·列傳第二七七·忠義四》，見〔民國〕趙爾巽等撰，許凱等標點：《清史稿》31（卷481～494），戴逸主編：《足本橫排簡體字本二十六史》196，長春市：吉林人民出版社，1998年，第10271頁。

〔註42〕 〔民國〕趙爾巽：《清史稿·卷四九〇·列傳第二七七·忠義四》，見〔民國〕趙爾巽等撰，許凱等標點：《清史稿》31（卷481～494），戴逸主編：《足本橫排簡體字本二十六史》196，長春市：吉林人民出版社，1998年，第10271頁。

〔註43〕 〔民國〕趙爾巽：《清史稿·卷四九〇·列傳第二七七·忠義四》，見〔民國〕趙爾巽等撰，許凱等標點：《清史稿》31（卷481～494），戴逸主編：《足本橫排簡體字本二十六史》196，長春市：吉林人民出版社，1998年，第10271頁。

動的儒家典範，他對霧峰林家的影響無論是在現實政治經濟生活的幫助方面，還是在道德修養的感化方面，都起到了重要作用。

　　與此相反，後來的臺灣兵備道丁曰健則似乎與林文察頗有齟齬，他在給時任福建巡撫徐宗幹的信中說：「林提軍自十二月十五日入山以後，攻剿奏報各情一切匿不移報，似與商籌之命相違，真不可解。此次得力人少，後來居上之營與前次觀望之將相等，實緣提鎮悉皆籍隸漳泉，各祖其私，撫匪太甚，余逆漏網尚多，竊恐後患非淺」〔註44〕，「職道克復彰城，續擒戴逆，均係會同提鎮奏報，而他營公牘，事前竟不移商，事後又不抄稿寄知，各自為政，無從窺其底蘊，林營捏飾尤甚。職道為全臺長官，縱使他營冒濫妄為，而大體總當恒防力顧，斷不敢因循貽誤，有負恩培」〔註45〕，「林天河係林文察之叔，倚勢作威，搶霸賴姓田屋，以致眾怒，幾乎釀成分類，林密卿奉調回省，本非所願，刻下在彼營投誠之股匪復出滋事，正可藉詞鋪張，挨延內渡，況現據凌令密稟，因彼營駐節揀東，辦理失當，民心不服，各匪意在報復林姓私讎等語，如此情形，若再淹留，非特餉無所出，抑恐另生事端。大憲臺之前無所隱諱，用敢直陳，職道意，重攻剿不留後患，各營各護私人，養癰貽害，因此參差不合。職道為地方起見，何暇與彼爭論閒言也。肅丹稟覆，伏祈垂鑒」〔註46〕。丁曰健之言雖為頗有成見的一面之詞，但從中也可看出清廷在臺其他官員對於林文察的議論和觀察。另據林文察侄孫林幼春（林文明之孫）所撰《先伯祖剛愍公家傳》，「同治二年八月，廷寄達漳，命伯祖以本官攝水師提督督辦臺灣軍務。伯祖念切維桑，九月治裝，十月全師安平上陸。……翌年夏，太平軍李世賢入閩，羽書日夕至，而土勇離家久，多不欲行。伯祖義不內顧，六月某日令本標先發，由艋舺泛海到任。」〔註47〕，由此可知，林文察所率鄉勇確實存

〔註44〕　〔清〕丁曰健：《稟撫軍徐中丞樹人》，丁曰健：《治臺必告錄》卷八，第38頁。
　　　　　清刻知足園刻本。

〔註45〕　〔清〕丁曰健：《稟撫軍徐中丞樹人》，丁曰健：《治臺必告錄》卷八，第39頁。
　　　　　清刻知足園刻本。

〔註46〕　〔清〕丁曰健：《稟撫軍徐中丞樹人》，丁曰健：《治臺必告錄》卷八，第40頁。
　　　　　清刻知足園刻本。

〔註47〕　林幼春：《先伯祖剛愍公家傳》，林獻堂等修輯《臺灣霧峰林氏族譜》，《臺灣文
　　　　　獻叢刊》【第298種】，臺北市：臺灣銀行經濟研究室，1971年，第117頁。
　　　　　另見林幼春：《先伯祖剛愍公家傳》，林獻堂、林幼春編纂《〔臺灣臺中〕臺灣
　　　　　霧峰林氏族譜》1971年臺北中華書局鉛印本，《林文察家傳》，上海圖書館編，
　　　　　陳建華、王鶴鳴主編，王鐵整理：《中國家譜資料選編　4　傳記卷》，上海市：
　　　　　上海古籍出版社，2013年，第809頁。

在「離家久，多不欲行」的因戀家而不願赴戰的想法，而林文察（即林幼春之伯祖）出於「義不內顧」的大局思想，在清廷「羽書日夕至」的多次催促下，方於1864年6月捨家為國，僅率少數部隊（「本標」）「泛海」內渡與太平軍作戰。將林幼春《先伯祖剛愍公家傳》中的林文察形象與丁曰健《稟撫軍徐中丞樹人》書信中的林文察形象兩相對照，可知林文察內渡福建平定太平軍農民起義確實是「本非所願」，因此「挨延內渡」，而對於臺灣島內的同為漳泉鄉親的起義農民也多有從寬處理之舉，當然其中也不免有林天河（林奠國）之表現所展露出的近乎清代臺灣宗族及漳泉分類械鬥所基於的小農經濟思想狹隘思維侷限。

如果從家族史的視角來看，霧峰林家有著濃厚的家族情結，並以家族血緣、姻親關係凝聚起一支精英力量，如丘逢甲、許地山均為霧峰林家的乘龍快婿，可見霧峰林家慧眼獨具，識人有術。而這些霧峰林家姻親的家國情懷更是自不待說，除了1895年的直接抗日保臺之舉，丘逢甲還與福建和廣東的丘家祖地有著親密的血脈與文脈關聯，如他與上海南社詩人、上杭丘復的交往，便顯示了閩粵臺丘姓族譜譜系的延續與切切實實的血緣、親緣。丘逢甲曾在呂炳南設於「筱雲軒」的呂氏藏書樓師從粵籍文士吳子光讀書。而呂炳南曾多次往返大陸與臺灣之間經商、購書，甚至最終也是在赴京趕考回途中於海上遇難。丘逢甲之子丘念臺則曾於1944年為林祖密作傳。林幼春曾師從宿儒林克宏與王君右，也曾師從由廣東來臺的梁鈍庵。林幼春與蔡培火曾一同因抗日活動被日據當局逮捕入獄，而蔡培火與蔣渭水均為臺灣文化協會的重要成員。蔡培火也是臺灣新文學運動的積極參與者。林癡仙（林朝崧）與林南強（林幼春）、蔡培火均與連橫有著深厚的友誼和密切的交往。如此等等，可以看出霧峰林家在兩岸、尤其是閩臺粵區域廣泛多元的人際關係網絡。

丘逢甲、許地山做為霧峰林家的女婿，也展示了與霧峰林家一脈相傳的家國情懷。丘逢甲在其《寄臺灣櫟社諸子兼懷頌丞二首》中云：

> 柏莊誰拾爇余文？櫟社重張劫後軍。
>
> 九十九峰依舊好，盡攜豪筆寫秋雲。
>
> 月泉詩卷憑誰定？還待當年晞髮人。
>
> 遙憶參軍謝皋羽，西臺朱鳥獨傷神。〔註48〕

〔註48〕臺灣抗日親屬協進會主編：《三代民族英雄　百年臺灣世家》，臺北市：臺灣抗日親屬協進會出版，2018年，第65頁。

　　可見丘逢甲是與櫟社（1902 年由林朝崧與林幼春（林資修）等人成立於臺中）詩人們有聯繫的。後林資銓、呂敦禮、傅錫祺、林獻堂也加入其中。其中的林資銓（林仲衡）為林文察之孫、林朝棟之子，林朝崧（林俊堂）為林文明之子，林幼春為林文明之孫、林朝崧兄林朝選（林紹堂）之子，林獻堂（林朝琛）為「頂厝」林奠國之孫、林文欽之子。

　　許地山與林祖密之妹林月森的深厚情感可從《空山零雨》中略窺一二。此處需要注意的是「空山零雨」的「零」字，許地山先生的原著名為《空山零雨》，而非《空山靈雨》，此處的「零」指的是許地山對於逝去的妻子林月森零星的、點點滴滴的日常生活記憶，並非有一些研究許地山先生的著作，甚至是所編選的許地山先生文學作品集中所誤寫的「空山靈雨」的「靈」字。也正是這種看似零零碎碎的記憶片段，越顯出所敘故事的真實性和許地山對於林月森的深情厚意，也可以看出林月森對於許地山的重要影響，《空山零雨》中的「妻」聰明睿智、美麗善良、有著過人的哲思，妙語連珠，溫柔體貼，可謂賢妻良母。另外，從許地山與林月森的女兒林楙新的內渡書寫中，既可以看出她對母親的思念，也可以看出林月森之遺澤，以及霧峰林家通過林月森所傳承給她的優良品性。

　　霧峰林家第九代、臺灣抗日誌士親屬協進會會長林光輝先生曾說：「林家這個『林』是兩個木，一個木在福建，一個木在臺灣，一個木是國，一個木是家！霧峰林家已然沒落，但子孫無怨無悔，我們為先人的犧牲奉獻感到驕傲，為我們家族的愛國精神深深自豪！」〔註 49〕霧峰林家第五代林文察為清軍效力犧牲在漳州；霧峰林家第六代林朝棟內渡大陸後曾在北京任職「兵部郎中敘用」，並曾「捐款臺灣會館，嘉惠後人」〔註 50〕，後曾帶兵駐紮江蘇，病逝於上海後葬於漳州；霧峰林家第六代、「頂厝」林獻堂（林朝琛）有受梁啟超之邀的大陸之行；霧峰林家第七代林祖密在袁世凱稱帝時曾說：「篡國殃民，棄義為詐。國且不國，更何有臺」〔註 51〕；林正熊為父報仇，在福建將殺害父親林祖密的幕後兇手、北洋軍閥張毅抓捕歸案並將其在廣東正法……霧峰林家

〔註 49〕陳鍵興、杜斌、韓淼：《霧峰林家：滄海百年　丹心不改》，《兩岸關係》，2014年第 12 期，第 60 頁。

〔註 50〕臺灣抗日親屬協進會主編：《三代民族英雄　百年臺灣世家》，臺北市：臺灣抗日親屬協進會出版，2018 年，第 23 頁。

〔註 51〕臺灣抗日親屬協進會主編：《三代民族英雄　百年臺灣世家》，臺北市：臺灣抗日親屬協進會出版，2018 年，第 57 頁。

代表人物的種種嘉言懿行在在顯示了他們的家國情懷。

（二）民族意識

　　霧峰林家在家國意識的歷代傳承之下，面對法國、日本等列強的侵略，逐步形成了強烈的中華民族意識。這種意識首先表現為對祖國大陸的民族認同。林石移居臺灣的時候，還有一種寄居臺灣，開墾臺灣，有客居的感覺，還經常回大陸漳州，但到林朝崧這一代，在林朝崧內渡泉州時所寫作的詩作裏面則一直對臺灣有一種鄉愁，顯然已經將生他養他的臺灣視為了魂牽夢縈的故園，因此，霧峰林家從林石將大陸視為故鄉、家園，到林朝崧將大陸視為原鄉，將臺灣視為故鄉、家園，其中的心理變化，頗堪注意，這可以說呈現了一條霧峰林家 200 餘年來歷史記憶、交流記憶與文化記憶交融而成重層性記憶的形構脈絡。

　　林季商（林祖密）恢復中國國籍的申請是霧峰林家中華民族意識的顯著表現。林祖密（1878～1925）曾經對廈門臺灣公會會長林木土說：「我們林家三代管兵，怎能甘心臣事倭奴。孫大元帥所賜一枝指揮刀在此，一旦北伐開始，我決站在陣頭指揮千軍萬馬。我有銀六十萬兩，準備給大元帥隨時調用。」〔註52〕民族主義情感與拳拳赤子之心溢於言表。

　　近代臺灣著名詩人、霧峰林家第六代林朝崧曾在內渡之後寫作了《送呂厚庵秀才東歸二首》描述對於臺灣復歸祖國的自信：「情天再補雖無術，缺月重圓會有時」，詩題中所謂「東歸」意為從大陸東歸臺灣，可見此詩寫於他內渡大陸時期無疑。林朝棟之孫林正亨「則在 1935 年前往大陸，後考入黃埔軍校。畢業才 3 個多月，他就參加了崑崙關大戰。1944 年，林正亨告別已懷有身孕的妻子，參加中國遠征軍，遠赴緬甸作戰，隸屬抗日名將孫立人部。行前，他拍了一張戎裝照，照片上還題寫了一首『滿江紅』詞：『戎裝難掩書生面，鐵石豈如壯士心，從此北騁南馳，戴日月，衣霜雪，笑斫倭奴頭將球，饑餐倭奴肉與血。國土未復時，困殺身，心不歇。』……他與同袍追擊日軍，展開肉搏戰，身中 16 處刀傷。……抗戰勝利後，林正亨致信在臺灣的母親，信中寫道：『臺灣光復，父親生平遺志達到了，要是有知，一定大笑於九泉。國家能獲得勝利強盛，故鄉同胞能獲得光明和自由，個人粉身碎骨也是

〔註52〕林木土與林衡道之對談，《臺灣風物》雜誌，1967 年第 17 卷第 6 期，轉引自臺灣抗日親屬協進會主編：《三代民族英雄　百年臺灣世家》，臺北市：臺灣抗日親屬協進會出版，2018 年，第 56 頁。

值得。』」〔註53〕其言行舉止間閃爍的愛國主義和民族情感振聲發聵、催人奮進。

　　林獻堂（林朝琛）是日據臺灣時期的文化抗日活動的核心人物之一，1946年9月12日，林獻堂擔任團長的「臺灣光復致敬團」在陝西耀縣中山中學舉行遙祭黃帝陵典禮，林獻堂在致辭時說：「光復後已覺有可愛護的國家、可盡忠的民族，永不願再見到有破碎的國家、分裂的民族。」〔註54〕「1946年8月，丘逢甲之子丘念臺先生，也是霧峰林家的姻親，在日本投降一週年時，倡議由臺灣當地仕紳數名組感恩團前往大陸，對國民政府將臺灣重新納為中國領土，表示感謝，並且前往南京拜會國民政府和拜謁中山陵，以及前往西安欲祭黃帝陵，表示追遠溯懷之心，但因戰事故僅能遙祭黃陵。」〔註55〕組成「臺灣光復（臺灣光榮回復到中國領土）致敬團」，林獻堂任團長，葉榮鐘、陳炘、丘念臺、陳逸松等15人參加。祭文由葉榮鐘起草，林獻堂和丘念臺審閱後定稿，「臺灣光復致敬團」成員李建興宣讀。值得注意的是，致敬團中的陳逸松（1907～2000）為中共黨員，後來內渡大陸，曾任全國人大常委，後定居美國，於美國去世。

「臺灣光復致敬團」祭拜黃陵祭文

　　緬我民族，肇源西疆，涿鹿一戰，苗蠻逃荒，
　　南針曆數，書契蠶桑，武功文化，族姓斯張，
　　賢傑繼起，周秦漢唐，內安外攘，國土用光，
　　追尊遠德，國祖軒皇，逮於明末，鄭氏開臺，
　　閩粵漢裔，東渡海隈，驅荷抗清，披闢草萊，
　　聲威遠被，祖業不衰，亙三百載，物阜民方，
　　甲午不幸，乃淪倭寇，彈盡援絕，民主奮鬥，
　　五十年來，慘苦痛疢，壓迫剝削，欺蒙騙誘，
　　嚮往故國，日夜祈救，八年戰爭，民族更生，
　　舊恥盡雪，舊土重享，自由解放，全臺歡聲，
　　宗功祖德，日月光明，時將周歲，特回告祭，

〔註53〕陳鍵興、杜斌、韓淼：《霧峰林家：滄海百年　丹心不改》，《兩岸關係》，2014年第12期，第60頁。
〔註54〕陳鍵興、杜斌、韓淼：《霧峰林家：滄海百年　丹心不改》，《兩岸關係》，2014年第12期，第60頁。
〔註55〕蕭軍：《「臺灣光復致敬團」大陸行始末》，《臺聲》，2006年第10期，第27頁。

> 稍致微敬，遠溯先世，天雨阻道，期復難愨，
>
> 二百里程，乃不能前，郊原布祭，瞻望纏綿，
>
> 橋山蒼蒼，河渭湯湯，千秋遠祖，尚其來饗。〔註56〕

由以上霧峰林家第五代以下的各種深具中華民族意識的內渡書寫可見，近現代霧峰林家的內渡已由被迫內渡逐步轉變為自願內渡，尋找民族之根，尋求來自祖國的支持，為民族而戰，尋求公平正義。

（三）追求社會進步

林文明被殺事件對霧峰林家影響較大，清潘文舫著《新增刑案匯覽》比較詳細地記載了案件的起因、經過及處理結果，案情敘述共六頁，特轉述其要者如下：

> 後傳到原告林允文等十名訊供取結。吳贊誠路經彰化，沿途復收黃味等呈詞十三紙訊供與委，查無異。臣璟與前撫臣李明墀親提研鞫，凌定國與林應時等各供如繪。歷次查訪林文明滋事正法各情節與前督臣英桂原奏相符。林戴氏三次京控所稱嚇詐謀害、駕陷串捏各情，逐層詳覈，語皆捏砌，業經縷晰，覆奏有案。其四次京控呈詞大略相同，無庸贅敘。奉飭拿之林萬得等節，經催拿未獲，探本窮源，不為清理田產則此案斷無了期，特委同知孫壽銘等前往將林文明被控占產各案逐一詳查，秉公斷理，即據林朝棟代其祖母林戴氏赴案遵斷具結。至林奠國即林天河，平日與林文明相倚肆惡，其被控強佔搶擄案，情罪較重，經前臺灣道丁曰健及前督臣英桂先後奏參查辦，飭司留禁，於光緒六年六月初七日在監病故，由侯官縣驗訊詳報。林奠國與其子林文鸑亦先後遭抱京控，茲據林文鸑具結息訟，只求從寬斷結。是林文明之被殺並無冤抑，林奠國亦非羅織所致，不待言而自明。〔註57〕

在霧峰林家「下厝」為自身所遭遇的不公所進行的鬥爭過程中，與林戴氏的為林文明洗雪冤屈的同時，「頂厝」林奠國也在為清廷虧欠的軍餉而展開越

〔註56〕葉榮鐘、林獻堂、丘念臺、李建興：《臺灣光復致敬團〈祭黃陵文〉》，葉芸芸、陳昭瑛主編：《葉榮鐘全集7‧葉榮鐘早年文集》，臺中市：晨星出版有限公司，2002年，第361～362頁。

〔註57〕〔清〕潘文舫：《閩督奏林戴氏四次京控一案》，〔清〕潘文舫：《新增刑案匯覽》（共16卷）「卷十二‧訴訟‧越訴」，第5頁。

級上訴（「京控」），當然，林奠國的一系列行為卻似乎往往起到了一種招惹非議、自私而不顧大局的作用，如孔昭慈遭難在彰化被圍，作為霧峰林家的恩人，林家理應出手相救，但據歷史記載，林奠國卻因另一鄉勇首領臨陣倒戈，不得已回到莊裏自保，而孔昭慈則在漳州城內孤軍作戰，最終因外無援軍，彰化城被攻破，飲藥自盡，連當時的反叛部隊中的戴潮春陣營裏的「土匪」看到孔昭慈的屍體，都覺得惋惜，為其「斂殯歸喪」〔註58〕，愧稱「吾輩負孔使君矣！」〔註59〕，由此可見孔昭慈在臺灣的威望。如果孔昭慈沒有遇害，以他的威望，以及他與霧峰林家的過命交情，霧峰林家可能便不會有後來林文明被莫名其妙地殺害、林家被臺灣官員們為難、迫害的結局。大陸當代作家閻延文小說《滄海神話》，以及由該小說改編的電視連續劇《滄海百年》雖未敘述林奠國一事，卻也表現了霧峰林家對於無力救援孔昭慈的歉疚。而在林戴氏為林文明伸冤，四次到京控訴的過程中，林奠國也與林戴氏幾乎同時展開了「京控」，標的物則是他率領鄉勇隨林文察在漳州作戰時清廷虧欠士兵們的軍餉。而林奠國恰恰因為此事被清廷追究與太平軍作戰時林文察壯烈犧牲而自己卻撤軍回到福州的責任，最終因病死在牢裏。霧峰林家林奠國一支與林戴氏為林文明伸冤案件同步越級上訴，雖然也是意在尋求公平正義，但在當時黑暗專制的清政府統治下，不得不說只是一種幻想，而且可能沖淡了霧峰林家為林文明鳴冤昭雪的悲情力度。

連橫的《臺灣通史》對霧峰林家林文明被冤屈一事是持同情態度的，可以說是支持霧峰林家的。福建巡撫岑毓英、臺灣巡撫劉銘傳也認為林文明是被冤殺的。但其他臺灣官員大都對霧峰林家持不支持的態度，認為林文明被殺並無冤情。反對力量之大，也導致劉銘傳心有餘而力不足，只好不了了之，而最終岑毓英有感於林朝棟在輔助其建設臺灣水利工程時的真誠與效力，多方調解，奏請清廷，以取消林文明「謀逆」之說，予以林家經濟方面的優惠政策而告終。以上種種，均可看出臺灣官場之黑暗，這些不公觸發了欲以正當途徑和手段解決問題的霧峰林家赴省（福州）上京（北京）的內渡行動，從某種

〔註58〕〔民國〕趙爾巽：《清史稿·卷四九〇·列傳第二七七·忠義四》，見〔民國〕趙爾巽等撰，許凱等標點：《清史稿》31（卷481～494），戴逸主編：《足本橫排簡體字本二十六史》196，長春市：吉林人民出版社，1998年，第10271頁。

〔註59〕〔民國〕趙爾巽：《清史稿·卷四九〇·列傳第二七七·忠義四》，見〔民國〕趙爾巽等撰，許凱等標點：《清史稿》31（卷481～494），戴逸主編：《足本橫排簡體字本二十六史》196，長春市：吉林人民出版社，1998年，第10271頁。

意義上也可以說，霧峰林家內渡大陸是到大陸來追求社會進步、尋求光明之路、公平正義之途的。

霧峰林家歷代領頭人的優秀事蹟也呈現出了敢為人先，追求進步的精神。除了抗擊外國侵略、保衛家園以外，他們還敢於創新，勇做社會先鋒，無論是在實業、經濟，還是政治、軍事、文化方面，均一直走在臺灣社會的前沿。這種追求個人進步與追求社會進步相結合的處世態度在其內渡行為、內渡書寫，以及內渡之後的行動中得到了淋漓盡致的展現。「光緒三十年（1904），林朝棟逝世，林祖密棄臺灣之家產而內遷廈門鼓浪嶼。民國初創，他在孫中山助手徐瑞霖的進說下，毅然於 1915 年加入中華革命黨，參與反袁護國的革命鬥爭」〔註60〕。林祖密「光緒末年，協助鼓浪嶼文字運動先驅，盧戇章出版《中國字母北京切音教科書》，並為之贈聯『卅年用盡心機，特為同胞開慧眼；一旦創成字母，願教我國進文明。』」〔註61〕此外，葉劍英與林祖密是戰友，並曾在鼓浪嶼林家居住過；林雙盼在重慶與葉劍英、周恩來等是鄰居，周恩來、鄧穎超、董必武是林雙盼與魯明的證婚人，這些與中共領導人的親密友誼都可以說是林祖密、林雙盼、林正亨追求進步、走向紅色革命的表現或契機。

霧峰林家「頂厝」在臺灣日據時期也有著發起和支持「文化抗日運動」的進步表現。林獻堂（1881～1956）曾於 1895 年內渡泉州，1897 年返臺。「梁啟超曾到林家『萊園』作客，寫了許多『萊園雜詠』詩詞，使得霧峰林家萊園更加出名。他勸說林獻堂、林幼春叔侄，不可『以文人終身』，須努力研究政治、經濟以及社會思想等學問。」〔註62〕梁啟超曾在萊園贈詩林獻堂：「小亭隱兒到黃昏，瘦竹高花靜不喧。最是夕陽無限好，殘紅蒼莽接中原」。由林獻堂與梁啟超的交往和他對於梁啟超的崇拜，以及他一直主張的「議會設置運動」可以看出，他承繼的是梁啟超資產階級改良思想的餘緒，因此，他有著小資產階級的軟弱性和動搖性，這也導致了他與林正亨、林雙盼等新一代內渡的霧峰林家傳人們所走道路的差異。

〔註60〕 肖林：《「閩南軍事件」與林祖密遇害》，中國人民政治協商會議福建省漳州市薌城區委員會文史資料委員會編：《漳州文史資料》第 12 輯，1990 年 4 月，第 4 頁。

〔註61〕 臺灣抗日親屬協進會主編：《三代民族英雄　百年臺灣世家》，臺北市：臺灣抗日親屬協進會出版，2018 年，第 63 頁。

〔註62〕 臺灣抗日親屬協進會主編：《三代民族英雄　百年臺灣世家》，臺北市：臺灣抗日親屬協進會出版，2018 年，第 68 頁。

在臺灣日據時期，與霧峰林家有著密切聯繫的連橫等臺灣知識人對於墨子之學的討論也很值得注意，霧峰林家的思想主流是儒家的忠孝節義，以及民間的宗族宗法思想，但他們抵抗侵略、躬行實業，始終不棄農工商技的實踐精神和決絕的戰鬥精神，卻與墨家思想高度契合。因此，霧峰林家將儒家思想和墨家思想有機地融合於一體，而這種儒墨融合的理念貫串了霧峰林家自開臺始祖林石以下的數代子孫直至今日。

（四）社會擔當意識

分析霧峰林家的勇於擔當的精神脈絡，可以看出由古延續至今的儒家思想和墨家思想的融合（如孔子的孝悌思想、孟子的捨生取義思想、墨子的「非攻」、「兼愛」思想），晚清洋務運動時期的左宗棠、劉銘傳等人的洋務救國思想，孫中山及辛亥革命時期的民主救國思想，五四運動時期的民主科學思想，新民主主義運動時期的馬克思主義信仰和共產主義理想，這些思想觀念有機融匯在一起，養成了霧峰林家一直以來的積極入世、經世致用，勇於帶頭承擔社會責任的品格。

霧峰林家所遭逢的種種歷史事實證明，清政府、民國都不能給予以霧峰林家為代表的臺灣同胞以真正的公平正義的幸福生活，只有社會主義才能救中國，只有共產黨才能救中國，這也是霧峰林家的優秀兒女林正亨、林雙盼等所一直想要實現，甚至不惜犧牲自己的生命而為之去奮鬥的理想，他們開始為理想信念而戰。林正亨在寫給母親的信中說：

> 親愛的母親：
>
> 　　我以一半興奮、一半悲傷的心緒寫這封信給你，記起自南京別後已是九個年頭。這漫長的征戰中，以前曾在湖南寫一封信寄表姐處轉交給你，民國三十一年我回漳州的時候，寄一封信及相片由四哥處轉寄，這兩封信我都不敢相信能寄到。我們時時在想念你，也曾流了不少思親的眼淚，我們想像你老人家也一定為你烽火中的兒女焦愁，你那油黑的雙鬢也隨著時光變為蒼霜。現在戰爭是勝利了，故鄉也已經收復，你要為你作戰九年的兒女光榮而驕傲。在這神聖的戰爭中，我可算盡了責任。臺灣的收復，父親生平的遺志可算達到了，要是有知，一定大笑於九泉。我的殘廢不算什麼，國家能獲得勝利強盛，故鄉同胞能獲得光明和自由，我個人粉身碎骨也值得。請母親不要為我殘廢而悲傷，應該為家族的光榮來歡笑，你

並沒為林家白白地教養了我，我現在成了林家第一勇敢和光榮的人
物。〔註63〕

林正亨於 1950 年 1 月被槍殺於臺北市馬場町刑場之前，寫下了題為「明
志」的絕筆詩：

> 乘桴泛海臨臺灣，不為黃金不為名，
> 只覺同胞遭苦難，敢將赤手挽狂瀾。
> 奔逐半生勞心力，千里河山不盡看，
> 吾志未酬身被困，滿腹餘恨夜闌珊。

——林正亨絕筆《明志》

由此，霧峰林家的這種社會擔當意識和歷史責任感，已經昇華為新一代
霧峰林家內渡人乃至所有優秀的臺灣內渡者新一代的一種人生理想和革命信
仰。林正亨之子林為民（林義旻）先生說：「國家同構　國比家大」〔註64〕，
「心有一團火，溫暖眾人心」〔註65〕。清代內渡進士汪春源曾孫汪毅夫先生
說：「我們再也不會讓一片大好河山說割讓就割讓，沒了就沒了」〔註66〕。丘
逢甲侄孫女丘秀芷女士說：「風燈上的種子永生不滅……漢人魂」〔註67〕。這
些為國為民，追求民主和科學，無論是人生境界、思想的高度，均已超越了此
前清代時內渡先賢們因歷史條件限制而造成的封建愚忠思想等認識偏限。

（五）結語

有感於臺灣社會的黑暗，到祖國大陸尋求公平、正義與光明，是霧峰林家

〔註63〕臺灣抗日親屬協進會主編：《三代民族英雄　百年臺灣世家》，臺北市：臺灣抗
　　　　日親屬協進會出版，2018 年，第 74 頁。

〔註64〕林義旻：《家國同構，國比家大——我的父親林正亨》，《黃埔》，2019 年第 3
　　　　期，第 46 頁。

〔註65〕林為民：《心有一團火，溫暖眾人心》，見統編版（部編新版）高一語文教材必
　　　　修上冊第二單元，教育部組織編寫：《普通高中教科書·語文（必修）》，北京
　　　　市：人民教育出版社，2019 年，第 38 頁。該課文選自北京日報創刊 60 週年
　　　　紀念文集編委會編：《北京日報創刊 60 週年紀念文集·優秀新聞作品集》（下），
　　　　北京：同心出版社，2012 年，第 358～361 頁。原文原載 1977 年 12 月 24 日
　　　　《北京日報》。

〔註66〕石國亮主編：《中國夢大學生教育讀本》，北京市：中國言實出版社，2014 年，
　　　　第 73 頁。

〔註67〕丘秀芷：《風燈上的種子永生不滅》，見劉小新、李詮林、黃科安主編：《海峽
　　　　兩岸抗戰文藝傳統與民族精神傳承》，鎮江市：江蘇大學出版社，2017 年，第
　　　　18～22 頁。

內渡的動機之一。引導霧峰林家由福建漳州東渡臺灣的動力是對美好、富裕生活的嚮往和追求，而當這種富裕生活獲得以後，他們發現，物質上的富足並不一定意味著他們可以安居樂業，他們遭遇到了其他墾民的惡意競爭、來自貪官污吏的敲詐勒索，甚至栽贓陷害，於是他們開始自己謀求公平正義的鬥爭歷程，是正如梁啟超所言，需首先知器物之不足，而器物之不足獲得彌補之後，他們方發現，原來器物上的滿足並不一定就能給他們帶來幸福生活，於是他們發現了制度上的不足，他們要去抗爭，於是才有林戴氏的四次「京控」（「越訴」）。由此也可以聯想到賴和筆下內渡「唐山」告狀的「林先生」（見賴和小說《善訟人的故事》）。而賴和恰是彰化人，不能說賴和沒有受到霧峰林家的影響。

　　影響霧峰林家的最大可以說有四個人物，第一個是孔昭慈，他是孔子的嫡系後裔，可以說他是林文察乃至霧峰林家的恩人，他給霧峰林家帶來了儒家思想的言傳身教的影響；第二位是梁啟超，林朝崧、林幼春都與他有著直接接觸和密切的交往；第三位是孫中山，林祖密的閩南軍司令即為孫中山先生所任命；第四位是周恩來，林正亨曾就讀於黃埔軍校二期，周恩來應該是他的老師，同時，林雙盼的丈夫魯明還曾擔任過董必武的秘書，而許地山的第二任夫人周俟松也是周恩來夫人鄧穎超的同學。由此可知，林定邦、林文察所一脈傳承的霧峰林家「下厝」是中華民族優秀文化傳統一脈傳承的典型代表，而且也代表了臺灣鄉土社會文脈傳承的主流。另外，後來「頂厝」的林獻堂也參加了梁啟超、林朝崧、林幼春等的愛國活動，並且參加了具有抗日色彩的櫟社，組織發動了其他一些抗日文化活動。

　　早先的臺灣先輩們的內渡書寫，其目標往往集結於個人的榮辱得失，體現為樸素的而非自覺地報國為民，但馬關條約簽訂以後以迄當今的內渡書寫往往具有明顯的救國救民的愛國主義自覺意識。從對美好生活的追求出發，進而尋求公平正義，再而追求社會進步，並由此昇華為革命理想與思想信仰的階段，這是臺灣霧峰林家文脈傳承的基本脈絡，也代表了幾代優秀臺灣內渡人士的文脈傳承系譜主線。新一代的臺灣內渡人士有了更高層次的精神追求，也有了超越先輩的成就，如當代的原全國臺聯會長汪毅夫先生，就對於國家、社會的影響面而言，他對於國家的貢獻，對於兩岸和平發展的貢獻已經不遜於其曾祖父汪春源先生當年的義不臣倭、居家內渡之舉。林文察及其子林朝棟、林文明及其子林朝崧，他們的名字中，「棟」字號軍隊的「棟」字與「櫟」社的「櫟」字都有著寓意。林朝崧筆下的孫逸仙形象和林祖密追隨中山先生的行

動，表達了他們對孫中山為國為民精神的崇仰，從中也可看出孫中山對他們的影響。當代的林正亨和林岡的共產主義精神表現出了馬克思主義中國化在臺灣同胞社會生活中的實踐和發展歷程。此外，從林光輝、林為民先生的名字的用字，也可以看出霧峰林家對於光明、正義和社會進步的期望及其所寄寓的理想信念。

回顧霧峰林家二百餘年的歷史，影響霧峰林家數代人及其所帶動的優秀臺灣兒女們保家衛國、慷慨赴義的精神支撐中，有墨家思想、儒家的孝悌思想和捨生取義思想、經世致用思想、精忠報國思想，以及由此而生發的家國意識、民族意識、追求進步的精神、敢為人先、社會擔當意識，當然，也不排除有傳統社會的宗族、宗法觀念。臺灣世族霧峰林家由漳州籍墾民轉而為臺灣墾首，進而跨海為官為紳，其家族史之可考文獻豐富多元。德國考古人類學家揚·阿斯曼曾指出，「人在這個世界生存需要兩種記憶，一個是短時段之內的交流記憶，另一個則是長時段之內的文化記憶」〔註68〕，而在霧峰林家的家族史料，尤其是相關的臺灣內渡大陸書寫之中，短時段內的口述交流記憶、長時段的歷史記憶與文化記憶兼有，集體記憶與個人記憶共存，是清中期以來閩臺社會歷史變遷的鮮活例證，為兩岸文脈傳承譜系的梳理提供了多重證據，且證據鏈連續不斷而清晰可辨，代表性及可信度較強。

由其家族成員的內渡書寫可以透析出以霧峰林家為代表的優秀中華臺灣兒女的家國情懷、民族意識、對社會進步的追求，及其可貴的社會責任感，他們從最初對美好生活的樸素追求起步，發展至尋求個人所需的、局部的公平正義，進而轉變為追求整體的、大眾的社會進步，並最終昇華至為理想信念與信仰而戰的崇高思想境界。此種愛國愛鄉愛家、抵抗侵略、敢為人先和勇於擔當的精神，有著儒墨融合、中西融匯的思想文化特徵，是中華優秀文化傳統的繼承和發揚。

四、陳維英的交遊及其《偷閒錄》考異〔註69〕

陳維英是晚清臺灣舉人，曾內渡任閩縣教諭等職，其詩作對偶工整，善於

〔註68〕〔德〕揚·阿斯曼著，金壽福譯：《關於文化記憶理論》，陳新、彭剛主編：《歷史與思想　第一輯：文化記憶與歷史主義》，杭州市：浙江大學出版社，2014年，第13頁。

〔註69〕此部分曾以《陳維英及其交遊》為題發表於《團結報》（北京），2021年4月29日06版文史週刊。

用典，頗有宋詩風度，他的對聯尤為人稱道，曾集為《太古巢聯集》。陳維英的文學作品有著較高的文學價值，在閩臺文學史上有著重要的地位。《偷閒錄》是署名為陳維英的手抄本詩集，探其根本，實則為後人搜集、抄寫、整理陳維英的詩作之後所成的陳維英詩作輯錄，因陳維英將自己的居所命名為「太古巢」，且《偷閒錄》中所錄詩作也不盡然是陳維英作品，其中有一部分是他人與陳維英的唱和之作，或者是他人（甚至包括與抄寫者同時期的日據臺灣時期人士）對於陳維英的紀念與評說，所以，《偷閒錄》的抄寫者也將《偷閒錄》稱為「太古巢詩鈔」、「古今詩鈔」。筆者經艱苦校對整理，終於在 2017 年將本人校注的《偷閒錄》於福建教育出版社付梓出版，該點校本收入《臺灣古籍叢編》第六輯（陳慶元先生主編），有幸忝列於中華優秀出版物圖書獎圖書之中。在此校注本出版之前，海峽兩岸尚未曾將《偷閒錄》付梓正式出版，讀者所能看到的也僅僅是幾種手抄本版本的《偷閒錄》而已。由此也可看出，基於發明國粹，使之不致淹沒消殆、為人遺忘的考慮，對陳維英的《偷閒錄》等著作進行整理研究實屬必要。

（一）陳維英生平

陳維英（1811～1869），字石芝，一作碩芝，號迂谷，臺灣淡水廳大龍峒港仔墘（今臺北市大同區大龍峒）人，祖籍福建省泉州市同安縣，係淡水富商陳遜言第四子。陳維英少聰慧，博覽群書，與伯兄陳維藻名揚庠序之間。

陳維英出生於清嘉慶十六年（1811）十月二十日酉時。嘉慶二十一年（1816），陳維英入私塾就讀。道光五年（1825），其伯兄陳維藻考中舉人，陳維英進學入泮，取得生員資格。道光八年（1828），蒙臺灣道劉重麟取進臺灣府學，始往來於淡北與臺南之間參加歲考及科考。道光十五年（1835），陳維英赴省垣（福州）參加鄉試，不第。道光十八年（1838），臺灣道姚瑩取陳維英為第一等第二名補廩兼優行生。道光二十四年（1844），陳維英啟程赴閩，夏省垣（福州）水災，因捐輸錢穀有功被派遣於次年出任閩縣教諭。道光二十八年（1848），陳維英遵奉其父陳遜言之遺囑，捐三千餘金為學海書院膏膳，淡水同知黃開基為之旌表樹德。陳維英在閩任教諭期間，在地民眾和生員皆以師禮尊之待之，所栽培的後進皆成公門精英。任滿歸臺後，他於道光二十九年（1849）出掌仰山書院，咸豐初元（1851），舉孝廉方正，咸豐九年（1859），赴福州鄉試，考中舉人，咸豐十年（1860），北上春闈，不第。以舉人捐內閣中書，任內廷國史館分校，入直紫薇省。咸豐十一年（1861），退隱掌教艋舺

學海學院。同治元年（1862），戴潮春之役起，淡北動盪，陳維英勸捐餉糧，與紳士合辦團練，因功勳顯著而獲賞戴花翎，同年（1862），遷居劍潭圓山仔太古巢。同治八年（1869）九月初五，陳維英辭世，享年五十九歲。陳維英是臺灣近代文學史上的重要詩人，平生著有《鄉黨質疑》、《偷閒錄》、《太古巢聯集》等作品，尤以其傑出的楹聯創作而享譽臺灣。

（二）陳維英的交遊

陳維英喜山水，好遊樂，僅就《偷閒錄》詩作中所記載的遊歷情況而言，他的足跡已遍及黃河南北，不只侷限於臺灣一地，可謂閱盡祖國海峽兩岸東西南北的大好河山，其中包括河北省、安徽省等地。在遊歷的過程中，陳維英還結交了許多好友，並互有唱和。此種境況，可以《偷閒錄》詩作為證，僅舉一例如下：

> 八月九日，同林丈文翰舍人，同年邱湯臣進士，
>
> 家鏡驪比部，及門、家洞漁中翰，出都豫楚、江右回閩，途中漫興
>
> 　同譜同官同本生。同餐同宿又同行。燕山楚水觀風俗。茅店蓬
> 窗話月明。處處關心詢古蹟。時時屈指數歸程。五人外更添新伴。
> 秋塞南飛旅雁征。

經查，咸豐九年已未（1859）恩科補行戊午（1858）正科周慶豐榜的臺灣舉人有：淡水廳：李望洋，簡化成；彰化縣：蔡德芳，黃煥奎，陳培松，陳肇興，李文元，陳維英，陳謙光，李春波，林國芳，林維讓。其中並無邱湯臣，因此可知邱湯臣應為臺灣島外的清代舉人。另據《偷閒錄》中陳維英一首題為《贈湯臣》的詩作中有「庚申春闈君售予黜」的自注，查《光緒明清兩代進士題名錄》，庚申春闈（咸豐十年，1860）得中進士者名單中姓邱者僅有邱銘勳一人，邱銘勳，福建福州府閩縣人，清咸豐十年進士第三甲第一百零六名，賜同進士出身，由此推斷，邱湯臣即為邱銘勳，「湯臣」應為邱銘勳的字號。另據《光緒武清縣志》，邱銘勳曾任該縣知縣，乃「同治六年任，邱銘勳，字丹臣，咸豐庚申進士」，至此，可以斷定，「湯臣」乃「丹臣」之誤寫，或者是古人常用的通假字、切音字的用法，畢竟「湯」與「丹」二字讀音相仿。而查曾擔任清代刑部官職的名陳鏡驪者，始終不得其人，但可查到的名鏡驪者是來自板橋林家的林爾康。林爾康，字鏡驪，板橋林家林維讓之次子，林維源之侄，乙未割臺時內渡大陸，後逝世於福州。如果陳維英詩中所言鏡驪為林爾康，那麼陳維英為何稱他為「家鏡驪比部」？此疑問目前恐無法找到確證的解

答，但有一點可以肯定，陳維英可以稱為「家鏡驪」的人，要麼名字叫「陳鏡驪」，要麼這個「鏡驪」就是與陳維英關係極其親近的親屬，或者是義子。由此也可以進一步推斷，如果此「鏡驪」就是林鏡驪（林爾康），那麼，林爾康一定與陳維英有著極其親近的近親屬關係。而由本文上述，陳維英與林爾康之父林維讓為同年的舉人，可知陳維英、林維讓應該相識，那麼陳維英與林維讓之子林鏡驪（林爾康）關係非同一般也就在情理之中了。如果是這樣，陳維英將林爾康視若己出也是合乎人之常情的了。

至於陳維英所言「家洞漁中翰」，可由陳培桂編纂《淡水廳志》與王松《臺陽詩話》之中找出行蹤。陳培桂編纂《淡水廳志》中的《淡水廳志撰輯姓名》中云：「採訪：署臺灣府學訓導楊承藩敏甫。侯官人、舉人吳子光芸閣。本廳人、候選同知翁林萃史雲。本廳人、舉人張書紳子訓。本廳人、戶部湖廣司員外郎林維讓巽甫。本廳人、候選知府內閣中書陳霞林洞漁。……」。《臺陽詩話》則曾經記述了陳洞漁才思敏捷、善於聯對的一段佳話：「蘇虎七來臺遊幕，少髯而善謔。嘗於席間酒酣自出對聯云：『好容易生數莖鬚，細細算來，一二三四五六七』；時有陳洞漁孝廉（霞林）即席對云：『真快活飲幾杯酒，昏昏睡去，寅卯辰巳午未申』。滿座皆鼓掌而笑。」（見王松《臺陽詩話》）因此，確有陳洞漁此人無疑，而非「林洞漁」。

除此之外，陳維英的交遊亦可做為陳維英的生平及其《偷閒錄》中的詩作真偽的考證線索，以下略舉幾例：

陳維英兄弟四人，他排行第四。另有一說，陳維英有兄弟五人，如果查對《偷閒錄》詩作，此說是有根據的，理由是，其五弟名屏君，太古巢別墅即為其為陳維英建成（事見臺灣大學圖書館楊雲萍書庫藏本《偷閒錄》（楊雲萍抄本），第 1 頁）。

《偷閒錄》第三冊中的林天齡所作《悤雪邨潛園偶詠》一詩應為陳維英所作無疑。因為，經考，林天齡，字受恒，福建長樂人，同光年間曾任翰林院侍讀學士，咸豐九年舉人，與陳維英為同年中舉。林天齡為咸豐十年（1860，庚申年）擔任的翰林院庶吉士，因此被陳維英稱為「庚申翰林」。

《偷閒錄》中《辛酉暮春，遊嘉禾嶼之金榜山，敬訪吾祖唐名賢場老先生讀書處，繞徑上東山，祭其墓》一詩中提及「唐名賢薛令之，亦居嘉禾嶼，號薛嶺。公宅嶺南。時稱南陳北薛。卒葬東山、白雲岩前。」其斷句頗費周折。經查《福安縣志‧雜記》：「虎山西北有嶺，曰薛嶺。嶺南，唐陳黯居焉；嶺

北，唐薛令之自福安家於此。時號『南陳北薛』。(《閩書》)」。而清周凱所纂輯《廈門志》云：「薛嶺在洪濟山西北（採補）。薛沙卜居於此，人稱所居嶺為薛嶺；嶺之南，唐陳黯宅在焉。時號為南陳、北薛（《覽勝志》。據《府志》云：「薛令之徙家於此，號為南陳、北薛」）。下有覺性院，極寬敞；常住僧八、九十。今坍，只存數椽（《鷺江志》）。」又云：「按《閩書》，以薛令之徙居此嶺，與陳黯號為南陳、北薛；《泉州府志》本之。而《同安縣志》引《覽勝志》辯論：令之本傳不載其遷寓同安；以沙為龍溪尉，因居於此。又考朱子《金榜山記》，亦曰：『令之之孫』。今從《縣志》。」因此，《福安縣志·雜記》及《閩書》中所云「虎山」乃在廈門。而東山白雲岩則指現漳州東山島白雲岩。

　　陳維英弟子眾多，桃李滿園，在當時臺灣各界享有崇高的威望。王松《臺陽詩話》中曾記載了陳維英去世時各界寫給他的輓聯：「黎召民觀察（兆棠）挽陳迂谷廣文（維英）聯云：『徒頑服教，弟傲克諧，具先正典型，鄉里有聲山斗仰；我甫宦來，君何仙去？歎老成凋謝，瀛壖無色海雲低』！廣文為吾鄉鄉賢鄭藻亭徵士高弟；有哭師聯云：『於先生不能口贊一詞，品也、學也；在弟子只有心喪三載，傷哉！哀哉』！」（見王松《臺陽詩話》）。

（三）《偷閒錄》的版本及其校注

　　現存並可見的《偷閒錄》，大致有陳曉綠抄本、陳鐓厚藏本、廖漢臣據陳鐓厚藏本整理發表之《臺北文物》版《偷閒錄》、民國毛筆字手抄本《偷閒錄》、《全臺詩》本、臺灣大學圖書館楊雲萍書庫藏本《偷閒錄》（以下簡稱楊雲萍抄本）等幾種版本。此外，賴子清《臺海詩珠》等著作中也零星收錄了一些陳維英詩作。

　　《偷閒錄》抄本眾多，但原作未見流傳，因而各版本的差異較大，許多版本之中收錄的詩歌並非全為陳維英著作，其中夾雜了一些他人之作。這就需要點校者認真辨別，分清陳維英詩作與他人之作，這也就增加了點校的難度。然於蛛絲螞跡中追根溯源，亦給注者平添無限樂趣，以下不妨略舉數例以饗看官：

　　《太古巢即事》第二首有詩句云：「白雲為我鎖柴扉。俗客不來苔蘚肥。露煮春茶將葉掃。風吹詩草並花飛。」其中「露煮春茶將葉掃」一句，「臺灣分館」藏本（曉綠抄本）於此詩句寫做：「露煮春茶將葉掃」，抄者且注云：「春一作鐺」。臺灣大學圖書館楊雲萍書庫藏本《偷閒錄》（楊雲萍抄本）於此詩句寫做：「露煮春茶將掃葉」，並在此詩句頁上空白處注：「掃葉、乃葉掃之誤。」

然筆者查四部叢刊本《戰國策校注》序附言有語云「校書如塵埃風葉，隨掃隨有」，傅增湘《藏園群書題記》亦有「掃葉之功」之語以喻校勘書籍之功。故而「掃葉」既可用以實指清掃落葉，又可用以虛指詩人讀書校書，可謂一語雙關，且意境悠遠而格調高雅，遠比「將葉掃」雅致。王國維所謂「有境界則自成高格，自有名句」，高下之分，一字定之。本來筆者擬採臺灣大學圖書館楊雲萍書庫藏本《偷閒錄》（楊雲萍抄本）原貌，用做「露煮春茶將掃葉」，然筆者於楊雲萍先生注中「掃葉、乃葉掃之誤。」一說開始則不認同。然而，經過仔細對比上下兩句詩句，其實這是一句聯語，上下句間有對偶的關係，「將葉掃」是與下句中的「並花飛」相對的，「露煮」則與「風吹」相對。由此推斷，「露煮春茶將葉掃」似乎更適合用於對偶，因此筆者在校注時只好「忍痛割愛」，選擇了「露煮春茶將葉掃」，放棄了「露煮春茶將掃葉」。於「煮」與「煮」字，筆者則認為，既然是以葉燒茶，則用「煮」字更為妥帖。

而《太古巢即事》第二首有詩句云：「隔一重江佛國開。劍潭寺隱望林隈。山僧日日通音問。故送鐘聲渡水來。」其中的「佛國」，「臺灣分館」藏本（曉綠抄本）寫做「佛國」，臺灣大學圖書館楊雲萍書庫藏本《偷閒錄》（楊雲萍抄本）於此詩句寫做：「佛閣」，並在此詩句頁上空白處注：「佛閣、二皆作佛國。」楊雲萍此處所言「二」應指其手頭所有之三種版本（一為原三冊，僅抄存兩冊之《偷閒錄》抄本；二為「錄詩凡四十首」之「已故某氏」摘抄本；三為「錄詩約六七十首」之楊雲萍「祖遺手抄本」）中的前後兩種版本。因為楊雲萍所擁有的第二種摘抄本「係抄自前揭《偷閒錄》第一冊者」。（參見楊雲萍《陳迂谷之詩及其詩集》，張炎憲編《南明研究與臺灣文化》，第 494 頁，轉引自許惠玟：《陳維英〈偷閒錄〉版本研究》，《臺北文獻》直第 161 期，2007 年 9 月 25 日，第 33 頁。）

《臺北文物》版《偷閒錄》（《臺北文物》二卷二期至三卷四期連載，廖漢臣整理並注釋，1953 年）乃為根據陳鐵厚所珍藏之抄本選錄刊登的版本。陳鐵厚藏本本有詩七百二十六首並他作若干，另有聯文四首（《重修臺灣省通志‧藝文志》中又說有聯文四百首），但《臺北文物》僅選錄其中的一部分刊出。

經對照，曉綠抄本之偷閒錄第二冊在楊雲萍抄本中被列為第三冊，而楊雲萍抄本《偷閒錄》之第二冊則為曉綠抄本《偷閒錄》之第三冊。今注者仍沿用腳本曉綠抄本體例，保持其原貌，現今之第二冊內容仍為曉綠抄本第二

冊內容。

曉綠抄本第二冊末一首詩為《建醮有感》，而楊雲萍抄本第二冊末一首則為《賣花聲賦》。而《賣花聲賦》已在曉綠抄本第一冊出現。

《憩雪邨潛園偶詠》中「水邊疏影忽橫斜」中將「邊」字寫做「辺」，查，「辺」乃日本漢字，此可做為「臺灣分館」《偷閒錄》藏本（曉綠抄本）抄寫者為生活於日據時期臺灣之人的佐證。

曉綠抄本之偷閒錄第二冊《賀洋漁新婚》一詞，臺灣大學圖書館楊雲萍書庫藏本《偷閒錄》（楊雲萍抄本）第三冊在該詞頁上空白處注曰：「據填詞圖譜，尋芳艸調，與此不同。」經查，《填詞圖譜》作者為在日本被稱為「填詞大宗師」的田能村竹田，為江戶時代的詞學家。楊雲萍援用日本漢學著作，可見其受日本文化影響之深，也可見出其學貫中外古今的深厚功力。此例也不妨看做比較文學研究方法在臺灣的較早運用。

五、清領臺灣時期的臺灣內渡作家——以晚清臺灣內渡詩人李望洋之甘肅行吟為例〔註70〕

在臺灣長期孤懸海外的歷史上，能夠通過科舉考試獲取功名是明清兩代許多臺灣知識人的人生目標。而在這些知識人中間，能夠成功中試並切實得到官俸者，乃官民同敬的佼佼者，數量極少。而此中內渡大陸為官並留下詩文著述者更是少之又少，可謂鳳毛麟角，洵為稀世奇珍，曾經內渡中國大陸甘肅省為官，並做有詩集《西行吟草》的李望洋，恰恰就是此類臺灣科舉士子的代表。

（一）李望洋生平

李望洋，生於 1829 年 10 月 19 日〔註71〕，字子觀，號靜齋，清噶瑪蘭廳頭圍堡（今臺灣宜蘭縣頭城鎮）人。李望洋出生之前及其尚在襁褓中時，其家境尚好，但至其少年時，家道中落，經濟困難，幾乎無法入館讀書而廢學。幸李望洋的祖母鄭氏知書識禮，她便成了李望洋的啟蒙老師。李望洋幼時從其

〔註70〕此部分曾以《晚清臺灣內渡詩人李望洋之甘肅行吟考論》為題發表於《蘭州學刊》，2019 年第 10 期。

〔註71〕另有一說，李望洋生於 1829 年 10 月 21 日，參見鄭喜夫：《李靜齋先生年譜初稿》，王國璠總輯、高志彬主編《臺灣先賢詩文集彙刊》第二輯（4）：李望洋《西行吟草　二卷，首一卷》，據日本明治三十四年（1901）宜蘭李登第等校訂排印本重印初版，臺北市：龍文出版社，1992 年，附錄第 6 頁。

祖母讀書，至十六歲時他負笈堂叔家就學，先後師事臺灣宿儒朱品三、俞昭文。學成後，李望洋從二十歲起開始做塾師養家糊口。咸豐四年（1854），李望洋考中秀才，咸豐九年（1859）他又幸運中舉，由此開啟了他此後的官紳生活的人生序幕。清同治六、七年（1867～1868）間，李望洋曾與楊蘭如（楊士芳）、李鏡如、黃佩卿、陳搏久等臺灣士子鄉紳懇請清政府將噶瑪蘭廳與淡水廳分學，並曾與楊士芳一起倡修養山書院、五夫子祠及孔聖廟。同治十年（1871），李望洋幸運地獲得清廷青睞，以大挑一等籤分甘肅試用知縣（同治十一年六月，即 1872 年到任），歷任渭源（李望洋詩中所言首陽即在今甘肅渭源縣境內）、安化（今甘肅慶城縣）、河州（今甘肅省臨夏市，李望洋詩中所言枹罕即在今臨夏市境內）、狄道州（今甘肅省臨洮縣）等地的主官，頗有政聲〔註72〕其才能獲得了時任陝甘總督的左宗棠賞識，李望洋得左公提拔，官至河州知州〔註73〕。遊宦十三年後，李望洋受人誣陷誹謗，僅在蘭州擔任閒職，他有感於宦海浮沉，人心叵測，又思家思鄉心切，適逢光緒十年（1884）間法軍侵犯基隆，李望洋便乞假歸臺，後經當時主政臺灣的臺灣巡撫劉銘傳報請清廷，開去其河州知州實缺，在臺灣故鄉協助劉銘傳辦理勸捐、清賦與團練事宜，主講仰山書院。李望洋與鸞堂關係密切，在甘肅任內即有「飛鸞問政」〔註74〕之事，也就是說，李望洋曾經藉助民間信仰，通過占乩來判斷訟案和開展公務。回宜蘭後，李望洋不但倡建了「新民堂」，而且親自充當占乩的鸞生，即乩童。這種由士人高度參與鸞堂（即占乩）活動的現象，成為臺灣頗為獨特的宗教現象〔註75〕。臺灣日據初期，日本殖民當局聘李望洋為宜蘭支廳參事，並授予其紳章，李望洋進而成為宜蘭參加「揚文會」的代表。李望洋1901 年 8 月 20 日終老於臺灣，享年 73 歲〔註76〕。

〔註72〕《全臺詩》編者按：李望洋在渭源與河州卸任時有百姓獻萬人衣與阻道換靴之事，可見其受百姓之愛戴。參考《十月十五日答首陽士庶獻萬人衣》與《六月初二日枹罕早發》二詩。

〔註73〕參考李望洋《李河州自敘家言》，見高志彬《李望洋研究的課題與文獻》，《宜蘭文獻》第 12 期，1994 年。

〔註74〕《全臺詩》編者按：所謂「飛鸞問政」即在上堂問案裁奪前，必至後堂問神請示。參考高志彬《李望洋研究的課題與文獻》，《宜蘭文獻》第 12 期，1994 年。

〔註75〕參考王見川《李望洋與新民堂——兼論宜蘭早期的鸞堂》，《宜蘭文獻》第 15 期，1995 年。

〔註76〕另有一說，李望洋去世於 1903 年，參見王國璠總輯、高志彬主編《臺灣先賢詩文集彙刊》第二輯（4）：李望洋撰，《西行吟草　二卷，首一卷》，據日本明

關於李望洋的出生日期，有著不同的說法。茲可據《九月二十三日避壽遊大拱北寺賞菊》一詩做一考證。據《九月二十三日避壽遊大拱北寺賞菊》詩題，李望洋在九月二十三日此日「避壽」。所謂「避壽」，即在逢九逢十之年的壽辰之日外出，以躲避旁人為自己賀生。也就是說，清光緒四年（1878）九月二十三日左右應為李望洋的五十歲生日。經查萬年曆，農曆的清光緒四年（1878）九月二十三日為公元 1878 年 10 月 18 日。也就是說李望洋的生日應為 1829 年 10 月 18 日左右，而《次韻和瀛濤兄贈余壽詩二章敬步原韻》一詩中「笑裏有刀須遠害」詩句下又有作者注云：「賤辰九月二十四日，避若忘之。宦場人情陰險叵測，心甚惡之，因有告退之想。」所以，李望洋的生日應為清道光九年九月二十四日（公元 1829 年 10 月 19 日）無疑，而非鄭喜夫先生年譜中所說的 1829 年 10 月 21 日。

（二）《西行吟草》詩作校考

李望洋著《西行吟草》兩卷，初版於日本明治三十四年（1901），由李望洋的兩個兒子李登第、李登科與李望洋的女婿張鏡光校訂發行，目前已有臺灣龍文出版社的覆刻本。筆者曾以龍文出版社覆刻本為底本，參考連橫《臺灣詩乘》、陳漢光《臺灣詩錄》、李汝和《臺灣省通志》、盧世標《宜蘭縣志》〔註77〕、施懿琳主編之《全臺詩》第玖冊等文獻開展過 2017 年福建教育出版社版《西行吟草》校注〔註78〕。

收入《西行吟草》中的李望洋詩作，創作時間始於 1872 年，終於臺灣日據時期，時間跨度至少有 24 年之久。李望洋考取大挑一等籤分甘肅試用知縣後，於清同治十一年（1872）正月二十六日由臺起程，六月十六日抵蘭州，光緒十年（1884）繕寫封章辭官歸鄉。期間他宦遊閩、滬、贛、鄂、豫、陝、甘、冀、津、京等地凡十三載，足跡所及、耳目所觸，舟中、馬上、轎中所想，因

治三十四年（1901）宜蘭李登第等校訂排印本重印初版，臺北市：龍文出版社，1992 年，目錄前 1 頁。

〔註77〕參考黃憲作撰「李望洋」條之《提要》，施懿琳主編、全臺詩編輯小組編撰之《全臺詩》第玖冊（臺南：臺灣「國立臺灣文學館」，2008 年 4 月。

〔註78〕腳本為王國璠總輯、高志彬主編《臺灣先賢詩文集彙刊》第二輯（4）：李望洋撰《西行吟草》（二卷　首一卷），據日本明治三十四年（1901）宜蘭李登第等校訂排印本重印初版（臺北：龍文出版社，1992 年），以下簡稱龍文出版社《臺灣先賢詩文集彙刊》本。另一對照版本《全臺詩》版本指施懿琳主編、全臺詩編輯小組編撰之《全臺詩》第玖冊（臺南：臺灣「國立臺灣文學館」，2008 年 4 月）內之《西行吟草》詩作，以下簡稱《全臺詩》本。

物感興，輒先後實時形諸文字，記之以詩，較為完整地記述了他由臺灣家鄉啟程西行赴甘肅為官，至告假返臺的十三年來的所見、所聞、所感，時間脈絡清晰，信為詩史，對於考察清末甘肅地區，乃至整個西北地區和閩臺兩地及華東、華北、華中等地的地理風貌、人情風俗、社會狀況、民族問題狀況等都有著重要的歷史文獻價值。這些西行記事抒情之作結集後彙編為《西行吟草》。日本明治三十四年（1901），其子李登第、李登科及女婿張鏡光為之校印，集分上下兩卷，前冠馬宗戴序並諸家詩序及題詩。

　　李望洋稟性厚重，為官清廉，詩如其人。連橫評論李望洋詩作風格「平淡」，甘肅詩人馬宗戴則評論李望洋詩歌醞釀含蓄，別裁為體，能得唐人三昧。李望洋《西行吟草》中的詩歌，多為詩人真實經歷的人、事、物的寫照，尤其寶貴者，其詩作題目中均記有寫作時間，因此形成了日記形式的「詩史」，洵為史學家研究晚清及民國初期中國內地甘肅等地地方史的珍貴史料。

　　李望洋《西行吟草》中所記載的行程較為罕見地反映了臺灣獲得功名的士子赴內地為官時的具體路線，也體現了中國古代交通落後的情況下旅途之艱辛。他於清同治十一年（1872）正月二十六日從家中出發，整理好衣箱等行李，妻子倚門相送，無語淚流，後由幼子和作者的弟兄陪送，先行至頭圍北門，在親友處歇宿一夜，是日頭圍湊巧遭受了火災，讓作者和回家後的親人們深感不安。第二天一早作者告別宿處之故友，行至雙溪小店中食粥後轉赴金奎淡艋等地，與各處的親朋宴飲告別，停留至清同治十一年（1872）三月十一日揚帆起航，駛向福建省福州的南臺島。後由福州乘坐輪船經由海上至上海，再由上海乘舟經長江逆流而上至江西、湖北，再由漢水入商河，行至陝西商州上岸，轉走陸路，過秦嶺，經藍田縣，終抵蘭州。回程則自清光緒十年（1884）九月十六日出發，別蘭州，經車道嶺，過涇州坡，經陝州境，潼關過後，入函谷關，進入河南境內，宿洛陽城，又自承恩鎮楊家店早行，宿新鄉縣大家店，臘月一日出衛輝郡午抵淇縣，初二日曉渡漳河過河北省磁州，初四日自邯鄲城早行，初五日至沙河縣，初六宿柏卿縣，初七由欒城午經正定郡南門，初九晨過望都縣抵保定府，臘月十二日抵達北京，宿於距北京永定門三十里的黃村客店，臘月三十日寓北京永定門外韓家館，此後直至清光緒十一年（1885）元月二十六日停留於北京城內，元月二十八日出大沽口由北洋乘船赴上海，二月三日在滬上聽彈唱，二月十五日，抵福建福州南臺，宿於中亭街蔡順源

店，此後因海警未除，一直到三月六日仍寓於南臺中亭街，此後的由閩返臺行程失記，但想來應是與西行路線一致，寫於丙戌年（1886）四月八日的《寄老來花》一詩，應是作者返臺之後寫給太太的詩作。

李望洋所任官職雖然不大，但是他於臺灣本土出生而在清代朝廷獲取功名，並遠赴萬里以外的西部內地擔任主政一方的實職官員，此種經歷非常獨特，而且對於參加清代科舉的臺灣士子群體來說，具有一定的代表性。尤其是其《西行吟草》較為詳細地記載了其自身宦遊兩岸的心路與行蹤，這種詳實的日誌式文獻記載在清代臺灣士子群體中較為罕見，也使其詩作除了文學價值以外具有了一定的人物傳記功能，可謂「詩傳」，而其對遊歷之地的地理風貌的繪寫，也使《西行吟草》具有了旅遊文學的特質。

李望洋《西行吟草》中的詩作，所涉及的題材大致有以下幾個方面：

1. 對於自然風光、歷史遺跡的描寫

總體看來，李望洋《西行吟草》中的寫景詩中雖然也有借寫景以說理的同光體「宋詩派」的詩歌，但多數詩歌清新可人，灑脫自然，超凡免俗，有宗唐的氣象。如他描寫江西省九江城的景色「逶迤形勢似蟬聯，擁出潯陽景萬千。十里斜暉初送雨，一堤垂柳半含煙。山環北郭開生面，水遶西門別有天」（《午後舟次九江城》），描寫湖北省武昌「抗衡三楚勢昂然，萬里青山萬里天。影倒江中樓撼月，聲飛塞外鶴吹煙」（《十六日晚泊蔡店憶昨過武昌謁郭中丞遠堂年伯因遊黃鶴樓》），其中不乏佳句，又如「漢口舟行七百里，荊門雨阻兩三天。鴨頭綠水添新漲，櫓背蒼波暈夕煙」（《二十四日荊門州阻雨》），對仗工整，詩意如畫，色彩感極強。

李望洋西行途中拜謁韓愈祠時曾做《二十日過秦嶺謁昌黎伯韓公祠》一詩：「秦嶺山前水盡頭，見臨平下景悠悠。因公過後名千古，道範憑依據上流」。晚宿藍橋時訪韓湘子仙洞並做「懸崖峭壁別清幽，洞口槐花春又秋。為問仙蹤何處往，白雲芳草兩悠悠」（《晚宿藍橋訪韓湘子仙洞》）詩。他赴任首陽知縣以後，曾往訪首陽山伯夷、叔齊故地，寫下了「商家義士恥歸周，兄弟雙清扣馬頭。設使當年非餓死，首陽山下孰為求」（《首陽懷古》）的詩句。他還曾敬謁明代彈劾過嚴嵩的楊忠愍楊公祠（《謁重修忠愍楊公祠》，1883 年作），言語中對楊忠愍敬仰有加。

李望洋曾多次遊覽蘭州城內的五泉山，《西行吟草》中有多首詩作描繪了五泉山的勝景，如「蘭州自昔是金城，恰好黃河一帶橫。萬里秦疆西北亙，五

泉山水古今清。王家第宅更新主，侯府街坊襲舊名。且喜槐槍頻掃盡，衣冠濟濟慶文明」（《五月十七日詠蘭州城》）；「清和天氣景悠悠，浴佛場開紀盛遊。一覽河山皆入抱，回看樓閣盡當頭。旗分柳色搖歌扇，燕蹴梨花落酒籌。風俗轉移憑一紙，陶公布政自優優」（《四月八日詠五泉山浴佛會》）；「名山古剎幾春秋，龍口雙開據上游。勝地鍾靈開法界，如來說偈到蘭州。鐘聲韻共溪聲遠，梵語音同鳥語幽」（《四月八日詠五泉山浴佛會》）；「記得五泉兩度遊，今年又隔幾春秋。青山依舊尋花徑，禪寺傍多賣酒樓。一路香車留馬跡，雙灣綠水遶龍頭。蘭州到處傳佳話，兒女相攜共聽優」（《四月七日獨遊五泉山竹枝詞》）等。五泉山現今猶存，五泉即五眼泉水，處於當今的蘭州市五泉山公園內，校者曾於 2016 年親臨其境，五泉山為一土山，山上的五眼泉水自山上汩汩流出，豐沛盛盈，這在乾旱少水的中國西北地區實屬罕見。李望洋的詩作描寫了百年前包括五泉山、白塔山（《又擬遊白塔山登樓遠望》，作於 1882 年）美景在內的蘭州風貌，其中有一些勝景今已不存，如蘭州小西湖（見李望洋《二十二日遊蘭州小西湖》，作於 1882 年），因此這些描述對於當今的蘭州地方史有著珍貴的歷史文獻意義。

回到臺灣以後，李望洋還將臺灣的景物賦諸筆端，此類詩作也收入了《西行吟草》，如《宜蘭雜詠八首》，即描繪了宜蘭的地形地貌、臺灣原住民與漢民雜居的社會狀況、宜蘭日益興盛的文風和活躍的魚米買賣、宜蘭的貨船、海潮、龜山日出、三貂角等景色等。

2. 對於在地民俗風情的觀察

李望洋詩中記載了清末甘肅，特別是蘭州城的風物民情。如作者尚在途中時聞聽到的甘肅地方的氣候特徵：「玉關西望起胡塵，楊柳東風不見春。聞道四時無夏氣，羔裘六月尚隨身」（《二十五日舟行偶詠》）；途徑陝西境內時所見的北方夏季風情：「一山轉過一山明，黃路馳驅喜蕩平。到處柳蔭槐樹下，兒童喚賣杏桃聲」（《十八日商州道上曉行口占》）；路徑陝西藍田時描寫一少女騎驢行路的情景：「荊關十日抵長安，半是平坡半是巒。經過藍田槐樹下，玉人斜倚馬前看」（《二十一日藍田縣城外野行路遇一少年女子騎驢行路偶詠》）。

抵達蘭州後，李望洋更是以好奇的眼光記載了冰雪、窯洞等具有西北地區特色的地理風貌，以及甘肅地區的社會狀況、歷史文化、人情風俗等，如「漫天密雪下城西，幻就冰橋試馬蹄。孰使神工鋪白板，頻看人跡印紅泥。渾

如玉尺量銀漢，恍似瓊樓倒碧梯。自古蘭州推第一，每逢三九共留題」（《冰橋》）。清同治十二年（1873），他寫下了「蘭州自昔是金城，恰好黃河一帶橫。萬里秦疆西北亙，五泉山水古今清。王家第宅更新主，侯府街坊襲舊名。且喜欃槍頻掃盡，衣冠濟濟慶文明」（《五月十七日詠蘭州城》）。同年又寫下了「自寓甘城兩度秋，朔風吹袂起新愁。莫嫌柳岸無青眼，且戴棉冠待白頭。冷逼江楓紅欲墜，寒侵塞草綠難留。長亭十里三更月，空照黃河水一溝」（《初秋感》）。而同年（1873）所寫的《睡熱炕》一詩，描寫了做為生長在南方的詩人對於土炕的新奇感受，意趣盎然：「暮雲西起日初殘，土炕薰煙繞畫欄。一枕漸生春夏氣，方床翻作灶爐看。人來火上眠偏穩，雪滿窗前夢不寒。方識此中無限意，也應酣睡到三竿」（《睡熱炕》）。與此類似的新奇感受還出現於《地初凍》《靠火爐》《深秋景》《居窯洞》《撥水冰》《九月八日憶前夜金城試雪》《蘭垣重九詠雪》《乙亥二月十五日感興》《首陽春雨》等詩作中。

　　清光緒元年（1875），李望洋為官一任，造福百姓，即將升任新職，百姓贈其萬人衣以示愛戴，《十月十五日答首陽士庶獻萬人衣》一詩記下了當時的此種「萬人衣」習俗：「渭北家家選百錢，裁成一品獻青天。羞看白髮添新歲，竊喜烏紗戴老年。兩袖清風吹鶴氅，滿衣姓字落雲煙。歡呼父母堂中坐，長短隨身試一穿」。無獨有偶，清光緒五年（1879），李望洋離任河州知州之時，百姓又有感恩而「阻道換靴」習俗之舉，其詩作《六月初二日枹罕早發》記載了這一官民情深的感人場景：「擁罷河州廿四關，匆匆小別鳳林山。眼前赤子皆流涕，道上征夫獨醉顏。三載為官囊尚澀，一編吟草手重刪。可憐辜負新栽菊，不見花開九月間」（《六月初二日枹罕早發》）；1881 年李望洋在狄道州卸篆時，又有百姓贈其萬人衣，並恭送「萬家生佛」匾額一方（《憶辛巳（1881）三月別臨洮口占》，作於 1883 年）。

　　此外，李望洋詩中多次提到的「拱北寺」（見《九月二十三日遊大拱北寺》《九月二十三日避壽遊大拱北寺賞菊》等詩作），指的是清真寺，這反映了西北邊地的宗教信仰現象和西北邊疆少數民族的風情，也同樣具有甘肅地方的民俗特徵。而他返臺途中因中法戰爭戰事未息無法渡海，羈留福州期間，曾寫《乙酉（1885）二月十五日，抵閩南臺中亭街蔡順源店，時華法和議未定，渡臺無計有感》《三月六日寓南臺中亭街》詩歌二首，詩中所寫「中亭街」而今仍沿用為福州市內地名，詩歌所描繪的中亭街市街景象距今已有百餘年，顯然亦有其地理區劃文獻價值。

3. 友情唱和之作

　　如他於清光緒二年（1876）所作的給左宗棠的和詩「天留一餘地，恰好成三池。池中印明月，神將秋水為。引水黃河間，九曲來舒遲。澄懷清入抱，畢照妍媸姿。環中空色相，象外涵圓規。靈沼與民同，水清且漣漪。無私臨下士，振古已如茲。明鏡上下開，宛似奉盤匜。仰觀消萬慮，俯察沁詩脾。化機流不息，坐照無盡期。一番新眼界，運會際於斯。重輪符瑞徵，好風俱與之。此池垂不朽，千載如一時。既加以美名，敬詠靈臺詩」（《宮保燕集澄清閣飲和池上中秋賞月賦詩敬步原韻》）；「域外黃河水，院上飲和池。問是何代鑿，答云宮保為。宮保度隴來，不速亦不遲。決策擒　逆，裘帶松鶴姿。左仗西征鉞，貔貅凜營規。因思利用汲，疏鑿引漣漪。殘黎欣食德，心鑒日在茲。老者扶杖觀，少者奉盤匜。況當三五夜，俯仰清沁脾。一觴復一詠，志與互古期。我來自海外，萬里官於斯。幸際肅清日，衣裳楚楚之。但願此三池，中秋明月時。年年我公賞，持節以賦詩」（《和前題〈宮保燕集澄清閣飲和池上中秋賞月賦詩敬步元韻〉》）。

　　此類唱和之作數量較多，從詩題即可一窺端倪，如《丙子科，帶補甲子科，奉調入簾，派充內收掌官，八月二十一日，闈中遇雪，敬步內監試官聘卿顏大人原韻》（1876 年）、《啟友李瀛濤於九重之日全諸友赴吏目劉萼樓署中飲酒、賞菊，作詩三首，索和於余，余因題此以應之》（1877 年）、《九月二十七日馬小唐廣文題余西行吟草詩二章因作此以答之》（1877 年）、《戊寅五月六日潘蓉翁郵寄喜雨詩二章示余敬步原韻》（1878 年）、《次韻和瀛濤兄贈余壽詩二章敬步原韻》（1878 年）、《己卯四月十二日卸篆感懷寄馬小唐》（1879年）、《三月晦日，蓉江潘先生邀余及續紹庭、劉翰臣、憨佩雲、徐海峰諸君赴城東雁灘張家花園飲酒賞牡丹》（1880 年）、《辛巳（1881）九月望後敬步欽差護督憲石泉楊大人重陽菊花生日詩》（1881 年）、《次日約王石甫劉星曹諸君再到五泉消夏因作此寄王石甫兄》（1882 年）、《八月三日，余因事赴枹罕，返道出洮陽，晉謁杏生龍刺史，談心數日，頗稱知己，因出所著〈芙蓉競爽軒詩鈔〉二卷示余，讀而愛之，因成七律寄贈》（1883 年）、《承龍杏生刺史和詩一章因作此以答之》（1883 年）、《次韻和吳鶴林司馬元唱》（1883 年）、《二月三日滬上鄉友林渭川邀到茶館聽諸女史彈唱》（1885 年）、《寄老來花》（1886 年）等，以上詩作皆關友情。清末民初，閩臺詩鐘、折枝競技、詩歌唱和之風甚盛，出身於閩臺之地的李望洋面對此種詩歌酬唱、詩歌競技的交際活動，應

該是如魚得水，應付自如，因而藉助此種友情和詩興的激發，李望洋的唱和優游之作中佳作迭出，如「自從捧檄向西遊，幾度秋風歎白頭。塞雁南飛聲漸遠，籬花東放色偏幽。詩成珠玉揮毫去，酒飲醇醪入口流。記否洞庭今日事，登高爭上岳陽樓」（《和前韻》），「襟上酒痕新韻事，袖中詩草舊頭銜」（《三月七日，蓉江潘君邀余及劉翰臣、續紹庭、葛鼎鄉等共九人赴城西梨花館修禊》），「小西湖畔屋三間，一面黃河一面山。庭樹有花空自笑，草堂無客晝常關。風吹過處渾忘夏，鳥倦飛時竟自還」（《又題張山人別墅》），皆屬上乘之作。與李望洋唱和而在《西行吟草》中有名字可查者計有黃畊、顏聘卿、魏克卿、冒麗川、潘文鏡、李瀛濤、馬宗戴、劉萼樓、劉翰臣、續紹庭、葛鼎鄉、憨佩雲、徐海峰、楊石泉（楊昌濬）、王石甫、劉星曹、張九如、龍杏生、吳鶴林、曾子雲、馮桂初、方少修、方雲甫、朱小唐、李問樵等人。

除了李望洋個人的友情唱和詩作以外，這種友情交遊唱和之作還體現在《西行吟草》卷首所打印的他人序詩。因下文有專節闡述李望洋的交遊，故此不贅述。

4. 時事政局的敘寫與觀感

李望洋赴隴為官的時間恰在陝甘回民之亂之後，此次回民之亂造成甘肅地方的漢民死傷慘重，《西行吟草》中的一些詩歌反映了此次動亂後的一些百廢待興的景象，以及李望洋做為一地主官為了和解民族矛盾、恢復正常民族關係所做的有效努力，也體現了李望洋與當地各族百姓之間難得的融洽關係。此外，李望洋詩歌所顯示的回民之亂的情景也可以為考察當今東幹人的歷史文化提供第一手數據。如李望洋在西行途徑陝西省商州境內時，目睹了其時甫遭回民之變，生靈塗炭，破壁殘垣，滿目瘡痍的景象，並生發了「頹牆敗屋夕陽殷，孑孑遺黎歎武關。惟有江山千古在，逢春不改舊時顏。」（《十七日宿商州野郵店有感》）的感慨。另如清同治十三年（1874）他在首陽官舍中所作的《甲戌四月十二日在首陽官舍有感》，「初次操刀到首陽，山環南北擁花疆。地經劫後民猶少，天為殘黎歲不荒。建樹無毫慚野蕨，撫綏乏術愧甘棠。粉榆萬里迢迢遠，匏係秦西作嫁娘」，切實反映了他心憂黎民百姓的劫後生活，竭力設法讓百姓渡過歲荒難關的良苦用心。

李望洋的頂頭上司是著名的清末愛國將領左宗棠。左宗棠治理甘肅、收復新疆即在李望洋為官甘肅的一段時期，有關左宗棠的典故，如「左宗柳」、「宮保雞丁」，以及左宗棠在蘭州舉辦洋務、開設機械局（1872年創辦的蘭州

製造局，又稱甘肅製造局，主要為西征軍製造軍械）的開明舉措等，均可以從李望洋的詩作中找到相應的線索。

李望洋還曾在蘭州入闈擔任過考官，他的詩作記載了清末鮮為人知的闈官生活，如寫於清同治十一年（1872）的「頻年容易又深秋，借箸局門遜一籌。玉鏡高懸掄士地，金針暗度聚奎樓。文章半是逢青眼，場屋能無欺白頭。今夜月明人盡望，惟光多處是蘭州」（《壬申九月十五日夜，在玉尺堂同黃畊翁考校詩卷，首場閱畢，步月有感》），「有教原無類，敷之在以寬。道齊皆德禮，老少共懷安。善誘因成美，程功戒畏難。從容施孔鐸，循序讀周官。化雨先芹泮，春風繼杏壇。心惟期不倦，術更覺多端。旦夕休言效，賢愚合可觀。聖朝宏造士，濟濟慶彈冠」（《敷教在寬》），以及《試院憶菊》（二首）等。

甲申年（1884）七月五日，李望洋通過清廷的內部通報文件（邸抄）得知了法軍進犯福建馬尾、臺灣基隆的消息，「海外音書斷幾年，南天又報起烽煙。彼蒼偏抑英雄志，吾道難期遇合緣。北斗七星光漸動，東瀛一島勢孤懸。自來中外皆遵約，何意西人啟釁先」（《七月五日閱邸抄知閩馬尾基隆有警》）。在聽到法軍進犯基隆的消息以後，李望洋心憂家鄉安危，真實地記述了當時的戰事形勢和個人憂思。惦念家園家人的李望洋憂心如焚，歷史就是如此弔詭，中法之戰成了李望洋辭官歸鄉的契機和理由。

「解組歸來瞬歲餘，宜蘭城北寄吾廬。時邀明月為知己，幸有清風不棄餘。朋輩喜逢今日面，閒中補讀少年書。茫茫世局誰能識，人事滄桑迭乘除」（《寄吾廬》）。《寄吾廬》一詩是《西行吟草》的結篇之作，可以說是歸臺之後的李望洋晚年生活的寫照。世事滄桑，時局難料，恍若隔世，《慶饗老典》一詩中所記述的「召伯循行屬我公，優優布政到臺中。依然饗老施恩典，又設華筵醉老翁。黃髮共沾新雨露，白頭如坐舊春風。將軍節鉞遙臨處，夾道歡呼萬歲同」，表現了乙未割臺之後，日本殖民當局為籠絡有地方威望的臺灣士紳而舉辦的「饗老典」活動，許多臺灣士紳懾於殖民統治當局的淫威而無奈參加。而此詩中「召伯循行屬我公，優優布政到臺中」「黃髮共沾新雨露，白頭如坐舊春風」「將軍節鉞遙臨處，夾道歡呼萬歲同」之句又不能不說有媚日之嫌，當年的忠君愛國的清廷命官此時竟有「黃髮共沾新雨露，白頭如坐舊春風」的感覺，將日本殖民統治視為「新雨露」，此中身份認同的錯亂與迷失，確實「人事滄桑迭乘除」，寧不讓人唏噓！

5. 思鄉思家之情的抒發

　　1872 年 4 月 17 日，西行之路剛剛開始，作者就已經有了濃濃的鄉愁，他寫道，「不言不語暗鄉愁，漢岸楊枝逐水流。一葉征帆雲霧裏，那堪風雨又當頭」（《十七日泊陳家灣宿雨》）。他還長於將思鄉之情融於寫景，所謂「一切景語皆情語」是也。如他在 1872 年 4 月 18 日路過湖北省漢川縣時寫道，「草色青青柳色黃，平原盡處落斜陽。風牽錦纜危檣動，雁逐浮雲篆字長。自歎此身渾似夢，方知到處是他鄉。今宵信宿猶如昨，一枕溪聲欲斷腸」（《十八日漢川縣三查壇即事》）。此詩寫景文字絕佳，而作者又於不動聲色中以歸雁寄託「鴻雁傳書」的寓意，以「溪聲」喻思鄉的愁歎，情景融合，渾然一體，自然過渡，毫不做作，是李望洋《西行吟草》集中的上佳之作。又如西行途經河南省淅川縣境內時所詠「東邨何處暗飛聲，流水潺湲繞淅城。一雨便成秋夜氣，添衣不改故鄉情」（《晚泊東宇邨小雨》）。抵達甘肅以後的第一首詩作即抒寫自己的思鄉之情：「記否家鄉獻敬樽，華筵葷素列當門。只今萬里為西客，空對孤燈拭淚痕。」「河魚甘米佐盤飧，地角天涯酒一樽。料想蘭陽今夜月，三更應照普孤魂」（《蘭州省七月十五夜思家》）。

　　他在《癸酉午節前一日省寓憶家中兒子》一詩中抒發了思子之情：「天涯地角極西東，宦海茫茫寄此躬。榆樹有錢空落葉，楊枝無力不勝風。山皆濯濯牛何牧，路盡迢迢馬易窮。明日端陽猶舊歲，遐思插艾兩兒童。」同年（癸酉年，清同治十二年，1873 年）六月八日，他又寫下了「極目天涯萬里餘，誰教塞雁為傳書。鄉心日逐河流遠，宦跡時隨柳影疏。瓦雀有情應語汝，野花雖豔豈芳予。鵷班散後閒無事，靜坐窗前想故居」（《省邸思家》）的詩句，無論詩題還是詩句，均直抒胸臆，傾訴了自己的思家之情。作於 1881 年的《臘月廿六日省邸思家》表達了對於官場逢迎的厭倦：「捧檄西來忽十年，離愁萬斛似寒泉。誰將爆竹迎新歲，未許椒花頌鎮邊。倦客思歸心過海，狂吟得句意通天。吾儒窮達皆由命，肯學逢迎負聖賢。」作於 1884 年的《九月初旬歸山雜詠》更是吐露了詩人的似箭歸心和即將歸家的喜悅心情：「歸心似箭射飛鴻，繕就封章請上公。此日辭官歸故里，兒童應笑白頭翁」（《九月初旬歸山雜詠》）。此類書寫思鄉思家之情的詩作，可謂貫穿於《西行吟草》的始終。

　　李望洋的家庭觀念非常濃厚，從他踏上西行之路的第一刻起，便有思鄉思家之情一直伴隨著他，加之他在甘肅為官的後期，受到他人誹謗，仕途不順，最終使他走上了辭官返臺的路。

　　李望洋清新自然、直抒懷抱的總體詩歌風格，與同時期以擊壤派、同光體詩歌為風潮的閩臺主流詩壇風格大為不同。但又因為其詩歌過於注重寫實，其想像力及能夠引起讀者共鳴的文學性就受到侷限，其詩歌雖有體恤民情，感時傷懷之作，但也鮮有對於腐敗的清朝當局者的直接批評，因而政治視野、心胸氣魄及格局都不夠闊大。

（三）李望洋交遊考論

　　李望洋是臺灣宜蘭歷史上的著名鄉紳，在宜蘭的地方史上具有重要的社會地位。這一方面因為自明末沈光文引中原文化教育入臺以來，臺灣島內能夠獲取明清兩代科舉功名者本就不多，能夠切實擔任過地方主管者更是鳳毛麟角，因為中國傳統社會長期受儒家思想影響而形成的「學而優則仕」的社會集體無意識和百姓的「畏官心理」，曾經為官者即使卸任，仍會自然地在家鄉成為一地鄉紳和鄉賢而持續擁有既有的崇高威望和一定的社會影響力；另一方面，也是因為李望洋積極參與社會事務、為民解憂、代民請命的行動力，而此種行動力與其社會交往、親朋交遊密不可分。

　　讀《西行吟草》及其序詩，可以覺察到，其中與李望洋唱和最多、關係最為友好的甘肅省本地人士，莫過於馬宗戴了。

　　據當代甘肅本地學者漆子揚教授研究，「馬宗戴，字小唐，城關魁閣上人，咸豐八年（1858）舉人，光緒初年任河州（今臨夏）學正，又任四川江油知縣。《縣志稿》稱讚先生文辭炳蔚，風神秀發，存錄其詩 4 首，其中五律《題西關無量廟壁》是抒寫登臨無量廟借景抒情的佳篇。從詩歌內容來看，無量廟應該是今天武山一中操場西面的老爺廟。」

　　「清代武山文學、文化整體依舊落後，直到鴉片戰爭，讀書風氣漸盛，尤其光緒年間，甘肅和陝西分闈，舉人名額大幅增加，武山考中者也漸次增多。從地理分布看，東部地區的洛門舉人最多。當時知名者有陳至要（洛門大柳樹）、劉經帶（龍泉礤石）、馬宗戴（城關）、李守謙（龍泉礤石）、楊映塘（鴛鴦鎮）、郭固（洛門郭家莊）、王鴻緒（灘歌鎮）、郭輯（洛門郭家莊）、李鼎（洛門蓼陽）、張溥（城關韋家莊）、陳萬青（洛門大柳樹）、李克明（洛門蓼陽）等。」〔註79〕

　　由此可知，馬宗戴為甘肅武山人。但馬宗戴的中舉時間出現了兩處記述

〔註79〕參見漆子揚：《明代以來武山文學創作述論》，「愛武山網」http://www.aiwushan.com/article-2114-1.html，2013-9-12。又見漆子揚《回望故鄉的家園》。

上的差異，即馬宗戴究竟是咸豐八年中舉還是咸豐九年中舉？如若按照馬宗戴在《西行吟草》序中所說，與李望洋同年，那麼應該是 1859 年，即咸豐九年。本校注者認為，他所說的同年，應該是與李望洋同一年到河州任職。但李望洋作者注中云：「先生與余戊午（1858）科鄉榜同年。」可見，李望洋戊午（1858 年）科鄉榜無疑，那到底李望洋是哪年中舉的呢？而李望洋又在「老到同歸此地來」詩句之下作者注中云：「余牧枹罕時，而先生早已司鐸此間，有不期遇而遇者焉。」由此可知，馬宗戴早於李望洋到河州任職。他所說的同年，並非與馬宗戴同一年到河州任職。因此，馬宗戴所說的「同年」要麼是他與與李望洋同年於咸豐九年（1859）中舉，要麼就是馬宗戴與李望洋為同年出生（1829）。

馬宗戴與居隴後期的李望洋均為擔任閒職，境遇相似，趣味相投，有著許多共同語言，因而兩人成為了跨海相聚的好朋友。其思想狀況也可由相關學者的研究評述概知大體面貌：「馬宗戴《過太子山》，是作者在光緒初年的一個秋天出任河州學正，黃昏時節翻越太子山時創作的一首七律，文辭與意境都比《題西關無量廟壁》更具有藝術的美感。落木蕭蕭，離別家人，孤獨寂寥纏繞心頭，於是作者產生了『悔把閒官換離別』的想法，以此表達出任閒職的落寞情緒。」〔註 80〕

除馬宗戴之外，還有一個在《西行吟草》之中留有與李望洋的唱和之作的友人不可忽視，此人名為馬裕藩。馬裕藩為《西行吟草》做了序詩。馬裕藩（馬慎安），浙江寧波人，出身於著名的浙江寧波馬氏家族，是著名語言學家、曾擔任過北京大學國文系主任的馬裕藻的同胞弟弟，據考證，「馬裕藩實現了父親馬海曙的心願，通過科舉考試，走上了仕途，在甘肅的鎮原縣當知縣」〔註 81〕。

當然，《西行吟草》中也有一些人名雖與當時的有些名人同名，但是否本人，還是需要甄別的。如，為《西行吟草》寫序詩的「張廷儀」，應該比較有可能是福建同安的張廷儀。這個張廷儀，字希五，同安縣人，著有《滄浯集》，

〔註 80〕 參見漆子揚：《明代以來武山文學創作述論》，「愛武山網」http://www.aiwushan.com/article-2114-1.html，2013-9-12。又見漆子揚《回望故鄉的家園》。

〔註 81〕 參見《寧波人帶給中國的學術傳奇》，2014-08-08 01：08：31，來源：現代金報（寧波），記者朱立奇文，轉引自「網易新聞」http://news.163.com/14/0808/01/A33BEP6V00014Q4P.html，又可見浙大寧波理工學院郭晶撰寫的《鄞州馬氏家族研究》。

「張廷儀，居住廈門。廩生。讀書過目成誦，為文搖筆立就。少年時曾同諸名士宴會，用詩牌作集字詩，眾人皺眉苦思，廷儀詩已先成，詞有文采，大家相與歡賞。巡道譚尚忠觀風三郡，將其排名第一。」〔註82〕據查，譚尚忠曾任福建布政使，生活於1722年至1796年之間，而此時張廷儀正處「少年時」。由此判斷，李望洋因科考、宦遊，來往閩臺，與這位居住在廈門的張廷儀相見交遊還是很有可能的事。

　　為《西行吟草》做序詩者中有一人名左笏，但遍查典籍，並無此人。左笏，查無此人，卻有一人名左笏卿，與樊增祥、周少樸被稱為旅京「鄂中三老」〔註83〕。左笏卿曾任監察福建道，想應與李望洋有交集。那麼這一「左笏」，極有可能是「左笏卿」漏掉「卿」字的誤寫。

　　與此類似的還有李壽麟。「李壽麟（1881～1913），又名克明，字得壽，號映雷，歲貢庚詩長子。光緒三十三年（1907），罷科舉興學堂，考入上海警察學堂，後入日本東京警監學校2年。宣統元年（1909），獲甲等畢業生回國，到杭州警務研究所，越三月，以清理事實合人心，得旅杭同鄉推舉為會長，修葺臨海試館。後任建德警署長。宣統二年（1910），任龍泉警署長。民國元年（1912），任浙江警察總局總務科長，次年，升浙江全省警察總局局長，浙江警察廳廳長。民國二年（1913）5月，任桐廬縣知事，接任後，警務、學務、禁煙、禁賭精心整治，數月境內安然。因忙於公務，積勞成疾，夏間中暑，病臥不起，9月卒於公署內，桐廬百姓，官紳相與弔哀，歸葬惠因寺。李氏宗祠懸掛民國三年（1914）「民事長」匾額。」〔註84〕此李壽麟是否為給李望洋題寫祝壽詩的李壽麟，待考。但據《西行吟草》中李壽麟所寫序詩「先生壽誕本議躋堂恭祝」語句可知，李望洋詩集中的李壽麟應當時人在甘肅。

〔註82〕參見廈門市圖書館，轉引自百度百科 http://baike.baidu.com/link?url=ruZ2mlk DRfR2v8LwSl1aTlWewq3xWaA6j7Lax_qtUMjqChC0TSm0DqWpBm3MxOzKc xhb7URSOxJ9U114YF3EMa。

〔註83〕參見《勳三位內務總長田公墓誌銘》，南郡樊增祥撰文　桂陽夏壽田書並　江陵田潛篆篆，勳三位內務總長田公墓誌銘是田公文烈之任外孫吳前雋，重孫田國忠於2008年5月28日在碑帖菁華網上找到的，墓碑拓片現藏國家圖書館，編號：墓誌4278，規格85×85cm，64行行44字。年代：（1925）9月8日，後由田國忠購得田公文烈著《拙安堂詩集》，其中附有南郡樊增祥撰《墓誌銘》，吳前雋據此訂正並試標點。http://www.027.cn/%E7%94%B0%E6%96%87%E7%83%88。

〔註84〕參見《杜橋人物傳略之十九──李壽麟》，http://www.duqiao.gov.cn/show.aspx?id=6420&cid=196。

李望洋由甘肅返回臺灣途中曾先返回北京，根據其詩歌記載，他應該是借宿在北京的漳州會館，而其詩作「果然到處是吾家，燕市門南夕照斜。爆竹奚堪聞歲暮，桃符又見貼天涯。也知塞草承恩少，喜近龍光逐物華。臺北隆山金鼓震，教人滿目歎飛沙」（《臘月三十日寓京都永定門外韓家館除夕感遇》）中的「韓家館」，經筆者採訪全國臺聯會長、全國臺灣研究會副會長、中國人民大學博士生導師汪毅夫教授，確認此處所記的「韓家館」今名「韓家墳」，實際上是清末北京漳州會館的外館。這也從一個側面說明了在清末，臺灣來京人士與福建（包括漳州）在京會館和在京福建相關人士的自然聯繫。

除了以上交遊以外，李望洋的女婿張鏡光也是值得注意的，在臺灣日據時期的宜蘭甚至臺北地區，張鏡光在地方上的影響甚至超越了李望洋。張鏡光繼承了其岳父的漢文教育事業，培養了許多優秀的臺灣子弟，如曾經在日據時期創辦了臺灣文化協會的臺灣近代史上著名的抗日民主鬥士和社會活動家蔣渭水（1890～1931），就是張鏡光的得意門生，蔣渭水對張鏡光一直以弟子自居，對其尊敬有加。

李望洋在清末中舉，後又幸運地被清廷揀任實職的知縣，並且後來得到主官賞識，得以升任知州，這不止在臺灣島內，即或是放諸整個中國，在那些僅僅中舉而未考取進士的科舉士子中間，也是屬於出類拔萃、運氣極佳者。在其掛靴歸臺之後，又身逢乙未割臺之變，並出任了日本殖民當局的職務，雖然他辯稱有為保生民免於日本侵略軍屠城之災的良好初衷，但這本身畢竟是一個人生污點，也曾遭人非議，由此，李望洋自身就構成了一個充滿矛盾性和悖論性的歷史人物，也在臺灣日據時期的臺灣士紳中具有很強的代表性。筆者曾於 2015 年赴宜蘭帶學生參加「兩岸榕緣‧文創行旅」研修營活動，期間考察了宜蘭的傳統藝術中心，號稱「宜蘭第一舉人」的黃纘緒黃舉人宅恰在此園中，我於參觀此一異地復建之黃舉人宅時，巧遇一位來此做義工的退休女教師，與她敘談之際，我問起李望洋及其後人狀況，該長者言語之中透出對李望洋及其家族的讚譽與尊敬，我從她口中得知，李望洋的後人都很優秀，皆學有所成，現在均已留學國外並在外落地生根，其中有幾個後人工作生活在澳大利亞。

第二章　乙未割臺內渡

　　本章主要是對乙未割臺巨變前後數年內渡之臺灣士子宦幕大陸作家的
考論。

一、林鶴年《福雅堂詩鈔》校記

　　林鶴年（1846～1901），晚清閩臺區域著名詩人。福建安溪崇信里臚傳鄉
（今安溪蘆田鎮）人，字謙章，又字鐵林，號氅雲，晚年建怡園於廈門鼓浪嶼，
並定居於此，故又稱怡園老人。1846 年，林鶴年出生於廣東番禺之太平沙（一
說為 1847 年生人），19 歲回到家鄉福建安溪。光緒八年（1882）中舉，光緒
九年（1883）考取謄錄，光緒十八年（1892）渡臺，承辦臺灣茶稅和船捐等。
在臺時，他是唐景崧創立的牡丹詩社的重要成員之一。光緒二十年（1894）中
日甲午戰爭爆發，清朝政府戰敗，被迫割讓臺灣予日本，他攜眷內渡，闢怡園
於廈門鼓浪嶼。不久他被委任為工部虞衡司郎中，後任職於東亞書院。1901 年
歿於廈門。《福雅堂詩鈔》為其子林輅存編輯出版的林鶴年詩集。

　　《福雅堂詩鈔》共有十六卷，收林鶴年詩作共 2018 首。其中《山園集》
是關於家鄉安溪的吟詠之作，詩中關於茶文化的記載是安溪茶文化研究的寶
貴而豐富的資料。而創作於臺灣的《東海集》則有利於我們瞭解甲午戰爭後臺
灣動盪的社會景象。臺灣近代詩人王松在其評論集《臺陽詩話》中曾盛讚林鶴
年詩作曰：「林氅雲正郎（鶴年），安溪人；遊臺數載，乙未移寓鼓浪嶼，自號
怡園老人。著有東海集，洪蔭之大令為刊行於滬上。集中皆以目擊滄桑時事入
詩，真不愧渭南入蜀、東坡去儋之作也。送劉淵亭副帥（永福）守臺南云：『五
百田橫氣尚雄，曾聞孤島盛褒忠。誓心天地中原淚，唾手燕雲再造功。不信黃

金能應識，誰教赤嵌擅和戎。兵銷甲洗天河夜，隻手瀾回力障東』。噫！先生
期望之心，亦甚切矣，不謂劉帥未能竟其志。羊公不舞之鶴，難免為先生羞。
吁！可慨也！」〔註1〕閱讀林鶴年詩作，我們可以管窺晚清社會風情以及林鶴
年的家國情懷。

　　林鶴年一生持奉孝悌之道，對父母極為孝順，在母親患病時，他經夕不
寐，用心照料；對於兄弟姊妹則友善有加。他性情純真，待人誠懇大方，治家
有道，在家鄉安溪多有善舉。致仕之後，因家鄉安溪土地貧瘠，不足以耕，他
便在龍巖的寧洋、臺灣的苗栗購地耕種，以便在年歲歉收時，救濟鄉里人；並
成立義塾，休憩考舍，修理寺觀等等。這一切的懿行善舉，在在展現出林鶴
年除了他的文學成就，在實業方面也關心國家與社會發展並身體力行作出了
貢獻。

　　林鶴年著《福雅堂詩鈔》之初版為光緒二十九年（1903）三月由北京都門
印書局出版。民國四年（1915），林鶴年之子林輅存再次出版了《福雅堂詩鈔》，
於北京刊行，付印之前，特別託施士潔、連雅堂編校。〔註2〕此外，又於民國
五年（1916）十二月由福建廈門鼓浪嶼鹿耳礁發行再版，因此，書內有關於林
輅存在北京再版《福雅堂詩鈔》的注解，這一福建廈門鼓浪嶼鹿耳礁發行再版
的版本今有藏本於臺灣中央圖書館。

　　筆者所作校注本使用的腳本為「國立中央圖書館臺灣分館」藏本《福雅堂
詩鈔》，即民國五年（1916）十二月由福建廈門鼓浪嶼鹿耳礁發行的版本，簡
稱民國本。在校注過程中，主要參校本為臺灣大學圖書館楊雲萍書庫藏本《福
雅堂詩鈔》，校注者以此二本為底本並充分參照《臺灣文獻彙刊》（廈門大學與
福建師範大學合編，2004 年九州出版社出版）第九冊第十冊中的《福雅堂詩
鈔》（以下簡稱《臺灣文獻彙刊》本），以及《全臺詩》中收錄之林鶴年詩作，
以期發現整理詩鈔或者印刷過程中的變化。此處所言《全臺詩》指施懿琳主
編、全臺詩編輯小組編撰、臺灣「國立臺灣文學館」出版之《全臺詩》第拾冊
（臺南市：臺灣文學館，2008 年 4 月第 1 版）內之林鶴年詩作，以下簡稱《全
臺詩》本。

　　《福雅堂詩鈔》共十六卷，民國本分為四冊，收錄林鶴年詩作共有 2018
首。此版本包括《林氅雲先生遺像　家傳附》以及不同人為書寫的各種序（有

〔註1〕　王松《臺陽詩話》。
〔註2〕　林德政：《連雅堂在祖國大陸的活動》，海峽兩岸臺灣史學術研討會論文。

馮序、翁序、葉序、許序、陳序），還含有相關題詞：古近體三十九首。本書就是在民國本的基礎上，對照《臺灣文獻彙刊》中的相關資料，進行校勘，並標出不同之處。在作者所注的文獻中，更加深入瞭解作者的生平與情感，且進一步掌握當時的歷史情境。

林鶴年曾拜晚清著名才子詩人寶竹坡（愛新覺羅‧寶廷，1840～1890）為師，與林紓、陳衍、鄭孝胥等同為寶廷在福建的得意門生之一，因此林鶴年的詩歌也深受寶廷詩風影響，在風格上有著同光體詩歌中宗宋的特徵，在詩派源流上應屬於同光體閩派詩歌，在政治思想上也受寶廷影響，有著清流黨的遺風。《福雅堂詩鈔》不僅僅是一部詩作，更是一部安溪茶文化的精華（《山園集》），還是一部臺灣甲午戰爭時期社會動盪的活歷史（《東海集》）。當然，作者在關於家庭、關於子女等親情倫理方面的詩作，亦是他情感不可多得的展現。這就是說，《福雅堂詩鈔》是詩人一生事蹟的真實寫照，我們從這部書中，也能管窺到當時時代與社會的點點滴滴。林鶴年的詩歌正如其人，性情醇摯，情感豐富，關注社會，樂於奉獻。凡一切可入詩的事務，在其詩作中，都能找到。但是《福雅堂詩鈔》中也存在題材重複使用，意象反覆運用的瑕疵，甚至有無病呻吟之嫌。這些不足之處給《福雅堂詩鈔》的審美意味造成了一些損傷。

校注《福雅堂詩鈔》時，發現了一些問題和困難。

其中之一是，清代還有一個同名的林鶴年，當代臺灣也有一個林鶴年，所以要注意區別。

還有，《福雅堂詩鈔》目前有兩個較早的版本，一個是光緒二十九年（1903）三月，由北京都門印書局出版的初版本，一個是民國五年（1916）十二月由福建廈門鼓浪嶼鹿耳礁發行的再版本。初印版目前尚無跡可尋，廈門鼓浪嶼鹿耳礁發行再版的再版本則是有前人點校過的痕跡的。福建廈門鼓浪嶼鹿耳礁發行的再版本是從林輅存於北京再版的《福雅堂詩鈔》直接翻印的，此版本即為本校所使用的腳注本「國立中央圖書館臺灣分館」藏本《福雅堂詩鈔》。《臺灣文獻彙刊》（廈門大學與福建師範大學合編，2004 年九州出版社出版）第九冊第十冊中的《福雅堂詩鈔》（以下簡稱《臺灣文獻彙刊》本），主要在第四輯第十冊。《臺灣文獻彙刊》本和本校腳注本「國立中央圖書館臺灣分館」藏本《福雅堂詩鈔》的排序方式不太一樣，《臺灣文獻彙刊》本是按照《福雅堂詩鈔》的第 1、3、2 冊的先後順序排版於《臺灣文獻彙刊》第 9 冊中的，而《福雅堂

詩鈔》的第 4 冊則被誤排在了另一本書（《臺灣文獻彙刊》第 10 冊）之中，置於丘逢甲的《金城唱和集》之後。《臺灣文獻彙刊》本《福雅堂詩鈔》的誤排造成了一些失誤，如《臺灣文獻彙刊》第 9 冊的內容被定為《福雅堂詩鈔》（一），然而在《臺灣文獻彙刊》第 10 冊中，也就是《臺灣文獻彙刊》本《福雅堂詩鈔》第（二）部分裏，卻翻印了詩鈔的序言及前八卷的內容。經查，確認，在《臺灣文獻彙刊》第 9 冊中依次翻印了《福雅堂詩鈔》第 9 卷至第 16 卷的內容。此外，在《臺灣文獻彙刊》的第 10 冊中，第 23 頁編錯了位置，它的前後頁都是《福雅堂詩鈔》前言及目錄部分，但第 23 頁卻是對《福雅堂詩鈔》某一卷詩鈔中詩歌各類數目的匯總。因為《臺灣文獻彙刊》本《福雅堂詩鈔》誤排部分被置於了丘逢甲的《金城唱和集》之後，為行文方便，在校注福建教育出版社版《福雅堂詩鈔》（《福雅堂詩鈔》，福建教育出版社版，2018年）的過程中，筆者也將《臺灣文獻彙刊》本《福雅堂詩鈔》簡稱為《金城唱和集》本。

此外，《全臺詩》第十冊也收錄了部分林鶴年詩作。而《臺灣文獻史料叢刊》第八輯《臺灣詩鈔（全）》（臺灣大通書局印行，2009年），所本腳本則為《臺灣詩鈔·諸家》（臺灣文獻叢刊第二八〇種），其中卷八轉收林鶴年詩歌（第 145～166 頁）。按照該書說法，林鶴年《東海集》為林鶴年「專詠在臺之作」。

此外，筆者在《福雅堂詩鈔》（福建教育出版社版，2018年）點校完畢之後，一直有著能為林鶴年先生編輯一本《福雅堂全集》的良好願望，但後來發現，林鶴年詩作許多已經散佚，目前即連北京都門印書局出版的初版本的《福雅堂詩鈔》也已無從尋覓，遑論其他未刊之作。談及此，不妨說說我的良好願望，就是有早一日能夠發掘出完整的《福雅堂全集》，即使是如果能找到初印版和一些軼詩，也是重大突破。

二、晚清臺灣進士蕭逢源及其子女大陸行跡考 〔註3〕

在清代，臺灣士子參加鄉試須到福州，參加殿試則須到北京。科舉制度和職官制度造成了眾多臺灣舉子和進士內渡大陸現象，其中不少臺灣士子還在大陸留下了許多詩文著作。晚清臺灣進士蕭逢源便是其中的一個代表。蕭逢源

〔註 3〕 此部分曾以《晚清臺灣進士蕭逢源及其子女大陸行跡考》為題發表於《海峽人文學刊》2021 年第 3 期。

曾在杭州擔任臨安知縣，其次子蕭福霖隨父遷居杭州後又返回臺灣孤老，其幼子蕭福需則畢業於抗戰時的西南聯合大學，後在北京任大學教師直至退休並於 21 世紀以高壽在此善終。蕭逢源及其子女身處晚清民國、臺灣乙未割讓、抗戰救國等歷史巨變關頭，其家庭的幸與不幸均折射了中國近現代史的發展軌跡，對於研究中國社會的發展變遷、研究中國科舉制度和職官制度，以及臺灣文學史研究均有著顯著的歷史文獻價值。

（一）研究緣起

自清代面向臺灣島內科舉取士以來，臺灣士子們凡參加鄉試必到福州，凡參加殿試則必到北京，別無他途。而選為舉人和進士之後，又有許多士子需到大陸為官為幕，由此，科舉制度和職官制度便引出了眾多清代臺灣內渡作家，被稱為「臺灣末代進士」的蕭逢源便屬此類。

據《明清進士題名碑錄索引》，蕭逢源名列光緒二十年甲午恩科（1894年）賜同進士出身第三甲（共 179 名）第六十名，名列汪康年之後〔註4〕，與江春霖同榜。該科為慈禧太后六旬萬壽恩科〔註5〕，該榜狀元為張謇，與蕭逢源同榜考中進士的臺灣士子還有施之東（賜進士出身第二甲第八十三名，福建臺灣府彰化縣人）、李清琦（賜進士出身第二甲第一〇五名，福建臺灣府彰化縣人）。而據江慶柏《清朝進士題名錄》所記，蕭逢源的籍貫寫為「福建臺南府鳳山縣人」〔註6〕。

蕭逢源詩作在《全臺詩》出版計劃中雖已整理建檔，但數量較少，而且各類文獻也鮮有記述，有待進一步的發掘。但蕭逢源的大致生平，經認真查詢，尚能爬梳出基本面貌。

查清末古典漢詩社崇正社有關資料，蕭逢源與陳望曾、許南英、汪春源等著名詩人同為崇正社社友。如臺灣學者吳毓琪《臺灣南社研究》中云：

> **崇正社**
>
> 創立於一八七八年（清光緒四年），許南英於平時授課童蒙之餘，又邀集與同里士人於竹溪寺鬥韻敲詩，如：陳望曾、施士潔、汪春源、丘逢甲、陳日翔、蕭逢源、王藍石、王詠裳、曾雲峰、吳樵山，後遂議

〔註4〕朱保炯、謝沛霖：《明清進士題名碑錄索引》，上海：上海古籍出版社，1980年，第 2856 頁。

〔註5〕朱保炯、謝沛霖：《明清進士題名碑錄索引》，上海：上海古籍出版社，1980年，第 2857 頁。

〔註6〕江慶柏：《清朝進士題名錄》（中冊），北京：中華書局，2007 年，第 1266 頁。

設崇正社，取崇尚正義之意。自崇正社創立起，因許南英、施士潔等人之經營，臺南詩風逐漸形成，而後經浪吟詩社之推波助瀾，繁衍至南社始壯，職是之故，崇正社被譽為清代臺南詩社之濫觴。〔註7〕

吳毓琪《臺灣南社研究》曾統計崇正社成員有許南英、陳曾望、施士潔、汪春源、丘逢甲、陳日翔、蕭逢源、王藍石、王詠裳、曾雲峰、吳樵山等人，並為崇正社解題云：「許南英於平時授課童蒙之餘與同里士人鬥韻敲詩，設崇正社，取崇尚正義之意。為臺南詩社之濫觴，南市詩教由此發源。」〔註8〕

據《臺灣歷史人物小傳》記載：

蕭逢源字左其，號麓村，原籍鳳山，先世移居臺南鼎甲石街（今民生路）。光緒十四年（1888）舉於鄉，十八年（1892）成進士。乙未（1895）割臺，攜眷內渡，往浙江，歷任浙江省釐金局長，同省會稽縣令。後其子聘杭州太守女，因家於杭。嘗歸臺掃墓，後不再至。終老於西子湖邊。（郭啟傳）〔註9〕

上述蕭逢源於 1892 年中進士，事在臺灣被日本割據之前，但蕭逢源是在乙未割臺之後內渡的。此時已離他中進士時間有三年之久。此記載中「十八年（1892）成進士」有誤，蕭逢源實際於 1892 年（光緒十八年）赴京趕考，但是是在 1894 年（光緒二十年）中進士（一般出現此種情況往往是因為雖第一次考試得中，但是考生未參加殿試，此後補行殿試後獲得進士出身）。也有臺灣學人介紹說，蕭逢源 1895 年經吏部制簽分發浙江省杭州府臨安縣任知縣〔註10〕，但據筆者查考，蕭逢源實則於 1894 年補行殿試之後即被取為即用知縣並於同年到浙江省任職，此後他的仕宦生涯大多在浙江省內度過。不過，據 1918 年 1 月 8 日《臺灣日日新報》「五鳳缺一」條記載，蕭逢源內渡後，曾參與鼓浪嶼林爾嘉菽莊詩會活動，與施士潔、陳望曾、汪春源、許南英等，五人曾同住鼓浪嶼，一時有「五鳳齊飛入洞天」的美譽。由此可看出蕭逢源參與近現代宦幕中國大陸的臺灣詩人群體活動並成為其中一員的事實依據。

據高雄縣燕巢鄉的民間文獻，蕭逢源是高雄縣燕巢鄉援剿右莊（後曾名高雄縣燕巢鄉安招村，現名高雄市燕巢區安招社區）人，祖籍福建省南安縣，

〔註7〕吳毓琪：《臺灣南社研究》，臺南：臺南市立文化中心，1999 年，第 72～73 頁。

〔註8〕吳毓琪：《臺灣南社研究》，臺南：臺南市立文化中心，1999 年，第 418 頁。

〔註9〕《臺灣歷史人物小傳——明清暨日據時期》，臺北：臺灣圖書館，2003 年 12 月，第 748 頁。

〔註10〕參見蔡宗彥：《燕巢出過一位末代進士》，《臺灣時報》，1996 年 8 月 19 日。

從小勤奮好學知書達禮，後考中秀才成為縣學廩生，享受公費教育，光緒十五年（公元 1889 年）考中己丑恩科舉人，光緒十八年（公元 1892 年）考中甲午恩科進士（李按：1892 年中進士這一說法同樣有誤，蕭逢源實則 1894 年考中甲午恩科進士）。據蕭家族譜，在高雄縣燕巢鄉，蕭姓為大姓，為鄭成功援剿部隊後裔，堂號「河南堂」，其祖先於唐朝初年由河南光州跟隨陳元光到達閩南開基。蕭逢源故居（進士宅邸——蕭家公）位於今高雄市燕巢區安招社區安正路 69 號，其宅邸還有公廳尚存，並存有一塊蕭逢源中舉人的「文魁」牌匾。

賴子清《臺海詩珠》，第 12 頁「蕭逢源（光緒十八年，公元 1892 年進士）」云：

> 逢源字左其，號麗村（李按：臺灣圖書館《臺灣歷史人物小傳
> ——明清暨日據時期》第 748 頁寫作「麓村」），鳳山縣人，籍南安，
> 光緒十五年（公元 1889 年）己丑恩科舉人，十八年壬辰劉可毅榜成
> 進士，歷任浙江省釐金局長，同省會稽縣知縣。

其下引蕭逢源《挽鄭慧修貞女》詩一首：

> 浮生同夢蝶，故國說騎鯨。孰料深閨質，能傳沒世名。
> 家聲流北郭，世德著東瀛。淨土無姑惡，香魂有女貞。
> 曇花空幻影，宿草倍傷情。骨共青蓮化，心堪白水盟。
> 闡幽徵齒錄，進善樹心旌。哀挽留詩什，千秋慰九京。〔註11〕

高雄市文獻委員會編輯《高雄市古今詩詞選》另選錄蕭逢源《劉淵亭副帥永福奉詔防颶，林時甫星使連句招陪板橋園讌集，酒酣述舊，並示戎機，索余長句奉紀》一首：

> 越國奇男子，中邦此偉人。鼓鼙思將帥，驄蓋擁軍民。
> 勁草因風起，傾葵向日頻。鴨江宵告捷，鷄嶼曉揚塵。
> 電掣方傳線，雲開合蕩輪。兩河收散卒，三楚哭庭臣。
> 羽箭天山外，樓船瘴海濱。扶桑妖日閃，重譯鬼方馴。
> 地軸旋鯤鹿，天驕識鳳麟。汾陽瞻福澤，潞國見精神。
> 本色英雄語，匡時柱石身。亞洲傳盛會，毘舍證前因。

〔註11〕 此詩原載鄭毓臣編：《鄭貞女挽詩》，又見賴子清：《臺灣詩醇》（臺北：1935 年
6 月刊本）、陳漢光：《臺灣詩錄》（臺北：臺灣省文獻委員會，1971 年 6 月）、
高雄市文獻委員會編輯：《高雄市古今詩詞選》（高雄：高雄市政府，1983 年
6 月）。

故國思劉表，名園訪季倫。通虔心款款，投分語津津。

異姓聯昆友，忘形到主賓。不淫能富貴，大勇本慈仁。

時事憂虞虢，雄風起越秦。三宣崇令甲，六國耀冠紳。

北海羅群彥，南交盛百珍。推襟情灑灑，贈縞禮彬彬。

俠異甘與霸，高同賀季真。錦帆張海寨，芳鑒乞湖春。

舊夢從頭說，余懷握手申。江湖容落拓，雷雨識艱辛。

子弟雄邊散，賓察故主親。受降刑白馬，有道禮黃巾。

黑海旌旗蔽，紅河部曲屯。風雲揚大樹，波浪激潛鱗。

義旅儲英傑，豪交廣賤貧。艱危方借寇，保障尚思巡。

未分珠崖棄，能教玉壘新。鳳山揚鼓角，貂嶺闢荊榛。

舴艋軍容盛，猙獰禮數循。板橋賓館接，竹塹土風詢。

卜式憂時日，劉安訪道辰。圖經搜地主，袍澤勵同寅。

前席功籌箸，監河義指囷。紅毛城矗礧，赤嵌地峨岷。

鵝鸛千軍合，貔貅萬竈均。佛郎機巧捷，克膚卜精純。

練膽逾肩臂，攻心輔齒脣。片言崇九鼎，一線挽千鈞。

宿恨曾銜石，忘讐致厝薪。誠能通鐵石，氣不識金銀。

功狗勞鞭策，潛龍自屈伸。老饒薑桂性，晚結竹梅林。

下馬爭羅拜，椎牲奉祀禋。義良垂豹略，忠厚誕麟振。

畫像開黃閣，褒章荷紫宸。田橫仗孤島，福祥祚吾閩。

　　此詩與湯世昌《巡臺紀事五十韻》、朱士玠《上朱臬憲五十韻》〔註12〕均為五言古詩體，隔句押韻，全詩共一百句，五百字，五十韻，是臺灣近代文學史上少見的長篇敘事詩，也是關於劉永福的十分珍貴的歷史文獻，目前尚未見於國內外劉永福研究著作。〔註13〕

〔註12〕見全臺詩編輯小組編撰《全臺詩》第2冊，臺南：臺灣文學館，2004年2月，第357、390頁。

〔註13〕蕭逢源《劉淵亭副帥永福奉詔防颱，林時甫星使連旬招陪板橋園讌集，酒酣述舊，並示戎機，索余長句奉紀》一詩承蒙臺灣東海大學吳福助教授厚愛提供，特此鳴謝。此詩為高雄市文獻委員會編輯的《高雄市古今詩詞選》一書收入，該書編者認為是蕭逢源詩作，而林鶴年《福雅堂詩鈔‧東海集》中也有此詩。本文作者認為，此詩應為林鶴年抄錄之蕭逢源詩作，故恰符《福雅堂詩鈔》之謂「詩鈔」之意也。當時參加劉永福與林時甫（林維源）板橋宴集者有多人，並留有同題詩歌多首，形成一個同題記述同一事件的「群詩同題」現象，筆者將以另文詳加論證考辨。

2008 年，筆者赴臺灣成功大學參加「異時空下的同文詩寫」學術研討會時，曾發表了有關日據前臺灣宦幕大陸詩人的論文，就此與臺灣科舉及臺灣進士詩人蕭逢源結緣，時光倥傯，一晃已是十餘年，十餘年間雖戮力攻堅，希望能找到更多有關蕭逢源的信息，但所獲甚少，文債未了的重負卻越來越重。期間筆者曾於 2018 年 11 月 16 日以《臺灣進士蕭逢源內渡大陸之後》一文參加了由福建師範大學、金門大學、金門縣文化局、臺灣萬卷樓圖書股份有限公司共同在福州舉辦的 2018 金門學暨閩臺科舉文化學術研討會，獲得與會的臺灣學者（尤其是來自高雄的學者）的共鳴，好幾位臺灣學者告知筆者，該文讓他們都很感動。今藉此機會發表此文，聊寄對蕭逢源進士及其後人的敬意，並期有同好者有以教我，指點迷津，也玉成筆者拋磚引玉的好意，在此先行謝過。

（二）蕭逢源大陸行跡的尋訪與考辨

有關蕭逢源的歷史記載可以用鳳毛麟角來形容，其中現存蕭逢源在大陸的記載更是十分稀少，許多臺灣學者，甚至包括蕭逢源的後人們都歎息搜尋考證其生平史蹟之難。

1. 民間記憶中的蕭逢源大陸行跡

據黃怡珍《臺灣末代進士就是燕巢鄉安招村蕭逢源？》（1996 年）一文所述，蕭逢源於 1895 年在杭州擔任臨安知縣之後十年，「在光緒三十一年十二月三十一日皇帝頒布的聖旨昭告指出，蕭逢源剛愎自用予以革職」〔註14〕。另據蕭逢源曾外孫女蕭欣（生活在北京，現在英國留學）的博客《英倫生活：英國的教育之一——走出國門》一文，蕭逢源及其後代在內地的生活情形大致如下：

> 外祖父的爸爸是臺灣的末代進士，名叫蕭逢源，考中後，被派到杭州做官，也在那裡生下了外祖父和他的雙胞胎姐姐。後來不知道什麼原因，他和夫人雙雙過世，留下了一雙只有 3 歲的兒女給朋友照顧。外祖父長大後，一直留在杭州，後來考取了國立西南聯合大學，到雲南讀書。抗戰後期，又加入了空軍參加了駝峰的飛行。49 年以後，由於特殊的政治環境，他被打成了右派，一關就是十幾年，平反後，當年照顧他的人早就沒了蹤影，姐姐也早在 49 年以前

〔註14〕參見黃怡珍：《臺灣末代進士就是燕巢鄉安招村蕭逢源？》，《中國時報》，1996年 9 月 27 日。

就到美國讀書了。所以他的身世也就成了一片空白,直到95年以前,他都認為自己是一個孤兒。沒想到,隨著舅舅的出現,全家人和他的朋友,甚至是他所執教的大學才知道他原來是一個不平凡的孤兒。

> 舅舅並不是我外祖父母的孩子,……好像是舅舅的爺爺和我的曾外祖父也就是那位末代進士是親兄弟。95年之前,臺灣的《中國時報》寫了很多關於曾外祖父的報導,但是沒有明確說明他是不是有後人留下,只提到他的大兒子(外祖父從未謀面的哥哥)因病已經在臺灣過世了。舅舅是國立臺灣大學農業經濟系的系主任兼研究所所長,受農業部的邀請,經常有機會到大陸開會,訪問。抱著試試看的心理,他開始通過各種管道尋找這位蕭家名人的後人。輾轉了很久,終於找到了外公,並且發現他不僅是進士唯一的後人,在族譜的同代人中,他也是唯一健在的一位。(按族譜中的規矩,嫁出的女兒就像潑出去的水,所以外公的姐姐不能算作其中了。)於是在95年的時候,舅舅帶著他的兒女第一次在北京和唯一在大陸的家人見面了。……(外公家到我這一代很不興旺,他和外婆有一個女兒,兩個兒子。卻只有我媽媽和小舅舅兩個人有孩子,我是81年出生,而我的小妹妹卻是在93年才出生的,……〔註15〕

由此一記述,我們可以得知蕭逢源還有一個同胞兄弟,其後代現擔任臺灣大學農業經濟系教授。後循此線索,筆者經查閱臺灣大學農業經濟系師資材料,並經臺灣東海大學吳福助教授電話聯繫確認,該蕭姓教授為蕭清仁教授。由此一線索,筆者進一步採訪、查證,挖掘整理出了一些有關蕭逢源的軼事。

2. 對蕭逢源的後人之採訪

2009年,我曾採訪蕭逢源進士現在北京定居的後人、他的孫媳蔡曙濤教授(現任北京大學光華管理學院教授),蔡曙濤教授後於2009年3月6日寄來(由北京大學郵局寄出)有關她和她的公公(蕭逢源之子蕭福霈)所知道的蕭逢源及其子女的書面材料(2009年3月10日寄至福州埔頂郵局),現將其整理的材料復述如下:

〔註15〕蕭欣:《英倫生活:英國的教育之一——走出國門》,http://www.cd200.com/content_281441.html,2006年8月27日,2018年11月5日引用。

蕭逢源後人——蕭福霈

　　根據《臺灣時報》、臺灣《中國時報》1996 年 8、9 月份的相關報導，蕭逢源是臺灣高雄燕巢鄉安招村人氏，光緒十五年己丑恩科舉人，光緒廿年（1894）甲午恩科進士，列第三甲第六十名。（李按，原材料有注：從北京國子監明清進士題名碑拍攝到的碑文以及北京圖書館「明清進士題名碑錄索引」複印的資料可以證實。）因甲午戰爭清廷戰敗，割讓臺灣，臺灣人無法繼續參加清朝的科舉考試，所以，蕭逢源成為（日據之前）臺灣最後一位進士。蕭逢源光緒廿一年任浙江臨安知縣，在光緒三十一年年底，光緒皇帝頒旨，以蕭逢源剛愎自用為名予以革職，因臺灣已被日本人佔領，他無法返回臺灣祖籍，遂在杭州終老一生。在民國初年，蕭逢源曾回臺灣祖籍祭祀。此後，再也沒有回過臺灣。

　　蕭福霈是蕭逢源第四任妻子蕭陳氏所生育的第三個孩子。蕭福霈一母同胞三人：

　　兄，蕭福霖，1915 年 6 月 27 日生，1964 年 7 月 11 日卒於臺灣，1939 年上海持志大學法律系畢業。終身未婚，無子嗣。

　　姐，蕭福珍，與蕭福霈是雙胞胎姐弟，目前仍然健在，美國公民，居住在美國加利福尼亞州伯克利（加州大學伯克利分校）。育有二子一女。

　　蕭福霈，男，1921 年 9 月 9 日（李按，原材料有注：出生日期以蕭福霈身份證為準，但與其雙胞胎姐姐蕭福珍的出生日期並不一致。）出生於浙江杭州。

　　1933 年杭州浙江省立杭州高中附小畢業。此後分別就讀於杭州安定初中、浙江省立杭州高中、貴州銅仁國立三中。

　　1940 年考入國立西南聯合大學機械系。

　　1946 年國立西南聯合大學化工系畢業

　　1947 年上海中國航空公司職員

　　1949 年之後，先後在瀋陽工學院（東北工學院，東北工業大學）、山東工學院（山東工業大學）、上海水產學院（中國水產大學）、山西太原工學院（太原工業大學）、北京師範學院分院（首都師範大學）教書。

1952 年與妻子李瑞英結婚，夫婦育有一女二子：長女肖英、次子肖寧、幼子肖京。

1987 年離休

蕭福霈自述中的重要事實（根據蕭福霈手記內容整理）

我和雙胞胎姐姐出生後，母親蕭陳氏因產後失調亡故。幾年後，父親蕭逢源也在杭州病逝，遺下兄蕭福霖、姐蕭福珍和我三人，時年我年僅四歲。所有遺物，包括三個孩子，由幾位親戚共管。一場杭州罕見的時疫，即現今所謂傳染病，共管親戚死了多半。通過一番明爭暗鬥，討價還價，決定聘請一位律師並委託一家親戚共同管理監護我們。1937 年日軍侵華，日軍迅速佔領中國沿海地區。當時，哥哥蕭福霖在上海持志大學讀書，我和姐姐在浙江省立杭州高級中學讀書。律師和負責我們的那家親戚大難來時各自飛，將所有錢財席捲一空，只留下所監護的孩子。於是，我和姐姐成為流亡學生，隨學校一起向湖南長沙轉移。哥哥蕭福霖後來回到杭州，那裡有律師和親戚搬不動，拿不走的祖父生前留下的房子，可以落腳。在杭州，他先後找了幾處平平凡凡的小差事，都只能養活自己，不久就音訊全無。

姐姐蕭福珍高中未畢業以同等學力考入當時在雲南的西南聯合大學（由北京大學、清華大學、南開大學聯合組成）經濟系，畢業後留校任當時清華大學經濟系主任陳岱孫的助教。後與同為西南聯大經濟系畢業的蔣慶琅結婚。1945 年後雙雙赴美國加州大學伯克利分校留學，蕭福珍獲得碩士學位，蔣慶琅獲得博士學位。他們夫婦成為美籍華人，一直在美國生活居住。

我跟隨學校流亡輾轉進入貴州銅仁國立第三中學學習。高中畢業後想去雲南昆明西南聯大，因無路費作罷。貴州銅仁國立第三中學校長周邦道介紹我去貴州山區當小學教員，是我有機會親身體驗貴州崇山峻嶺貧困地區人民的艱苦生活。一年後（1940 年），我考入西南聯大機械系，後轉入化工系直到畢業。

西南聯大八年校史中，1940 屆學生命運最坎坷。時日軍瘋狂入侵，氣勢極為囂張，學校為長治久安計，令該屆入學新生全部上四川敘永報到。當時的敘永是四川南部一小縣，生產、建設都很落後，

沒有什麼就業機會。學生學、雜、宿費全免，學校給每個學生每月6元伙食費，教本、紙筆、洗理……這些學習、生活所需，就得設法自理。除少數有家庭親友接濟的學生外，絕大多數學生和我一樣孑然一身，沒有其他經濟來源。走投無路之時，碰上學校雇人下河挑水以供應廚房及日常生活用水，我遂找了這個差事。挑水是個苦活，也是重活。苦在工作時間，限定在同學們早上起床前，晚上睡覺後。也苦在石級上青苔行路難。從河面取水拾級而上，石階上全是青苔，秀色可愛，卻非常危險。不幸滑倒，人仰桶翻，甚至一失足成千古恨。重則重在一擔水遠比一般蘿蔔白菜，日用百貨都重。幾擔水每擔都得拾級而上再走一段路到學校，必須一口氣連續不斷，才能於限定時間內完成任務，非壯勞力不能勝任。清華大學電機系離休教師宗孔德教授，原臺灣中華航空公司總工程師孫冀昌先生，都是我當年的親密挑水夥伴。

　　大學二年級時我們奉令遷回昆明。昆明在抗戰時因其地理優勢而興旺發達，就業門路五花八門，無奇不有。我當過家庭教師。替人設計、建造酒精廠。上建築工地打工，被老闆封為工程師，主管現場施工。後來逢中國航空公司（CNAC）招收中國自己的民航駕駛員，優先考慮大學生，亦即西南聯大學生。我報名考試，按照美國標準檢查體格，面試英語口才、各項動作，反應能力等，一一通過。然後接受培訓，隨機試飛，最後成為該公司正式雇員，職稱是副飛機師（Co-pilot），待遇優厚，但工作相當危險，有時甚至非常危險！自中國邊境雲南昆明，向西南飛越過喜馬拉雅山脈，到達印度邊境小鎮汀江。這條航線地勢複雜，人跡稀少，叢林峻山，氣候變化大，以當時的科學技術、飛行設備，被列為世界最危險的飛行禁區之一，即著名的「駝峰航線」。我曾經與美國戰友一起駕機飛越駝峰，九死一生。

　　1945年，抗戰勝利後，我返回西南聯大繼續學業。我的哥哥蕭福霖曾有親友介紹去江西上饒交通銀行做文書。1946年，我畢業於西南聯大化工系，1947年，進入上海的「中國航空公司」（中航）任職，從事地勤工作。這時，蕭福霖來上海找我，從我這裡拿了一筆錢去臺灣經營小本，並說去清理祖上在臺灣的遺產。去臺後，我從他的來信中知道他的境況不好，就每月寄自己的薪水的1／3到1／

2 給他。到 1948 年，才中斷了音訊。

1947 年，姐姐蕭福珍已經在美國立足，她為我申請成功美國 Ohio 大學化工系留學深造，我這裡也很快辦妥去美國的留學護照，只等出去。但時值美國西海岸海員罷工，去美國的輪船因罷工而幾乎斷航。等待、等待、再等待，直至 1949 年上海解放，出國留學夢成為泡影。此後，由於眾所周知的原因，為避免彼此麻煩，我們姐弟不通音訊長達 30 年。直至中國和美國上世紀 70 年代建立正常外交關係後，姐姐蕭福珍回國探親才與我恢復聯繫。

上海解放後，我參加革命，進入「華東人民革命大學」（供給制）學習。隨後，分別在瀋陽工學院、山東工學院、上海水產學院、太原工學院任教。1957 年，因所謂的「政治問題」被打為「右派」，淪為專政對象，開始遭受厄運。1960 年，以右派不服罪送勞動教養，在山西的勞改農場進行「改造」，與在北京的家人分離二十餘年，歷經坎坷和磨難，直到粉碎「四人幫」後才獲得徹底平反。1980 年落實政策從山西返回北京，在當時的北京師範學院（現在首都師範大學）分院教書。先教外語，繼而教各專業外語。後來教化學工程、工業化學。1987 年從首都師範大學離休，是民主黨派「九三學社」的會員。

蕭福霈如何與臺灣族人取得聯繫

因蕭福霈能記事時父親已逝，撫養他長大的族人對家族與臺灣的淵源所敘甚少，故他對家族歷史並不甚瞭解。基於出生並從小生活在杭州的事實，他一直以杭州為祖籍（他本人及子女的籍貫均填寫杭州）。解放後，儘管他知道同胞哥哥在臺灣，因當時歷史環境的限制，從不敢對外人和子女提及這一親屬關係。蕭逢源的墳塋也因戰亂和無人祭掃而蹤跡難尋。所以，蕭福霈及其子女對蕭逢源的具體身份、自己家的祖籍以及家族歷史與臺灣的關係並不清楚，也不可能深入追尋。

大約在 1994 年，蕭福霈在上海民航部門的老朋友輾轉送給他一封尋親啟事，說臺灣大學農業經濟系教授蕭清仁在大陸尋找蕭福霈的下落。通過尋親啟事提供的聯繫方法，蕭福霈與蕭清仁教授取得聯繫，並終於在北京相聚。蕭清仁教授按輩分是蕭福霈在臺灣的同

族侄兒，他曾經與蕭福霖同村居住，並經常去他家玩耍。他很關心蕭逢源後人的下落。從蕭福霖口中得知蕭福霈解放前夕曾在上海民航部門工作，就通過這個渠道發出尋親啟事，並借來大陸進行學術交流的機會與蕭福霈在北京相會。蕭福霈從他口中得知，蕭福霖1964年已經去世並埋葬在臺灣，蕭逢源是臺灣最後一位進士。

蕭清仁教授與蕭福霈會面後，就開始為他回臺灣祖籍認祖尋根而籌劃安排。經過不少曲折，終於促成蕭福霈為期三個月的臺灣之行。1997年冬季，受蕭清仁教授的邀請，蕭福霈、李瑞英夫婦去臺灣祖籍探視蕭姓族人，祭掃蕭福霖的墳墓。儘管這是蕭福霈第一次去臺灣，儘管除蕭清仁教授外，他與臺灣蕭姓族人是第一次見面，但是，他們在臺灣受到族人的真誠、熱情款待。在臺南高雄燕巢鄉安招村祖籍，他們發現蕭逢源的故宅依然完好，族人談及蕭逢源依然倍感親切，祖籍的鄉親至今仍以蕭逢源是清朝臺灣的最後一位進士為榮耀，當地的民間文化團體還收集了不少有關蕭逢源的傳聞與資料。他們在臺灣深深感受到血濃於水的親情。返回大陸後，蕭福霈申請恢復了臺灣的祖籍。

蕭福霈子女為了尋找有關祖父更多線索曾進行過一些初步的調查和研究。例如，為確認祖父是否中過進士，曾去過北京圖書館查閱資料，複印了「明清進士題名碑錄」索引和「歷科進士題名錄」等歷史文獻（見附件），甲午恩科第六十名確實是蕭逢源，但其籍貫卻是福建鳳山。後經瞭解，當時臺灣隸屬福建省管轄，故籍貫福建鳳山並不能排除與臺灣的祖籍關係。此外，祖父的先人係由福建遷移到臺灣，即便籍貫填寫福建也在情理之中。同時，他們還試圖從歷史文獻中尋找有關祖父的點滴情況。然而，由於他們的歷史知識和資料來源都非常有限，力圖查閱浩瀚的《清史稿》不知從何處下手、又沒能找到清朝末期的杭州（臨安）的縣志或相關的地方志等重要官方文獻，最後只好作罷。據他們瞭解的情況，有關祖父的故事目前只有臺灣當地媒體有過公開報導（見附件），但尚未有大陸媒體關注此事。

蕭逢源是清朝，實際上是整個中國封建王朝的最後一位臺灣進士（李按：原文如此，實際應為臺灣被日本佔領之前的最後一名臺

灣籍進士，或者說是清廷在進士榜單中公布籍貫為「臺灣府」的最後一名臺灣進士，整個中國封建王朝的最後一位臺灣進士實為汪春源），有其特殊的歷史地位。他的經歷充分證明了中國中央政府自古就對臺灣行使著主權。臺灣人參加中國統一的科舉考試，中舉、中進士並在大陸擔任行政官員，說明當時的清朝政府一直將臺灣作為一個行政區劃管轄，臺灣人與內陸人在參加科舉考試，擔任政府官員的資格方面並無區別。他的故事可以充分解釋臺灣與大陸的政治、文化、歷史淵源。遺憾的是，由於兩岸長期隔絕和解放後特殊的歷史環境，到目前為止，人們對蕭逢源生前在大陸的歷史瞭解非常有限，特別是她任浙江臨安知縣時有何政績？因為什麼原因被皇帝革職？革職後做過哪些有益於社會的事情？他中進士並在大陸任官職對臺灣人有什麼影響等問題，蕭福霈家人和臺灣族人非常關心，卻不得而知，這一直是他們心中的重大的遺憾。〔註16〕

——以上為蕭福霈兒媳、時任北京大學光華管理學院副教授蔡曙濤於2009年3月6日寄給筆者的書面文字。此後，蔡曙濤教授來信告訴筆者，蕭福霈先生於2012年5月在北京病逝，享年91歲，而他的夫人李瑞瑛女士，則於2019年6月21日去世，也享高壽91歲。

3. 歷史文獻中的蕭逢源大陸行跡

由上述寥若晨星的線索出發，筆者查閱了大量的歷史文獻，又發現了一些珍貴的史料，如與上述各種口述歷史與民間文獻對照解讀，可略為當前蕭逢源的生平資料之補充。

據清光緒三十四年（1908）《浙江巡撫馮汝騤奏請以蕭逢源補黃岩令摺》一文，「惟於應補人員內查有進士即用知縣蕭逢源，年四十二歲，由廩生應光緒己丑恩科本省鄉試中式舉人，壬辰會試中式貢士，甲午恩科殿試三甲，朝考三等，五月初八日引　見奉　旨以知縣即用。欽此。遵新海防例捐指浙江，七月初二日領照到省，因署景寧縣任內未完地丁六分以上，奉文革職，遵即續完四分零，奏請開復，……吏部於三十四年二月二十四日行文准其起復，……光緒三十四年六月十五日奉　硃批吏部議奏。欽此」〔註17〕。馮汝騤上此奏摺的

〔註16〕以上復述之「蕭逢源後人情況整理」為蔡曙濤根據蕭福霈手記、恢復臺灣原籍申請書等相關資料整理。

〔註17〕《奏設政治官報10》，臺北：文海出版社，1965年，第302～303頁。

時間為光緒三十四年（1908），而此奏摺中云蕭逢源是年「四十二歲」，由此可知，蕭逢源於光緒三十四年（1908）時為 42 歲，以此推算，蕭逢源應生於 1867年（古代常虛報一歲）。由此可知，蕭逢源於光緒三十四年（1908）時為 42 歲，即他應生於 1867 年，而據其子蕭福霈的回憶，蕭逢源去世時，他才四歲，而蕭福霈生於 1921 年，因此，蕭逢源約去世於 1925 年底至 1926 年間（大約是1926 年）。據此，蕭逢源的生卒年月基本可知了，約為 1867～1926 年。又據章元善等編中國華洋義賑救災總會《第一次合作講習會彙刊》（1926 年 1 月發行），在 1925 年「十一月二十七日晚八時在青年會體育室」[註18]，蕭逢源還參加了「歡迎會」活動，而在第二次合作講習會的時候，蕭逢源便沒有出席了，因此，蕭逢源最早應該在 1925 年 12 月至 1926 年期間去世，約享壽 60歲，其生卒年月大約可以寫成了「蕭逢源（1867～1926）」了。至於蕭逢源 1908年之前的履歷，由此文也可基本梳理清晰，蕭逢源乃於 1889 年由廩生應光緒己丑恩科福建鄉試考中舉人；1892 年應光緒壬辰會試考中貢士；1894 年應光緒甲午恩科殿試得中三甲進士，參加朝考獲得三等名次，同年五月初八被選為即用知縣；1894 年七月初二到浙江省任職。此後在景寧縣知縣任上被革職，後於 1908 年起復，署任黃岩縣知縣；民國成立後，蕭逢源曾任中國華洋義賑救災總會會員，曾於在北京舉辦的中國華洋義賑救災總會第一次合作講習會上擔任「國歌」教唱、領唱人。

另據清光緒戊申年十二月《上諭增韞奏甄別屬員分別獎懲一摺》，「十二月三十日內閣奉上諭增韞奏甄別屬員分別獎懲一折浙江杭州府知府卓孝復嘉興府知府楊士燮署湖州府本任嚴州府知府錫綸……政跡均著傳旨嘉獎玉環廳同知范慶頤才力竭蹶聲名平常署臨安縣即用知縣蕭逢源剛愎自用民怨沸騰……典史方奎元辦事粗疏臨安縣典史陸榮被控有案淳安縣典史熊維翰貪黷無厭遂安縣典史范宗蓮肆行無忌樂清縣典史張廷藻受賄有據均著行革職……」[註19]，時署任「臨安縣即用知縣」的蕭逢源確實因剛愎自用民怨沸騰而被「著行革職」，這也一定程度上佐證了前文所述黃怡珍《臺灣末代進士就是燕巢鄉安招村蕭逢源？》一文所述，「在光緒三十一年十二月三十一日皇帝頒布的聖旨昭告指出，蕭逢源剛愎自用予以革職」，只是被革職的時間為光

〔註18〕章元善等編：《第一次合作講習會彙刊》，中國華洋義賑救災總會，1926 年，第 5 頁。

〔註19〕《諭＋旨（戊申十二月）》，《東方雜誌》第 6 卷第 1 期，1909 年，第 15 頁。

緒戊申年，即光緒三十四年（1908）十二月三十日，而非該文所說的「光緒三十一年十二月三十一日」。此《上諭增韞奏甄別屬員分別獎懲一摺》中還有一信息頗堪注意，光緒戊申年，時任杭州府知府知府為卓孝復，卓孝復（1855～1930），1895年進士，閩縣人，與嚴復、林紓等人為至交，其子卓宣謀娶曾國藩外孫女聶其純為妻；另一子名卓定謀，是著名書法家，曾任北京大學教授，為當代著名美籍華人畫家、作家卓以玉的祖父。假設真如本文上文所轉述《臺灣歷史人物小傳》中所言，蕭逢源「其子聘杭州太守女，因家於杭」，那麼，蕭逢源之子所「聘」之妻似乎應是時任杭州「太守」（知府）的卓孝復之女，不過，這是否屬實，仍需進一步考證。

至於上文所舉蕭逢源「字左其，號麗村」、「字左其，號麓村」兩種關於其姓名字號的不同說法，筆者在查考、辨析的過程中又有新的發現，據《民國景寧縣續志》「知縣」條下記載，「蕭逢源，勵川，南安進士，二十八年署任」〔註20〕，由此可知，「勵川」應該是蕭逢源的另一個字。查景寧縣今為浙江省麗水市下轄的景寧畲族自治縣，南鄰福建省壽寧縣。

（三）結語：蕭逢源及其子孫的人生軌跡、鄉愁回望與歷史價值

行文至此，據蕭逢源之子等直接當事人回憶，輔以清宮檔案、方志、公文等歷史文獻的佐證，有關蕭逢源的資料雖珍惜少見，但也有一些信息目前確切可知，如蕭逢源為晚清進士，一生中主要在浙江省內為官；據「高雄縣燕巢鄉戶政事務所」於1995年4月14日出具之「蕭福霖臺灣戶籍冊複印件」，蕭逢源之次子蕭福霖「民國四年十月三十日，隨同父蕭逢源他往浙江省杭州市居住因申請遺漏民國三十八年四月十五日設本籍」〔註21〕，而蕭福霖之母為蕭陳氏〔註22〕，由此可知，蕭逢源曾娶蕭陳氏為妻，且蕭逢源1915年還在杭州居住。

綜合上述信息，蕭逢源的生平履歷已可推知出大致的輪廓：蕭逢源，字勵川，號左其，生於1867年，1926年離世，臺南府鳳山縣援剿（今臺灣高雄市燕巢區安招社區）人，祖籍福建南安。1889年應光緒己丑恩科福建鄉試考中

〔註20〕《民國景寧縣續志》卷之四「職官‧知縣」，吳呂熙等修，柳景元等纂：《民國景寧縣續志》，民國二十二年（1933）刻本，第3頁。
〔註21〕見「高雄縣燕巢鄉戶政事務所」於1995年4月14日出具之「蕭福霖臺灣戶籍冊複印件」。
〔註22〕見「高雄縣燕巢鄉戶政事務所」於1995年4月14日出具之「蕭福霖臺灣戶籍冊複印件」。

舉人，與臺北舉人黃宗鼎同榜；1892年應光緒壬辰會試考中貢士；1894年參加甲午恩科殿試得中進士，選為即用知縣。此後，蕭逢源一直在浙江省任職，曾擔任景寧縣知縣、黃岩縣知縣、幷曾在杭州府擔任臨安知縣，民國成立後曾在杭州任浙江省釐金局局長，後曾在北京擔任中國華洋義賑救災總會成員。

蕭逢源之女蕭福珍曾擔任過著名經濟學家陳岱孫先生的助教，後負笈美國並在美國定居；而正如上述「蕭福霖臺灣戶籍冊複印件」記錄、顯示，蕭逢源次子蕭福霖以「上海持志大學法律系畢業」之「教育程度」，由杭州回臺後卒以「自耕農」之「職位」而終身未娶，命運之坎坷令人唏噓；生活在祖國大陸的蕭逢源麼子蕭福需則曾於1990年代末在北京恢復了自己的臺灣省籍，他於西南聯合大學畢業後定居於北京，曾擔任首都師範學院教授直至退休並終老於此，其子肖京現定居北京，在一家企業工作並退休，蕭福需孫媳蔡曙濤任北京大學教授至退休，蕭逢源一家由此繼蕭福珍、蕭福需就讀西南聯大之後再與北京大學結緣。

蕭逢源身處近代中國的歷史巨變關頭，他和他的後人此種隔岸的鄉愁與回望，其家庭的幸與不幸，他們近乎傳奇的人生經歷，均折射了中國近代史的發展軌跡，對於研究中國社會的發展變遷、中國科舉制度和職官制度，以及臺灣文學史研究均有著顯著的歷史文獻價值和學術意義。

三、許南英、許地山父子的文脈傳承

（一）徐聞縣衙走出三才子——湯顯祖、許南英、許地山與粵地文化資源〔註23〕

廣東省湛江市徐聞縣地處瓊州海峽之北，南與海南島隔海相望，中國大陸「南極點」即位於徐聞縣境內。近來因講學、寫作的緣故，多讀了幾本文學史和地方志，不知為何，屢屢有「徐聞縣知縣」幾個字眼入目，漸漸入腦入心，令我不由地仔細比對其中因緣。仔細耙梳，卻原來明代的《牡丹亭》作者湯顯祖曾經在廣東省徐聞縣做過典史，與知縣熊敏共過事，清代的臺灣進士許南英則曾經在徐聞縣做過知縣，許南英的兒子許地山9歲隨父來徐，也是在徐聞縣衙衙署裏面住過幾年的。

湯顯祖（1550～1616）曾在明萬曆年間任職徐聞縣典史之前曾繞道澳門，

〔註23〕此部分曾以《湯顯祖、許地山與粵地文化》為題發表於《團結報》（北京），2021年7月22日06版文史週刊。

有澳門之遊，寫有四首有關澳門的七言絕句，他曾在《牡丹亭》一劇中透露了澳門信息：「一領破袈裟，香山墺里巴。多生多寶多菩薩，多多照證光光乍。小生廣州府香山墺多寶寺一個主持。這寺原是番鬼們建造，以便迎接收寶官員。茲有欽差苗爺任滿，祭寶於多寶寺菩薩前，不免迎接。」

湯顯祖作為中國古代著名的戲曲家，在國際劇壇享有盛譽，其《牡丹亭》乃至「臨川四夢」在中國婦孺皆知，膾炙人口，在國外也有著很高的知名度，將湯顯祖稱為一代文學巨人，不是過譽之詞。同時，湯顯祖還有其獨特的人生經歷，他與英國著名戲劇家莎士比亞生卒年幾乎同時，因此，許多國際比較文學學者曾將其與莎士比亞進行比較研究；湯顯祖曾在澳門居住，據考證，《牡丹亭》應該就創作於澳門；此外，湯顯祖的《牡丹亭》經由旅美臺灣作家白先勇改編為「青春版《牡丹亭》」以後在國內外上演不衰，已經成為中國傳統文化傳承創新的經典之作。這都使得湯顯祖及其戲劇文化已成為豐富的文化寶藏，對於湯顯祖的故地徐聞而言，更是可以大力保護性開發、活化利用的文化產業資源寶庫。

許地山（1894～1941）除著有他那篇著名的散文《落花生》以外，還給世人留下了《語體文法大綱》（1921 年）、《印度文學》（1930 年）、《陳那以前中觀派與瑜伽派之因明》（1931 年）、《達衷集：鴉片戰爭前中英交涉史料》（1931 年）、《道教史》（1934 年）、《香港與九龍租借地史地探略》（1940 年）、《扶箕迷信的研究》（1941 年）、《許地山語文論集》（1941 年）、《國粹與國學》（1946 年）等大量學術著作。許地山對域外的南亞和東南亞風物情有獨鍾，他曾於 1913～1915 年間在緬甸仰光任教，後其父、曾任晚清徐聞縣知縣的許南英（1855～1917）逝世並埋葬於南洋，許地山除了曾赴蘇門答臘為父親掃墓並在目前合影以外，還曾專門赴印度研究印度民間文學、印度哲學、印度宗教與梵文。

許地山的父親許南英原居臺灣臺南，1890 年考中清廷進士，1902 年任徐聞縣知縣，在 1895 年日軍侵佔臺灣時曾率義軍抵抗。許南英能詩文善書畫，道德文章自律甚嚴，對子女更是言傳身教。許地山成年以後的國學功底應與許地山自小所受其父許南英家學的薰陶，以及在徐聞縣由湯顯祖創建、許南英任知縣時修繕並自任院長的貴生書院中所接受的傳統書院教育有著密切關聯。在 2023 年的今天，許南英、許地山父子在徐聞縣的蹤跡仍可從徐聞縣的地名和古厝中捕捉到一二點滴，據許地山《窺園先生詩傳》所記，徐聞縣城內

的「署前街」的「考棚」便是許南英當時的衙署，三官祠便是許地山兄弟的書房。湯顯祖、許南英、許地山都在「民風淳樸，社會安定」（許南英語）的徐聞與「淳樸可愛，不喜惹是生非」（湯顯祖語）的徐聞百姓一起度過了一段融洽愜意的半島海濱生活。

此種淳樸的民風品格直接影響到了許地山的治學品格。許地山為學偏好於精細考證的樸學和立足於田野考察的人類學，而此種學問使得許地山必須將目光關注於民間，同時許地山本身就有搜集民間文獻的喜好和習慣，這種愛好和治學路徑需求自然融洽的結合使得對於中外民間文化的研究成為許地山的學術志趣，並形成了他獨特的治學風格。許地山還將其學術志趣和個人情志融入他的文藝創作，又在他的學術工作中充分發揮了他的文學特長，做到了學藝互證。人類學的方法是許地山的一個非常重要的治學方法，而人類學一個非常重要的治學路徑便是走向民間，走向田野，親近自然。對於各色人等的親和力和平等交談的能力是一個合格的人類學家必備的基本技能，從中也可看出一個優秀學者的為人處世的態度。喜愛許地山的《落花生》《春桃》《綴網勞蛛》等文學作品的讀者，可以從中看出許地山的政治思想與人生態度對其文學創作有著很大的影響。《落花生》被編寫入中學語文教材後對學生的影響除了語言文學方面的影響之外，更多的是思想和人生態度方面的影響。

湯顯祖、許南英、許地山與包括徐聞在內的粵港澳大灣區有著深厚的文化因緣。許南英的遠祖實際是廣東揭陽人，他曾在廣州、佛山、陽春、陽江、三水、電白等廣東省內多地任職，他為揭陽族人許子榮書寫的《許春熙墓誌銘》至今保存完好，現被視為潮汕地區碑刻書法瑰寶。許地山曾擔任香港大學人文學院院長，為香港文化的繁榮奠下了基石，他在香港期間對於學術大師陳寅恪先生一家的關照和提攜，陳寅恪先生的女兒們在題為《也同歡樂也同愁》的回憶錄中作了較為詳盡的回憶，作者發自內心的感激和親情感念自然流淌於字裏行間。

徐聞縣知縣衙門為三位文學家結緣，也為三位文學家與徐聞縣父老鄉親結緣。三位文學家為徐聞添加了文化積澱，而他們自身也成為徐聞縣的一筆寶貴的文化資源。希望有一天徐聞縣會建立起湯顯祖紀念館、許南英、許地山紀念館，以此為面向國內外徵集湯顯祖、許南英、許地山文獻及實物資料的基地，既徵集文物，同時也可以宣傳徐聞縣、湛江市的良好形象，增強徐聞縣、湛江市的文化影響力；在此基礎上，發掘湯顯祖、許南英、許地山與國內其他

地區，湯顯祖與澳門，許地山與香港，湯顯祖、許南英、許地山與海外的文化關聯線索，為徐聞設計打造完整的「湯顯祖」、「許南英」、「許地山」文化產業鏈，使徐聞縣、湛江市的湯顯祖、許南英、許地山文化產品走向世界。

湯顯祖、許南英、許地山——三位曾經從徐聞知縣衙門裏走出的才子，已成為粵地文化資源的一部分，他們與徐聞縣，乃至粵港澳的文化因緣已越來越濃厚，徐聞文化，也因他們而越來越來煥發出奪目的異彩。

（二）許地山學術源流蠡測〔註24〕

許地山素以其散文《落花生》而聞名於中外文壇，其主要身份一直被認為是文學家，但以其學術著作《語體文法大綱》（1921年）、《佛藏子目引得》（1923年）、《孟加拉民間故事》（1929年）、《印度文學》（1930年）、《陳那以前中觀派與瑜伽派之因明》（1931年）、《達衷集：鴉片戰爭前中英交涉史料》（1931年）、《道教史》（1934年）、《香港與九龍租借地史地探略》（1940年）、《扶箕迷信的研究》（1941年）、《許地山語文論集》（1941年）、《國粹與國學》（1946年）等在相應學術領域的開拓性貢獻來看，其學者身份其實更應為世所重。

俗語云，父母是一個人最早的啟蒙老師。許地山的家學淵源是其安身立命的第一所在。其父許南英，是晚清臺灣籍進士，曾在臺灣、廣東、福建等地為官，是乙未割臺時率領臺灣義軍抵抗日本侵略臺灣的義軍首領之一，是一名與丘逢甲、汪春源、林爾嘉等臺灣名士有著深厚友誼和密切交往的愛國志士。許南英詩文蒼樸渾厚，書法秀雅飄逸，有晉唐古風。許南英的家教甚嚴，其家風從許地山所著《落花生》中的「父親」身上可窺一斑。出生於此一書香門第的許地山兄弟們個個文采斐然，其中湧現出了黃花崗勇士、作家、學者、醫生和書畫家，均可謂卓有成就。許地山除了是新文學的佼佼者以外，他的書畫同樣繼承了乃父的才情，近年來，許南英、許地山題寫的扇面等書畫作品現在福建漳州文物收藏家處得以發現並被珍藏，許地山的書畫才藝方逐漸為人所知。許南英晚年居福建時常與施士潔、汪春源、沈琇瑩等一起參與廈門菽莊花園主人林爾嘉舉辦的臺灣詩鐘活動，現在雖暫時沒有發現許地山隨其父參加菽莊吟社的活動的第一手資料，但從汪春源經常攜其子汪受田參加菽莊吟社活動並留有詩文為證的情況來看，許南英攜同樣喜好文學的愛子許地山共赴

〔註24〕此部分曾以《許地山的學術源流》為題發表於《團結報》（北京），2020年12月31日06版文史週刊。

吟會，也是情理之中的事；另外，許地山曾擔任位於漳州的福建省立第二師範附小的教師兼主理，而該校即林爾嘉所舉辦，董事長即為林爾嘉，這可以作為許地山與菽莊主人林爾嘉也有著密切接觸的一個佐證。許南英身處宋明理學、乾嘉同光之風濃厚的閩臺之地，詩文、治學風格自然深受環境影響，其考鏡源流的功力也為時人所推重，這也是他晚年被印尼富商張耀軒聘請赴棉蘭為其書寫家傳的重要原因。許地山自幼受教門庭，同時也深受閩臺擊缽吟詩之風的浸染，其宋學工夫自然受其薰陶感染而逐步養成，其樸學功底自茲生焉。而他後來的文物收集整理、中國服飾的考據研究、中國道教史的爬梳整理，也都顯示了他的考證引據功力實在了得。

新加坡華人學者連士升在 1951 年撰寫的《懷想許地山》一文中曾經引述許地山對於自己的學統影響認識：「我在廣州韶舞講習所從龍積之先生學，在隨宦學堂受過龍伯純先生底教，二位都是康有為先生底高足，但我不敢說我師承了康先生底學統」。但是連士升先生認為：「許先生不承認自己受康有為先生的影響，這是一個問題；但他家學淵源師承有自，這給他的國學奠定切實的基礎。」

連士升先生文中所提到的龍積之與國民黨元老馮自由之父馮鏡如同為擁護康有為的保皇派人士，龍積之是康有為的得意弟子，曾擔任康有為在上海創辦的天遊學院的教務長。1942 年，龍積之與福建籍的清朝遺老薩鎮冰也有往來，曾與曾任民國海軍總長的薩鎮冰等在廣西桂林合影一張。文中所說的另一位龍伯純先生即龍志澤，伯純是他的號，康有為弟子，廣西桂林人。龍伯純曾隨康有為參加戊戌變法，後曾擔任廣西大學、中央大學教授，著有《文字發凡》一書，與馬君武、章士釗等名人為好友，其祖父為清代狀元龍啟瑞。蔣欽揮《廣西大學史話（1928～1949）》中云，龍伯純是「1895 年康有為在桂林講學時所收弟子，為時敏學堂學生講『修身』課程，為教員的中堅。剛入學不久，龍應中為鄔慶時題扇，其詞驚世駭俗，頗有康有為風格：『精悍如日本之壯士，視刀劍如麵包；名貴如意大利之美人，馳寶車於人海；氣如西伯利亞鐵路，吞吐全球；腦如英吉利城都市，羅列萬有。以天地為學堂，以時刻為歷史。』在廣西大學任教授，教國文。」龍伯純於 1905 年出版的《文字發凡》一書一般被認為是中國現代修辭學的發端之作。雖然許地山謙虛地說不敢說是師承於康有為學統，但由龍伯純在文字學方面的成就似乎可以看出許地山以後從事語法文體學、梵文研究、語文教學等樸學、小學研究時所受到的影響和學術傳

承流脈。

　　許地山在國內所接受的新文化教育主要來自教會學校。其中，燕京大學是他走向現代學術的第一步。許地山畢業於著名的教會學校燕京大學，後受燕京大學資助赴美英留學，留學回國後又回燕京大學任教。可以說，許地山所接受的基督教知識與素養大都來自燕京大學的經歷。許地山受燕京大學資助赴牛津大學留學期間，時任校長司徒雷登曾就許地山所需留學費用等與英國相關人士通信，雖然認為許地山的研究興趣「不太實際」，但仍然願意資助他完成學業，歡迎他畢業後回燕京大學任教。

　　如果說家學淵源和以傳統國學為主要內容的中式學校是許地山今後樸實文風和樸學、小學等精細治學的源頭，那麼，留學則是許地山接受西方教育和西方學術研究方法的重要途徑。其中，美國哥倫比亞大學、英國牛津大學這兩所世界頂級名校無疑為許地山的學術地位奠定了良好的開端。或許是他曾於1913～1915年間在緬甸仰光任教，後其父又逝世並埋葬於南洋，許地山對域外的南亞和東南亞風物情有獨鍾，他除了曾赴蘇門答臘為父親掃墓並在目前合影以外，還曾專門赴印度研究印度民間文學、印度哲學、印度宗教與梵文。

　　許地山為學偏好於精細考證的樸學和立足於田野考察的人類學，而此種學問使得許地山必須將目光關注於民間，同時許地山本身就有搜集民間文獻的喜好和習慣，這種愛好和治學路徑需求自然融洽的結合使得對於中外民間文化的研究成為許地山的學術志趣，並形成了他獨特的治學風格。

　　許地山還將其學術志趣和個人情志融入他的文藝創作，又在他的學術工作中充分發揮了他的文學特長，做到了學藝互證。人類學的方法是許地山的一個非常重要的治學方法，而人類學一個非常重要的治學路徑便是走向民間，走向田野，親近自然。對於各色人等的親和力和平等交談的能力是一個合格的人類學家必備的基本技能，從中也可看出一個優秀學者的為人處世的態度。喜愛許地山的《落花生》《春桃》《綴網勞蛛》等文學作品的讀者，可以從中看出許地山的政治思想與人生態度對其文學創作有著很大的影響。《落花生》被編寫入中學語文教材後對學生的影響除了語言文學方面的影響之外，更多的是思想和人生態度方面的影響。其實，許地山的為人處世的態度及其人生態度也對其治學風格產生了很重要的影響。一個學者的性格和人生態度對其治學風格的養成有著不可忽視的塑造功能。許地山平時就有著孩童一般的天真爛漫的性格，乃至郁達夫曾在1941年11月8日發表於香港《星島日報・星座》的

《敬悼許地山先生》一文中回憶說，許地山常常在與朋友聚談之時，就突然起身到院子裏去和幼童們一起「拋皮球，踢毽子」了。這也說明了為什麼許地山興趣廣泛，為人真率正直，想到做到，傾其所有，不遺餘力，為香港文化的繁榮發展鞠躬盡瘁死而後已毫無怨言。

許地山對於中國新文學的貢獻在中國已可謂婦孺皆知，但近年來，他在道教研究、印度研究、古文物研究、中國服飾研究、鴉片戰爭研究等多方面的學術貢獻也逐漸為學界所發現和重視。從地域的角度看，他的學術影響發端於中國大陸、臺灣、香港等兩岸三地，逐步傳播、輻射於英美澳等境外各地。在臺灣，著名學者吳守禮曾著文回憶許地山赴臺省親時對其敘舊、贈書、指導、鼓勵的感人細節，文中充滿恭敬之情。古文字學家、語言學家吳守禮的父親吳筱霞是許地山父親許南英的私塾弟子，無論從輩分、街坊、學緣，還是年齡等，吳守禮都終生對許地山執晚輩弟子之禮，自承受許氏父子影響頗深。許地山的《落花生》多次入選臺灣的中小學教材，和林覺民的《與妻書》一樣成為數代臺灣同胞心中的文學經典。在香港，許地山在香港大學擔任人文學院院長期間為香港文化的繁榮所做出的拓荒之功至今仍為港人感念，他甚至最終也長眠於此；他在香港期間對於學術大師陳寅恪先生一家的關照和提攜，陳寅恪先生的女兒們在題為《也同歡樂也同愁》的回憶錄中作了較為詳盡的回憶，作者發自內心的感激和親情感念自然流淌於字裏行間；他在香港大學任教期間曾經講授過關於中國服飾史的內容，張愛玲其時恰在香港讀書，是他的直接弟子，從張愛玲的《更衣記》等作品以及她廣告設計與服裝設計的創意中，可以看出許地山的服飾研究對於她的深刻影響。在中國大陸，和臺灣語文教材相仿，《落花生》長期持續地入選各種版本的中小學教材，在幾代國人的心中留下了不滅的文學印記和道德因子；近幾年，許地山故居所在地漳州開始重視推廣許地山文化，從中也可以看出令人欣慰的許地山精神后繼傳承與弘揚。在境外，許地山曾經生活過的英國、美國、印度，近年來也開始傳來許地山文獻資料發現的消息。作為許地山弟子的張愛玲終老於美國，美國的許地山學術傳承自不必說，甚至許地山從未去過的澳大利亞，在澳大利亞國立大學圖書館中竟然也發現了大量的許地山藏書。

許地山學術興趣廣泛，除文學以外，他還涉獵了印度哲學、摩尼教、基督教、中國古代服飾、文物、梵文、道教、鴉片戰爭史料、閩南民間信仰、扶箕研究等，在諸多領域開風氣之先，奠定學術基礎。時至今日，許地山的學術影

響不只沒有減弱，反而歷久彌新，越來越得到各相關學術領域學者們的認可和欽佩，他的學術傳播力也日益增強，如張愛玲般曾受教於許地山的眾多弟子逐步被鉤沉發現，其再傳弟子也開始發聲出現，一門新興的學問——「許學」呼之欲出。謹以此段文字為「許學」正名，並希為筆者的許地山學術研究立下又一塊基石。

（三）應該重視並重新評價許地山在中國現代文化史上的重要價值——紀念許地山先生逝世八十週年〔註25〕

從二十世紀二十年代至今的一百年間，在中國，許地山先生的知名度是相當高的，用「婦孺皆知」一詞來形容也一點不為過——因為自二十世紀二三十年代以來，許地山的散文，尤其是《落花生》一直被各類中小學語文教材選為教學篇目，臺港澳、大陸，莫不如此。但普通民眾對於許地山的認知，大多止於如雷貫耳的中小學語文課文《落花生》的作者，殊不知，許地山先生上知天文，下知地理，可謂琴棋書畫兼擅，博古通今，學貫中西，耶儒集於一身，梵道皆有涉獵，甚至可以說是中國近現代史上少見的人文學術通才，古今少有的融樸實與先鋒於一爐的才子型學者，同時，他還是中國現代文學史和臺灣香港文化史上稀有的未獲人身攻擊惡評的作家和文化人。

許地山先生的學問博大精深，要略說來，可掛一漏萬地概括為以下幾種。

1. 中國著名現代作家、「落花生」精神的提出者

高顯示度的標識。正如上文所述，《落花生》因其文字明白曉暢，富有人生哲理，而且所主張的人生觀符合我國社會的主流價值觀，百年來未曾間斷地被收入各類中小學教材中，因而往往數代國人從小就在心目中印上了作家「落花生」的高大形象，而此種在少兒時期刻下的心理印象恰恰是終生難以磨滅的，因此，可以說，「落花生」一文及其闡述的人生哲理已成為許地山先生的代名詞，也成為他作為中國現代著名作家的高顯示度標識。

2. 作為內渡大陸的臺灣籍作家對於臺灣、香港文學及文化的貢獻

有待重視並重新評價的價值之一。許地山的愛國主義思想和心懷臺灣故土的鄉愁悲憤與其父許南英進士的心向祖國抗日保臺義舉的精神指標是一脈相承的。許地山曾為宋蕉農翻譯的山川均著《臺灣民眾的悲哀》作序一篇，譯者宋蕉農在其自序中說，「特蒙先人世為華官而自己在幼年逃出日本虎口的許

〔註25〕此部分曾以《許地山在中國現代文化史上的重要地位——紀念許地山逝世80週年》為題發表於《團結報》（北京），2021年12月30日06版文史週刊。

先生，用舊臺灣人的滿腦熱血的口氣為這本小冊子作序，字字血滴，句句生聲，譯者除以十二分的誠意感謝許先生外，並希望讀者在未識本文之先，須仔細的吟味許先生這篇序的深意！一九三〇年一月廿八日蕉農識於日本京都」〔註26〕，由此也可看出，許地山先生愛國愛鄉的情感可謂感人肺腑。值得注意的是，此處的宋蕉農便是曾內渡大陸在北京大學讀書的後來的臺南籍記者宋斐如（1903～1947）。1935 年，許地山到香港後除了從事日常的教學工作、文學創作活動以外，也參加了眾多當地文化界、教育界的社會公益活動，對現代香港文學和文化由萌芽到蓬勃發展貢獻良多，從當時新聞媒體對於他眾多的演講活動的相關報導可以看出他的勤奮和努力。

3. 文學研究會的發起人之一及成員

有待重視並重新評價的價值之二。許地山先生是文學研究會的發起人之一，也是著名的《小說月報》的創辦人之一，而且比照文學研究會「為人生的文學」的創作宗旨，許地山的文學創作和文化活動所具有的這種「為人生」特點是鮮明而貫徹始終的，但目前研究文學研究會的著作大多把注意力集中於茅盾、鄭振鐸、葉聖陶、冰心、老舍等人，反而忽視了作為創會成員之一的許地山對於文學研究會的堅持其文學主張、創辦會刊、提攜扶持文學新人的重要貢獻及其相關的文學成就。

4. 宗教研究大師、第一部道教史撰寫者

有待重視並重新評價的價值之三。許地山先生曾就讀於教會學校（燕京大學）的神學院，也曾工作於教會學校（燕京大學），其生活軌跡可以說與基督教有著深厚的淵源關係，從事基督教研究應屬他的專業領域之中的份內之事。此方面的研究，未被人們注意的是他於 1921 年曾翻譯了「第一部完全由中國人翻譯的聖經書卷」〔註27〕中文版的《聖經》「雅歌」，而且他的這一譯本在華人世界的福音活動裏面被廣為應用和傳佈。此外，他還對佛教、道教、摩尼教等宗教類別有著濃厚的學術興趣，在從事這些宗教學研究的過程中，他便不可避免地同時開展了與之相關的因明學（邏輯學）、梵文，以及包括媽祖信仰在內的民間信仰方面的研究。他的《道教史》是中國的第一部道教史著

〔註26〕 山川均著，宋蕉農譯：《臺灣民眾的悲哀》，北平：新亞洲書局，1930 年，第3 頁。

〔註27〕 胡韻迪：《勒菲弗爾翻譯詩學視角下許地山〈《雅歌》新譯〉的譯本分析》，北京：北京外國語大學碩士學位論文，2015 年，第 1 頁。

作，他還曾著有《佛藏子目引得》，在他逝世的 1941 年當年還在進行道藏著作《道藏子目通檢》的編纂工作且編纂工作已經完成並已交稿，惜乎稿件毀於日寇的侵略〔註 28〕。

5. 人類學、民俗學、社會學大師

有待重視並重新評價的價值之四。許地山先生的興趣之廣泛令人咋舌，其研究範圍早已超出了他的宗教學專業的領域，而他所做的這些研究只有放置在人類學的範疇內才可以予以理解和與之對話，如他曾著有《扶箕迷信的研究》、中國女性服飾史等，二者看似毫無關係，就學科歸屬來看似乎風馬牛不相及，但是如果從當今盛行的文化人類學視角去看這些著作，則可以領會許地山先生傑出的學術選題才能和他高瞻遠矚的學術眼光，他的有些研究不只是在當時，即便放在今天來看也是領先、超前的。如果從學術傳承系譜的角度來看，許地山先生在中國人類學、民俗學和社會學研究界的輩分也是極高的。1928～1929 學年，時任燕京大學社會學系主任的許仕廉先生曾敦聘燕京大學宗教學院許地山教授為燕京大學社會學系學生義務講授課程〔註 29〕，此時人類學大師吳文藻亦在該系工作，擔任助教職務。此外，1934～1935 學年，許地山先生也曾在燕京大學社會學系開設了《中國禮俗史》的課程〔註 30〕。許地山在牛津大學讀書期間曾經搜集了中英鴉片戰爭史料，後來集成了《達衷集》一書在中國出版，為中國的鴉片戰爭研究提供了重要的第一手資料。而他抄錄這些有關「三山舉人」史料的初衷，據他所言是「為友人」羅家倫搜集鴉片戰爭資料。但另外查吳文藻先生的博士論文即以鴉片戰爭史為研究對象，論文題目為《見於英國輿論和行動中的中國鴉片問題》，並於 1928 年獲得美國哥倫比亞大學博士學位。許地山與冰心在燕京大學有師生之誼，並且三人還曾於 1923 年乘同一艘輪船（傑克遜總統號）赴美留學，甚至許地山還是吳文藻、冰心二人的介紹人，以許地山與吳文藻、冰心的這種密切關係，吳文藻直接或者間接通過冰心請託許地山為其在英國查找鴉片戰爭時期的中英關係史

〔註 28〕 關於《道藏子目通檢》一書的編纂及書稿的散失，可參見當時許地山的學生兼助手李鏡池的回憶，見蔡登山：《傳奇未完：張愛玲》，南京：江蘇文藝出版社，2012 年，第 105～106 頁。

〔註 29〕 齊釗：《探究與理解中國社會——1925～1951 年燕京大學社會學系畢業論文的再分析》，中國農業大學碩士學位論文，2012 年，第 25 頁。

〔註 30〕 齊釗：《探究與理解中國社會——1925～1951 年燕京大學社會學系畢業論文的再分析》，中國農業大學碩士學位論文，2012 年，第 34 頁。

料應該是很有可能的。但是為什麼似乎許地山及他人提起此事不直接言說為吳文藻查找資料，而僅說是「為友人」，有時也直言為羅家倫查找資料，以及許地山是否確實是為吳文藻查找了牛津大學的鴉片戰爭史料，或者吳文藻是否在撰寫博士論文的過程中參閱了許地山抄寫而來的《達衷集》，尚需今後進一步考證。不過由燕京大學社會學系畢業的吳文藻的一眾弟子，如林耀華、費孝通等引領了中國社會學、人類學研究的一代風潮來看，做為燕京大學社會學系的人類學教師，許地山在中國社會學、人類學研究的師承譜系上應屬於奠基者和開創者之一，是中國現代社會學的第一代學者。

6. 東方文學（印度文學、孟加拉文學等）研究學者

有待重視並重新評價的價值之五。許地山先生曾在緬甸擔任中學教師，工作生活多年，後其父許南英病逝於印度尼西亞，他也曾於二十世紀三十年代赴印尼為其父掃墓，因此他對於南亞和東南亞自然及社會狀況有著深入的瞭解和考察。他曾著有《印度文學》一書，並曾將戴博訶利（印度作家）的英語著作《孟加拉民間故事集》一書翻譯成中文出版（1928 年），其中的《印度文學》被著名的印度文學專家季羨林先生評價為「篇幅雖然不算多，但是比較全面地講印度文學的書在中國這恐怕還是第一部」〔註31〕，而《孟加拉民間故事集》一書則被季羨林先生評價為「對印度文學傳入中國有開創之功」〔註32〕。他這種基於對東南亞、南亞的深入瞭解而發的對於東南亞、南亞文學的闡釋也滲透進了他的文學創作，如《命命鳥》、《綴網勞蛛》、《商人婦》中均有著東方文學的影子，氤氳著東南亞、南亞的異域風情。

7. 歷史研究學者

有待重視並重新評價的價值之六。許地山先生著有《大中磬刻文時代管見》、《清代文考制度》、《貓乘》等歷史研究論文，並曾於 1936 年與畫家徐悲鴻一同實地考察宋代赤灣少帝陵（宋少帝帝昺陵）遺跡〔註33〕，還曾於 1941 年發表了《香港考古述略》一文，可以說是第一個進行香港史研究的學者。他還曾涉獵過天地會研究，他所從事的《國粹與國學》、道教史研究、中國女性

〔註31〕季羨林：《中印文化關係史論文集》，北京：生活・讀書・新知三聯書店，1982
年，第 132 頁。

〔註32〕〔印〕戴博訶利著，許地山譯：《新月王子：孟加拉民間故事集》，長春：時代
文藝出版社，2012 年，封底。

〔註33〕孝威：《許地山教授之赤灣少帝陵考》，香港：《天文臺半周評論》，1937 年 5
月 22 日。

服飾史研究也都可計入歷史研究領域之內，這些著作中均顯示了許地山先生紮實、深厚的考證工夫和從事歷史研究的興趣。他還曾指導燕京大學研究部歷史系學生葉國慶以「《平閩十八洞研究》」為題寫作其碩士畢業論文，研究閩南語晚明通俗小說《平閩十八洞》，建議葉國慶借鑒英國哥麥氏（G. L. Gominse）《作為歷史科學的民俗學》（*Folklore as An Historical Science*）一書的研究方法，「說明歷史演變和故事關係的問題」〔註34〕，使得葉國慶成為繼林語堂之後第二位深入系統地研究《平閩十八洞》的學者，其碩士畢業論文《平閩十八洞研究》後於 1935 年全文發表於《廈門大學學報》。

8. 書法家、畫家、舊體詩人

有待重視並重新評價的價值之七。許地山一直被認為是白話新文學作家，民眾對其舊體詩文和深厚的舊學根底知之甚少，乃至有的著作在編輯《許地山著作編目》，收錄許地山為趙世銘所題寫的「小康夢醒大同說，進化機樞昔哲停。是好青年應努力，他年同聽凱歌聲」一詩時，特別注明此為許地山先生僅存的舊體詩。但近年來許南英、許地山父子的書畫著作在福建、廣東一帶被大量發現，而這些藝術作品顯示了許地山超拔的書畫技藝、藝術才能和優秀的舊體詩賦才情稟賦，如他於 1932 年（壬申年）書寫的毛筆書法小品中有其舊體詩歌 4 首，其中有「蘭枝秀挺石昂藏，骨自嶙峋品自香。大抵英雄多本色，特將素筆寫幽芳」一詩，其中的「骨自嶙峋品自香」一語朗朗上口，令人過目成誦，堪稱佳句。

9. 音樂家、歌詞作家

有待重視並重新評價的價值之八。許地山先生作詞或譜曲的歌曲目前可見者有數十首之多，其中有數首歌曲是由他與葉紹鈞、鄭振鐸等著名作家合作的歌曲，如「《注音字母歌》（許地山作歌並曲）、《蝴蝶歌》（許地山作曲、葉紹鈞作歌）、《海邊》（許地山作譜、鄭振鐸作歌）、《白》（許地山作譜，葉紹鈞作歌）、《早與晚》（許地山作曲、鄭振鐸作詞）、《黎明的微風》（鄭振鐸、許地山製曲）」〔註35〕，值得挖掘整理、教唱、傳唱。這可能與其曾經擔任過小學教師和校長的經歷有關，一般來說，長期以來，在中國，音樂、美術是中等師

〔註34〕葉國慶：《憶許地山師在燕大》，見中國人民政治協商會議福建省漳州市委員會會文史資料委員會編：《漳州文史資料》，1993 年第 18 期，第 83 頁。

〔註35〕商金林：《新發現許地山譯世界名歌十首及所寫之弁言》，《北京大學學報（哲學社會科學版）》，1996 年第 3 期，第 58 頁。

範生、幼兒師範生必備的基本功。當然，琴、詩、書、畫、棋也是中國傳統士大夫的標誌性素養，因此，這一點，其父、晚清臺灣進士許南英也是可以傳授家學的。以上許地山先生在美術、音樂方面的才藝均可以說明，許地山先生足稱藝術家之美名。

10. 翻譯家

有待重視並重新評價的價值之九。許地山先生曾將英文印度著作《孟加拉民間故事》、《二十夜問》、《太陽底下降》等翻譯為中文出版，還曾翻譯過梵文著作，如我國著名的藏族詩人倉央嘉措所作倉央嘉措情歌集，第一次被翻譯成漢語時，藏學家、翻譯家於道泉先生就曾將譯文交予許地山先生審讀、潤色。1931 年，於道泉先生曾在為其《倉洋嘉錯情歌》寫的自序中說：「我還要謝謝燕京大學梵文教授許地山先生。若非許先生慈愚鼓勵，我一定沒有勇氣去作這樣的翻譯，譯完後許先生又在百忙中將我的漢文譯稿削改了一遍。」〔註 36〕從於道泉先生以其專業權威的藏學家的身份對於許地山先生梵文功力的推崇，可以看出許地山先生在藏學及梵文方面的重要學術地位。

11. 教育家

有待重視並重新評價的價值之十。許地山先生受胡適先生推薦到任香港大學文學院院長一職以後，曾大刀闊斧地進行課程改革和管理制度調整，甚至不惜辭退有前清功名的宿儒。當時的香港大學，被魯迅先生稱為「這學校是十足奴隸式教育的學校，然而向來沒有人能去投一個爆彈」〔註 37〕，文學院的課程全部是四書五經等古文、經學的內容，新文學、新文化的課程卻告闕如。許地山先生在香港大學文學院的改革，便恰恰響應了魯迅先生之說，去到香港大學繼蕭伯納的 1933 年香港大學演講之後投了第二個「爆彈」，其目的便是建立符合現代教育規律、適應世界潮流的科學、民主的高等教育教學管理體系，其精神實際和五四運動所提倡的「德先生」、「賽先生」理念一脈相承，延續了魯迅、胡適、錢玄同等人的新文學、新文化思想，吸取了五四運動前後蔡元培在北京大學開展的教學改革的成功經驗，此後香港大學文學院的發展，也證明

〔註 36〕於道泉：「譯者序」，趙元任記音，於道泉注釋並加漢英譯文：《第六代達賴喇嘛〈倉洋嘉錯情歌〉》，1930 年，第 II 頁。按其「譯者序」正文中所言，「譯者序」乃寫於 1931 年，並非書籍版權頁所標出版年 1930 年，特此說明，免生誤解。

〔註 37〕魯迅：《兩封通信（覆魏猛克）》，見魏猛克、魯迅：《兩封通信》，《論語》半月刊第 19 期，1933 年 6 月 16 日，第 673 頁。

了許地山先生所推行的教學改革的前瞻性和有效性，從這個角度來說，許地山先生還有著卓越的教育管理才能。此外，僅從《落花生》、《語體文法大綱》兩篇（部）著作來看，許地山先生便足可以被稱作是一位優秀的思想教育家、語文教育家，更遑論他的言傳身教絕不僅僅限於這兩篇（部）著作。他對於學生的影響除了《落花生》等著作的人生哲理的感悟以外，還有一個很重要的直接影響，那便是他把他嶄新的、科學的學術研究方法傳授給了眾多弟子，如當代的廈門大學葉國慶教授、華南師範大學李鏡池教授、中山大學金應熙教授等均深受其治學風格的影響，並均卓成大家。他還曾指導過香港的大學生社團活動，在抗戰時期，廣東省各遷港辦學的大學成立了學聯組織，名為大學生聯合會，「大學生聯合會的工作得到了許地山等人的指導」〔註38〕。

12. 愛國主義者、紅色革命家和民主鬥士

有待重視並重新評價的價值之十一。許地山先生是五四運動遊行和抗戰文化活動的直接參加者，許地山夫人周俟松女士曾回憶說，「偉大的『五四』運動爆發。地山懷著滿腔愛國熱情積極投入。5月4日參加了聲勢浩大的集會和遊行，並參加『火燒趙家樓』的義舉。運動中，被推選為幾所學校的學生代表」〔註39〕，「我第一次見到許地山是在1919年五四運動的遊行隊伍中，有人告訴我，那人是許地山。見他手持標語旗，高喊口號，無所畏懼的衝鋒陷陣，隨著隊伍到東交民巷。當時已是內外密布軍警，代表去大使館，洋人拒不接見。群眾在憤怒中，隊伍轉奔賣國賊曹汝霖住宅趙家樓。」〔註40〕。抗戰時期他曾參加中華全國文藝界抗敵協會，擔任了香港分會理事兼總務，在抗戰期間為北方抗戰部隊積極募捐，捐款捐物。他還與瞿秋白、楊剛等紅色革命家有著深厚的友誼，在得知瞿秋白在閩西被捕以後，曾設法努力予以營救。另外，瞿秋白作詞的《赤潮曲》是中共黨史上第一首專門為工農創作的歌曲，瞿秋白「受俄國革命感染而創作的這首《赤潮曲》，發表在1923年的《新青年》雜誌上，同時由另一位共產黨人許地山譜曲。《赤潮曲》直接吸收了《國際歌》的

〔註38〕《本港五大學學生籌組聯合會——昨聯誼會中經舉出代表籌備》，《星島日報》，1940-01-29，轉引自李志軍：《抗戰初期廣東高校遷港的歷史意義》，《教育史研究》，2008年第2期，第69頁。

〔註39〕周俟松原著，王盛修訂：《許地山年表》，《臺港與海外華文文學評論和研究》，1992年第2期，第56頁。

〔註40〕周俟松：《回憶許地山》，見周俟松，杜汝淼編：《許地山研究集》，南京：南京大學出版社，1989年，第100頁。

表現方式，如同號角、閃電和槍彈，能迅速調動人們的情緒，深刻地鼓舞人們的信心。這首《赤潮曲》在革命青年中不脛而走，廣為傳唱，被譽為中國的《國際歌》〔註41〕。由此看來，許地山先生有可能是中國共產黨地下黨員，不過這尚需進一步考證落實。但無論如何，他與瞿秋白、茅盾、鄭振鐸等左翼作家有著密切的交往和聯繫是不爭的事實，而且就其直接參加五四運動遊行隊伍、為中共黨員提供幫助、反帝抗日反封建、為香港左翼文藝作出巨大貢獻而言，稱其為愛國主義者、紅色革命家和民主鬥士當不為過。

除上述種種以外，另有許地山先生對於中華優秀傳統文化、中華傳統學術的傳承，他與諸多中國近現代史上的名士和社會賢達的交遊、他作為中國赴外留學生的傑出代表的身份、他對於中外文化交流的貢獻等均頗堪注意並深入研究。

正因為許地山先生的興趣非常廣泛，而且凡他深入研究後寫出的作品幾乎均為開風氣之先的該領域的精品和填補空白之作，所以正如有的學者所說，選擇研究許地山，便意味著該研究者選擇了對於自身知識儲備和文化素養、學術能力和水平的挑戰，難度異常之大，又加上大家往往認為，一位作家有一篇傳世之作便足以流芳千古，故而許地山先生除《落花生》一文以外的其他光輝成就便被《落花生》的耀眼光芒所遮蔽。今年（2021）是地山先生逝世（1941）80 週年，我們在懷念他偉大的人生，學習他高尚的道德情操的同時，也應該開展重新發掘、整理他的文化成果，呼籲國內外重視並重新評價他在中國現代文化史上的重要價值的工作。

四、丘逢甲內渡大陸後的文教活動

丘逢甲不僅是中國近代卓越的政治家、軍事家和著名愛國詩人，還是一位很有成就的教育家。他倡導並從事新學教育，創辦了嶺東同文學堂，在潮州進行了 8 年之久的近代教育實踐，他曾在廣東潮州韓山書院（今韓山師範學院）等潮州多處書院講學，既教授傳統的「四書五經」，也講授「新學」，並創辦了「東文學堂」和「嶺東同文學堂」等學校，為中國近代教育做出了重要貢獻，其教育思想雖有一定的時代侷限，但有著發時代先聲的社會啟蒙作用，有其先進、科學之處和可貴的閃光點，即使放諸當代亦有其重要的現實意義。內

〔註41〕中共中央宣傳部宣傳教育局主編：《重讀先烈詩章》，北京：中華書局，2016年，第 109～110 頁。

渡之後的丘逢甲並沒有沈寂，他以自己積極的「詩界」活動、文教活動發揮著社會影響，繼續為實現自己愛國、救國、強國的夙願而努力。

（一）丘逢甲內渡之後的「詩界」活動

丘逢甲（1864～1912）內渡廣東後，曾擔任廣東教育司長、中華民國臨時參議院參議員等職，他內渡之後創作的詩歌氣魄雄渾，樸實蒼勁，關注現實，充滿愛國主義情操，曾被時人與黃遵憲並稱「詩界鉅子」，為沉悶的、以「同光體」講求詩歌創作形式技巧、視野狹小的清末詩壇帶來了清新之風。

除了創作關心時局、心懷臺灣故土的詩作以外，丘逢甲還注意從民間搜集、整理地方民謠、民歌等民俗文藝作品，並據此發而為詩，此種風格的詩歌被稱作「粵謳」。據陳香宇編，新鋪英記書局出版《蕉風山歌集》（出版年未印出，不詳，共 175 頁，參見「近代華文書籍數據庫」http://www.mgebooks.cn/detail.aspx?id=109834）一書，在該書第 154 頁「蕉風竹枝詞」類中有丘逢甲《遊姜畬題壁》詩兩首，其一曰：「遊姜畬題壁　丘逢甲　深山草淺畜宜羊。山開畬合種姜。比較生涯姜更好。兒都唱月光光。　童謠月光光好種姜」〔註42〕，其二曰：「東風吹暖好年光。二月螃蜅既落塘。要乞天公三日雨。山田高下有新秋。」〔註43〕該詩與《嶺雲海日樓詩抄》所載的詩題略有出入。另，在陳香宇編，新鋪英記書局出版《蕉風山歌集》（出版年未印出，不詳，共 175 頁）一書，在該書第 174 頁「蕉風雜詠」類中有丘逢甲《遊東山羊子宮》詩云：「峰陰古廟白雲關。蕉嶺城開紫翠間。斜日滿林仙袂冷。笛聲牛背下空山。秋風一泊渡頭舟。閒與漁樵話釣遊。要乞仙人飛渡術。眼前滄海正橫流。偶然遊戲落潭資。著把胡天小劫機。烏石崗頭揮塵地。仙人去後我來時。修到神仙本有情。舊遊時服駐靈旌。異書倘借葫蘆本。不慰人間賣樂名。」〔註44〕該詩與《嶺雲海日樓詩抄》所載有出入，似為丘逢甲軼詩。

丘逢甲這種從現實、鄉土民間取材的詩歌寫作，特別是其中頗具「粵謳」（廣東民歌）風格特色的「竹枝詞」之類詩歌，暗合黃遵憲「我以我手寫我口」的詩歌創作主張，也與梁啟超所提倡的「詩界革命」論有著相近的傾向。

〔註42〕陳香宇編，新鋪英記書局出版《蕉風山歌集》，第 154 頁。http://www.mgebooks.cn/detail.aspx?id=109834。

〔註43〕陳香宇編，新鋪英記書局出版《蕉風山歌集》，第 154 頁。http://www.mgebooks.cn/detail.aspx?id=109834。

〔註44〕陳香宇編，新鋪英記書局出版《蕉風山歌集》，第 174 頁。http://www.mgebooks.cn/detail.aspx?id=109834。

（二）作為教育家的丘逢甲

丘逢甲是我國近代的著名的政治家、愛國詩人，他的主要成就不僅僅在於詩歌創作和抗日保臺做出的重大貢獻，還是一位卓越的教育家，致力於興學育才實踐，其不少教育思想也不乏真知灼見，對當代教育仍然具有指導啟示作用。他在內憂外患的近代時局中，能夠借鑒外國先進教育經驗，並敢於積極實踐，在抗日保臺鬥爭失敗後走「教育救國」道路，積極興辦培育愛國青年志士的教育，勇於抨擊封建主義舊教育和科舉制度的弊端，提倡新學，進行了一系列的教育改革，為培養了大批掌握新學和科學技術的新式人才，為我國近代教育的發展嘔心瀝血。《丘逢甲傳》稱譽丘逢甲為「進步的教育活動家」（參見徐博東、黃志萍著《丘逢甲傳》，北京：時事出版社，1987 年）。

（三）丘逢甲的社會活動與革命活動

內渡之後，丘逢甲的思想逐步向革命派靠攏。1911 年武昌首義之後，中華民國臨時政府成立，丘逢甲作為廣東省代表，擔任了參議院參議員。1912年，他在南京寫下了《謁明孝陵》一詩：「鬱鬱鍾山紫氣騰，中華民族此重興。江山一統都新定，大瑟鳴茄謁孝陵。如君早解共和義，五百年來國尚存。萬世從今真一系，黃炎華冑主中原。」表達了他的民主革命思想。

（四）丘逢甲的對臺活動

丘逢甲內渡大陸後，定居於廣東梅州鎮平（今梅縣蕉嶺），但他始終心懷故土，盼望有朝一日能有機會收復失地，重整河山。1896 年春天，他登鎮平縣圓山而作《春愁》詩：「春愁難遣強看山，往事驚心淚欲潸。四百萬人同一哭，去年今日割臺灣。」1897 年，丘逢甲作《海軍衙門歌》：「戰守無能地能讓，百萬冤魂海中葬。購船購炮仍紛紛，再拼一擲振海軍。故將逃降出新將，得相從者皆風雲。」在批評、諷刺腐朽無能的當政者之外，仍對其寄寓了清廷海軍部隊能夠振奮精神，奮起一搏的希望。1898 年，他讀完臺灣友人來信後，作詩一首，抒發了思鄉之情：「故人消息隔鄉關，花發春城客思閒。一紙平安天外信，三年夢寐海中山。波濤道險魚難寄，城郭人非鶴未還。去日兒童今漸長，燈前都解問臺灣。」其他詩作，如「鳳凰臺上望鄉關，地老天荒故將閒。自寫鄂王詞在壁，從頭整頓舊河山。」「誰能赤手斬長鯨，不愧英雄傳裏名。撐起東南天半壁，人間還有鄭延平」。「王氣中原在，英雄淚所歸。為言鄉父老，須讓漢官儀。親友如相問，吾廬榜念臺。全輸非定局，已溺有燃灰。棄地

原非策，呼天倘見哀。十年如未死，捲土定重來。」「重完破碎山河影，與結光明世界緣。」「我年方強君未老，惜君投身隱海島。亞洲大陸局日新，時勢徑待英雄造。」等均表達了他的心懷寶島故土、希望祖國統一的愛國主義情感，也記述了他的對臺活動。

（五）丘逢甲愛國精神的流脈傳承

丘逢甲的言傳身教，深深影響了他身邊的親友，他的愛國精神因此得以一脈延傳。

丘逢甲的父親丘龍章有六個兒子（以成年者計）、兩個女兒。第一任夫人胡氏生長子先甲；第二任妻子陳氏生二子逢甲、三子樹甲、四子瑞甲；第三任妻子楊氏生兆甲、同甲。丘逢甲組織義軍時，大哥丘先甲、三弟丘樹甲分別擔任「信」字營統領和全臺義軍營務處幫理，時人稱「丘門三傑」。

丘逢甲大哥丘先甲曾與丘逢甲一起在乙未割臺時內渡廣東，後又返回臺灣臺中定居。丘先甲之子邱欽洲曾任第四屆臺中市長。丘秀芷，本名丘淑女，丘先甲孫女。臺灣作家。曾任臺灣豐原中學教師、《婦女》月刊編輯委員。丘先甲之女、邱欽洲之姐陳邱阿慎曾任臺中市議員。丘先甲之女婿、陳邱阿慎之夫陳彩龍曾任臺灣省議會議員。丘先甲之外孫、陳邱阿慎之子陳端堂曾任第七屆臺中市長。

丘逢甲三弟丘樹甲內渡後負起當家之責，做些小生意，在 28 歲時染病而亡。

丘逢甲四弟瑞甲（1878～1938）內渡後考上了秀才，得廩生待遇，旋就學於廣州法政學堂。後來參加辛亥革命，歷任粵軍軍法官、軍法處長及三任縣長。瑞甲為報兄長教育栽培之恩，在丘逢甲逝世後資助其長子丘琮（丘念臺）赴日留學。

丘逢甲五弟兆甲（1882～1948），少時隨丘逢甲在潮州讀書，後在汕頭同文學堂畢業。辛亥革命時組織當地民兵入主縣府，宣告鎮平縣光復，得到廣東省府官員的認可，做了半年多的縣長。抗戰勝利後回臺灣定居。

丘逢甲長子丘琮，即丘念臺，是知名的國民黨政府高層領導，臺灣光復後返回臺灣工作。

丘應棠（1919～2015）學名棣華，丘琮之女，丘逢甲嫡孫女，臺灣臺北縣永和市竹林學校黃事長。

丘應楠（1933～2009），丘逢甲孫，丘琮養子，國際著名物理化學家。歷

任美國華盛頓天主教大學助理教授、化學系教授、系主任等，1984 年榮獲美國化學界最高榮譽之希爾布蘭獎。臺灣「中央研究院院士」。

丘瓚，丘逢甲子，後回臺灣定居。

丘應樺，丘逢甲孫。丘瓚之子，定居香港，國泰航空航空服務董事、國泰港龍航空有限公司行政總裁。

丘應梁，丘逢甲之孫，丘瓚之子，曾任臺灣新竹衛生局局長。

丘淑珍，丘逢甲孫女，丘瓚之女，定居於丘逢甲蕉嶺故居，曾擔任廣東省蕉嶺縣政協委員，育有兩子一女。

丘琳（鎮侯）（1896～1972），丘逢甲次子，曾任國民黨臺灣省黨部主任委員，幼時入讀員山創兆小學，18 歲於蕉齡中學畢業。1915 年他赴日本留學，就讀兩年後因病休學，回鄉醫治。病癒再赴日本繼續學業。1929 年春畢業於東京高等師範學校教育科，同年底回國，歷任廣東省立工業專門學校日語教師兼教務主任、國立中山大學法學院教授兼學院辦公室主任等職。廣州解放後繼續在中大任教，1955 年退休。在 1960 年代丘琳曾擔任臺盟廣州支部主委、全國政協委員。

丘應樞，丘逢甲孫，丘琳長子，曾任廣州市臺盟辦公室主任。

丘應楡，丘逢甲孫，丘琳之次子，曾任廣東省臺盟副秘書長、珠江水利委員會副總工程師。

丘晨波（1917～2008），丘樹甲嫡孫，丘逢甲侄孫，其父名丘琨，英年早逝。丘晨波於 1945 年臺灣光復初期曾赴臺灣擔任臺灣衛生局課長、臺灣苗栗藥廠廠長等職，後返回大陸，曾任廣州星群藥廠廠長兼主任藥師、原羊城製藥廠（今王老吉藥業股份有限公司）高級工程師；退休後任羊城中成藥研究所名譽所長。曾兼任廣州市醫藥工業研究所顧問、中央衛生部藥典委員會第四屆委員。1992 年被廣州市政府評為有特殊貢獻的專家，享受國務院特殊津貼。曾任臺盟廣州市委員會主任委員。曾主編有《丘逢甲文集》、《丘逢甲集》等有關丘逢甲的著作。

丘逢甲兄弟及其後裔分別生活在海峽兩岸與香港。居住臺灣的後裔和家屬約達四十人。居住大陸者約三十餘人。另有居住於香港與海外者數人。

五、施士潔、汪春源等菽莊詩社詩人的創作

如前所述，菽莊花園主人林爾嘉創設了菽莊吟社，經常邀請菽莊吟社詩友

到鼓浪嶼菽莊花園雅集賦詩，施士潔、汪春源等便是菽莊吟社社友和菽莊花園的常客。

（一）施士潔內渡後的文學活動

臺灣進士施士潔內渡大陸後定居於福建晉江西岑（今石獅市西岑村），施士潔曾掌教海東書院，是許南英、汪春源、丘逢甲等人的老師。施士潔「清光緒二年進士，官至內閣中書，因無意仕途，即辭官回鄉，擔任山長，主講於臺灣彰化白沙書院、臺南崇文書院和海東書院。甲午戰爭前夕，入幕臺灣巡撫劉銘傳參贊議事。1895 年臺灣淪日即內渡，1911 年任馬巷廳通判，1917 年入福建修志局，是菽莊吟社的活躍人物。施士潔，海東進士，騷壇領袖，其創作成就體現了臺灣建省初期文學創作的最高水準」〔註 45〕。

內渡大陸之後，施士潔曾長期居住於廈門鼓浪嶼，經常參與菽莊花園主人林爾嘉舉辦的菽莊吟社活動，是菽莊吟社的社友，他著有大量的詩歌，而且交友甚廣，在閩南地區至今尚可以經常看到他為當地友人的住宅題寫的楹聯、照壁等書法、詩詞作品。施士潔曾在廈門商務總會任職，後任馬巷通判。施士潔內渡大陸之後的創作，目前留存有《後蘇龕泉廈日記》《耐公六十自祭文》《後蘇龕詩鈔》等著作，多是書寫施士潔內渡大陸後在福建晉江、廈門等地的鄉紳生活，以及對應臺灣故土、故人的思念。

（二）汪春源內渡之後的創作

汪春源、汪受田（汪藝農）父子在大陸寫作了大量詩歌，惜大多散逸難覓。汪春源、汪藝農父子曾經共同參加廈門菽莊吟社的擊缽聯吟活動。汪春源曾為許南英《窺園留草》作「汪序」，文曰：

> 汪序
>
> 春源蚤歲獲交於允白許君，彼此觀摩，遂成益友。維時臺學使灌陽唐公文治方新，禮延耐公施先生掌教臺澎講院；於制義試帖外，倡為詩、古文詞之學。院中月課，春源與君輒冠曹偶。君少孤，家貧力學，天資挺特；春源駑鈍，常恐祖生先我著鞭。未幾，君果以會魁授兵部主事。春源勉從君後，雖幸而得售，迄未能與君春秋同榜齊年，深以為憾。

〔註45〕孟建煌：《施士潔評傳》，福建師範大學博士學位論文，指導教師：汪毅夫，2009 年，第 I 頁。

君以崖斥自號，胸之所寫，筆之於詩。赤嵌城南故居有地數弓，雜蒔花木，署曰「窺園」，日與朋儕觴詠；間或寫梅弄翰以自娛，君蓋淡於仕進者。亡何割臺禍起，時春源以公車詣闕上書，不報；君與臺帥同仇戮力，齎志不酬，悠然為蹈海之舉。春源亦棄家避地，彼此流落閩南。終以勞燕分飛，一行作吏粵東、江右，不相見者幾二十稔。辛亥鼎革，春源與君先後還山，同入菽莊吟社於鼓浪洞天者又數載。何意君之老健崛強猶昔，將為九萬里圖南之鵬，竟乘桴而居夷以死也！吾道之窮，寧僅詩人然也！

君詩不事塗飾，栩栩然自鏡其元象。春源固陋，何足以序君之詩！回念數十年：陵谷滄桑，陸沉天醉，死生聚散於泯棼雜亂中者，君詩歷歷在心目焉。矧附相知之末，能無酸辛烏邑於山陽之笛、黃公之壚？讀君之詩，屋樑落月，猶見顏色也！

歲在重光作噩（民國十年、一九二一）嘉平月祀灶日，如弟汪春源拜序。

汪春源（1869～1923），字杏泉，號少羲，晚號柳塘，臺南人。汪春源曾經在 1910 年 3 月 26 日，在江西省南康府安義知縣任上，寄給其妹婿吳汝吉一封信，文中對其妹妹的去世表示了哀悼，敘述了自己「滄桑變後，瑣尾流離」、「寄居廈島，顛沛龍溪縣因寄籍」，他「承示家六嫂及舍侄等困苦情形，讀竟涕下」，本想「挈其內渡」，但是自己雖任知縣，卻「清風兩袖，力不從心」〔註46〕。信中還問詢了蔡玉屏等親友的近況。文章情真意切，感人至深。在日據初期，這種來自大陸的家書對於臺灣親友來說無啻於一種巨大的精神支柱。因此，汪春源此信及其另外 7 封書信原件為臺南吳氏家族所珍藏，直到 2004 年為臺灣學者發現。汪春源之子汪受田則曾任《漳州日報》主筆，是閩南地區知名的詩人和書法家，他愛國進步，是一位德高望重的辛亥老人。汪春源著有《柳塘詩文集》，惜現已散軼難覓，目前可以看到的汪春源內渡後詩作約 28 首，另有書信、聯語若干，今暫擬名為《汪春源詩文集》，並列舉如下：

1. 汪春源詩文集

（1）壬戌 1922 五月十八日為菽莊林先生偕德配龔夫人四十有八雙壽閏五重慶詩以祝之　汪春源

〔註46〕參見汪毅夫：《閩南民間文獻考釋舉隅》，《福建師範大學學報（哲學社會科學版）》，2005 年第 2 期，第 109 頁。

憶昔甲寅逢閏夏，於今八載又張筵。

畫眉京兆閨房韻，點領汾陽福壽全。

詩筆風流主壇坫，梅花眷屬總神仙。

園亭真率羅耆舊，洛社溫公最少年。

（2）新竹鄭慧修貞孝女挽詩　　汪春源

不字香閨廿六年，皎然貞孝達於天。

慈航有路同成佛，素璧無瑕合證禪。

桑梓只應傳故跡，蓼莪未忍讀終篇。

紅樓勘破繁華夢，百級浮圖火底蓮。

（3）壬戌 1922 五月十八日為菽莊林先生偕德配龔夫人四十有八雙壽閏
五重慶詩以祝之　　汪春源

五月重逢介玉觴，萬年茀祿詠鴛鴦。

平生愛客同嚴武，佳日吟詩拓菽莊。

益英階莫真瑞事，斟蒲樽酒正濃香。

雙星耿耿中天耀，覓句登堂頌壽康。

（4）和移居韻答公愚即以送行　　汪春源

憶昔琴樽共細論，剪燈夜話雨聲喧。

吟詩爭寫雞林賈，著賦何嫌犢鼻褌。

處士風流攜鶴侶，騷人韻事住鷗村。

故園秋菊多佳色，猶記餐英楚客魂。

棉蘭深處讀書堂，記否家山荔子香。

萬卷紛羅天祿府，百蠻珍重養生方。

文章洛社推元白，門第烏衣數謝王。

八表停雲延佇甚，贈詩笑我索枯腸。

星星鯤澥幾遺民，何處桃源好隱淪。

世變滄桑成幻夢，歲寒梅雪伴吟身。

清風朗月懷玄度，瘴雨蠻煙憶故人。

妒煞君家咸與籍，襟期瀟灑出風塵。

（5）留園雅集席上即事（其二）〔註47〕　　汪春源

非步陳思賦七哀，騷壇白戰兩行開。

〔註47〕創作於 1903 年。

　　　　　下風如我甘長拜，盡有風流似玉臺。

（6）留園雅集席上即事〔註48〕　汪春源

　　　　　勞生何以慰酸哀，酒盞相逢笑口開。

　　　　　祇愧江郎才已盡，今朝枉自上吟臺。

（7）和移居韻答公愚即以送行　汪春源

　　　　　鷺江刻燭夜闌詩，展誦吟箋月影移。

　　　　　萬里關山勞問訊，一燈風雨入書帷。

　　　　　宦情似水棲身隱，世事如棋冷眼窺。

　　　　　廿載浮家萍泛感，愧無劉尹買山貲。

（8）補祝叔臧先生四十雙壽　汪春源

　　　　　在山泉水清如許，橫海風濤幻亦奇。

　　　　　入社名流皆北面，傳觴盛會又南皮。

　　　　　弄孫喜點汾陽頜，偕老欣齊德曜眉。

　　　　　愧我卻超剛入幕，效顰聊晉祝延詩。

（9）小眉公子在日裏以見懷詩寄示作此奉答

　　　　　商颿萬里倦吟身，往復郵筒仗雁臣。

　　　　　絕徼騷壇歸月旦，孤山仙眷屬風人。

　　　　　牙籤滿架琳琅府，足跡千程島嶼春。

　　　　　珍重百朋遙錫我，莊襟更比古賢淳。

（10）汪春源一首——招涼亭

　　　　　大好園林大海藏，千波渡月臥虹長。

　　　　　羨君梅鶴逋仙眷，管領湖山一味涼。〔註49〕

（11）歸途雜詠（五首選一）

　　　　　窮棲鳥戀舊巢林，匹馬經過動悴吟。

　　　　　千里故山青滿目，萬堆新骨白傷心。〔註50〕

（12）歸途雜詠（五首之二）

　　　　　江山慣作犒師牛，遂致輿圖盡海頭。

〔註48〕創作於 1903 年。

〔註49〕黃拔荊、林麗珠主編，《廈門名勝詩詞選》，海峽文藝出版社，2007 年 12 月，
　　　　第 263 頁。

〔註50〕汪春源：《歸途雜詠》（五首選一），陳貽庭主編，《臺灣古詩選》，九州出版社，
　　　　2006 年 8 月，第 355 頁。

唯有指峰無恙在，青青不改使人愁。〔註51〕

（13）移寓　汪春源

星星鯤瀨幾遺民，何處桃園好隱淪。

世變滄桑成幻夢，歲寒梅雪伴吟身。

清風明月懷元度，瘴雨蠻煙憶故人。

妒煞君家咸〔註52〕與籍，襟期瀟灑出風塵。〔註53〕

（14）《菽莊主人惠賜竹杖賦詩謝》

賢主相違歲月更，遙頒竹杖感云情。

丈人荷篠〔註54〕棲身隱，太乙然藜照眼明。

五十於家原禮記，一枝惠我契平生。

長房學道曾騎此，留伴芒鞋載酒行。

春源貢拙〔註55〕

（15）《菽莊觀菊奉懷》手稿

叔翁季翁兩主人用莊遠卿韻

年年奉菊泛瓊卮，今歲黃花勝昔時。

韻事風流期再續，東南賓主費相思。

萬方多難離群盛，百事無成不合宜。

他日同舟仙侶返，與公把酒蟹螯持。

春源待削草歲戊午十月〔註56〕

〔註51〕汪春源：《歸途雜詠》（五首選一），陳貽庭主編，《臺灣古詩選》，九州出版社，
2006年8月，第355頁。

〔註52〕李按，此「咸」字，在鍾河林、曹必宏主編：《血與火的記憶　臺灣抗日檔案
文獻詩文選編　文獻詩詞卷》一書原文中即為如此，似應為「咸」字。

〔註53〕汪春源：《移寓》，鍾河林、曹必宏主編：《血與火的記憶　臺灣抗日檔案文獻
詩文選編　文獻詩詞卷》，線裝書局，2015年9月，第293頁。

〔註54〕《臺灣進士汪春源詩歌手稿》，張仲淳、林元平主編：《臺海遺珍　廈門市博物
館藏涉臺文物鑒賞》，學林出版社原文如此，對照手稿原件，「篠」應為「篠」
字。

〔註55〕廈門市博物館藏有汪春源《菽莊主人惠賜竹杖賦詩謝》及《菽莊觀菊奉懷》兩首
詩手稿。見《臺灣進士汪春源詩歌手稿》，張仲淳、林元平主編：《臺海遺珍　廈
門市博物館藏涉臺文物鑒賞》，學林出版社，2014年3月，第86頁。

〔註56〕廈門市博物館藏有汪春源《菽莊主人惠賜竹杖賦詩謝》及《菽莊觀菊奉懷》兩首
詩手稿。見《臺灣進士汪春源詩歌手稿》，張仲淳，林元平主編：《臺海遺珍　廈
門市博物館藏涉臺文物鑒賞》，學林出版社，2014年3月，第86頁。

（16）題林有壬《南洋實地調查錄》詩

　　　破浪乘風萬里遊，山川文物一扁舟。

　　　幾編著述來重譯，彷彿蓬萊記十洲。

　　　百蠻風土廣搜奇，儒雅風流世所師。

　　　觸我寓公身世感，年來潘鬢愧成絲。〔註57〕

（17）白華庵主畫像（與江春霖、陳榮倫、施士潔等所作同題詩）

　　　畫圖省識古鬚眉，樞直當年待漏遲。

　　　領袖名經千佛榜，填膺憂憤百哀詩。

　　　掄才駿骨空燕市，濟美雛聲起鳳池。

　　　回首軟紅同踏處，朝衫脫後繫人思。

　　　吉林桃李滿門牆，春夢婆婆幻一場。

　　　地歷三秦持蕩節，塵揚百劫感滄桑。

　　　鑒空人影留清照，月印禪心在上方。

　　　我仰先生堅晚節，白華庵外弔斜陽。〔註58〕

（18）《叔臧侍郎暨德配冀夫人銀婚詩》（四首）

　　　其一：

　　　劉樊同醉合歡杯，富貴神仙把臂來。

　　　憶昔鷺江張壽宴，於今鳳閣又春回。

　　　西河公子調梅手，渤海名閨詠絮才。

　　　豔說銀婚歐俗始，華堂酒熟綺筵開。〔註59〕

　　　其二：

　　　二十五年鸞鳳侶，齊賡珠玉寫新詩。

　　　汾陽福澤兒孫滿，和靖因緣梅鶴隨。

　　　數葉瑟絃歌靜好，律調葭琯祝期頤。

　　　如銀月色今宵朗，京兆風流試畫眉。〔註60〕

〔註57〕見林有壬《南洋實地調查錄》中詩作，第9頁。林盛發：《臺灣最後一位進士　汪春源詩詞在漳州發現》，漳州新聞網，2012-05-17 10：20。

〔註58〕吳魯：《正氣研齋匯稿・附紙談一卷詩稿一卷》，臺灣大學圖書館藏本，民國刊刻本，卷一，第2頁。

〔註59〕漳州市薌城區政協文化文史和學習委員會編：《汪春源傳略》，《薌城文史資料》第三十二輯（總五十期），2019年12月，第134頁。

〔註60〕漳州市薌城區政協文化文史和學習委員會編：《汪春源傳略》，《薌城文史資料》

其三：

韋平家世百年新，曾閱滄桑幾度春。

白社談詩扶大雅，銀臺對月證前身。

房中一曲歌清頌，石上三生話夙因。

我託龍門叨末座，愧無彩筆賦園賓。〔註61〕

其四：

洞房佳話播粉鄉，紫綬銀青五色光。

爭羨珠聯兼璧合，佇看地久更天長。

堂開畫錦聲詩石，人在平泉水竹莊。

五五韶華如走馬，金婚待祝爇心香。〔註62〕

（19）《菽莊夢中得句唱和集》（四首）

其一：

小築亭臺好納涼，嵐光面面映波光。

輞川別業平泉記，閒坐吟詩對夕陽。〔註63〕

其二：

青山入畫色蒼蒼，紅藕方塘半畝涼。

記得張燈花似海，年年祝嘏酒尊香。〔註64〕

其三：

繼軌溫公會真率，名園容得詩人膝。

桃源小隱占清涼，安石經綸胡不出。〔註65〕

其四：

大好園林大海藏，千波渡月臥虹長。

第三十二輯（總五十期），2019年12月，第134頁。

〔註61〕漳州市薌城區政協文化文史和學習委員會編：《汪春源傳略》，《薌城文史資料》
第三十二輯（總五十期），2019年12月，第134頁。

〔註62〕漳州市薌城區政協文化文史和學習委員會編：《汪春源傳略》，《薌城文史資料》
第三十二輯（總五十期），2019年12月，第134頁。

〔註63〕漳州市薌城區政協文化文史和學習委員會編：《汪春源傳略》，《薌城文史資料》
第三十二輯（總五十期），2019年12月，第135頁。

〔註64〕漳州市薌城區政協文化文史和學習委員會編：《汪春源傳略》，《薌城文史資料》
第三十二輯（總五十期），2019年12月，第135頁。

〔註65〕漳州市薌城區政協文化文史和學習委員會編：《汪春源傳略》，《薌城文史資料》
第三十二輯（總五十期），2019年12月，第135頁。

羨君梅鶴遁仙眷，管領湖山一味涼。〔註66〕

（20）《菽莊林先生暨德配雲環夫人結婚三十年》（一首）

憶昔銀婚開喜讌，於今五年月重圓。

劉樊美眷春秋健，鍾郝名門禮法傳。

人羨神仙真富貴，天增梅鶴好因緣。

待看廿載南金貴，一笑登醉堂綺筵。〔註67〕

（21）《補祝叔臧先生四十雙壽》（一首）

在山泉水清如許，橫海風濤幻亦奇。

入社名流皆北面，傳觴盛會又南皮。

弄孫喜點汾陽頷，偕老欣齊德曜眉。

愧我郤超剛入幕，效顰聊晉祝延詩。〔註68〕

（22）《庚申菽莊詠菊》（八首）

其一：

買得青山署菽莊，年年藝菊為花忙。

豐蘺豔入群芳譜，三徑閒招雅客觴。

對酒持螯饒韻事，題詩弄翰染寒香。

秋來佳色名園展，丘壑經營忽八霜。〔註69〕

其二：

壽菊還□□主人，平泉舊興更翻新。

翩翩公子觴重九，濟濟賓朋詠丙辰。

我濬冶城邊覓句，天□彭澤健吟身。

而今彈指庚申歲，招隱論交涙益親。〔註70〕

〔註66〕漳州市薌城區政協文化文史和學習委員會編：《汪春源傳略》，《薌城文史資料》第三十二輯（總五十期），2019年12月，第135頁。

〔註67〕漳州市薌城區政協文化文史和學習委員會編：《汪春源傳略》，《薌城文史資料》第三十二輯（總五十期），2019年12月，第135頁。

〔註68〕漳州市薌城區政協文化文史和學習委員會編：《汪春源傳略》，《薌城文史資料》第三十二輯（總五十期），2019年12月，第135頁。

〔註69〕漳州市薌城區政協文化文史和學習委員會編：《汪春源傳略》，《薌城文史資料》第三十二輯（總五十期），2019年12月，第136頁。

〔註70〕漳州市薌城區政協文化文史和學習委員會編：《汪春源傳略》，《薌城文史資料》第三十二輯（總五十期），2019年12月，第136頁。

其三：（字跡不清晰）〔註71〕

其四：（字跡不清晰）〔註72〕

其五：（字跡不清晰）〔註73〕

其六：（字跡不清晰）〔註74〕

其七：

秋信漸添雙鬢老，霜顏只共一樽紅。

芳心淡抱三冬雪，傲骨寒禁九月風。

老圃金精隨上下，疏籬玉蕊任西東。

盃觴佐汐酬佳節，君子由來臭味同。〔註75〕

其八：

滄桑歷劫歲寒身，五柳先生未真貧。

黃白繁霜偏復勁，樓臺明月是前因。

雲靄色映詩箋豔，水墨□描畫本新。

我亦叨陪經八度，餐英休疑楚靈均。〔註76〕

（23）《菽莊主人四十有八壽詩》（二首）

其一：

憶昔甲寅逢閏夏，於今八載又張筵。

畫眉京兆閨房韻，點頷汾陽福壽全。

詩筆風流主壇坫，梅花眷屬總神仙。

園亭真率羅耆舊，洛社溫公最少年。〔註77〕

〔註71〕漳州市薌城區政協文化文史和學習委員會編：《汪春源傳略》，《薌城文史資料》第三十二輯（總五十期），2019年12月，第136頁。

〔註72〕漳州市薌城區政協文化文史和學習委員會編：《汪春源傳略》，《薌城文史資料》第三十二輯（總五十期），2019年12月，第136頁。

〔註73〕漳州市薌城區政協文化文史和學習委員會編：《汪春源傳略》，《薌城文史資料》第三十二輯（總五十期），2019年12月，第136頁。

〔註74〕漳州市薌城區政協文化文史和學習委員會編：《汪春源傳略》，《薌城文史資料》第三十二輯（總五十期），2019年12月，第136頁。

〔註75〕漳州市薌城區政協文化文史和學習委員會編：《汪春源傳略》，《薌城文史資料》第三十二輯（總五十期），2019年12月，第136頁。

〔註76〕漳州市薌城區政協文化文史和學習委員會編：《汪春源傳略》，《薌城文史資料》第三十二輯（總五十期），2019年12月，第136頁。

〔註77〕漳州市薌城區政協文化文史和學習委員會編：《汪春源傳略》，《薌城文史資料》第三十二輯（總五十期），2019年12月，第137頁。

其二：

五月重逢介玉觴，萬年茀祿詠鴛鴦。

平生愛客同嚴武，佳日吟詩拓菽莊。

益莢階蓂真瑞事，斗蒲樽酒正濃香。

雙星耿耿中天耀，覓句登堂頌壽康。〔註78〕

（24）《和林景仁〈疊移居均答公愚即以送行〉》（四首）

其一：

憶昔琴樽共細論，剪燈夜話雨聲喧。

吟詩爭寫雞林賈，著賦何嫌犢鼻褌。

處士風流攜鶴侶，騷人韻事住鷗村。

故園秋菊多佳色，猶記餐英楚客魂。〔註79〕

其二：

鷺江刻燭夜闈詩，展誦吟箋月影移。

萬里關山勞問訊，一燈風雨入書帷。

宦情似水棲身隱，世事如棋冷眼窺。

廿載浮字萍泛感，愧無劉尹買山貲。〔註80〕

其三：

棉蘭深處讀書堂，記否家山荔子香。

萬卷紛羅天祿府，百蠻珍重養生方。

文章洛社雅元白，門第烏衣數謝主。

八表停雲延佇甚，贈詩笑我索枯腸。〔註81〕

其四：（李按：和前面重複，但出處版本不一，故此保留）

星星鯤澥幾遺民，何處桃源好隱淪。

世變滄桑成幻夢，歲寒梅雪伴吟身。

〔註78〕漳州市薌城區政協文化文史和學習委員會編：《汪春源傳略》，《薌城文史資料》
　　　　第三十二輯（總五十期），2019年12月，第137頁。

〔註79〕漳州市薌城區政協文化文史和學習委員會編：《汪春源傳略》，《薌城文史資料》
　　　　第三十二輯（總五十期），2019年12月，第137頁。

〔註80〕漳州市薌城區政協文化文史和學習委員會編：《汪春源傳略》，《薌城文史資料》
　　　　第三十二輯（總五十期），2019年12月，第137頁。

〔註81〕漳州市薌城區政協文化文史和學習委員會編：《汪春源傳略》，《薌城文史資料》
　　　　第三十二輯（總五十期），2019年12月，第138頁。

清風朗月懷元度，瘴雨蠻煙憶故人。

妒煞君家咸與籍，襟期瀟灑出風塵。〔註82〕

（25）和林景仁秋日見懷韻（李按：和前面重複，但出處版本不一，故此保留）

商飆萬里倦吟身，往復郵簡仗雁臣。

絕徼騷壇歸月旦，孤山仙眷屬風人。

牙籤滿架琳瑯府，足跡千程島嶼春。

珍重百朋遙錫我，莊襟更比古賢淳。〔註83〕

（26）為清末狀元吳魯畫像題詩（李按：和前面重複，但出處版本不一，故此保留）

《白華庵主畫像》

畫圖省識古鬚眉，樞直當年待漏遲。

領袖名經千佛榜，填膺憂憤百哀詩。

掄才駿骨空燕市，濟美雛聲起鳳池。

回首軟紅同踏處，朝衫脫後繫人思。〔註84〕

吉林桃李滿門牆，春夢婆婆幻一場。

地歷三秦持簜節，塵揚百劫感滄桑。

鑒空人影留清照，月印禪心在上方。

我仰先生堅晚節，白華庵外弔斜陽。〔註85〕

（27）詩題林霽秋所著《泉南指譜重編》

七絕

周召風歌跡已陳，誰調白雪與陽春。

清詞直欲追騷雅，譜出泉南樂府新。〔註86〕

〔註82〕漳州市薌城區政協文化文史和學習委員會編：《汪春源傳略》，《薌城文史資料》第三十二輯（總五十期），2019年12月，第138頁。

〔註83〕漳州市薌城區政協文化文史和學習委員會編：《汪春源傳略》，《薌城文史資料》第三十二輯（總五十期），2019年12月，第138頁。

〔註84〕漳州市薌城區政協文化文史和學習委員會編：《汪春源傳略》，《薌城文史資料》第三十二輯（總五十期），2019年12月，第138頁。

〔註85〕漳州市薌城區政協文化文史和學習委員會編：《汪春源傳略》，《薌城文史資料》第三十二輯（總五十期），2019年12月，第138頁。

〔註86〕漳州市薌城區政協文化文史和學習委員會編：《汪春源傳略》，《薌城文史資料》第三十二輯（總五十期），2019年12月，第138頁。

鷺江林子擅清才，別調新腔手自裁。

此是當年天寶曲，安溪宿草有餘哀。〔註87〕

福慧雙修本夙因，孤山梅鶴證前身。

襴衫利市空回首，一霎滄桑付劫塵。〔註88〕

桑間濮上今波靡，玉戛金鏘獨出群。

昆笛徽弦都俗調，鄭聲入耳那堪聞。〔註89〕

（28）為林有壬所著《南洋實地調查錄》題詩（李按：和前面重複，但出處版本不一，故此保留）

破浪乘風萬里遊，山川文物一扁舟。

幾編著述來重譯，彷彿蓬萊記十洲。〔註90〕

百蠻風土廣搜奇，儒雅風流世所師。

觸我寓公身世感，年來潘鬢愧成絲。〔註91〕

（29）近年來，澳大利亞圖書館許地山藏書中發現了一批汪春源致許南英書信，其中有幾首汪春源詩作，內容如下：

次韻感懷

蹉跎潘鬢漸成霜　滿地荊榛劍有芒

栗里歸來陶靖節　鑒湖乞得賀知章

分弛嶺嶠官雙轍　怕濕江州淚數行

回首瀛東懸馬帳　紫薇北斗仰文光

奉題君襄仁兄百川學海堂筆記

臨風雒誦短長篇　舊學思量倍惘然

蕭水剪鐙留爪跡　廣談虞〇憶當年

〔註87〕漳州市薌城區政協文化文史和學習委員會編：《汪春源傳略》，《薌城文史資料》第三十二輯（總五十期），2019 年 12 月，第 139 頁。

〔註88〕漳州市薌城區政協文化文史和學習委員會編：《汪春源傳略》，《薌城文史資料》第三十二輯（總五十期），2019 年 12 月，第 139 頁。

〔註89〕漳州市薌城區政協文化文史和學習委員會編：《汪春源傳略》，《薌城文史資料》第三十二輯（總五十期），2019 年 12 月，第 139 頁。

〔註90〕漳州市薌城區政協文化文史和學習委員會編：《汪春源傳略》，《薌城文史資料》第三十二輯（總五十期），2019 年 12 月，第 139 頁。

〔註91〕漳州市薌城區政協文化文史和學習委員會編：《汪春源傳略》，《薌城文史資料》第三十二輯（總五十期），2019 年 12 月，第 139 頁。

癸丑臘月十九日壽耐公六十即呈蘊采郢政並乞和章

康寧攸好即神仙　生與坡同○夙緣

怒罵笑嬉蘇玉局　一尊且祝杖鄉年

人俏福慧幾生修　華省蜚聲四十秋

回憶元亭頻問學　榕檀風雨不勝愁

嶺南久耳循良譽　○○浮沉宦海中

怕聽念家山一曲　鯤沙劫火不憐紅

甲寅春仲奉題少濤仁兄曾經滄海圖

忽忽滄桑二十秋　寄身天地一沙鷗

鷺江何幸新萍水　得藉斯圖瞰九州

旭日初升大海東　枭比坐上滿春風

羨君生際文明日　不見鯤沙劫火紅

題菽莊主人即呈蘊○郢正並乞和章

山莊此日畫圖開　鯤海橫流志不同

妬煞詩人林下福　便宣近水好樓臺

杏花飛過楝花風　觴詠名流句子工

悵觸○園無垠恨　聽濤猶記斐亭東

逋仙福慧幾生修　佔領名園水石秋

別演孤山梅鶴局　隱囊紗帽對江鷗

廿年吏隱感棲遲　○○江干理釣絲

醉逡憑闌舒倦眼　滄桑歷劫幾多時

2. 楹聯

（1）臺南地方史料館陳列有汪春源撰書的楹聯，署名「柳塘汪春源」

去古來今雲閒天澹

佳辰令節竹笑蘭言〔註92〕

（2）書贈友人「海秋仁兄」的條幅：

奇石壽千古　好花開四時〔註93〕

〔註92〕漳州市薌城區政協文化文史和學習委員會編：《汪春源傳略》，《薌城文史資料》第三十二輯（總五十期），2019年12月，第139頁。

〔註93〕漳州市薌城區政協文化文史和學習委員會編：《汪春源傳略》，《薌城文史資料》第三十二輯（總五十期），2019年12月，第139頁。

（3）作聯挽江杏邨

憨直震朝端，諫草曾焚，歸去移忠仍作孝；

斗山崇海內，蓋棺定論，傳來一節足千古。〔註94〕

（4）1918 年，臺北大龍峒保安宮重修，其前殿楹聯「保世顯神功，咒水當年消虎厄：安民深帝澤，湧泉今日濟龍峒」，乃由進士汪春源、孝廉龔顯鶴評選為「徵聯第一。」可見即便身處福建漳州，臺灣故園故跡仍素於遊子心中。〔註95〕

（5）今臺南地方史料館尚陳列汪春源撰書之楹聯「去古來今雲閒天澹，佳辰令節竹笑蘭言」，署名「柳塘汪春源」。柳塘為其晚年自署之號，內渡多年後，其作品回流臺灣，可見臺南鄉鄰的敬慕之情。據民國版《廈門市志》卷 33《流寓傳》所載，汪春源尚著有《柳塘詩文集》一部，惜上世紀六十年代被抄沒遺失，至今尚未尋獲，乃為一大憾事。〔註96〕（李按：和前面重複，但出處版本不一，故此保留）

3. 詩鐘

汪春源詩鐘

《書、鐵，第三唱》：祕本鐵函思肖史，駢詞書譜過庭文。〔註97〕

《蛇、酒，第五唱》：附會鄙人蛇索語，銷磨才子酒詩家。〔註98〕

《封、倒，第六唱》：臣焚諫草陳封事，佛設盂蘭解倒懸。〔註99〕

《宮、歲，第七唱》：宦遊小草編中歲，女謁交章諫後宮。〔註100〕

《路、車，第七唱》：山村風景尋詩路，鄉塾生涯問字車。〔註101〕

〔註94〕漳州市薌城區政協文化文史和學習委員會編：《汪春源傳略》，《薌城文史資料》第三十二輯（總五十期），2019 年 12 月，第 139 頁。

〔註95〕漳州市薌城區政協文化文史和學習委員會編：《汪春源傳略》，《薌城文史資料》第三十二輯（總五十期），2019 年 12 月，第 96 頁。

〔註96〕漳州市薌城區政協文化文史和學習委員會編：《汪春源傳略》，《薌城文史資料》第三十二輯（總五十期），2019 年 12 月，第 96 頁。

〔註97〕漳州市薌城區政協文化文史和學習委員會編：《汪春源傳略》，《薌城文史資料》第三十二輯（總五十期），2019 年 12 月，第 140 頁。

〔註98〕漳州市薌城區政協文化文史和學習委員會編：《汪春源傳略》，《薌城文史資料》第三十二輯（總五十期），2019 年 12 月，第 140 頁。

〔註99〕漳州市薌城區政協文化文史和學習委員會編：《汪春源傳略》，《薌城文史資料》第三十二輯（總五十期），2019 年 12 月，第 140 頁。

〔註100〕漳州市薌城區政協文化文史和學習委員會編：《汪春源傳略》，《薌城文史資料》第三十二輯（總五十期），2019 年 12 月，第 140 頁。

〔註101〕漳州市薌城區政協文化文史和學習委員會編：《汪春源傳略》，《薌城文史資

4. 書信

（1）1903年，十二月，汪春源於「涂月初九夕燈下」，致函妹丈吳鳳年，信札內容平實，言簡意賅，言明汪春源正欲前往京城赴試，應是守孝期滿，且其考前心態頗好。只是對家妹放心不下，再三叮囑，可見兄妹情誼甚深。〔註102〕

> 吳汝吉先生禮　啟（信封）〔註103〕
>
> 汝吉我妹丈大人如握：
>
> 睽違兩載，宛如九秋。此念起居安善，諸凡稱心，至以為慰。
> 愚入都應試，擬定明春正月杪。不過逐隊觀光而已，並無他望。此
> 番特令舍妹抵彰，經再三告誡，勸其恃順惟是。賦性笨拙，尚祈格
> 外鑒原。遇事招呼，實深感佩。帶上土魷魚，哂收為荷。此頌文安，
> 請維爰照一切。筆十枝，墨四塊，杏泉手肅。
>
> 愚內兄春源頓首，涂月初九夕燈下草此。〔註104〕

（2）宣廷賢妹丈大人如握前口，家四嫂東渡，愚因俗冗匆匆，未遑裁復，歉仄矣，似懷興居，增勝至慰。足下磺溪之役，似宜暫緩，且看時事如何，再定行止，希勿躁進，管見如斯，祈酌之。

> 前惠好茶葉，已拜領，謝謝，猶復贈送醬油，何以克當。相視
> 直如手足，彼此關切，何必著講應酬，以後千萬不可多費也。鴻便
> 寄上條絲煙壹包，山東梨子四觔，乞哂存為幸，手此復請。
>
> 禮安諸懷，關照百賞。愚內兄春源頓首。九月廿三日
>
> 舍妹許久未見，乞代為問好，並暨賢外甥在甲均好，內人寄語
> 請賢妹丈安。並問舍妹及賢外甥，念念不候，又及。再足下如有晤
> 穆生，捨前託之件，祈代鼎力，如或在郡晤，〔註105〕乞邀同謝馨兄
> 同為鼎力轉圜，愚經面託謝兄也。另有照者，付上，致祝豐館帳房
> 晉叔壹函，係家岳母專誠拜照。

　　　　料》第三十二輯（總五十期），2019年12月，第140頁。
〔註102〕漳州市薌城區政協文化文史和學習委員會編：《汪春源傳略》，《薌城文史資
　　　　料》第三十二輯（總五十期），2019年12月，第144頁。
〔註103〕漳州市薌城區政協文化文史和學習委員會編：《汪春源傳略》，《薌城文史資
　　　　料》第三十二輯（總五十期），2019年12月，第144頁。
〔註104〕漳州市薌城區政協文化文史和學習委員會編：《汪春源傳略》，《薌城文史資
　　　　料》第三十二輯（總五十期），2019年12月，第144頁。
〔註105〕漳州市薌城區政協文化文史和學習委員會編：《汪春源傳略》，《薌城文史資
　　　　料》第三十二輯（總五十期），2019年12月，第144頁。

　　足下如有往彰之便，祈將此函面致晉叔，並云先外舅父壬辰年底，抑癸巳春正之間，有一款項二百四十餘兩，登許宗和帳，此款係祝豐館中借用，惟晉叔如經手知之，理合措還，趁渠在館，及早催還，不難歸款，希十分留意，務期濟事，彼此兩有益也，如何？

　　此番家外舅母渡廈，景況十分為難，仗渠備還，以濟涸魚之急。照。

　　足下十分致意，如果磺溪可行，須待平靜，方可起程，順便代為鼎力設法。愚代為注意，以伍家外舅母拾元酬足下之勞以及輿費，請將此款扣抵，是亦不費之惠，照。

　　愛及鳥屋，不遺棄我也，再請禮安。小兄源又頓首。

（注：由李竹深斷句整理）〔註106〕

　　（3）1905～1911年間，適逢晚清第三次「銀貴錢賤」時期。1910年，汪春源時任江西省安康府安義縣知縣，他由縣署回函吳鳳年，哀悼汪攀逝世，囑其妹丈寬懷順變；又悉數割臺後內渡情形，其攜眷輾轉廈門、漳州，長子汪受田於光緒壬寅科試得中秀才等等；亦言及其身處宦海，賠纍之深，行筆遲澀，頗見心境之愁鬱。〔註107〕

汝吉妹倩大人惠鑒：

　　自滄桑變後，瑣尾流離，未嘗一通音問，罪也何如！去歲接奉手書，臨風浣誦，藉慰十數年渴念之忱，承示舍妹逝世，安仁東閣，竟歎鶯分，披閱之（李按：原文如此，筆者以為應是「淚」字）下，曷勝哀悼，但道途修遠，莫致芻香，惟祈寬懷順變，勿以斷弦為傷，此別千里，故人所望風切禱者也。兄自割臺之後，挈眷內渡寄居廈島，顛沛情形，不堪言狀，嗣以廈島百物騰貴，殊不易居，乃移寓龍溪縣寄籍焉，小兒阿井名受田，於光緒壬寅科試幸得一衿，嗣以兄遠仕江西，而小兒隨侍膝下，行年廿二，一無所成，於前歲春間草草完婚，略了向平之願。

　　去年三月，得舉一孫，不過老年晚景，得以抱孫自娛耳，大小

〔註106〕漳州市薌城區政協文化文史和學習委員會編：《汪春源傳略》，《薌城文史資料》第三十二輯（總五十期），2019年12月，第145頁。

〔註107〕漳州市薌城區政協文化文史和學習委員會編：《汪春源傳略》，《薌城文史資料》第三十二輯（總五十期），2019年12月，第146頁。

女月、二小女琴，均許字龍溪莊、周二家，二年間均須出閣，兄內渡之後，亦連舉二女，亦經許字，惟年紀尚輕，出閣之期，當在三四年後，閣下兒曹繞膝，蘭桂齊芳□賓天倫之樂事，何羨如之！承示家六嫂及舍侄等困苦情形，讀竟涕下，自七先兄作古後，家計日窘，兄痛鴒原之多故，愁斷肝腸矣。早深知本擬挈其內渡，又因兄數年來屢膺瘠缺賠累萬餘金，清風兩袖，力不從心，擬俟稍有餘積，自當設法以圖團住，祈將此情轉告舍侄等，並囑其各謀生計，勿自暴棄。〔註108〕

（原信圖片見漳州市薌城區政協文化文史和學習委員會編：《汪春源傳略》，《薌城文史資料》第三十二輯（總五十期），2019 年 12 月，第 147 頁。）

再，兄現任南康府安義縣，於茲三載，祗因時事變遷，江河日下，銀貴錢賤，徵不敷解，賠纍之深，日增一日，點金乏術，徒喚奈何！鱗鴻之便，仍乞箴言時錫，以匡不逮，手此奉覆，即請臺安，並祝潭福百益。

愚內兄汪春源頓首　小兒隨叩

庚戌二月既望

再，家六嫂處，希為關照，感之不盡，以後款項匯何行寄至何處乞示，至舍侄西庚等及柱仔行龍王廟諸堂侄、侄孫等近況如何，又內弟煒捨、蔡玉屏夫子、葉汝馨君近狀，尊處如有所知，並希指示，福函請郵寄江西安義縣。又及。〔註109〕

5. 散文

（1）《汪春源自述》

春源少孤，幼承母訓。年十四，應童子試，邑侯祁星皆師，拔置第二，令入縣讀書。是歲，郡尊侯仙舫師、學道劉蘭洲師，皆拔取前茅。是歲入庠。丙戌，食廩餼。戊子，舉於鄉。庚寅、甲午、乙未，應春官，口均薦而未酬。辛卯，丁內艱，先慈奉安窀穸〔李按：

〔註108〕漳州市薌城區政協文化文史和學習委員會編：《汪春源傳略》，《薌城文史資料》第三十二輯（總五十期），2019 年 12 月，第 146 頁。
〔註109〕漳州市薌城區政協文化文史和學習委員會編：《汪春源傳略》，《薌城文史資料》第三十二輯（總五十期），2019 年 12 月，第 149 頁。

zhūn xī〕，□□□□墓偶，昕夕無閒。服闋，以中書中戊戌貢士。癸卯，成進士，簽分江西。是歲江右秋闈分校，薦拔半多寒畯。甲辰春，榷稅大庾，刵除中飽，嚴杜司巡苛勒留難諸積弊。凡各陋規，和盤托出，化私為公，上峰輒以「該令奉公潔己，辦事認真籌劃，甚資得力」相推許。是歲十月奉檄署宜春篆。宜為袁州首邑，素稱瘠缺，當湘省制衝，又為萍鄉礦務必經之地，兵差絡繹，供應紛繁，賠累不堪。因需索門包及供應，與處守（指袁州知府，筆者注）傅鍾麟子純，意見不合，白諸層臺，上峰韙之。乙巳夏，調署長寧，未赴任。旋調署南康府之建昌。先是，建邑學堂湫隘，源將考棚修葺，遴選各科教員，並捐廉購置圖書多種，附設閱報，以供諸生觀覽。政事餘暇，與學生講解切磋。建邑有統役楊發，素為民害。源出示招告，通詳上臺，將該役監禁十年。人心大快，差役斂跡。該邑教案迭出，又與教士樊體愛，開誠布公，迅速斷結，民教相安。

期滿，吳仲懌中丞，奏補南康府安義縣缺。丁未八月，奉檄赴任。安邑藉命訛索之案甚多。源廉得其情，訊辦誣告數起，奸民斂跡。每下鄉，輕騎簡從，自備火食，禁絕煙賭及採茶淫戲。捐廉製備藥丸，創設戒煙善會。周歷各鄉，盤 〔註110〕查積穀實儲，推陳出新，破除情面。鄉紳有侵蝕者，勒令繳足。並勸各鄉多辦私塾改良。又改良監獄，修理待質所，務使空氣光明，無拖累之苦。每聽訟，可保則保，可釋則釋。明查暗訪，嚴禁監卒看守私拷、凌虛諸弊。在任四年有餘，經南康府朱雲甫太尊錦，以「大計卓異」密薦。原稟云：「該令審理案件，整理學堂，勸民種植，振興工藝、水利諸事莫不實心經理。奉飭設立統計處，調查各事，尤能詳盡。微收丁漕，該令因銀貴錢賤，雖有虧賠，而督催未敢稍懈，故近年該縣微收之數，均在八成以上。本年舉辦地方自治，因款無可籌，該令將統計處常年經費悉數撥充自治。所有統計經費捐廉擔任。稟蒙督、撫憲批示褒獎，知府每遇安邑士紳，詳加詢問，僉稱汪令『勤政愛民』，溢於言表，知其治理之感人者深矣。知府查汪令當官，有執私不能幹，砥礪任事，實為州縣中不可多得之員，政績實在卓著，知府既

〔註110〕 漳州市薌城區政協文化文史和學習委員會編：《汪春源傳略》，《薌城文史資料》第三十二輯（總五十期），2019 年 12 月，第 150 頁。

有所聞，並考查實在，核與保薦之例相符」云云，辛亥之秋，調署安仁，履任未久，適值光復。當戎馬倥傯之會，保衛地方，幸無貽誤。〔註111〕

（2）《窺園留草・汪序》

春源蚤歲獲交於允白許君，彼此觀摩，遂成益友。維時臺學使灌陽唐公，文治方新，禮延耐公施先生掌教臺澎講院。於制義試帖外，倡為詩、古文詞之學。院中月課，春源與君輒冠曹偶。君少孤，家貧力學，天資挺特；春源駑鈍，常恐祖生先我著鞭。未幾，君果以會魁授兵部主事。春源勉從君後，雖幸而得售，迄未能與君春秋同榜齊年，深以為恧。

君以崖垽〔李按：讀作hàn〕自號，胸之所寓，筆之於詩。赤嵌城南故居，有地數弓，雜蒔花木，署曰「窺園」，日與朋儕觴詠；間或寫梅弄翰以自娛，君蓋澹於仕進者。亡何，割臺禍起，時春源以公車詣闕上書，不報。君與臺帥同仇戮力，齎志不酬，悤然為蹈海之舉。春源亦棄家避地，彼此流落閩南。終以勞燕分飛，一行作吏粵東、江右，不相見者幾二十稔。辛亥鼎革，春源與君先後還山，同入菽莊吟社，於鼓浪洞天者又數載。何意君之老健崛強猶昔，將為九萬里圖南之鵬，竟乘桴而居夷以死也！吾道之窮，寧僅詩人然也！

君詩不事塗飾，栩栩然自鏡其元象。春源固陋，何足以序君之詩！回念數十年：陵谷滄桑，陸沉天醉，死生聚散於泯棼雜亂中者，君詩歷歷在心目焉。矧附相知之末，能無酸辛烏邑於山陽之笛、黃公之壚？讀君之詩，屋樑落月，猶見顏色也！

歲在重光作噩（民國十年、一九二一）嘉平月祀灶日，如弟汪春源拜序。〔註112〕

（3）制藝文

汪春源的制藝習作之一

【題】子曰射不主皮（此為單句題）

〔註111〕漳州市薌城區政協文化文史和學習委員會編：《汪春源傳略》，《薌城文史資料》第三十二輯（總五十期），2019年12月，第151頁。

〔註112〕漳州市薌城區政協文化文史和學習委員會編：《汪春源傳略》，《薌城文史資料》第三十二輯（總五十期），2019年12月，第152頁。

思古道而維古禮，與周變魯之意也。（此為破題）

夫射而主皮，古道奚在。羊而欲去，古禮何存。一思乎古，一明所愛。非與周變魯之深心乎，（此為承題）

昔夫子抱與周之素願，具變魯之殷懷，固無日不以道與禮望天下也〈起〉。道在觀德，而偃武以修文。禮在授時，而尊王即以敬祖〈承〉。無如貫革是尚，古道不存，故事奉行，古禮將絕。致使與周變魯之願望，未由申於天下〈轉〉。而聖人之心良苦，已說在子之論射、與子貢論餼羊〈合〉，（此為起講）

是今夫養之鄉學，選之澤宮，其範學士大夫，共示驅虞狸首之節者，射是也。（此為領題）

夫登揖禮之堂，兵刑弗尚。遊鄉校之圃，禮讓兼修。（此為兩提比）

古盛時創制，顯庸直統。斯人之材力，聰明潛消。其桀驁之氣，奈何恃強角力，開斯世干戈擾攘之風乎。

時事值遷流之會，變乎古者恒多，而遵乎古者恒少。所以弓挽六鈞，矢穿七札，不過以挽強命中誇智勇之先聲，而遜讓之休安在矣。

晉作六軍，楚矜兩廣，直欲以黷武窮兵，釀紛爭之隱患，而德禮之意何存乎。（此為兩中比）

子曰：射不主皮，為力不同科。俾知伸德紲力，昭一朝仁禮之風。尚德進賢，普一代祥和之化。（此為兩小比）〔註113〕

是亦昭穆考之，精神所默與維繫者也。

周之興也，效射散軍，虎賁脫劍，雍雍乎盛治也。禮射具在，而古道猶存，東周尚可為乎。今夫臨以太廟，重以皮弁，其統朝野上下，共循夫履端正始之儀者，告朔是也。

夫頌象魏之書，遵政令者欽為巨典。肅駿奔之制，懷春王者奉為常經。

古先王法良意美，直合一朝之典章文物，群深以展敬之忱。奈何因循廢墜長，子孫數典忘祖之失乎法度。當頹廢之秋，去之雖不

〔註113〕漳州市薌城區政協文化文史和學習委員會編：《汪春源傳略》，《薌城文史資料》第三十二輯（總五十期），2019 年 12 月，第 153 頁。

足惜，而去之又甚可憂。所以文獻之徵，禘〔李按：讀作 dì〕祭之設，尚懷高曾規矩之思，而饋牽更何論矣。栝捲〔李按：讀作 bēi quān〕之細，木簡之遺，猶動摩挲愛惜之意，而禮制從可知也。（此為後兩比）

　　子曰：爾愛其羊，我愛其禮。俾知有禮始有羊，羊原為禮而設，見羊即見禮，禮轉借羊而存，是亦我元公之靈爽所隱為式憑者也。魯之盛也，寢廟燕享，駪口告虔，煌煌乎令典也。名物猶留而古禮可復，吾魯其有豸乎。（此為落下）

　　【評語】氣機圓熟，詞旨光昌。不必求高求深，自是投時利器。

　　【等次】超等壹名。

（注：由汪毅夫斷句整理）〔註114〕

　　（4）是年（李按：1917年），汪春源題跋大書法家董其昌之「華亭墨蹟」，該墨寶由漳州名士黃仲琴先生收藏，近代文化名人陳嘉言（清漳州知府）、許南英、陳培錕、沈傲樵均題跋於卷末。汪春源所題為：

　　「華亭墨蹟，近今殊不多覯。黃君仲琴，家藏此卷，出以眎〔李按：讀作 shì〕余。雖蠹魚食字，而展閱數過，真蹟尚存，神味自然，淵永令人愛玩不忍釋手，洵為佳構。丁巳年春，汪春源拜觀。」

6. 他人唱和往來之詩文

《安義縣志》錄有熊錦春、黃蘭芳的三首同人唱和詩〔註115〕：

汪杏泉明府由安義移任安仁作詩述懷兼以留別同人多和之者予亦繼

和　　熊錦春

　　欲挽民風近薆天，籃輿問俗吏如仙。

　　襧衡一鶚憑誰薦，葉令雙鳧競別遷。

　　清句稱心皆似玉，素琴寄意不須絃。

　　會當復飲龍津水，竹馬相迎有後緣。〔註116〕

許南英（1855～1917），字蘊白，一作允白、子蘊，號窺園主人，臺南府

〔註114〕漳州市薌城區政協文化文史和學習委員會編：《汪春源傳略》，《薌城文史資料》第三十二輯（總五十期），2019年12月，第153頁。

〔註115〕漳州市薌城區政協文化文史和學習委員會編：《汪春源傳略》，《薌城文史資料》第三十二輯（總五十期），2019年12月，第87頁。

〔註116〕漳州市薌城區政協文化文史和學習委員會編：《汪春源傳略》，《薌城文史資料》第三十二輯（總五十期），2019年12月，第87頁。

（今臺南市）安平縣人，祖籍廣東揭陽。1890 年（光緒十六年）庚寅恩科三甲第 61 名進士。1895 年離臺，寄籍漳州，居漳州海滄墟，將其宅命名為「借滄海居」。他常到廈門參加菽莊吟社的詩鐘吟會，後曾遠渡南洋。1897 年（清光緒二十三年）回國，歷任廣東徐聞、陽春、三水知縣，曾調署陽江同知。民國初，曾擔任福建龍溪知事。1916 年（民國五年）返臺，停留數月後，又應邀赴蘇門答臘棉蘭為僑紳張鴻南編輯「事略」。1917 年，因窮愁懷鄉抑鬱而死。因其臺南赤嵌城故居有地數畝，許南英名其為「窺園」，其詩集由此得名《窺園留草》。1914 年（民國三年），臺灣北部礦業界鉅子顏雲年、顏國年兄弟新居環鏡樓在基隆落成時，柬邀全省詩人，在其新居舉行擊缽吟會，參加者有 100 多人，許南英也從廈門歸臺，被邀請主持詩盟，「與會者乃議輪值舉行聯吟大會，日據時期吟風之盛，可謂此為契機也。」〔註 117〕

六、臺灣內渡作家筆下的乙未割臺之痛

施士潔（1855～1922）內渡福建以後曾任福建同安馬巷廳長、福建通志局編輯員，施士潔曾在詩中痛斥清廷的賣國行徑：「尚方願賜微臣劍，先斬和戎老檜頭」。「避人吹入武陵要，虎口餘生別有村；一事知卿常抱憾，秋來葉落不歸根。小別那知成永訣，況堪弔逝又傷離；鷺門咫尺秋江水，不如天河會有期。」施士潔著有《後蘇庵詩抄》《後蘇庵詞草》《後蘇庵文稿》等，並於 1917 年左右參與了陳衍主持編纂的《福建通志》的編撰。

在汪春源去世之後，在他的墓碑的對聯裏面還有「孤島」一語，表達並飽含著汪春源進士對臺灣被割讓的遺恨和對臺灣故鄉的思念。

1895 年 5 月初六日（5.29），日軍在臺灣登陸。當年 5 月，曾在臺灣擔任幕府，後回到福建的著名福建籍作家林琴南（林紓）作《周萃仲廣文遺詩‧序》，其文曰：「萃仲廣文歿且三年，李佘臣茂才宗典為梓其遺詩。既成，江伯訓孝廉校之。為詩凡若干首。……集中作在臺時紀時攬勝為多，皆足補志乘之缺。嗟夫！宿寇門庭，臺灣今非我有矣！詩中所指金山、玉穴，一一悉以資敵，先生若在，詎能為伯翊之憤耳，究不如其無見也。余杜門江干，以竹自農，一鋤以外，了不復問。今校閱先生之詩，感時之淚，墜落如潈，念念先生

〔註 117〕臺灣省文獻委員會編，張炳南監修、李汝和主修、廖漢臣纂修：《臺灣省通志卷六‧學藝志‧藝文篇》全一冊，臺中：臺灣省政府印刷廠，1971 年 6 月 30日，第 63 頁。

－127－

於無窮矣。光緒乙未五月，後死友林纖識。」〔註118〕林琴南於文中以「宿寇門庭」、「資敵」謂臺灣淪於日人之手，又以「究不如其無見也」、「感時之淚，墜落如濺」極言痛失臺灣的悲憤。

幼時曾居臺灣的清光緒庚寅（1890）恩科狀元吳魯則以「國家失其藩籬，吾閩失其外府」而扼腕太息：「東倭構釁，蹂隙踦瑕，震我邊疆。而一二任事之臣，倉皇失措，喪師失律，割地議和。由是鹿耳鯤身之地，悉淪於旃裘腥酪之鄉。國家失其藩籬，吾閩失其外府。歲月淪桑，時局邅迍，豈意料所及耶？」〔註119〕

1895 年，許南英在內渡大陸之後作有《臺局之變，臺北郭茂才會川仗義與抗，所謀不遂。聞其來鷺江虎溪岩祝髮為僧矣。感而作此》一詩，詩中提及了一位在乙未割臺之役中奮起抵抗，失敗之後內渡廈門在虎溪岩出家的臺灣秀才郭會川，詩中言道：「破盡家山剩此身，蒼天厄我作勞人。幾莖髮甚千斤重，尚有風塵未了因。」，「詩中『幾莖髮甚千斤重』句，極言臺灣秀才郭會川、也說盡我全體國人對於『臺局之變』（即 1895 年清廷被迫割讓臺灣）的國恥抬不起頭的沉重和痛苦」〔註120〕。

「乙未割臺」是包括臺灣同胞在內的中國人心頭永遠的痛，這種痛甚至一直延續至二十一世紀的今天。臺灣內渡作家或者親臨其境，或者自小聆聽長輩耳提面命的講述因而感同身受，他們寫作了大量的有關「乙未割臺」的文學作品，筆下的乙未割臺之痛寫得真切、真實，洵為信史，這些臺灣內渡作家的「乙未割臺」寫作，加上兩岸其他關於「乙未割臺」的各類書寫，構成了一座數量頗豐的愛國主義教育資源寶庫，可另作專門課題終生研究〔註121〕。

〔註118〕參見汪毅夫：《日據時期的閩臺關係》，《瞭望新聞週刊》，2005 年 4 月 11 日第 15 期，第 39 頁。

〔註119〕轉引自汪毅夫：《日據時期的閩臺關係》，《瞭望新聞週刊》，2005 年 4 月 11 日第 15 期，第 39 頁。

〔註120〕參見汪毅夫：《廈門虎溪岩的臺灣故事》，華夏經緯網，https://www.huaxia.com/c/2022/12/14/1559353.shtml，2022-12-14 13：07：18。

〔註121〕有關「乙未割臺」事件研究，近年來有代表性的研究著作，有《黎景嵩與乙未反割臺鬥爭》（康化夷，康詠秋著，《黎景嵩與乙未反割臺鬥爭》，湘潭：湘潭大學出版社，2011 年）、《乙未割臺前後林維朝之國族認同與生命抉擇》（陳素云：《乙未割臺前後林維朝之國族認同與生命抉擇》，臺北：文史哲出版社，2008 年）、《乙未割臺與臺灣抗日反割鬥爭新探》（劉雄：《乙未割臺與臺灣抗日反割鬥爭新探》，北京：臺海出版社，2005 年）等，可供參考。

第三章　日據時期

一、臺灣日據時期的島外臺灣人寫作與歸岸之響 [註1]

在臺灣日據時期，許多臺灣作家在島外創作了為數可觀的文學作品。此類因諸多不同原因在臺灣之外創作的臺灣作家作品，即所謂之「離島寫作」（Exodus Writings）。這些作品的文本在臺灣島外問世後，都又或早或晚地傳播到臺灣。這種特殊的文學現象，可謂之「歸岸文學」。這種「歸岸文學」對臺灣島內留守作家的創作產生了舉足輕重的影響，對中華傳統文化在臺灣的薪傳、對臺灣文學吸取其他地區進步文化而發展自身，起到了不可忽視的重要作用。

（一）島外臺灣人寫作──「離散美學」（Diaspora aesthetic）現象

臺灣日據時期，有許多作家離鄉背井，在外地創作了為數可觀的文學作品。他們有的是因旅遊而離開臺灣，有的是為了求學而離開臺灣，有的則是因為從商而暫離臺灣，還有的是因為不堪淪為異族的臣民，而離臺內渡祖國大陸，即因政治原因而離島。諸如此類眾多的在臺灣之外創作的臺灣作家作品，即所謂之「島外臺灣人寫作」（Exodus Taiwanese Writings）。如：

1900 年庚子事變，八國聯軍攻陷北京，臺灣進士葉題雁時任清政府「戶部郎中」之職，居住在北京晉江會館，親眼目睹了八國聯軍暴行，撰寫了《外侮痛史》一文記載當時情景，文中寫道：

〔註1〕此節曾以《臺灣日據時期的島外臺灣人寫作述論》為題，部分發表於 2007 年《湖北第二師範學院學報》。

庚子七月廿一日，洋兵破都城，焚毀劫掠，慘無天日。至廿五日，各國會議分段管轄，出示安民。御史某被洋兵捉去，勒令掃地；內閣某被洋兵捉去，勒令由彰儀門外拉炮車赴琉璃廠。西兵每日已刻到處捉人，勒令做苦工，或挑水，或洗衣，或擦炮，或拉車，至申刻釋放。

鏢車廠王五，以義俠聞，甘軍攻使館，匝月不破，王五請開地道以火藥轟開。都城破後，西兵聞知，將王五捉去，閉諸幽室，勒令贖金三千，王五怒斥之，竟被槍殺。

閏八月十五日，保定藩司廷雍，出郊迎接洋酋，酋取雍冠擲之於地，拿入保府，錮諸耶穌教堂，九月初八日驅至南城外撲殺之。

德國帶兵官駐安徽會館，有人從後面擲石破其窗櫺，西兵逞憤，焚毀興勝寺及東南園東北園民房，有二人在沙土園見火光陡起，意欲逃避，德人疑為擲石之人，遂捉而投入火坑中焚斃。

至若內府御書被洋兵搬出，在街頭售賣；洋兵開鑾儀庫將儀仗搬出，沿街遊戲。德兵在崇文門外演巨炮，法兵在宣武門內演氣球。日兵在午門內演軍樂隊。護國寺銅佛為前明內監所監造，日兵愛其銅質極佳，鋸成三段，運往東洋；西苑御用汽車，雕鏤精緻，都人謂之花車，法兵以鐵軌驅入西華門等處，乘坐出入，來去自由；大內重器均被日兵攫去；美兵在天壇設停車場。以上各節，當時各國視之，直為纖微小事耳，有何國際公法之在目！〔註2〕

當年，《馬關條約》簽訂之日，葉題雁曾與汪春源、羅秀惠等進京趕考的臺灣舉人一同上書都察院，力諫朝廷堅守臺灣。此刻，經歷了家鄉臺灣被割讓給日本的恥辱與慘痛的葉題雁，又一次目睹了京城被侵略者凌辱的慘狀，情何以堪！葉題雁在庚子事變之後不久因丁憂回到祖籍地福建泉州居住，1905 年便懷抱家仇國恨病逝。

1921 年，洪棄生（洪月樵）遊歷大陸各地，飽覽祖國風光，寫作了文言散文集《八洲遊記》，另外還寫成了文言詩集《八洲遊草》，1924 年，此詩集在連橫主編的《臺灣詩薈》上發表。

連橫（1878～1936），字武公，號雅堂，別作雅棠，又號劍花，臺南人。臺灣淪日後，置身報界，加入南社、櫟社，提倡詩學，以維國粹。並立志撰

〔註2〕引自《泉州鯉城文史資料》第2輯。

寫《臺灣通志》，遍歷大陸，搜羅資料，以充實內容。歸臺後，開辦雅堂書局發行《臺灣詩薈》，保存前人遺作，厥功其偉。連橫晚年於「九一八事變」發生後，遷居大陸，曾居留廈門、上海、西安、滿洲等地，在大陸期間與王香禪、謝介石等時相來往，後病逝於上海。著有《臺灣通史》（1918）、《臺灣詩乘》（1921 年），享譽全國。其詩輯為《劍花室詩集》，其文則集為《雅堂文集》。

1927 年，林獻堂率其兩子及林茂生（林耕南）等遊歷歐美，其間著文言散文《環球遊記》。素以臺灣鄉紳代表人物和櫟社詩人著稱的林獻堂曾於 1927 年 5 月 15 日從臺灣基隆出發，經香港、日本、新加坡、越南、斯里蘭卡、埃及而周遊歐美各國，共 16 個國家和地區，其中包括法國、英國、德國、荷蘭、丹麥、比利時、瑞士、西班牙、意大利、美國等歐美國家。林獻堂 1929 年回臺灣後，著有《環球遊記》，其中就有「英國見聞錄」的部分。林獻堂《環球遊記》中的第二部分「英國見聞錄」中的內容包括：「二、英國見聞錄（一）自多維至倫敦（二）氣候（三）倫敦市 1. 議院旁聽 2. 威士敏士達寺 3. 泰晤士河 4. 保羅寺 5. 倫敦塔 6. 公園 7. 大英博物館 8. 地下電車（四）蘇格蘭 Scotland（五）披野遜之家庭（六）病中記事（七）滯英雜錄」〔註3〕。第十一部分「美國見聞錄」中的內容包括：「十一、美國見聞錄（一）自巴黎至紐約（二）紐約（三）華盛頓（四）費府 Philadelphia（五）波士頓 Boston（六）耐亞嘎拉瀑布 Niagara Falls（七）芝加高 Chicago（八）芝加高屠畜場（九）由芝加高至羅府（十）勞斯安極立司 Los Angeles（十一）約森密忒公園 Yosemite（十二）聖佛蘭西斯科 San Francisco」〔註4〕。林獻堂是臺中望族霧峰林家的領軍人物之一，臺灣文化協會的領導人，他的《環球遊記》是臺灣文化者睜開眼睛看世界的較早的著作之一。

林華光、楊浩然曾在大陸參加「秋野社」的文學活動，並曾經在 1927 年在《秋野》月刊上著文介紹日本的新感覺派文學。

臺灣繪圖本散文家陳炳煌（筆名雞籠生），1916 年赴大陸就讀於福州鶴齡英華書院。1918 年就讀香港拔萃書院。後由上海聖約翰大學畢業後到東南亞長期旅遊，後到美國留學。回國後任《臺灣新民報》社上海支局長，並陸續在該報的文藝版上發表《海外見聞錄》、《大上海》、《百貨店》與《漫畫集》等作品。

〔註 3〕　參見林獻堂：《林獻堂環球遊記》，臺北：天下文化出版社，2015 年，目錄。
〔註 4〕　參見林獻堂：《林獻堂環球遊記》，臺北：天下文化出版社，2015 年，目錄。

1930 年代，許多臺灣青年，如新竹人鄭連捷、臺中人何非光和臺南人劉燦波（後改名劉吶鷗）等，到上海從事電影事業，並獲得成功。何非光集演、編、導諸才藝於一身，1934 年曾與阮玲玉合作演出《再會吧，上海》，1940 年編導了揭露日軍暴行的《東亞之光》。

吳濁流在 1941 年曾經來到大陸，先後到過南京與上海，曾任南京《新大陸報》記者，曾創作有《南京雜感》。周定山（一吼）則曾經擔任過《漳州日報》的編輯。

一些在臺灣島外書寫的作品文本，又或早或晚地回到臺灣，產生影響。這種因山河破碎和外族脅迫而流離異鄉的文學現象，國外常稱其為流散（Diaspora）寫作，而此種美學現象，西方理論則稱之為流散美學（Diaspora aesthetic）。所謂「歸岸之響」，則是一個具有雙向性的概念。一方面，臺灣的離島作家的文學作品可以在島外產生反響，或者有時又會通過某種渠道再返回島內而傳播流傳；另一方面，有一些臺灣島外的其他地區作家卻又來到臺灣，留下他們的墨寶。這種特殊的處於臺灣文學的外圍的文學現象，謂之「歸岸文學」，此種「歸岸文學」之流播，則謂「歸岸之響」。

（二）離臺內渡寫作

1. 臺灣作家的內渡寫作

1895 年 4 月 17 日，腐敗無能的清政府與日本簽訂《馬關條約》，將臺灣、澎湖列島割讓給日本。日本政府搶奪了臺灣，為使自己在臺灣的統治不受阻礙，在第五款規定：「本約批准互換之後，限二年之內，日本准中國讓與地方人民願遷居讓與地方之外者，任便變賣所有產業，退去界外，但限滿之後，尚未遷徒者，酌宜視為日本臣民。」日本政府以佔有土地為原則，給臺灣人兩年時間的考量，臺灣人在限期之內可以離開臺灣，不做「日本臣民」。《馬關條約》規定的「住民去就決定日」，1897 年 5 月 8 日為最後期限，據統計，在此之前，因「義不臣倭」而離去的臺灣人，有 6456 人。早在《馬關條約》簽訂後不久，臺灣安平縣舉人汪春源、嘉義縣舉人羅秀惠、淡水縣舉人黃宗鼎同臺籍官員、戶部主事葉題雁、翰林院庶吉士李清琦等即滿含義憤聯名呈文，疾言「與其生為降虜，不如死為義民。」汪春源泣血上奏：臺民「如赤子之失慈母，悲慘曷及？」表達了臺灣民眾誓死抗日、保家衛國的堅強決心。這些富有民族氣節的臺灣士紳在家鄉淪日後，許多人滿懷悲憤內渡大陸。這些內渡的臺灣文化人與遷居地民眾友好相處，有的還與在地人家結為美好姻緣，如廈

門鼓浪嶼菽莊花園〔註5〕園主夫人龔雲環是清末泉州翰林龔詠樵（顯增）的女兒，龔家和林家由此成為親家。菽莊花園創設了菽莊吟社，經常舉辦壽菊酬唱、華誕賀詞、餞別放歌等文學活動。1924 年，花園主人林爾嘉往臺灣、日本旅遊，並寄寓瑞士，1931 年又返回鼓浪嶼。林爾嘉的菽莊成為了施士潔、許南英、汪春源雅集賦詩的精神寄託之地，同時，林爾嘉也巧妙地借助「詩鐘」「擊缽吟」等舊體詩歌創作比賽的形式以比賽獎金暗中接濟這些遠離家鄉、一時經濟拮据的作家們。

　　許南英（1855～1917），字蘊白，一作允白、子蘊，號窺園主人，臺南府（今臺南市）安平縣人，祖籍廣東揭陽。1890 年（光緒十六年）庚寅恩科三甲第 61 名進士。1895 年離臺，寄籍漳州，居漳州海滄墟，將其宅命名為「借滄海居」。他常到廈門參加菽莊吟社的詩鐘吟會，後曾遠渡南洋。1897 年（清光緒二十三年）回國，歷任廣東徐聞、陽春、三水知縣，曾調署陽江同知。民國初，曾擔任福建龍溪知事。1916 年（民國五年）返臺，停留數月後，又應邀赴蘇門答臘棉蘭為僑紳張鴻南編輯「事略」。1917 年，因窮愁懷鄉抑鬱而死。因其臺南赤嵌城故居有地數畝，許南英名其為「窺園」，其詩集由此得名《窺園留草》。1914 年（民國三年），臺灣北部礦業界鉅子顏雲年、顏國年兄弟新居環鏡樓在基隆落成時，柬邀全省詩人，在其新居舉行擊缽吟會，參加者有 100多人，許南英也從廈門歸臺，被邀請主持詩盟，「與會者乃議輪值舉行聯吟大會，日據時期吟風之盛，可謂此為契機也。」〔註6〕

　　黃宗鼎（黃彥威，1862～1954）1895 年曾與汪春源、羅秀惠、葉題雁、李清琦等向都察院上書，抵制割臺之議。臺灣淪陷後，黃宗鼎、黃彥鴻兄弟被迫離臺內渡，歸籍於福建侯官。後黃宗鼎曾任山西朔州知州，夏縣、大寧、蒲縣、永濟等縣知縣，福建建寧、河南蘭豐縣知事，山西北路高等審判分廳廳長、北京財政部科員，1953 年曾被聘為北京文史研究館館員，著有《浣月齋吟稿》〔註7〕。黃彥鴻則曾於 1898 年中為進士，後為翰林。黃宗鼎、黃彥鴻

〔註5〕 菽莊花園創建於 1913 年，1895 年，不甘忍受日本人統治的臺北富紳林維源舉家遷到廈門，1913 年，林維源的長子林爾嘉（1875～1951）在鼓浪嶼比照臺北板橋林家花園，修築了菽莊花園。

〔註6〕 臺灣省文獻委員會編，張炳南監修、李汝和主修、廖漢臣纂修：《臺灣省通志卷六‧學藝志‧藝文篇》全一冊，臺中：臺灣省政府印刷廠，1971 年 6 月 30日，第 63 頁。

〔註7〕 參見汪毅夫著：《臺灣近代詩人在福建》，臺北：幼獅文化事業股份有限公司，1997 年，第 11 頁。

詩畫皆承家學淵源。他們的後人黃正襄、黃佘、黃均皆為詩人、畫家。黃宗鼎的兒子黃正襄 1926 年生於臺灣淡水，1943 年隨父到北平居住，現任海峽兩岸書畫家聯誼會副會長、中華詩詞協會會員、齊白石藝術函授學院副院長兼國畫系教授。

汪春源、汪受田（汪藝農）父子在大陸寫作了大量詩歌，惜大多散逸難覓。汪春源、汪藝農父子曾經共同參加廈門菽莊吟社的擊缽聯吟活動。汪春源曾為許南英《窺園留草》作「汪序」，文曰：

> 汪序
>
> 春源蚤歲獲交於允白許君，彼此觀摩，遂成益友。維時臺學使灌陽唐公文治方新，禮延耐公施先生掌教臺澎講院；於制義試帖外，倡為詩、古文詞之學。院中月課，春源與君輒冠曹偶。君少孤，家貧力學，天資挺特；春源駑鈍，常恐祖生先我著鞭。未幾，君果以會魁授兵部主事。春源勉從君後，雖幸而得售，迄未能與君春秋同榜齊年，深以為慽。
>
> 君以崖斥自號，胸之所寓，筆之於詩。赤嵌城南故居有地數弓，雜蒔花木，署曰「窺園」，日與朋儕觴詠；間或寫梅弄翰以自娛，君蓋淡於仕進者。亡何割臺禍起，時春源以公車詣闕上書，不報；君與臺帥同仇戮力，齎志不酬，慭然為蹈海之舉。春源亦棄家避地，彼此流落閩南。終以勞燕分飛，一行作吏粵東、江右，不相見者幾二十稔。辛亥鼎革，春源與君先後還山，同入菽莊吟社於鼓浪洞天者又數載。何意君之老健崛強猶昔，將為九萬里圖南之鵬，竟乘桴而居夷以死也！吾道之窮，寧僅詩人然也！
>
> 君詩不事塗飾，栩栩然自鏡其元象。春源固陋，何足以序君之詩！回念數十年：陵谷滄桑，陸沉天醉，死生聚散於泯棼雜亂中者，君詩歷歷在心目焉。矧附相知之末，能無酸辛烏邑於山陽之笛、黃公之壚？讀君之詩，屋樑落月，猶見顏色也！
>
> 歲在重光作噩（民國十年、一九二一）嘉平月祀灶日，如弟汪春源拜序。

汪春源（1869～1923），字杏泉，號少羲，晚號柳塘，臺南人。汪春源曾經在 1910 年 3 月 26 日，在江西省南康府安義知縣任上，寄給其妹婿吳汝吉一封信，文中對其妹妹的去世表示了哀悼，敘述了自己「滄桑變後，瑣尾流

離」、「寄居廈島，顛沛龍溪縣因寄籍」，他「承示家六嫂及舍侄等困苦情形，讀竟涕下」，本想「挈其內渡」，但是自己雖任知縣，卻「清風兩袖，力不從心」〔註8〕。信中還問詢了蔡玉屏等親友的近況。文章情真意切，感人至深。在日據初期，這種來自大陸的家書對於臺灣親友來說無啻於一種巨大的精神支柱。因此，汪春源此信及其另外 7 封書信原件為臺南吳氏家族所珍藏，直到 2004 年為臺灣學者發現。汪春源之子汪受田則曾任《漳州日報》主筆，是閩南地區知名的詩人和書法家，他愛國進步，是一位德高望重的辛亥老人。

相對於扎根於大陸的老一輩文化人，張我軍等是內渡求學、往返於陸臺之間的新一代臺灣文化人的代表。

張我軍（1902～1955），臺北板橋人，祖籍福建省南靖縣。〔註9〕他 1921年到廈門協助林木土創設新高銀行支店，並在廈門同文書院學習漢文，此時期接受了五四新文化運動的影響，改名為張我軍。自 1921 年起，張我軍即往返於陸臺之間，其作品也或發表於臺灣；或發表於大陸；也有的發表於日本，而後又隨該報刊返回臺灣而發生影響。可以說，張我軍是「離岸寫作」與「歸岸之響」的典型代表。1923 年 5 月，他的第一首作品、律詩《寄懷臺灣議會請願諸公》發表於《臺灣》雜誌。1923 年 7 月 10 日，其第一篇日文隨筆作品《排華政策在華南》在《臺灣》雜誌發表。1923 年 10 月，律詩《詠時事》發表於《臺灣》雜誌。1924 年 1 月 12 日，他在上海「臺灣人大會」嚴詞譴責日本駐臺灣的內田總督的暴政。1924 年，他到北京師範大學學習，結識了後成為其妻子的定居北京的湖北姑娘羅文淑。在北京讀書期間，他兼任了《臺灣民報》社駐北京通訊員。其第一首國語（白話）詩歌《沈寂》便發表在 1924 年 3 月 25 日《臺灣民報》。1924 年 10 月因遣散費用盡，返回臺灣任《臺灣民報》漢文欄編輯。1925 年，張我軍再度赴北京求學，考入中國大學文學系，後轉入北京師範大學。張我軍曾與魯迅有過交往。他曾於 1926 年 8 月 11 日到魯迅寓所拜訪，並贈送魯迅《臺灣民報》四冊，得到魯迅的勉勵。魯迅在當天日記寫道：「張我權（按：張我軍之筆誤）來並贈《臺灣民報》四本。」一年後還追憶此事：「還記得去年夏天住在北京的時候，遇見張我權君，……正在困苦中的臺灣的青年，卻並不將中國的事情暫且放下。他們常希望中國革命的成

〔註8〕 參見汪毅夫：《閩南民間文獻考釋舉隅》，《福建師範大學學報（哲學社會科學版）》，2005 年第 2 期，第 109 頁。
〔註9〕 參見張光正：《張我軍年表》，張光正編：《張我軍全集》，北京：臺海出版社，2000 年 8 月初版 1 刷，第 511 頁。

功，贊助中國的改革，總想盡些力，於中國的現在和將來有所裨益，即使是自己還在做學生。」﹝註10﹞1929 年張我軍於北京師範大學畢業，先後在該校及北京大學法學院、中國大學擔任日語講師。抗戰期間，曾任北京大學工學院教授。任教時期轉而從事日語教材編寫及翻譯。1929 年，張我軍還曾再次看望了回北京探望病母的魯迅。1938 年，張我軍曾在北平擔任《中國文藝》主編。張我軍 1921 年到大陸，1946 年臺灣光復後才回臺灣。

張我軍在「1934 年 10 月記於北平」﹝註11﹞的《中國人口問題研究》﹝註12﹞譯者序中曾提及自己在翻譯此書時，與另一位臺灣作家洪炎秋的合作：「第一章與第五章係我軍所譯；第二第三第四第六章為炎秋所譯。」﹝註13﹞洪炎秋（1902～1980），洪棄生之子，曾任北京大學教授、北平臺灣同鄉會會長。

張深切（1904～1965），號楚女，南投埔里人。幼時受父母影響，極具抗日思想，小學四年級的時候，曾因為堅持使用臺灣方言，被勒令退學。退學後赴日留學，在日本就讀小學、中學、工業學校、青山學院，但均肄業，後返回祖國大陸，就讀於廣州中山大學。就學期間與林文程、張秀哲等組織廣東革命青年會。後因從大陸向臺灣傳播革命思想，被殖民當局逮捕入獄。出獄後，與賴明弘等人推進臺灣新文學運動，籌設臺灣文藝大學，創辦中日文文藝雜誌《臺灣文藝》。後又到淪陷中的華北，創辦《中國文藝》雜誌，與張我軍交好。1939 年左右華北淪陷時期曾任《中國文藝》雜誌社長、主編。《中國文藝》雜誌後因宣傳民族思想遭到日軍的查禁。臺灣光復後張深切返回臺灣，發表了多種著作。其中較著名者有《遍地紅》等。電影劇本《遍地紅》原題《霧社櫻花遍地紅》，描寫了霧社事件，歌頌臺灣高山族同胞的抗日精神。作者謂其為「在大陸淪陷前為西北影片公司寫的電影劇本」﹝註14﹞，作於「七七事變」之前。

﹝註10﹞《魯迅全集》，北京：人民文學出版社，1987 年，第三冊，第 425 頁。

﹝註11﹞參見張光正編：《張我軍全集》，北京：臺海出版社，2000 年 8 月初版 1 刷，第 411 頁。

﹝註12﹞日本學者飯田茂三郎：《中國人口問題研究》譯本，1934 年 10 月由北平人人書店出版。

﹝註13﹞參見張光正編：《張我軍全集》，北京：臺海出版社，2000 年 8 月初版 1 刷，第 411 頁。

﹝註14﹞參見臺灣省文獻委員會編：《臺灣省通志卷六·學藝志·藝文篇》全一冊，張炳南監修、李汝和主修、廖漢臣纂修，臺中：臺灣省政府印刷廠，1971 年 6 月 30 日，第 95 頁。

　　鍾理和（1915～1960）在日據時期的創作主要完成於大陸。鍾理和，屏東高樹鄉廣興村（舊稱「大路關」）人，祖籍廣東梅縣。1940 年，因同姓結婚為鄉里、父親反對，偕鐘臺妹遠渡大陸，奔逃瀋陽。1941 年遷居北平，寫《泰東旅館》（未完稿）。1944 年寫成《新生》、《薄芒》、《夾竹桃》、《生與死》等。1945 年寫成《逝》、《門》，並在北平馬德增書店出版其第一本創作集《夾竹桃》。1946 年，他攜家眷回到臺灣。

　　許地山（1893～1941）名贊堃，字地山，筆名落華生。是無論在大陸還是在臺灣都享有盛譽的小說家、散文家、學者。祖籍廣東揭陽，生於臺南，其父為著名詩人許南英。許地山隨父回大陸後落籍福建漳州龍溪。許地山幼時家境富裕，甲午戰後，四處漂泊，除在大陸生活外，還曾在緬甸停留了兩年的時間。1917 年考入燕京大學，曾積極參加五四運動，參辦《新社會》旬刊。1920 年畢業，獲文學學士學位。五四新文化運動激起他的愛國民主思想和創作熱情，1921 年他參與發起成立文學研究會，在《小說月報》上發表其第一篇小說《命命鳥》。1922 年又畢業於燕大宗教學院，獲神學學士學位。1923～1926 年在美國哥倫比亞大學研究院和英國牛津大學研究宗教史、哲學、民俗學、佛學等。回國途中短期逗留印度，研究梵文及佛學。1927 年起任燕京大學教授、《燕京學報》編委，並在北京大學、清華大學、北京師範大學等校兼課。1935 年因與燕大校長司徒雷登不合，赴香港大學任教授。1938 年任中華全國文藝界抗敵協會理事和香港文協主席，積極參與抗日救國運動，後因勞累過度而病逝。許地山前期代表作為小說《綴網勞蛛》和具有樸實淳厚風格的散文名篇《落花生》。他的早期小說受其佛教思想影響，取材獨特，想像豐富。短篇小說集《綴網勞蛛》，多以南洋生活為背景，富有濃鬱的南國風味和異域情調，故事曲折離奇，充滿浪漫氣息。在批判現實的同時，往往表現出「生本不樂」的宿命論思想；在執著探索人生意義的同時，卻又表現出玄想與宗教成分。1928 年以後，其小說創作風格發生了變化。雖仍保持著清新的格調，但已著力於對黑暗現實的描寫和批判，現實主義因素增強。短篇小說集《危巢墜簡》尖銳諷刺了腐惡官吏、冒牌博士、放浪小姐，同情被壓迫民眾。他後期的優秀作品《春桃》描寫動亂困厄中敢與難友、殘疾丈夫共居而不拘世俗禮法的女性，《鐵魚的鰓》描寫抗戰期間愛國志士的報國無門。他的創作並不豐碩，但在文壇上卻獨具特色。作品結集出版的有短篇小說集《綴網勞蛛》、《危巢墜簡》，散文集《空山靈雨》，小說、劇本集《解放者》、《雜感集》，小說集

《無法投遞之郵件》、《解放者》，論著《印度文學》、《道教史》（上）等。許地山將儒家的自強不息精神、佛學的禪思玄想和基督教的博愛集於一身。其作品語言秀麗，文采斐然，充滿「靈異」〔註15〕情調，他崇尚「蜘蛛哲學」〔註16〕，喜歡以東南亞的異域風情入文，而且「更多地是從哲學意義上考慮問題，表現的是哲學家的求真和宗教家的向善意向」〔註17〕。許地山還曾將其父許南英的遺詩共計1039首，按年編次，略加補刪後，於1933年6月，在北平付梓刊行，前附「窺園先生自定年譜」及許地山所撰《窺園先生詩傳》二文，末附《窺園詞》50首，書名《窺園留草》〔註18〕。

劉吶鷗在20世紀大陸文學史上曾掀起了一陣新感覺派熱潮。劉吶鷗（1905～1940），本名劉燦波，筆名洛生、吶吶鷗。臺南柳營人，生於日本，長於臺灣。家境富裕，16歲長榮中學畢業後，離臺赴日本東京青山學院學習日文文學。1926年日本應慶大學畢業後回中國大陸，在上海震旦大學插讀法文特別班，與杜衡、戴望舒、施蟄存是同學。1927年，劉吶鷗曾與戴望舒同遊北京，在北京認識了洪炎秋（洪棄生之子）和蘇薌雨（此事可參見《劉吶鷗日記（下）》）。1928年，劉吶鷗在上海創辦第一線書店，編輯發行雜誌《無軌列車》和《新文藝》，《無軌列車》刊載新感覺派小說，他也由此成為中國新感覺派的創始人之一。1929年他又經營水沫書店，出版了一些進步書刊，也翻譯過《藝術社會學》以及日本新感覺派小說集。他1930年出版的《都市風景線》收入其八篇小說，是我國第一本較多地採用現代派手法的短篇小說集。

劉吶鷗在日本學習多年，深受日本新感覺派的泛現代主義特徵的影響。他善於運用電影蒙太奇手法、意識流手法、心理分析方法、象徵諷喻手法以及兩男追一女的三角戀愛情節，並往往把故事場景定位在舞廳、咖啡室、汽車上，藉此突顯都市文明象徵。其小說善於運用意識流手法來展示人物的潛意識，恰切地揭示人物的心理。

〔註15〕 宋益喬：《許地山靈異小說·序》，宋益喬選編：《許地山靈異小說》，上海文藝出版社，1994年5月初版1刷，封面。

〔註16〕 宋益喬：《許地山靈異小說·序》，宋益喬選編：《許地山靈異小說》，上海文藝出版社，1994年5月初版1刷，第5頁。

〔註17〕 宋益喬：《許地山靈異小說·序》，宋益喬選編：《許地山靈異小說》，上海文藝出版社，1994年5月初版1刷，第5頁。

〔註18〕 見臺灣省文獻委員會編：《臺灣省通志卷六·學藝志·藝文篇》全一冊，張炳南監修、李汝和主修、廖漢臣纂修，臺中：臺灣省政府印刷廠，1971年6月30日，第47頁。

劉吶鷗還表現出對電影的特別興趣。1931 年，他與人合編《現代電影》，並自編自導言情片《永遠的微笑》。1934 年，他發表《現代表情美造型》，高度讚美了好萊塢影星瓊・克勞馥和葛麗泰・嘉寶，認為這種表情是最能打動男子的心。1936 年，劉吶鷗曾為「藝華」製片廠編導《初戀》，為中央電影攝影場編劇《密電碼》。藝華影業公司 1938 年 4 月首映了由劉吶鷗編劇，徐蘇靈導演的電影《初戀》。這部影片被左翼電影運動稱為「軟性電影」愛情題材影片的代表作。

劉吶鷗 1940 年遇刺身亡，遺體歸葬臺灣。1943 年當時紅極一時的李香蘭（山口淑子），奉令到臺灣參加拍攝《沙鴛之鐘》〔註19〕，曾到臺南祭祀劉吶鷗。李香蘭在抗戰期間生活於偽滿洲國，後定居日本，現為日本議員，她對劉吶鷗的祭拜，從一個側面反映了劉吶鷗的親日傾向，同時也反映了當時同樣淪陷於日本軍國勢力鐵蹄之下的「滿洲地區」與臺灣的相似的不幸遭遇，以及未能把握住正確方向的文化人共同的悲情與遺憾。

雞籠生，本名陳炳煌，漫畫作家。曾就讀於上海，居住上海數十年，將上海的里弄生活、風土人情，細緻描繪成漫畫，並加文字說明，1943 年在《興南新聞》日報（《臺灣新民報》改刊而成）副刊連載，後匯成《大上海》一書出版。

此外，還有一些臺灣文學青年曾經遊學大陸。比如，在《魯迅日記》中就曾經記述了 1927 年 2 月至 3 月間他與臺灣在大陸青年張秀哲、張死光等的交往。張秀哲當時在廣州嶺南大學就讀，曾著有《毋忘臺灣》（與楊成志合著。）等作。時任廣東大學（後改名中山大學）文科學長的郭沫若曾經應張秀哲請求，為其所著《一個臺灣人告訴中國同胞書》（後改名《毋忘臺灣》）作序。張死光即此後在臺灣文壇頗為活躍的作家張深切，當時正在廣州中山大學就讀。1927 年，當時在廣州的臺灣文學青年如郭德金（剛軍）、林劍騰（赤劍）等，也曾拜訪當時在廣州中山大學任教的魯迅，向他求教求文。

2. 民間書寫的內渡

在此同時，有一些民間文學形式也是先回歸祖國，出版、印刷、或者口頭承傳、獲得保存，再通過各種渠道返回臺灣，發生影響。比如，上海開文書局就在臺灣日據時期印行臺灣歌仔冊，保存寶貴的中華民族區域民間文化。有一

〔註19〕 2000 年 3、4 月號的《源》雜誌譯《沙韻之鐘》，根據吳漫沙的同名小說改編，為描述原住民的故事。

些臺灣歌仔藝人則回到大陸，將臺灣歌仔戲傳播到大陸〔註20〕。如《中國戲曲志·福建卷》記載：「王銀河（1906～1975）薌劇樂師。臺灣省臺北市人。從小家貧，九歲隨父往廈門謀生。十二歲在廈門學做米粉，暇餘參加將軍祠的仁義社臺灣歌仔陣，學拉大廣弦。經十年磨煉，學就一手好技巧。民國十七年（1928），由票友下海，被歌仔陣雙珠鳳班聘為大廣弦手。」〔註21〕王銀河為閩南最早的歌仔戲傳人之一。1925 年，廈門梨園戲班雙珠鳳聘請臺灣歌仔戲藝人矮仔寶（本名戴水寶）傳授歌仔戲，改為歌仔戲班。「雙珠鳳班班主曾琛，臺灣人。原在廈門經營水果行業，往來於臺、廈之間。1920 年，曾琛從臺灣買得小梨園演員 7 人來廈建班，……雙珠鳳戲館設在廈門土崎。同年 7 月在土崎開臺，演出小梨園劇目。1925 年，雙珠鳳出國到泗水演出。回廈後，因業務不佳，……曾琛決定改弦更張，以高薪聘請臺灣歌仔戲師傅戴水寶（又名矮仔寶）來廈傳授歌仔戲，並增聘歌仔戲藝人。……也在這一年，雙珠鳳改唱歌仔戲，成為閩南第一個歌仔戲班。」〔註22〕「雙珠鳳」曾到泉州演出，據親歷者回憶：「時間大約是 1927～1930 年間。就我童年記憶所及，我看到的第一齣臺灣歌仔戲是《安童哥》」〔註23〕，「雙珠鳳演出的第一齣歌仔戲是《山伯英臺》，在廈門鼓浪嶼戲園演出，風靡一時。」〔註24〕1926 年，臺灣歌仔戲班玉蘭社在廈門新世界劇場演出達 4 個月之久，盛況空前，影響很大。比較受觀眾歡迎的劇目有《孟姜女》、《唐伯虎點秋香》、《秦世美》等。〔註25〕1939 年 5 月，臺灣歌仔戲愛蓮社在廈門龍山戲院演出，受到群眾歡迎。1940 年下半年，「廈門戲景不佳，戲班營業不好，不少藝員離班謀生，班頭王胡歸亦返回臺灣。」〔註26〕霓

〔註20〕 有關歌仔戲在閩臺區域的流播，詳見陳耕：《閩臺民間戲曲的傳承與變遷》，福州：福建人民出版社，2003 年 9 月初版 1 刷。

〔註21〕 中國戲曲志編輯委員會：《中國戲曲志·福建卷》，文化藝術出版社，1993 年初版 1 刷，第 663 頁。

〔註22〕 顏梓和：《歌仔戲班「雙珠鳳」的採訪資料》，廈門市臺灣藝術研究所編：《歌仔戲資料彙編》，光明日報出版社 1997 年版，第 126 頁。

〔註23〕 沈繼生：《歌仔戲在泉州的傳承》，《海峽兩岸歌仔戲學術研討論文集》，臺灣「文建會」1996 年版，第 51 頁。

〔註24〕 顏梓和：《有關歌仔戲的採訪資料》，廈門市臺灣藝術研究所編《歌仔戲資料彙編》，光明日報出版社，1997 年版，第 147 頁。

〔註25〕 參見曾學文：《賽月金訪談錄》，廈門市臺灣藝術研究所編：《歌仔戲資料彙編》，光明日報出版社，1997 年版，第 168 頁。

〔註26〕 中國戲曲志編委會：《中國戲曲志·福建卷》，文化藝術出版社，1993 年初版 1 刷，第 95 頁。

生社 1916 年在臺北組建，班主為周永生。1929 年初，廈門龍山戲院聘請霓生社到廈門公演，主要藝人有月中娥、青春好、衝霄鳳，戲班演出的劇目有《山伯英臺》、《陳三五娘》、《孟姜女》、《孟麗君》等。廈門《思明日報》1930 年 5 月至 10 月的廣告版不斷有刊登霓生社在廈門龍山戲院演出的廣告，演出劇目相當多，其中有孝子感動天地大好戲《大舜耕田》、義僕殺生為主大悲劇《九更天》、梁祝同學結為生死夫妻《山伯英臺》，特演千古義妖傳《雷峰塔》等等。在廣告中標明：臺灣歌劇霓生社名班或霓生社女班。〔註27〕20 世紀 30 年代曾有四位臺灣歌仔戲藝人被廈門觀眾譽為「歌仔戲四大柱」。這四位名角是賽月金、味如珍、諸都美、錦上花。賽月金 1910 年出生在臺北新莊一個貧窮農家，三歲時被賣為布袋戲、車鼓戲藝人的養女，從小便隨養父四處演出。賽月金最初學習的劇目是師傅根據歌仔冊教授的《陳三五娘》、《山伯英臺》，七字一句，四句一首，唱詞基本定型。1926 年第一次跟隨玉蘭社戲班到廈門演出，受到觀眾歡迎，並從此定居於廈門。此後數次回臺灣，但主要活躍於廈門的歌仔戲舞臺，為閩南戲曲的發展做出了重要的貢獻。

（三）離臺赴日寫作

王白淵（1902～1965），彰化人。16 歲進臺北師範，1925 年赴日，進東京美專。在此期間，他完成了詩集《荊棘之道》。畢業後，他任教於岩手縣女子師範學校，1932 年加入「臺灣人文化圈」，因成員中有人參加「反帝遊行」而受牽連入獄。被釋後，轉赴上海，任職於華聯通訊社，以無線電接聽日本消息，並翻譯成中文後交給大陸有關抗日部門。1935 年，受聘於上海美術專科學校，生活安定後，和大夏大學的一位四川籍女生結婚。「八一三事變」爆發後，被日軍以抗日分子罪名逮捕，判刑 8 年，送回臺北服刑。1930 年代，王白淵在東京的文化、文學界比較活躍，曾在僅出版三期的《福爾摩沙》上發表了三首詩和一篇小說。《唐璜與加彭尼》是一篇寓言小說，小說借「唐璜」和「加彭尼」〔註28〕兩個風馬牛不相及的外國人物，演繹了一段新奇故事，隱喻了人生哲理，反諷了現實社會。小說想像大膽，構思奇特，充滿了浪漫主義特色，是王白淵唯一的一篇小說。1931 年，王白淵還在盛岡出版了詩集《荊棘之道》，並參加了東京「臺灣藝術研究會」。

〔註27〕廈門《思明日報》，1930 年 5～10 月廣告版，轉引自陳耕：《閩臺民間戲曲的傳承與變遷》，福州：福建人民出版社，2003 年 9 月初版 1 刷，第 140 頁。

〔註28〕「加彭尼」是小說創作時家喻戶曉的美國黑社會首領。

　　臺灣藝術研究會為在日本東京的臺灣愛好文學青年創設的一個文藝社團，其成立經歷了一番演化過程。1931 年 3 月 29 日，由王白淵、林兌、葉秋木、吳坤煌、張麗旭等人，在東京成立一個文化聯盟，目的是「借文學形式，教育大眾以革命」。後經繼續討論，決定先發行時報，進行宣傳活動，以獲得更多支持者，並推吳坤煌負責發行。至 8 月 13 日，時報發行 70 份，因同仁被日本警察追究，團體解散而告夭折。經過這次事變之後，他們更注重鬥爭的策略性與組織的嚴密性。1932 年 3 月 20 日，由在東京的蘇維熊、魏上春、張文環、吳鴻秋、巫永福、黃波堂、王白淵、劉捷、吳坤煌等人，重新組合，成立臺灣藝術研究會，制定會則，確定「以提高發展臺灣新文藝為目的」，推蘇維熊為負責人。1933 年 7 月 15 日，正式出版日文文藝雜誌《福爾摩沙》，主編蘇維熊，編輯張文環，發行人施學習。《福爾摩沙》以改進和創造臺灣新文藝為旗幟。該刊共發行三期，設立各種專欄。評論方面有：蘇維熊的《對於臺灣歌謠一試論》、楊行東的《臺灣文藝界的期望》、劉捷的《一九三三年的臺灣文藝》等。小說方面有：張文環的《落蕾》、《貞操》、巫永福的《首與體》、《黑龍》，吳天賞的《龍》，王白淵的《唐璜與加彭尼》、賴慶的《納妾風波》，吳希聖的《豚》，張碧華的《上弦月》等。詩歌方面有：施學習的《自殺行》，蘇維熊的《春夜恨》、《啞口詩人》、《不變之客》，王白淵的《行路難》、《可愛的 K 子》，楊基振的《詩》，陳傳纘的《朦朧的矛盾》，陳兆柏的《運命》，翁鬧的《淡水海邊》，王登山的《鹽田的風景》，托微的《紫金山下》等。1934 年 6 月 15 日發行至第三期之後，因經費難以為繼，遂告停刊。旋而同仁也匯合於臺灣文藝聯盟，研究會便自行解散。這個團體與刊物活躍的時間雖不太長，但對文學運動卻有重要的貢獻。

　　吳新榮與蘇新兩人早年同在東京留學，都曾在東京參加左翼的臺灣青年會「社會科學研究部」，後來蘇新未完成學業返臺從事工人運動，吳新榮則於日本東京醫專畢業後返回故鄉佳里行醫。吳新榮（1906～1967）在留日期間，因受新文學影響，還曾與臺籍同學創辦文學雜誌《里門會誌》及《南瀛》。

　　陳垂映（1916～），臺中縣人。1933 年考入日本早稻田大學英文系，後轉入經濟系，1939 年畢業。1940 年返臺任職於大和拓殖公司。1942 年赴新加坡，光復後先後任職於彰化銀行、中國信託公司。1933 年短篇小說《「モンユユ」の女》入選《臺灣新民報》徵文，從此踏上文壇。留日時參加過「南瀛會」和臺灣文藝聯盟東京支部。1935 年短篇小說《黑潮越えて》入選《大阪每日新

聞》徵文。1936 年長篇小說《暖流寒流》由臺灣文藝聯盟東京支部發行，奠定了他小說家的地位。他以日文創作，作品以小說為主，另有新詩和隨筆。重要作品還有小說集《失蹤》（1936）、《月末の溜息》、《鳳凰花》、《麗秋の結婚》、《敗北》，詩歌《返回人的本色吧》（1935）、《致島上青年們》（1935）、《薔薇》、《遼東の家》、《雙曲線》、《從妹の贈物》，隨筆《をんたのにひ》等。

　　林獻堂於 1940 年 10 月離日返臺前作留別詩，盧谷、蔡培火、陳茂源、葉榮鐘、高天成、謝溪秋、甘文芳、楊子培、呂晚村、黃桂華等人皆作和詩，當時林獻堂、蔡培火、楊肇嘉、陳茂源、謝溪秋、甘文芳、葉榮鐘、楊子培等新文化運動者皆在日本，他們時相往來，談時論文。後來因林獻堂跌折腿骨，臥病六十餘天，無聊之際，遂創「東京詩友會」，詩友們常於「雨聲庵」聚會吟詩。1940 年林獻堂歸臺前，由盧谷編成《海上唱和集》，收錄當時吟詠之作近三百首。

　　吳景祺留日歸臺時，輯四國松山高等學校及東京帝國大學在學中發表的舊作，成《兩京剩稿》，文四篇，詩三百首，並附原臺大久保天隨及清舉人羅秀蕙二人序。吳景祺字考省，一字鳳起，別號鳴梟樵隱，雲林縣人。幼受家教長而負笈東渡，畢業於日本東京帝國大學，專攻中國文學。留學期間與同學創辦《雙葉》、《馨聲》、《哲文雜誌》等文藝雜誌，為斯文會、藝文會、雅聲社、隨鷗吟社等社員，不斷發表詩文，而受日教授及同學所推重。歸臺後，優游隴畝，專事吟詠，至臺灣光復止，以布衣自處，此期間出詩集五種，馳名遠近，曾被推為雲峰吟社社長，1946 年出任臺中縣斗六初級中學校校長，1948年卸任。

　　葉榮鐘曾經兩次到日本留學，在 1930 年夏天返臺之後即投入臺灣自治聯盟；然後與黃春成創辦《南音》。

　　留日臺灣青年蔡嵩林和賴明弘曾經訪問過郭沫若。蔡嵩林在 1934 年 7 月15 日《先發部隊》第一號發表了《郭沫若先生的訪問記》，賴明弘則在 1935 年2 月號的《臺灣文藝》上發表了《訪問郭沫若先生》。

　　此外，有一些作家雖然身居臺灣，但其作品在日本發表。如楊逵的代表作《送報夫》（1932 年，用日語書寫）就是在他從日本回到臺灣後，於 1934 年入選東京《文學評論》第二獎，全文在日本發表的。

（四）臺灣作家及民間藝人在其他國家、地區的寫作

　　林獻堂 1927 年著有《環球遊記》。林獻堂（1881～1956），臺中縣霧峰望

族。該遊記是他偕子與林耕南（茂生）等同遊歐美諸國後所作。他被尊稱為「臺灣議會之父」，也被稱為「臺灣第一公民，臺灣自治運動領袖及文化的保姆」，是臺灣抗日史上舉足輕重的人。該文所載為歐美見聞，對於當時尚屬封閉狀態的臺灣具有啟開民智的巨大作用。雖然它用文言文寫就，但文字淺白，描寫生動，特別是從其內容看，顯然屬新文學之列。作品在 1927 年間《臺灣民報》上連載 152 回，可見其廣受歡迎之盛況。林獻堂由此成為臺灣寫下第一本環球遊記的人。

歌仔戲是閩南文化的產物，體現了閩南方言文化區域的精神特徵、民眾性格和審美情趣，所以它有著廣闊的生長土壤。歌仔戲傳入廈門的最初階段引起了社會的不同反響，眾說紛紜。文化界的大聲呼籲，非但沒有使歌仔戲被嚴禁起來，反而有大批的觀眾被吸引，主要原因還在於它與普通民眾文化需求相適應。歌仔戲是一種極為通俗的戲曲形式，它的語言、音樂基礎乃是閩臺觀眾熟悉的方言、民歌，有著廣泛的群眾基礎。從臺灣到閩南，到東南亞閩南華僑聚居地，整個閩南方言文化區域都流傳歌仔戲。臺灣最早的歌仔戲班有丹桂社、雙鳳社、江雲社、德勝社四個班。據臺灣歌仔戲藝人王定三回憶，他24 歲時（約 1930 年左右）曾跟隨德盛社到新加坡、菲律賓演出。〔註29〕1928年，廈門的雙珠鳳戲班遠渡重洋，到新加坡演出，常常爆滿，還被邀請到陳嘉庚、胡文虎公館演唱。1930 年左右，臺灣歌仔戲班德盛社整班人員五六十人到新加坡、菲律賓演出，所到之處，華僑為之瘋狂，殺雞宰羊款待藝人，演出達六個月之久。1930 年，臺灣歌仔戲鳳凰班到新加坡、馬來西亞演出，在閩南僑民中引起很大的反響。對漂泊海外的遊子，最大的慰藉是鄉音鄉戲，親切通俗的歌仔戲不僅撫慰了他們思鄉的情感，而且喚起了原鄉人的情感認同。閩南僑民從心裏接納了歌仔戲，所以鳳凰班在新加坡、馬來西亞盛演數年不衰。

（五）歸岸之響——臺灣作家與臺灣島內的聯繫及其對島內的影響

臺灣內渡作家雖離開臺灣赴大陸居住、生活、工作，但他們仍然通過不同的途徑與臺灣島內的親友、故人保持著聯繫，並對島內文壇，乃至更寬廣的經濟、文化領域產生影響。如許南英、許地山都曾回到臺灣故鄉與島內文友雅集、聯吟。臺灣島內的《臺灣日日新報》等媒體也關注著這些內渡作家的動

〔註29〕施叔青：《臺灣歌仔戲初探》，施叔青：《西方人看中國戲劇》，北京：人民文學出版社 1988 年 3 月版，第 57 頁。

向，如經常報導施士潔進士、許南英進士、汪春源進士在大陸的活動，也經常
發表這些內渡作家的作品，如 1906 年 11 月 25 日的《漢文臺灣日日新報》第
1 版「藝苑」欄目中就刊登了署名為「黎村　蕭逢源」的四首詩歌，題為《北
旋未訂何日承故鄉諸君賦詩贈別敬步原韻》，全文如下：

《北旋未訂何日承故鄉諸君賦詩贈別敬步原韻》

黎村　蕭逢源

漂流宦海雁哀鳴，東渡頻聞雅頌聲。
學士詞宗誇起鳳，忠臣逸事說騎鯨。
故家豔指烏衣巷，新政搜羅赤崁城。
彷彿春秋褒貶筆，雖關毀譽亦公平。

和賴傲霞

為儀何處卜漸鴻，壯志消磨運未通。
憲法頓更唐宋制，衣冠半染美歐風。
桃花潭水情偏厚，柳絮河陽意獨隆。
庠序蜚聲君第一，芳名早達鳳池中。

和胡子程

高聲唱徹大江東，馳騁詞場錦幟紅。
世界頓翻新氣象，文章猶是舊家風。
軍容荼火師團壯，海國波濤艦隊雄。
教育普通先入手，何須咄咄作書空。

和蔡珮香

踏遍全臺望遠東，滿韓劫數比羊紅。
共和政體西歐俗，裁判規模北美風。
民智劣優分勝敗，兵心離合決雌雄。
調查舊慣君淹博，美酒葡萄夜不空。

在蕭逢源的詩作的後面，還附有臺灣詩人的點評，評曰：「處處就臺灣景
況著筆，兼及諸友身份。波瀾擴大。抵掌而言，想見鳴珂梓里，故舊談心，不
能無今昔之感也。植亭漫評」〔註30〕。在 1916 年 4 月 28 日《臺灣日日新報》
第 6 版「詩壇」欄目下，則發表了蕭逢源與郭尚仁《愧怗先生淚墨書後》一詩

〔註30〕黎村、蕭逢源：《北旋未訂何日承故鄉諸君賦詩贈別敬　步原韻》，《漢文臺灣
　　　日日新報》，1906 年 11 月 25 日，01 版「藝苑」。

同題的詩作，詩曰：「諄諄論子孫，偏覺古人敦。遺筆何堪見，墨痕即淚痕。」
〔註31〕甚至將該詩作與同題詩作一併刊出，將蕭逢源詩作題目只寫作「同」，
意思是該詩作的題目與前面詩作的題目相同，可見蕭逢源等內渡作家與臺灣
島內文壇的頻繁互動與經常的詩歌唱和之常態化。

　　另外像新文學作家張我軍的許多在北平創作的文學作品、參加文學論戰
的評論文章等也大多是寄回臺灣島內或者寄給雖然是在日本創辦，但實質上
仍屬於臺灣媒體的《臺灣》、《臺灣民報》等報刊發表的。蕭逢源、許南英、許
地山等臺灣內渡作家也曾經回臺探親、訪友或者掃墓，在臺期間也不乏參加當
地的詩社活動或者其他文學活動，並創作了不少的詩文作品，其中有一些還刊
登在《臺灣日日新報》等臺灣島內的報刊上，而《臺灣日日新報》等當時臺灣
主流的報刊也津津樂道於這些回鄉、「歸岸」的內渡作家的島內外行蹤，可見
這些內渡作家在臺灣島內的影響力及其受民眾尊重、甚至追捧的程度。

　　綜上所述，臺灣日據時期的這種「島外寫作」也大多顯示了臺灣作家們堅
守中華文化與民族氣節、弘揚民族精神的堅韌毅力。而其中一些作品傳播回到
臺灣以後，又對臺灣島內留守作家的創作產生了舉足輕重的影響，對中華傳統
文化在臺灣的薪傳、增強臺灣民眾的民族凝聚力、對臺灣文學吸取其他地區進
步文化而發展自身，起到了不可忽視的重要作用。

二、「原鄉人的血，必須流返原鄉，才會停止沸騰」——臺灣作家 鍾理和的內渡大陸寫作

　　臺灣作家鍾理和（1915～1960）的名字對於海峽兩岸來說都不算陌生，他
的小說《原鄉人》及其中「原鄉人的血，必須流返原鄉，才會停止沸騰」的話
語以其深厚的愛國主義情感而感人至深，在臺灣現代文學史乃至中國現代文
學史上都留下了濃墨重彩的一筆。實際上，鍾理和本身的創作與生活都在踐行
著自己的「流返原鄉」的「原鄉人」誓言，他在臺灣日據時期的創作就主要完
成於大陸，在臺灣光復初期的創作題材也主要與大陸相關。

　　鍾理和，屏東高樹鄉廣興村（舊稱「大路關」）人，祖籍廣東梅縣。1930
年長治公學高等科畢業，入村私塾學習漢文。開始寫作。1932 年遷至高雄，
在父親辦的笠山農場裏當助手，與女工鍾臺妹戀愛。1940 年，因同姓結婚為
鄉里、父親反對，偕臺妹遠渡大陸，奔逃瀋陽。1941 年遷居北平，寫《泰東旅

〔註31〕蕭逢源：《愧怙先生淚墨書後》，《臺灣日日新報》，1916 年 4 月 28 日，06 版。

館》（未完稿）。1944 年寫成《新生》、《薄芒》、《夾竹桃》、《生與死》等。1945
年寫成《逝》、《鬥》，並在北平馬德增書店出版其第一本創作集《夾竹桃》。1946
年，他攜家眷回到臺灣。

　　1922 年，鍾理和入鹽埔公學校就讀，接受日式教育。其父鍾鎮榮（又名
鍾蕃薯）要求他利用空暇向「原鄉」來的先生學習漢文，此為鍾理和漢文教育
之起端，對鍾理和有很深的影響。1928 年，他畢業於鹽埔公學校，進入長治
公校高等科就讀。1930 年，長治公校高等科畢業後，他進入村裏的私塾學習
漢文，並開始嘗試創作。雖然處於日人統治之下，但他選擇了漢語書寫。由此
可見，他的民族意識和文學啟蒙之間，存在著密不可分的關係。念了一年半的
私塾之後，1932 年，隨父親從屏東遷入旗山郡經營農場，結識了農場女工鍾
臺妹，並與她相戀；但當時，封建習俗反對同姓聯姻。1938 年，鍾理和離家遠
赴瀋陽，學習駕駛汽車謀生，1940 年，回臺將鍾臺妹接到瀋陽結為伴侶。1941
年遷居北平，並開始學習創作。

　　鍾理和出身在一個農民家庭，但其父曾赴大陸投資經商，這使鍾理和培
養起了較為寬廣的視野。鹽埔公學校畢業後，進私塾學習漢文，受光達興老師
影響，引發對文學的興趣，此時，正值大陸五四運動之後，產生了對祖國的嚮
往。鍾理和在 1957 年 10 月寫給廖清秀的信中曾說，他少年時代在村塾讀書
時，閱讀了魯迅、巴金、老舍、茅盾、郁達夫等人的文學作品〔註32〕，受到了
大陸新文學的影響，此時，他開始嘗試寫作，作有短文《由一個叫化子得到的
啟示》與小說《雨夜花》。

　　其主要作品有：1930 年入私塾後，曾撰《臺灣歷史故事》、《考證鴨母王
朱一貴事蹟》等，並試作短文《由一個叫化子得到的啟示》和未完成長篇小說
《雨夜花》，原稿均不存。1937 年 1 月 29 日，寫成《理髮匠的戀愛》，後改題
為《理髮記》，這是現存最早的作品；1938 年寫《友情》，未完成；1939 年 1
月 14 日，寫《都市的黃昏》，後改寫為《柳陰》。1941 年，他遷居北平。在這
段時間裏，他得不到家庭的支持，又不肯為日人機構做事，因而窮困潦倒。
但他此時加強了要做作家的願望，雖然他的工作是煤炭零售，可他在寫作上
花費了絕大部分的精力。1941 年，他寫作了《泰東旅館》，未完成。1943 年，
因生活所迫，他開始翻譯日本小說、散文投稿。1943 年 8 月，寫成《游絲》；
1944 年寫成《新生》、《薄芒》、《夾竹桃》、《生與死》，寫《地球之黴》未完成。

〔註32〕 參見《鍾理和全集》第七卷《鍾理和書簡》，臺灣遠行出版社，1976 年版。

1945 年 4 月，在北平馬德增書店出版生平第一本小說集《夾竹桃》，內含《夾竹桃》、《新生》、《游絲》、《薄芒》四篇。1945 年又寫成《逝》、《門》、《秋》、《第四日》。

其散文主要寫其旅居大陸的見聞。此時期主要作品有《柳蔭》。《柳蔭》一文批判了朝鮮族的早婚及包辦婚姻現象。

其短篇小說《泰東旅館》寫與妻子投宿於泰東旅館的所見所聞。《游絲》和《新生》以北平為故事背景。《游絲》寫朱伯川強勸女兒錦芝嫁給縣府秘書的兒子，但錦芝愛上了一個娶了童養媳的高中生。文本的命名「游絲」隱喻著封建禮教下女性宛若游絲般的無力無奈無助，但錦芝勇敢地向舊勢力進行抗爭，成為新女性的象徵。《新生》寫主人公因與上司的親信發生衝突而失業，重新尋找工作的艱辛歷程。《生與死》寫小市民張伯和的灰色人生與坎坷經歷，情節均在主人公在亡妻靈前的回憶裏展現，小說採取了時空交錯、生死交叉的方法敘事。《秋》寫男主人公徐光祖與王蕙文相戀，但在呂靜宜的追求之下，與呂結婚。婚後，呂生活奢侈，徐被迫貪污公款滿足其欲望，因此被捕入獄。出獄後，發現呂已搬家將其拋棄，而王蕙文也已逝去。小說以秋天作為故事背景，烘托了人物悲涼的情緒。

《薄芒》是以臺灣為背景的愛情悲劇故事。寫患有肺病的阿龍到表姐家養病，因而與表姐英妹相戀。但當阿龍請人到英妹家求親時，為英妹的父親拒絕，阿龍因而精神失常。

中篇小說《夾竹桃》寫北平一所大雜院裏七家人的故事，刻畫了人性貪婪、自私的陰暗面。故事背景是已成為淪陷區的北平。小說以變質的北京生活為開端，原本代表北平院落生活風景的天棚、魚缸、石榴樹，因為魚缸經常養不活金魚，而改種菖蒲。石榴枝葉稀疏，被主人拋在牆角，代之以夾竹桃。小說藉此隱喻了已成為淪陷區的北平的不幸與民眾生活的變質。小說將當時北平的社會人生濃縮在一所大雜院裏，由一個來自南方的住戶曾思勉，以旁觀者的視角，來觀察院落里人們的性格缺陷。好逸惡勞，偷盜搶騙，弱肉強食。二房東愛漲房租；莊太太吝嗇、自私、貪小便宜、好事、喜歡幸災樂禍；寡婦的兒子不務正業游手好閒；林太太常虐待前妻小孩。小說通過大雜院裏的各色人等的灰色生活，批判了國民的劣根性。小說對黑暗的社會現象和人性中灰暗的面向，進行了直接的揭批：

> 人類的通性，以為開著花朵的地方，便也應須有春天的明朗，

健康的生命，人類的尊嚴，人性的溫暖。然而，……這裡漾溢著在
人類社會上，一切用醜惡與悲哀的言語所可表現出來的罪惡與悲
慘。……幸而他們是世界最優秀的人種，他們得天獨厚地具備著人
類凡有的美德；他們忍耐、知足、沉默。他們能夠像野豬，住在他
們那既昏暗、又骯髒、又潮濕的窩巢之中，是那麼舒服，而且滿足。
於是他們沾沾自喜，而自美其名曰：像動物強韌的生活力呀！像野
草堅忍的適應性呀！〔註33〕

　　《夾竹桃》由此表達了對淪陷區民眾生活的整體觀感。鍾理和的作品大
多是以探討人性為主體，較少以族群作為觀察的對象，雖然在《柳蔭》、《泰東
旅館》中對大陸有一些描述，但所敘述的也只是對周圍的個體人事的觀察與
體驗，少有對整個族群的宏觀考察與思考。而《夾竹桃》裏所描寫的大雜院，
卻是以抽樣調查的視角來描繪，內含有以文學改革社會的目標，與 1930 年代
以文學介入社會革新的大陸新文學作家相似。《夾竹桃》客觀描繪了社會現實
病態，希望喚醒墮落沉迷的民眾，引起療救的注意。

　　民族意識、對日本統治及封建道德觀念的抗爭意識、是鍾理和文學創作
的原動力。鍾理和作品的最大特點是平實的語言和強烈的現實批判精神。如，
《夾竹桃》揭發灰暗的國民性格，加以批判。《新生》借描寫一個失業青年在
家中遭受親人的冷嘲熱諷，批判了傳統大家庭制度。此外，其小說觀察細緻、
刻畫真實。《夾竹桃》四篇作品顯示了鍾理和敏銳的觀察力。其作品都是以自
己的親身經歷為取材的主要來源，故事情節和其親身經歷非常相似或相同。鍾
理和因肺病關係，身體與家庭都被拖垮，所以留下許多未完成的作品，令人惋
惜。鍾理和從事的是默默無聞的邊緣私寫作，在他生前，除了小說集《夾竹桃》
之外，不但沒有任何作品出版，甚至連發表作品的機會都很少。他的才華是在
死後才受到肯定的。《夾竹桃》中的創作手法雖然還不成熟，但它的出版是鍾
理和走向作家之路的開始。

　　鍾理和 1946 年 1 月寫成了《白薯的悲哀》，並在 3 月攜眷搭難民船從上
海、天津到基隆，4 月回到高雄。後任屏東內埔初中國文教師。此時期，他繼
續堅持自己少有發表機會的個人化寫作，寫成《校長》、《海岸線道上》（未
完）。8 月，因肺疾病倒。1947 年，因病情惡化，辭教職回美濃定居。8 月，入

〔註33〕鍾理和著：《夾竹桃》，中國現代文學館編：《鍾理和代表作》，北京：華夏出版
　　　社，1999 年，第 146～147 頁。

臺北松山療養院。後由妻子耕耘維持生計，自己則收拾家務，同時寫作。鍾理和在臺灣光復初期的主要創作活動如下：

　　1945 年 9 月，在北平參加「臺灣省旅平同鄉會」，撰文《為臺灣青年申冤》，又寫《為海外同胞申冤》，未完。9 月 9 日至 12 月 26 日的日記，詳述戰後北平見聞。7 月，寫成《逝》。10 月 5 日，寫成《門》，原題《絕望》。10 月，寫《供米》未完成，完成《秋》。完成《第四日》。1946 年，寫成《白薯的悲哀》〔註34〕、《校長》、《海岸線道上》（未完）。同年，《逝》以「江流」筆名發表於《政經報》。1946 年 9 月 15 日，《生與死》〔註35〕，以筆名「江流」發表於《臺灣文化》第一卷第一期。1947 寫《祖國歸來》，未竟。《秋》〔註36〕的原稿在「二二八事件」時遺失，1949 年，憑記憶重寫。1949 年 7 月 2 日，寫成《鯽魚、壁虎》。

　　鍾理和的日記體小說《門》以他的親身經歷為腳本，描述了他在東北的生活。短篇小說《第四日》則描寫了日本戰敗後的東北生活情形。散文體小說《白薯的悲哀》描寫抗戰勝利後，旅居北平臺胞受到的誤解與歧視。他們原以為抗戰勝利後，可以享受到溫暖的待遇，但事實卻是「他們如流浪漢，混雜在人群裏，徘徊於大街、小巷、東城、西城、王府井、天橋、貧民窟、城根。他們徘徊著，觀察著。他們像古城的乞丐，在翻著，與尋找著偏僻的胡同，和骯髒的垃圾堆。」〔註37〕小說《祖國歸來》描寫抗戰勝利後，國民黨統治下的北平的臺胞，許多人失業，生活困苦。要返回臺灣的時候，卻又因沒有打通關節，被船拋在岸上。該文尖銳地批判了國民黨當局的惡政。

　　鍾理和在臺灣光復後的創作仍然是延續著社會批判的風格，他對社會人生的關懷，是真誠和懷有希望的。鍾理和一直為生計與健康問題困擾，1960 年 8 月 4 日，修訂作品《雨》時，他肺疾復發，吐血不治而逝，享年 46 歲。

三、日據時期臺灣作家周定山內渡祖國大陸的文言創作

　　周定山（1898～1975），本名火樹，字克亞，號一吼，又號公望、銕魂、化民、悔名生。鹿港人，積極參與日據時代中文新文學運動，多次赴大陸擔任

〔註34〕《白薯的悲哀》，以「江流」筆名發表於《臺灣》雜誌。
〔註35〕1944 年 12 月寫成。
〔註36〕1960 年以遺作發表於《晨光》雜誌第 8 卷第 10 期。
〔註37〕參見鍾鐵民編：《鍾理和全集卷 3》，鍾理和著，財團法人鍾理和文教基金會發行，春暉出版社出版，1997 年，第 8 頁。

報紙編輯、中學教員等職務。周定山與霧峰林家有著密切的交往，與葉榮鐘亦
為好友。近年來文史學者們在霧峰林家的文獻中已發現有周定山在霧峰林家
與霧峰林家家族親友合影的照片若干幀，他也是葉榮鐘創辦的《南音》雜誌社
的同仁。周定山著有《老成黨》、《旋風》、《乳母》等小說，《一吼居譚屑》等
隨筆。目前可見最完善的周定山著作集為施懿琳女士編輯、彰化縣立文化中心
刊行的《周定山作品選集》上下二卷。周定山的祖先，赴臺以後世代務農，至
其祖父周榮奎（來臺第六代）時，才開始經商，家境尚稱小康。此後，其祖父
周榮奎因長年奔波於臺北、西螺兩地之間，疲困勞累，於 42 歲時早逝，留下
孤兒寡母艱辛度日。由於族人百般壓榨欺凌，母子毅然捨棄產業，返回洋仔厝
舊地，重務農事。然因積勞成疾，其祖母竟又於 42 歲時去世，當時周定山的
父親周田智才 17 歲。在父母雙亡，無所依傍的困境下，周田智隻身前往鹿港
染郊「合順行」做學徒，自食其力，吃苦耐勞，至 23 歲始有家室。〔註38〕

　　1898 年 10 月，身為長子的周定山出生，家庭經濟境仍十分拮据。周定山
童年時候，常與母親、幼弟，於暗夜孤燈下，忐忑不安地坐候辛勤工作以致困
倦歸來的父親。根據周定山的回憶：「當是時也，悲慘莫可名狀。身似被拋棄
於荒漠，觸眼竟皆磨牙虎狼。世上咸是仇敵，到處衣冠禽獸。門外悲風亂響，
樹木聲嘶，如為吾家鳴不平者。」〔註39〕這種早年的痛苦經驗，對周定山的性
格頗具影響。他的傲岸悲鬱，疾惡如仇；他對低下階層的關懷和同情，以及對
社會黑暗面的敏銳感受，實自幼時養成。1908 年周定山入公學校就讀，課後
則至私塾學習漢文。1912 年因家貧父病，輟讀，入木工廠改學工藝。周定山
在工廠受盡東家欺凌後，周定山入茲發陶器商為夥伴，夜間則至書房就讀。因
思想獨特，別具見解，屢屢得罪塾師而遭怒斥，周氏因自思道：「學術思想必
能適應現代社會生活以為鵠，謀人類進化之幸福，此實無庸諱言者也……吾鄉
先輩，非特不能伸展以光輝之，又從而壓抑焉。藝術之宮為少數人所盤據，文
學之天國盡行占為殖民地。貧困農工之弱者，悉唾擲於藝苑之外……噫！文學
豈少數豪貴之專有物耶？若然，此階級貴族文學，當悉數而焚毀之，已絕剝削
無產者之武器。」〔註40〕1924 年，周定山因廣博深厚的學問，得到花壇李家

〔註38〕 參考周定山撰：《先父行述》，周定山手抄本，鹿港，1938 年。
〔註39〕 參考周定山：《三十年中之回顧》，收於周定山作品剪貼簿：《一吼敝帚集》，轉
　　　　引自施懿琳：《跨語、漂泊、釘根——臺灣新文學研究論集》，高雄：春暉出版
　　　　社，2000 年 6 月初版 1 刷，第 12～13 頁。
〔註40〕 參考周定山：《三十年中之回顧》，收於周定山作品剪貼簿：《一吼敝帚集》，轉

的欣賞，於是受聘李家擔任教職，從此棄商就儒，這也成為周定山生命中的重要轉捩點。1925 年正月，周定山首次前往中國大陸，擔任漳州中瀛協會兼《漳州日報》編輯等職務，五卅慘案後歸臺。1927 年，周定山應大雅讀書會主幹之聘，往任教職；1932 年由大雅轉應北屯漢文研究會之聘。1934 年任《臺中新報》編輯，1935 年任《東亞新報》漢文編輯。1937 年 5 月應召從軍上海，此為周定山第四次前往大陸，第二、三次事件及詳細活動內容不可考。僅知其中一次周氏曾在鎮江擔任鎮江中學教師；另一次，則至張家口做生意；1937 年 5 月前往大陸，是年 7 月因父親病重歸臺。歸臺後，曾應霧峰林紀堂之聘，前往林家擔任家庭教師。1942 年左右，在彰化開設了一家中藥藥材行。盟軍轟炸臺灣時，周定山率全家往中部深山地區避難，戰爭結束後，返回鹿港。周定山是臺灣文化協會成員〔註41〕，與賴和、葉榮鐘、莊遂性等新文化者有深厚的交誼。

周定山將其第一次及第四次內渡大陸期間所寫的文言詩，分別集為《大陸吟草》及《倥傯吟草》，並將其日據時期的其他作品全部納入《一吼劫前集》。

《大陸吟草》是周定山於 1925 年，在中國大陸半年間所寫的詩稿。他在序文中說：「綜以舟發基隆至歸舟，都百六十二首，存七十一首，永志鴻爪也。」〔註42〕1925 年的大陸正處於軍閥混戰的時期，周定山在這樣的時代背景下，前往大陸擔任福建《漳州日報》編輯。臨行前，周定山作《將之大陸感賦並留別諸親友》：

> 鷸蚌堅持感喟深，中原人物久消沉。
> 離家書每緘愁寄，作客詩還帶淚吟。
> 短劍鋩侵銀炬影，繁霜寒襲鐵衣襟。
> 世途艱險文章賤，鬯氣迴腸轉不禁。
> 熱腸和淚寫余哀，護樹殘枝忍棄材。
> 民正避兵官走賊，天方悔禍國需材。

引自施懿琳：《跨語、漂泊、釘根──臺灣新文學研究論集》，高雄：春暉出版社，2000 年 6 月初版 1 刷，第 13 頁。

〔註41〕 參見施懿琳：《從沈光文到賴和》，高雄：春暉出版社，2000 年 6 月初版 1 刷，第 492 頁。

〔註42〕 見施懿琳：《從沈光文到賴和》，高雄：春暉出版社，2000 年 6 月初版 1 刷，第 496 頁。

　　釣鼇自把竿磨鐵，種菜人疑箸擲雷。

　　錦繡河山鋒鏑裏，傷心紅盡劫羊灰。

　　周定山 1925 年正月二日自基隆出航，正月五日抵廈門鼓浪嶼。到漳州任職後，曾到過黃山、浦南、廈門、白鹿洞、潮州、汕頭、廣州，還前往廣西、雲南觀察當地瑤族的生活概況，而後到上海。到 1925 年「五卅慘案」後。他離開大陸，返回臺灣。周定山此次大陸之行，所作詩歌，內容有：

（一）批判軍閥

　　如《遊黃花崗歸寓感作》，有「逐鹿中原皆鼠雀，殺人盈野是英雄」句。《旅邸驚夢》、《兵燹之餘瘡痍遍地愴然有作》等。廣東革命軍東伐陳炯明之役，有《東江慘戰》三首：

　　難民填路哭聲號，血額村嫗眼淚洶。

　　大婦奔江兒被拉，殘軀夜負此孫逃。（其一）

　　滿地瘡痍血濺沙，危樓傾圮夕陽斜。

　　裂衣扎脅軍橫臥，奮臂猶能強奏笳。（其二）

　　飛鵝嶺下血痕腥，巨壑吞屍半廢兵。

　　聞道月薪才七兩，便將生命去犧牲。（其三）

（二）憂心外患

　　如《外患頻仍鬩牆弗息思及先烈悵然淚下卒成六章寄慨云爾》、《廣西述懷》、《閱報》、《詠樟腦》、《重遊粵東訪佩英女傑》、《羊城旅次》、《粵東沈奎閣志士惠詩依韻奉答》、《黃花崗弔七十二烈士》、《鼓浪嶼旅夜》、《五卅慘案書憤》（十三首五絕詩）。其中《五卅慘案書憤》第十三首云：

　　痛煞東倭種禍根，匹夫有責我何存？

　　袖歸國辱玄黃血，訴向同胞未死魂。

　　其中國身份之認同立場鮮明。

（三）諷刺權貴，同情弱者

　　如《戲筆》詩云：「吸盡民膏富，奚如乞丐榮。」《邕寧驛》一詩諷刺省督攜家眷乘車詩的排場。《酒館書見》抨擊「香茗沾唇輕百兩，丐童號餓一文慳」的富豪。

（四）同情、支持勞動者的政治觀點

　　如《共朱女傑佩英坐語》詩「自署頭銜勞動者，畏聞人竟喚先生」。而

《外患頻仍鬩牆弗息思及先烈悵然淚下卒成六章寄慨云爾》中的兩首詩，立場更為鮮明：

> 日把槍彈血鑄錢，生無廉恥況人權；
>
> 貧窮鐵索今猶昔，忍使工農跪富前？（其一）
>
> 剝盡勞農謳健兒，如狼軍閥更橫施；
>
> 剗除世間強權者，方是生平痛快時。（其二）

1938 年 5 月，周定山前往上海任職。此時上海部分地方已淪陷，其他的成為「孤島」。同年 7 月，因父親病重，返臺。在上海前後約 3 個月。他的此時期詩作收於《倥傯吟草》，共 54 首。其內容有以下幾個方面：

（一）書寫自己的身份認同的尷尬、無奈與悲憤，以及緊張恐怖的心情

如《舟中度夜》：「臥吟風雨覺更長，水濺危欄夜莽蒼。巨吼波濤喧鐵馬，緊張心已在沙場。」另如《寓次書愴》「納涼恥傍無根草，耐冷欣開晚節花」的持守；《生公石》「莫信生公能說法，我來全不學低頭」的堅毅。

（二）描寫戰爭的殘酷場面

如《過吳淞》「至今嗚咽吳淞水，猶有當年戰血腥。」《滬寧道上》：「驛站彈痕碎影移，車停襤褸擁孤兒；攀窗手共哀聲急，無力呼天也忍窺。」《白骨墩》描寫了日軍的殘忍與中國戰士的英勇：「為誰血肉委塵埃，萬里沙場擲俠身。如塔骷髏長枕藉，更無一骨肯隨人。」

（三）抨擊醉生夢死的部分國人

如《永安客邸偶成》有「摩天樓閣填愁易，徹夜笙歌幻夢留。」句。有《小藥攤》由賣藥者言生發感想：「藥瓶堆滿攤，口沫飛仁義。萬病可回春，唯貪吾弗治。」《永安舞場》（其三）諷刺消耗時間、不問國事的紅男綠女：「聞道紅衣血漬成，燈迷金醉未分明。一宵人斂千回舞，國步何愁萬里程。」因此而有「大夢沉酣人未醒，一縷陰影獨支頭」的憂國心態。

（四）對外國人欺凌國人的悲憤

《軍農園》詩描寫了日軍強徵中國青壯年充當炮灰的場面：「脫卻寒衣套軍裝，荷鋤姿勢迫提槍。綠苗移影舐焦土，千畝蔬畦是斷腸。」《兆豐公園》詩題下有注：「（兆豐公園）英人經營，門限懸牌尋丈。大書「中國人與犬不可入」。辱國辱族，莫此為甚！」詩中難抑悲憤之情：「我疆我土闢洋場，小巧經

營數畝中。毒辣居然標假面，一圜先兆國興亡。」

　　除了上述內容外，周定山還有一些詩作標明了自身的堅貞操守和個人存在的尊嚴。如《冬日漫興》這首七言絕句，即道盡了出身貧寒的周定山感慨之情：「沖煙慷慨心逾壯，蹈火從容膽詎寒。拼把微軀輕一擲，恥從末俗共偷安。」

四、臺南女詩人石中英的內渡寫作

　　石中英（1889～1980），字儷玉，號如玉，生於臺南府城的一個富戶人家。自幼受到良好的家庭教育，工於詩詞，著有《芸香閣儷玉吟草》、《韞睿軒詞草》（按：「韞睿軒」為其讀書處名）。16歲時父親過世，母女相依為命。石中英最早〔註43〕的詩作《有感》云：「二八椿萎愴不禁，堂前萱草幸森森。稚齡小妹猶知苦，九轉迴腸萬慮侵。」〔註44〕（1915年）1920年代，石中英設「芸香閣書房」教授女弟子習讀漢文，並成立「芸香吟社」教導女弟子學詩〔註45〕。後又立志學醫。授學學醫，一方面是為了家計，另一方面則是出於救世理想的考慮。參與詩歌吟會亦是石中英早期相當重要的生活內容。她曾與施梅樵、臺中吳子瑜有較好的交往，曾參與臺南留青吟社、酉山吟社、曾北吟社、善化詩社、高雄吟社等詩社的活動，還曾參與全臺吟詩、徵詩活動。

　　1929年夏，石中英前往江南。其《將之吳越書懷》詩云：「征帆萬里逐狂流，手掬河山扼虎頭。寶劍頻磨三尺銳，豪情早蓄四冥求。屹存硬骨非眠駱，唾視奸人等沐猴。他日屠龍憑隻手，雄心未死豈甘休。」〔註46〕透露了石中英藉此行使自己開拓視野的期望。但是，「萬里長征忍淚流，斷腸無語慰親憂」〔註47〕、「汽笛聲中淚幾行，轆轤旋轉我心房。鐵輪未輾腸先斷，目對無言神

〔註43〕此種說法參見施懿琳：《南都女詩人石中英及其〈芸香閣儷玉吟草〉作品初探》，《臺灣史料研究》，臺北：吳三連史料基金會，2000年第5期，第15頁。

〔註44〕參見石中英撰、呂伯雄編：《芸香閣儷玉吟草》，臺北：龍文出版社，1992年第3卷，第1頁。

〔註45〕參見石中英撰、呂伯雄編：《芸香閣儷玉吟草》例言「吟香閣乃作者授徒書房，且於五十年前在臺南招集女子成」，臺北：龍文出版社，1992年。

〔註46〕參見石中英撰、呂伯雄編：《芸香閣儷玉吟草》，臺北：龍文出版社，1992年第2卷，第1頁。

〔註47〕《別母》，參見石中英撰、呂伯雄編：《芸香閣儷玉吟草》，臺北：龍文出版社，1992年第2卷，第1頁。

已亡」〔註48〕又表達了自己難捨家中老母和朋友的心情。她在 1929 年農曆臘八日有《聞母病》〔註49〕詩兩首，寫其焦急掛念的心情：

> 故園書到喜開緘，誦未終篇淚濕衫。
>
> 阿母違和誰奉侍？五更不寐急歸帆。
>
> 倉皇返旆別朋儔，頓失雄心展厥猷。
>
> 祇覺親恩深似海，盡將世事付東流。

石中英在 1929 年除夕前六日趕回臺南。1931 年秋，又前往廈門。臨行前，她有《欲之鷺江蒙母餞別》，寫難捨的親情：「整裝愁思亂紛紛，杯酒尊前強笑吞。最是不堪追往事，明朝人海悵離群」〔註50〕；她又有《就職漳州地方病院留別親友》詩，道出了前往大陸的心情與目的：

> 人生聚散總難期，腸斷長亭折柳枝。
>
> 惆悵縈回繞海嶠，漂零依舊到天涯。
>
> 舌耕豈是千年計？駑馬偏教萬里馳。
>
> 唱到陽關聲已咽，淚珠和墨寫新詩。〔註51〕

當時日本當局已開始壓制臺人的漢文化教學，以教授漢文為生，已不可能，於是，她離開殖民地，前往大陸。初至大陸的前幾年，在閩南一帶行醫。1934 年秋，因母病，她再度返臺。行前在廈門連信醫院作詩《聞母病有感》〔註52〕。料理完母親喪事後，她於 1935 年春返回廈門，行前有詩《哭別亡母再之鷺江》寫喪母之痛：「虛擲光陰幾十年，北堂難捨老親牽。如今撒手真歸去，悵望雲天涕淚漣」。〔註53〕此後她直到臺灣光復始返臺。

石中英詩歌的內容及特色主要有以下幾種：

〔註48〕《車站握別》，參見石中英撰、呂伯雄編：《芸香閣儷玉吟草》，臺北：龍文出版社，1992 年第 2 卷，第 1 頁。

〔註49〕參見石中英撰、呂伯雄編：《芸香閣儷玉吟草》，臺北：龍文出版社，1992 年第 2 卷，第 2 頁。

〔註50〕參見石中英撰、呂伯雄編：《芸香閣儷玉吟草》，臺北：龍文出版社，1992 年第 2 卷，第 3 頁。

〔註51〕參見石中英撰、呂伯雄編：《芸香閣儷玉吟草》，臺北：龍文出版社，1992 年第 2 卷，第 4 頁。

〔註52〕參見石中英撰、呂伯雄編：《芸香閣儷玉吟草》，臺北：龍文出版社，1992 年第 2 卷，第 16 頁。

〔註53〕參見石中英撰、呂伯雄編：《芸香閣儷玉吟草》，臺北：龍文出版社，1992 年第 2 卷，第 17 頁。

（一）真摯的家國關懷

石中英的丈夫是抗戰的臺籍國民黨幹部呂伯雄。呂伯雄，字冠英，臺北人。1928 年冬，在大陸組臺灣革命黨，致力抗戰〔註54〕。1932 年石中英所作《和冠英先生見贈原韻》、《和冠英先生再贈原玉》是兩人初識的記錄。1934秋，石中英在臺灣作有《和伯雄先生悵別原韻》道出兩人隔海思念的深厚情誼：「隔水依然共一天，夢魂囈語枕函邊。蓬萊遍植相思樹，豈獨江南種萬千？」〔註55〕石中英 1931 年左右與呂伯雄結婚。1942 年石中英有《送外子赴贛》〔註56〕詩，此處的「外子」即指婚後的呂伯雄。原本即具中華民族精神的石中英，在婚後更積極地投入抗日工作。

1936 年之後，石中英在福州、漳州一帶，跟隨呂伯雄從事革命工作。這個階段，除了可以看到她與當地詩友吟詠酬唱的作品外，值得注意的是她有更多關懷時局，刻寫社會實況的詩作。比如寫於 1941 年的《福州竹枝詞》，詩題下注云：「民國廿九年福州因鬧米荒，以致自殺而投水者日有數起，人多面有菜色，情極慘痛，爰將所見寫之」〔註57〕。如其中兩首：

倉前橋礎游瀾多，無庫空倉奈米何？
誤盡青衫紅袖客，幾將白骨斷流波。（八首之二）

可憐貧苦每居多，百結鶉衣奈老何？
餓殍浮屍頻觸目，有心人枉怨蹉跎。（八首之五）

石中英詳實地記錄了民眾在這次的饑荒中的境遇，這些詩作有著鮮明的現實主義風格。此外，石中英也有許多洋溢著愛國思想與革命情操、鼓舞民心士氣的作品：

《贈臺灣革命同志》

悲歌慷慨日，誓死決仇時。不遂平生志，雄心總不移。
光復腸如鐵，匐然風雷烈。櫻花三月紅，志士心頭血。

〔註54〕參見石中英撰、呂伯雄編：《芸香閣儷玉吟草》，臺北：龍文出版社，1992 年第 4 卷，第 6 頁。

〔註55〕參見石中英撰、呂伯雄編：《芸香閣儷玉吟草》，臺北：龍文出版社，1992 年第 2 卷，第 17 頁。

〔註56〕參見石中英撰、呂伯雄編：《芸香閣儷玉吟草》，臺北：龍文出版社，1992 年第 2 卷，第 36 頁。

〔註57〕參見石中英撰、呂伯雄編：《芸香閣儷玉吟草》，臺北：龍文出版社，1992 年第 2 卷，第 32 頁。

作者自注云：民國卅年辛巳秋，臺灣革命同盟會南方執行部設立於福建漳州，並集革命志士同盟宣示。〔註58〕

《勖鎮平同志參加青年軍抗日》

鎮守江山握勝籌，平倭必應復瀛州。

同心挽住天河水，志在膺懲不世讎。

作者自注云：民國卅三年冬於漳州。〔註59〕

《勖雅慧同志參加青年軍抗日》

雅懷須少塵寰慮，慧眼應從世外觀。

同負興亡家國事，志吞胡羯復臺灣。

作者自注云：民國卅三年冬於漳州。〔註60〕

　　劍影樓主呂無畏在《芸香閣儷玉吟草序》中，曾稱譽石中英「誠巾幗之俠士也」，臺北詩人魏清德亦在序文中，謂其「溫文靜肅，具有英氣」。石中英性格中，確實頗有陽剛的豪氣，因此，筆下往往會出現雄姿英發的男性風格之作品。比如寫於1920年代的《俠少》兩首：

著鞭俊馬疾如鴉，英氣昂揚不顧家。

最是豪懷湖海客，凌雲破浪豈欽誇。

氣慨豪雄天地窄，鯤游溟海作為家。

大才舉世無知己，得意揚揚不欺嗟。〔註61〕

　　描寫了一位俠義青年的四海為家、清高傲岸的大丈夫情懷及其浪跡江湖、千里獨行的豪邁氣慨。此外，《老馬》詩以馬的出生入死、久經沙場，來反襯有些人的貪生怕死：「逐鹿中原千里騎，破關斬將不為奇。尸山血海蹂蹄踐，愧煞而今一老羸。」〔註62〕筆墨酣暢，揮灑淋漓，有雄者之風，滿溢著作者的憂國憂民情懷。

〔註58〕參見石中英撰、呂伯雄編：《芸香閣儷玉吟草》，臺北：龍文出版社，1992年第2卷，第35頁。

〔註59〕參見石中英撰、呂伯雄編：《芸香閣儷玉吟草》，臺北：龍文出版社，1992年第2卷，第39頁。

〔註60〕參見石中英撰、呂伯雄編：《芸香閣儷玉吟草》，臺北：龍文出版社，1992年第2卷，第39頁。

〔註61〕參見石中英撰、呂伯雄編：《芸香閣儷玉吟草》，臺北：龍文出版社，1992年第3卷，第14頁。

〔註62〕參見石中英撰、呂伯雄編：《芸香閣儷玉吟草》，臺北：龍文出版社，1992年第3卷，第34頁。

　　少女時代的石中英即胸懷大志。此時期的詩作也時有家國感懷。如她與女伴同遊安平時的詩作《次嫩玉妹遊安平原韻》之二云:「海色山光眼底收,人間始信有丹丘。草雞啼罷英雄逝,望斷東寧百結愁」〔註63〕。此後,到了1920年代,石中英已有詩對當時文化抗日者的活動進行記錄與批判,《演說》詩云:「大陸思潮已變風,滔滔碩士各爭雄。可憐捫舌人猶在,苦口未能到始終。」〔註64〕詩題下有注:「臺灣在日據時代演說不得自由,時被臨監警示中止」。記錄了傳布新思想的演講活動在日據時期被嚴加限制的情況。1931年,石中英在廈門觀覽鄭成功史蹟時,曾作《觀笑石有感口占》,詩云:「笑石無言口自開,當年占畢有餘哀。騎鯨人去牛皮地,鯤島頻頻易主來。」〔註65〕充滿了歷史的悲情。這種以家國天下為念的「宏大敘述」,表現在石中英對時事與歷史事件的關注上。此外,1915年的「西來庵事件」十週年後,石中英有詩追懷,《感懷》〔註66〕詩云:

　　　　孤立勢難賒,山川共興嗟。風吹與草動,影射盡含沙。

　　　　一片啼猩血,三臺麗兔罝。可憐青草地,萬里遍流霞。(之一)

　　　　清鄉捕志士,動即殺人頭。不敢高聲哭,驚鴻暗淚流。(之二)

　　　　起義無成日,血流滿地紅。九泉應化碧,翹首哭穹蒼。(之三)

　　追懷、悼念了因武裝抗日而壯烈犧牲的勇士們,揭露了殖民者「動即殺人頭」的兇惡面目。石中英《感懷》詩寫1931年「九一八」事件:「黑雲慘淡罩遼東,雨雪霏霏詠北風。三省吞噬耽餓虎,五湖驚竄泣哀鴻。生民難得安民策,內寇未除外寇攻。今日狂瀾誰力挽,傷心我欲亦與人同」〔註67〕,痛斥日本軍國主義,心憂中國百姓。1933年,石中英作《感慨》詩批評國人未能團結一致抵抗外侮,反而軍閥混戰、骨肉相殘。詩云:「竟將外患付東流,鬥狠牆

〔註63〕參見石中英撰、呂伯雄編:《芸香閣儷玉吟草》,臺北:龍文出版社,1992年第3卷,第1頁。

〔註64〕參見石中英撰、呂伯雄編:《芸香閣儷玉吟草》,臺北:龍文出版社,1992年第3卷,第19頁。

〔註65〕參見石中英撰、呂伯雄編:《芸香閣儷玉吟草》,臺北:龍文出版社,1992年第2卷,第4頁。

〔註66〕參見石中英撰、呂伯雄編:《芸香閣儷玉吟草》,臺北:龍文出版社,1992年第3卷,第19頁,以及《芸香閣儷玉吟草》第3卷,第3頁。

〔註67〕參見石中英撰、呂伯雄編:《芸香閣儷玉吟草》,臺北:龍文出版社,1992年第3卷,第19頁。

中遜一籌。已未臨崖能勒馬，又無肉坦認前羞」〔註68〕。此外，1935年寫於泉州的《臺灣淪陷四十週年有感》、《追懷臺灣革命先烈》，都表達了對抗戰先烈的懷念和作者本人的反殖民反侵略的戰鬥精神。上海淪陷時所寫《詠八百健兒殿後》，歌頌了八百壯士的捨生取義的愛國精神：「為國捐軀出至誠，同仇敵愾豈偷生？裹屍馬革真無愧，誓滅倭奴天下平」〔註69〕。

（二）「擬男性聲腔」〔註70〕和「男女雙性（Androgyny）的書寫風格」〔註71〕

除了以激昂的鬥志，「於鼙鼓聲中，得見吾臺民族鬥爭之遺響」（丘念臺《芸香閣儷玉詩詞草緒言》）外，石中英畢竟也有屬於女子的思想情感特質，同時她也不乏開創精神。當然，無庸諱言，石中英有些思維難以掙脫傳統男性價值觀，甚至偶而會不自覺地身處在以男性為主體的場域中發言。

石中英接受的是傳統的漢文化教育，因此，她的有些作品亦不自覺地依循了男性中心主義價值觀。比如她早年的作品《雛婢、雛妓》，完全以男性觀點來看待處於社會邊緣的弱勢女子，未能站在女性的立場，為抒不平之鳴：

> 稚齒丫環解笑言，可兒窈窕又溫存。
>
> 低聲細向阿娘問，風雨還應閉院門。
>
> 碧玉雛年未解愁，風情月意不關頭。
>
> 劇憐恰似依人燕，半抱琵琶半帶羞。〔註72〕

其早年所寫的《詠某女史獲選花魁》〔註73〕，寫青樓女子的妖嬈嬌豔，與男性站在同樣的視角來對待被傳統男權社會剝削、迫害的弱女子。

此外，力主女子應不讓鬚眉的石中英，卻對某些前衛女子不甚認同，呈現

〔註68〕參見石中英撰、呂伯雄編：《芸香閣儷玉吟草》，臺北：龍文出版社，1992年第2卷，第12頁。

〔註69〕參見石中英撰、呂伯雄編：《芸香閣儷玉吟草》，臺北：龍文出版社，1992年第2卷，第16頁。

〔註70〕見施懿琳：《南都女詩人石中英及其〈芸香閣儷玉吟草〉作品初探》，http://140.116.14.95/teacher%27s-papers/t001.doc。

〔註71〕孫康宜：《走向「男女雙性」的理想》，孫康宜：《古典與現代的女性闡釋》，臺北：聯合文學，1998年4月，第74頁，轉引自施懿琳：《南都女詩人石中英及其《芸香閣儷玉吟草》作品初探》文。

〔註72〕參見石中英撰、呂伯雄編：《芸香閣儷玉吟草》，臺北：龍文出版社，1992年第3卷，第10頁。

〔註73〕參見石中英撰、呂伯雄編：《芸香閣儷玉吟草》，臺北：龍文出版社，1992年第3卷，第19頁。

出思想的自相矛盾，如《浪漫婦》一詩：

> 終日嘵嘵唱自由，六街三市任遨遊。
>
> 濃妝豔抹呈嬌態，燕語鶯聲轉細喉。
>
> 繡帕每看揩口吻，鮮花頻買插油頭。
>
> 輾然媚眼窺人慣，妖冶輕狂未覺羞。〔註74〕

石中英所以對這類女子做如此強烈的批評，極可能是針對當時具有進步思想、追求婦女解放運動的前衛女性而發。對於這類勇於表現女性嬌媚，致力爭取個人自由權的女子，石中英依循著傳統父權思維模式，強調婦德、重視婦容，以女子柔順、溫婉、內斂為美，故用相當犀利的筆觸，對所謂的「浪漫婦」予以大力的抨擊。

（三）女性情感的真實書寫

石中英的詩歌寫作亦有女性所獨具的筆調，描寫女性細膩的內心世界，婉轉幽微，頗見纏綿細緻。如《情絲》：「儂心非是春蠶繭，底事絲絲斷復連？莫怪並刀終不利，只緣百結未甘殲。」〔註75〕《無題》寫女子的剪不斷、理還亂的纏綿相思：「欲結同心矢靡佗，無端連理不交柯。相思從此云天杳，默默牽來血淚多」〔註76〕《春慵》寫望斷秋水的女子的內心苦悶與寂寞：「鏡裏慵妝照鬢斜，懶將蟬翼貼梅花。畫眉頻喚人何在？蕭瑟窗前只自嗟」〔註77〕。《閨思》〔註78〕深刻傳神地刻畫了女子幽微的心境：

> 弱質懨懨睡遲起，曉鶯啼徹綠楊枝。
>
> 夢中無限關心事，盡在題詩寫恨時。（三十首之四）
>
> 鎮日憑欄翠黛低，花慵柳軃更淒迷。
>
> 蝶愁鶯老春何處？未忍傷心見落泥。（三十首之八）

〔註74〕 參見石中英撰、呂伯雄編：《芸香閣儷玉吟草》，臺北：龍文出版社，1992 年第 2 卷，第 37 頁。

〔註75〕 參見石中英撰、呂伯雄編：《芸香閣儷玉吟草》，臺北：龍文出版社，1992 年第 3 卷，第 19 頁。

〔註76〕 參見石中英撰、呂伯雄編：《芸香閣儷玉吟草》，臺北：龍文出版社，1992 年第 3 卷，第 2 頁。

〔註77〕 參見石中英撰、呂伯雄編：《芸香閣儷玉吟草》，臺北：龍文出版社，1992 年第 3 卷，第 4 頁。

〔註78〕 參見石中英撰、呂伯雄編：《芸香閣儷玉吟草》，臺北：龍文出版社，1992 年第 2 卷，第 5 頁。

懶起梳妝日已曛，棲槐鴉雀叫離群。

摭衾欲睡偏難睡，半是思君半恨君。（三十首之十二）

這些描摹女性特有情思的閨秀詩，其柔豔細密的筆觸，為女性詩人所獨具。另如《春妝》詩：「料峭春風喚畫眉，怕它啼破綠楊枝。啟奩細把篁痕抹，雲鬢輕梳不染塵。」〔註79〕充分表現了細膩婉約的女兒風貌。詩中的「畫眉」是「一語雙關，一為實指的畫眉鳥；一則影射能共享畫眉之樂的理想郎君」〔註80〕。此「畫眉」意象另見於石中英的《畫眉逐貧》，詩云：「鎮日憑軒喚畫眉，九嶷潑墨黛生悲。春山半甲剛行運，一筆青螺代補之。」〔註81〕借女子描眉畫妝此一日常細節，抒寫女子內心真實的情愁閨怨。追根溯源，石中英引「畫眉」入詩，當借鏡於唐代張籍「妝罷低眉問夫婿，畫眉深淺入時無？」詩句。

石中英還有諸多詩作書寫了她與閨中好友的姊妹友情。如寫於1916年左右的《次嬾玉妹遊安平》，寫與友人同遊之樂：「輕車得意到安平，一路遙聞浪嘯聲。無數躍鱗欣接客，又教海燕喜相逢。」〔註82〕又如寫於1927年左右的《次碧香詞妹將之申江留別原韻》為其與同性詞友的酬答詩，屬於贈別性質的作品：

牽衣話別意纏綿，惆悵前程路萬千。

此去客途須保重，人生離合古今然。

依依握手話綿綿，揚子江頭路萬千。

自是貧交無別贈，青山迎送總淒然。〔註83〕

字裏行間充滿依依惜別之情。

1929年，石中英驚聞母病，匆匆自江南趕回臺灣時所作的《留別玉衡妹》，也屬於此類贈別詩。詩云：

〔註79〕 參見石中英撰、呂伯雄編：《芸香閣儷玉吟草》，臺北：龍文出版社，1992年第3卷，第4頁。

〔註80〕 見施懿琳：《南都女詩人石中英及其〈芸香閣儷玉吟草〉作品初探》，http://140.116.14.95/teacher%27s-papers/t001.doc。

〔註81〕 參見石中英撰、呂伯雄編：《芸香閣儷玉吟草》，臺北：龍文出版社，1992年第2卷，第22頁。

〔註82〕 參見石中英撰、呂伯雄編：《芸香閣儷玉吟草》，臺北：龍文出版社，1992年第3卷，第1頁。

〔註83〕 參見石中英撰、呂伯雄編：《芸香閣儷玉吟草》，臺北：龍文出版社，1992年第3卷，第16頁。

渡海當時抱展眉，青衫紅袖競敲詩。

如今又作歸巢燕，相顧無言只自悲。

珍重一聲不忍聽，依依送我出中庭。

未圓皓月人將別，無奈魂銷是驛亭。〔註84〕

寫出了詩人無奈地告別事業、告別友人時的濃厚的淒傷。

石中英最推崇的女性友人，是她 1937 年在福州認識的才女黃桂香。從 1937 年 4 月 28 日到 5 月 9 日，石中英共寫了 26 首詩給黃桂香的贈詩。其中《贈黃桂香女士》「久慕芳名貫耳聽，雞窗讀盡五車零。三元才學君能紹，不愧先賢作典型。」〔註85〕當為初識之時的恭維之詞。1937 年 5 月 1 日，石中英作有 6 首《再贈黃桂香女士》，其中有「驚心詞賦過南華」〔註86〕詩句，對黃桂香已非應酬的恭維，而是發自內心的欽佩。第三首云：「異想天開豈不癡？胸無滴墨伴吟詩。推敲自愧枯腸澀，鴉唱真同彩鳳隨。」更是自愧弗如的感歎。石中英在大陸期間與黃桂香結下了深厚的情誼，寫下了許多情深意重的詩歌，如：

蹉跎人海覺傷心，剪燭閨窗話短長。

老佛參禪無妙法，良醫濟世少奇方。

天涯作客憐歸雁，樓上思鄉弔夕陽。

回首不堪追往事，琴聲悔聽鳳求凰。〔註87〕

江東何樹不相思，移種心田已有時。

對鏡何因邀月姐？通犀多事倩風姨。

同情每灑雙行淚，決勝寧差一著棋。

極目雲山家萬里，傳言青鳥卻來遲。〔註88〕

青使頻傳錦繡章，清詞麗句字生香。

〔註84〕 參見石中英撰、呂伯雄編：《芸香閣儷玉吟草》，臺北：龍文出版社，1992 年第 2 卷，第 2 頁。

〔註85〕 參見石中英撰、呂伯雄編：《芸香閣儷玉吟草》，臺北：龍文出版社，1992 年第 2 卷，第 23 頁。

〔註86〕 參見石中英撰、呂伯雄編：《芸香閣儷玉吟草》，臺北：龍文出版社，1992 年第 2 卷，第 23 頁。

〔註87〕 《和黃桂香女士原韻》之二，參見石中英撰、呂伯雄編：《芸香閣儷玉吟草》，臺北：龍文出版社，1992 年第 2 卷，第 24 頁。

〔註88〕 《和黃桂香女士原韻》之四，參見石中英撰、呂伯雄編：《芸香閣儷玉吟草》，臺北：龍文出版社，1992 年第 2 卷，第 24 頁。

龍文可藉毫端舞，鳥篆爭看紙上翔。

樓外雲橫空變幻，窗前鶯語惹情傷。

何時得以傾心敘，促膝更殘猶未央。〔註89〕

石中英即通過此類傾訴心事的賦詩酬唱，與其她女性詩人建立起了知心情誼。

另外，石中英也有一些詩歌，滿溢妝奩氣息。如《春睡》：「疏慵體態弱難堪，睡臉棠花尚未酣。欹枕床沿還假寐，懵騰囈語細喃喃」。〔註90〕詩中對女性睡態的描畫，純屬「女性聲腔的喃喃輕語」〔註91〕，迥異於男性書寫。

（四）不讓鬚眉的巾幗氣概與自我能力之肯定

石中英出身府城世家，而又自幼喪父，因此必須負擔起家庭重擔。但她不是以傳統女性的針黹女紅等手藝，而是通過教學、行醫來安身立命。婚後，她又協助丈夫呂伯雄，投身於抗日工作。因此，石中英是一位不讓鬚眉的巾幗英雄。在題《芸香閣儷玉吟草》的序文裏，劍影樓主呂無畏稱其「詠絮之才不減班謝」，鄭騰輝譽之有若今之「女青蓮」。而石中英對自己的能力與才華也有一定程度的自信。1920 年代，她倡立的芸香吟社成立時，作《和挺齋君祝敝吟社成立原韻》云：「詠絮何能枉負名，賡詩敢比玉壺清？狂瀾欲挽羞才拙，草創騷壇樹崁城。」〔註92〕以古代才女謝道韞自比。石中英早年曾有《舌戰》詩，盛讚才學遠超男兒的謝道韞：「小郎辭屈意難伸，局促何堪揮汗頻。嫂氏才雄能辯眾，粲花妙語解圍人。」〔註93〕其中當有石中英對自我的期許。

這種自信與自我期許，不只表現在她對於漢文化的傳承上，更表現於其精忠報國的志向抱負。如《和沙侖君感懷原韻》云：「漫說深閨都弱質，裙釵輩出志眠薪。」〔註94〕《和冠英先生再贈原玉》云：「漫說弱閨難展驥，鬚眉比

〔註89〕《即景四律贈桂香女士》之一，參見石中英撰、呂伯雄編：《芸香閣儷玉吟草》，臺北：龍文出版社，1992 年第 2 卷，第 24 頁。

〔註90〕參見石中英撰、呂伯雄編：《芸香閣儷玉吟草》，臺北：龍文出版社，1992 年第 3 卷，第 4 頁。

〔註91〕見施懿琳：《南都女詩人石中英及其《芸香閣儷玉吟草》作品初探》，http://140.116.14.95/teacher%27s-papers/t001.doc。

〔註92〕參見石中英撰、呂伯雄編：《芸香閣儷玉吟草》，臺北：龍文出版社，1992 年第 3 卷，第 16 頁。

〔註93〕參見石中英撰、呂伯雄編：《芸香閣儷玉吟草》，臺北：龍文出版社，1992 年第 3 卷，第 7 頁。

〔註94〕參見石中英撰、呂伯雄編：《芸香閣儷玉吟草》，臺北：龍文出版社，1992 年第 3 卷，第 18 頁。

比亦皆同。」〔註95〕《感懷》云:「中原逐鹿羈心碎,北斗横天劍氣寒。漫說深閨無熱血,匡時策畫思漫漫。」〔註96〕《五十書懷》(1939 年)云:「癡魂九死終天恨,烽火中原遍地驚。何日心平歌大衍,弱閨猶願作干城。」〔註97〕《奉和呂民魂先生五十壽辰自敍瑤韻》:「豈獨男兒能報國?弱閨亦曾讀春秋。自慚禿筆難飛舞,徒抱盈盈戚女優。」〔註98〕在在申訴了自己不讓鬚眉的能力與抱負。

在臺灣日據時期,作為一名女性,石中英能夠識文斷字、書寫詩作,已屬難得,而她進而能夠憂時諷世,振聾發聵,更是罕見。她曾對自己曾經從事過的教學工作經歷有這樣的解釋:「非因生計舌為耕,祇恐吾人墜瞽盲。力為塵寰弘大道,有誰知我個中情。」「滔滔鎮日話無停,吟罷詞章說九經。一點丹心存國粹,不辭勞瘁與飄零。」〔註99〕大胸襟大抱負,由此可見。誠如安徽程芝仙女士在《芸香閣儷玉吟草序》所云:「夫人生於光緒十五年,其時吾輩女子,大都足不出閨閣,耳不聞國事。能事吟詠,有清新俊逸之詩者固不少,若夫人之愛國憂時,耿耿於懷者,實不可多得。」

五、從詩集《北京銘》看江文也〔註100〕

臺灣作曲家江文也的詩集《北京銘》記錄了他在北京進行文化尋根的足跡與心跡。江文也(1910~1983),生於臺灣淡水,1914 年隨父母內渡廈門定居,1918 年曾入臺灣內渡詩人王少濤任教的旭瀛書院讀書,13 歲時赴日本留學,1936 年他作曲的《臺灣舞曲》在德國舉辦的奧林匹克運動會上的音樂比

〔註95〕 參見石中英撰、呂伯雄編:《芸香閣儷玉吟草》,臺北:龍文出版社,1992 年第 2 卷,第 11 頁。

〔註96〕 參見石中英撰、呂伯雄編:《芸香閣儷玉吟草》,臺北:龍文出版社,1992 年第 2 卷,第 16 頁。

〔註97〕 參見石中英撰、呂伯雄編:《芸香閣儷玉吟草》,臺北:龍文出版社,1992 年第 2 卷,第 30 頁。

〔註98〕 參見石中英撰、呂伯雄編:《芸香閣儷玉吟草》,臺北:龍文出版社,1992 年第 1 卷,第 10 頁。

〔註99〕 《舌耕》之一、之二。參見石中英撰、呂伯雄編:《芸香閣儷玉吟草》,臺北:龍文出版社,1992 年第 3 卷,第 7 頁。

〔註100〕 本節部分曾部分發表於第一屆兩岸文化發展論壇,當時該選題及寫作起意於一則福建師範大學音樂學院的江文也研討會海報,該研討會後不知因何未能舉辦,選題立意完畢後,筆者在美國德克薩斯大學奧斯汀校區查找到了有關江文也的大量資料,此後便曾指導研究生張曉婉同學以江文也為題一起進行研究,可謂教學相長也。

賽中獲得二等獎，由此奠定了他作為世界級作曲家的地位。江文也的父親名江溫均，江文也的叔父則是臺灣內渡詩人江呈輝，是與蕭逢源、李清琦等一起在 1889 年光緒己丑恩科福建鄉試中中舉的臺灣舉人，江呈輝曾於 1901 年在廈門虎溪岩留下題為《光緒辛丑仲春遊虎溪岩偶志鴻爪》的摩崖石刻，該題刻至今仍存，已成為廈門市的一個景點。可見江文也是有中華傳統舊學的家學淵源和書院國學的功底的。可能也正是因為他幼時接受過的傳統文人家庭的薰陶和傳統國學教育的影響，江文也除了是作曲家以外，還在業餘從事詩歌創作，他的詩歌有著音樂的律動、文化的思考與藝術的表達，體現了音樂與文學的巧妙共鳴。《北京銘》顯示了音樂家江文也的文學才華，展示了他作為詩人的另一個身份及其深厚的東方傳統文化積澱。江文也這種文化尋根的內心渴望與其對於作曲藝術的現代性追求形成了一種奇特的矛盾統一的角力，正可為他作曲風格在 20 世紀三四十年代的突然轉變提供有力的注腳。

從 1978 年至今，關於臺灣移居大陸作曲家江文也的研究，大約已有 40 餘年的時間了。在被由於政治原因雪藏近 25 年之後，江文也開始閃耀在「中國傑出的音樂家」，「中國現代民族音樂的先驅者」，「臺灣的蕭邦」等諸多讚譽聲中，其多重身份的複雜交錯，命途多艱的身世歷史，從而引發對其作曲創作中民族因素的討論自然成為研究者注目的焦點，但「音樂的符碼不易掌握，它可以用耳感之，用身體之，卻很難用概念捕捉之」〔註 101〕，而詩樂同源，江文也恰好是一個音樂家兼詩人，他寫下的詩歌作品，尚未引起研究者的普遍注意，目前只有哈佛大學王德威教授在一次題為《史詩時代的抒情聲音——江文也的音樂與詩歌》的講演中曾經討論了在「五四」新文學運動，抗日戰爭的史詩背景下，江文也詩歌中透出對音樂的民族性和現代性追逐上的種種兩難選擇。〔註 102〕受此啟發，本文嘗試從江文也創作的詩集《北京銘》中，探究他在四十年代對傳統文化追尋過程中，音樂創作思想在詩歌中的投射，以此觀照他回到大陸後精神面影的一個側面。

（一）

著名美籍俄國作曲家齊爾品是促成江文也回國的一個重要媒介。1935

〔註 101〕 江文也著：《孔子的樂論》，楊儒賓譯，上海：華東師範大學出版社，2008 年，第 3 頁。

〔註 102〕 王德威著：《史詩時代的抒情聲音——江文也的音樂與詩歌》，復旦大學文史研究院，中華書局編輯部編，《著壁成繪》，北京：中華書局，2009 年，第 190 頁。

年，江文也隨齊爾品第一次回到中國，來到北平。齊爾品熱切崇尚東方音樂，並且對中國音樂的發展有著非常精闢的見解，他非常欣賞江文也的才華，一直鼓勵江文也去尋找自己的文化之根，而更關鍵的是，這種文化尋根也與江文也內心深處的渴望，一拍即合。

　　江文也曾在《感覺》一文中寫道：「再經過有一個月即一九三四年，但除了精神問題以外，我的感覺及表現手法好像遠未達到一八九四年。我希望創造出中國的瓷器、埃及的金字塔、阿拉斯加的 Totem Pole 那樣的音樂，按照人類的本能性為出發點而產生的音樂，如能成為具體形象存在世上，那不知道是如何的感覺了」。〔註103〕由此可以看出他對於音樂創作中民族文化因素的重視。1934 年，江文也在他的處女作，也是他蜚聲國際的成名曲《臺灣舞曲》的總譜扉頁上寫道：

> 　　我在此看見極其莊嚴的樓閣，
> 　　我在此看見極華麗的殿堂。
> 　　我也看到被深山密林環繞著的祖廟
> 　　和古代的演技場。
> 　　但，這些都已消失淨盡，
> 　　她已化作精靈，融於冥冥的太空。
> 　　將神與人之子的寵愛集於一身的精華
> 　　也如海市蜃樓，隱隱浮現在幽暗之中。
> 　　啊！我在這退潮的海邊上，
> 　　只看見殘留下來的兩、三片水沫泡影……〔註104〕

　　在這首詩中，江文也對於故鄉臺灣，懷想的不是兒時歡暢嬉戲的個人情愫，而是樓閣、殿堂、祖廟、演技場等一類宏大蕭穆的家國意象與民族文化承載物。這種對於歷史洪流裏挾下民族文化傳承的想像、憑弔，必然暗合著對傳統文化正統的回溯之路。

　　正是基於自身對於文化之根的渴望，再加以齊爾品的鼓勵與推動，1938年，已經躋身於國際樂壇的作曲家江文也，作出了他人生中一個重要選擇，這

〔註103〕胡錫敏：《中國傑出音樂家江文也》，上海：上海書局有限公司出版，1983 年，第 18 頁。

〔註104〕胡錫敏：《中國傑出音樂家江文也》，上海書局有限公司出版，1983 年 3 月，第 128 頁。

或許也是「使日本樂壇大為震動」〔註105〕的一個決定，即離開日本，前往北京，應北平師範學院音樂系主任柯政和的聘請，出任北平師範學院音樂系教授，從此開始了他對東方民族性與西方現代性融合的藝術追求之路。正如謝里法所言，「從一九三八年到四七年的十年間，江文也在北平的創作生活可以說是多彩而豐富的。如今看來這時期真是他回去大陸四十年當中最珍貴的黃金時代了。」〔註106〕在北平，江文也創作了大量的音樂作品，應該說初步實現了他來北京追尋東方文化之根的初衷。

除了眾多傑出音樂作品的相繼問世，在四十年代初，江文也還出版了三部文字作品：詩集《北京銘》、《大同石佛頌》和論著《上代中國正樂考》（今譯為《孔子的樂論》），均由日本東京青梧堂出版。

《北京銘》共分四個部分，每部分由 25 首短詩組成，整部詩集正文由此恰好包含了 100 首詩歌，加上詩集正文前面《給「銘」的序詩》和詩集正文後面《給「銘」的結尾》兩首詩，共有 102 首短詩。總起來看，詩集《北京銘》布局齊整對稱，在形式上具有中國傳統美學觀念中的均衡美。但從其中每一單篇詩歌創作的藝術技法上看，江文也很明顯地傾向於西方現代派的藝術風格，特別是受象徵主義的影響至為顯著。由此再聯繫上述《臺灣舞曲》的總譜扉頁上具有神秘主義色彩的詩作，可知以西方現代藝術形式來表達東方文化內容乃是江文也有意為之的自覺藝術追求。

江文也「非常愛好拉丁民族特有的微妙感覺（sensibility）」，關注波德萊爾的《惡之花》、象徵主義馬拉美和瓦雷里的詩，而且說：「這些書比你學作曲技法更重要。」並且認為「技法上的問題並非最主要，反而重視創作上的根源與整個文化的思想」〔註107〕，江文也對當時來日本學習作曲的臺灣籍學生郭芝苑如是說，此時的江文也已經擔任北京師範學院的教授。他開始重視整個文化藝術創作的基本思想，而其詩集《北京銘》恰恰記錄了他在北京進行文化尋根的足跡與心跡。如果我們將江文也的《北京銘》視為一曲用文字創作的交響樂，

〔註105〕胡錫敏：《中國傑出音樂家江文也》，上海書局有限公司出版，1983 年 3 月，第 20 頁。
〔註106〕謝里法著：《故土的呼喚──記臥病北平的臺灣鄉土音樂家江文也》，林衡哲編，韓國鐄等著：《現代音樂大師江文也的生平與作品》，前衛出版社，1988 年 9 月，第 56 頁。
〔註107〕林衡哲編，韓國鐄等著：《現代音樂大師江文也的生平與作品》，前衛出版社，1988 年 9 月，第 65 頁。

那麼這種創作主張的痕跡在《北京銘》中同樣依稀可見。因此，我們可以從一個詩歌的切面，瞭解更多江文也關於音樂的民族性與現代性的雙重追求。

（二）

《北京銘》中的一百餘首短詩，延續著象徵主義這種幽微精妙，甚至近乎迷幻的體驗。這些詩歌有著音樂的律動、文化的思考與藝術的表達，體現了音樂與文學的巧妙共鳴。在這裡，江文也「把龐大古蹟的歷史壓縮於感動的頂點，把因景光和世相扣動音樂般飄忽而又抽象的思維、冥想，揉雜在四季的交替裏像刻銘文一樣地表現出來。」〔註108〕徘徊在大成殿、國子監、雍和宮、圓明園、圜丘壇、祈年殿、昆明湖、萬壽山、東西的四牌樓，乃至北京的胡同、和平門、前門的箭樓等歷史風物遺跡中，全不是介紹性的敘說，也不是浮光掠影似的寄詠讚頌，在構築的日光與黑影，城牆與牌樓，黃土與沙石等諸多意象的支撐下，往往湧現出一股股超越時空般恢弘的天地緬想。「江文也的詩歌慣於描述『攝文化內涵於光、石、香、氣等原型象徵』之主題，在此種一多、有無的交界地帶，人們特別容易感受到宇宙的神秘」〔註109〕，可見《北京銘》深深領會著西方象徵主義詩歌最本質的精神，即宗教性的精神關懷，深入到象徵背後的超驗世界，正如波德萊爾所說，通過詩，靈魂可以窺見墳墓後面的光輝。這或者可以讓我們明白，江文也後來的宗教聖詠歌曲創作的得心應手，但這又「並非是他誤入宗教的一種精神寄託」〔註110〕，江文也的創作是「非個人化」的，在超驗世界中力圖召喚一種群體性記憶的重現，始終關懷著整個人類的精神世界，而且把這種可感卻不可捉摸的「直接滲透入到人類的心目中去」〔註111〕的微妙情感凝練為一種單純。

「你的詩很有技巧，但言語用得太多，我想把它寫得單純一點比較好」〔註112〕。此時江文也正如自己所說的那樣，追求的是一種單純。《北京銘》中

〔註108〕葉笛著：《江文也詩集〈北京銘〉譯後記》，江文也著：《北京銘——江文也詩集》，葉笛譯，臺北縣政府文化局出版，2002 年 12 月，「譯後記」第 2～3 頁。

〔註109〕江文也著：《孔子的樂論》，楊儒賓譯，華東師範大學出版社，2008 年 1 月，第 4 頁。

〔註110〕胡錫敏：《中國傑出音樂家江文也》，上海書局有限公司出版，1983 年 3 月，第 38 頁。

〔註111〕胡錫敏：《中國傑出音樂家江文也》，上海書局有限公司出版，1983 年 3 月，第 37 頁。

〔註112〕林衡哲編，韓國鐄等著：《現代音樂大師江文也的生平與作品》，前衛出版社，1988 年 9 月，第 67 頁。

的詩體猶如日本的短歌、俳句，句法自由，章法更是趨於簡約。「我想詩人想把這些表現為詩，如果寫得太長，將會失之於鬆散，因此決定以凝聚到極點的短詩型作為表現的工具，大體都是四行，偶有五行、六行、七行、最長的八行。」〔註113〕如果將《北京銘》視為一首「北京舞曲」，那麼與《臺灣舞曲》相較，我們可以從這種單純的形式下看到一種新特質的生成。《臺灣舞曲》中有著鮮明的巴托克風格印記，不可否認具有一種怪誕的色彩，「在一首樂曲的旋律線之間插進一個楔子，使它們出現了奇怪的扭曲表現和產生意想不到的衝突」〔註114〕，可以說，此時期的民族性很大程度上屬於人工的，正如王德威先生所言，這與異國情調有著模棱兩可的曖昧關係。而《北京銘》中，整部詩集的情緒律動渾然一體，雖然作者將其分為四部分，且每個部分中都有以「春、夏、秋、冬」為主題的詩篇，但除了第三部開篇為「秋」，其餘各部皆散編於中間，可見詩人並沒有刻意將其作為提挈各部的「領字」，自然的四季並不是詩人在天與地、靈與肉、歷史與存在、過去與未來之間徊想求索的分界線，因而，這四部分並沒有一種時序交替的分明感，留下的反而是天地玄黃，宇宙洪荒的整體通脫印象。「在 1938 年前，江文也的音樂色彩是非常豐富且明晰的，旋律是跳躍的，其音樂的肌理是非常清楚的，和旋非常大膽，調性非常強烈，這些都讓我們印象深刻。而在《孔廟大晟樂章》中，音樂突然變得沉靜了，變得單純了，單純到甚至讓人覺得有些無聊。」〔註115〕這意味著作者與傳統的對話的姿態下一種深刻思考的努力。在創作音樂的同時，他也開始創作他個人的樂論，提出了「法悅境」的觀點，即「沒有歡樂，沒有悲傷，只有像東方『法悅境』似的音樂。換句話說，這音樂好像不知在何處，也許是在宇宙的某個角落，蘊含著一股氣體。這氣體突然間凝成了音樂，不久，又化為一道光，於是在以太中消失了。」〔註116〕

　　「『法悅』本是佛教用語，來自《華嚴經》，指的是佛教徒聽眾在聆聽佛祖教誨時頓悟和歡喜的情形。江文也在這裡顯然做了一個奇妙的嫁接，把佛家的

〔註113〕葉笛著：《江文也詩集〈北京銘〉譯後記》，江文也著：《北京銘——江文也詩集》，葉笛譯，臺北縣政府文化局出版，2002 年 12 月，「譯後記」，第 2 頁。

〔註114〕Stephen Walsh 著：《BBC 音樂導讀 2 巴托克：室內樂》，鄭朔譯，花山文藝出版社，1999 年 4 月，第 10 頁。

〔註115〕王德威著：《史詩時代的抒情聲音——江文也的音樂與詩歌》，復旦大學文史研究院，中華書局編輯部編，《著壁成繪》，中華書局，2009 年 2 月，第 199 頁。

〔註116〕江文也著：《孔子的樂論》，楊儒賓譯，華東師範大學出版社，2008 年 1 月，第 3 頁。

觀點嫁接到儒家的『仁』、『禮』和『樂』的觀念上」〔註117〕，尤其是《樂記》
中的形上觀念，「樂者，天地之和也」，「大樂與天地同和」。中國的形上理論不
是將人本身的感情投射到外界事物上，或與之相互作用，而是詩人「『虛』『靜』
其心靈，以便容受『道』」，「這是一個『容受的過程』，主張感觀感受的中止」
〔註118〕。在圓明園的廢墟上：

　　　　沒有任何可支撐的一根圓柱

　　　　突然　　向中空伸出來

　　　　看哪　　人的血中　　還是住著野獸

　　　　正中的天上　　有呵呵的笑聲〔註119〕

　　立於故鄉臺灣的文化廢墟上，那時的江文也還有一種悵惘之情的主觀投
射，而在圓明園的廢墟上，人血中的獸欲與天空中傳來的笑聲，兩相解構，圓
明園這個政治與歷史的縮影本應激起的憤慨和文化頹墮之歎都消解在這呵呵
的笑聲中。我們無從界說詩人情感體驗的特徵，冷靜超脫之中詩人不再追求，
而是捨棄，徹底自我。

　　一九四八年的暮春，江文也在他的《第一彌撒曲》後記中有這樣一段獨白：

　　　　這是我的祈禱，是一個彷徨於藝術中求道者最大的祈禱。在古
　　代祀天的時候，我祖先的祖先，把「禮樂」中的「樂」，根據當時的
　　陰陽思想當作一種「陽」氣解釋的。在原子時代的今天，我也希望
　　它還是一種氣體、一種光線在其中有一道光明，展開了它的翼膀，
　　而化為我的祈禱，飄飄然飛上天。

　　　　願蒼天睜開他的眼睛，

　　　　願蒼天擴張他的耳聰，

　　　　而看顧這卑微的祈禱，

　　　　而愛惜這一道光線的飛翔。〔註120〕

　　對於《北京銘》而言，這顯然已經是後話了，但卻讓我們更加完整的看到

〔註117〕　王德威著：《史詩時代的抒情聲音——江文也的音樂與詩歌》，復旦大學文史研
　　　　究院、中華書局編輯部編，《著壁成繪》，中華書局，2009 年 2 月，第 200 頁。
〔註118〕　〔美〕劉若愚著：《中國文學理論》，杜國清譯，江蘇教育出版社，2006 年 2
　　　　月，第 74 頁。
〔註119〕　江文也著：《北京銘——江文也詩集》，葉笛譯，臺北縣政府文化局出版，2002
　　　　年 12 月，第 76 頁。
〔註120〕　胡錫敏：《中國傑出音樂家江文也》，上海書局有限公司出版，1983 年 3 月，
　　　　第 38 頁。

了江文也40年代對於現代性聲音的追尋寄託在傳統雅文化的想像上。

（三）

《北京銘》顯示了音樂家江文也的文學才華，展示了他作為詩人的另一個身份及其深厚的中國傳統文化積澱。

《北京銘》是由江文也以日文創作的，目前可見的中文譯本有葉笛譯、臺北縣政府文化局2002年12月出版的《北京銘——江文也詩集》，以及廖興彰譯《北京銘》〔註121〕等兩種譯著。

正如江文也以西方音樂形式表達東方文化思想內容的作曲風格，《北京銘》對中國傳統文化的勘刻選擇以日文作為書寫方式，不管這其中有何內情，終究意味著一種用日語的思維方式來表達中國的鄉愁，從日本佔領區被侵略者的視角來告訴日本人他對於北京，東方的文化之都的感受，從這個意義上說《北京銘》，不是獻給北京的一曲華美樂章，反而是北京暗合著江文也的國族想像，這種「想像中國的方法」，恰好又指涉著江文也對傳統文化影響接受的積極與自由。我們不妨從這個角度再來看江文也對於傳統的態度，傳統「是有創造性的，向過去的賢人根據『傳統』而在無意識中創造了新的文化加上『傳統』似的，今天我們也應該創造一些新的要素再加上這『傳統』」〔註122〕，「以近代科學底方法來復興而永久保存中國的各種的『樂』，又根據此中國古樂的精神而創造一種新音樂以貢獻於世界樂壇，這是此八年來敝人在沉默中潛心所研究的根本思想。」〔註123〕於是《北京銘》一方面有著民族精神的強烈召喚，另一方面又在傳統中呼喚著再發明和再創造，而這必然承載了江文也對於傳統的個人主體性體驗與籲求，正如在寄「銘」的序詩和結尾處，江文也情願把刻在石碑和銅鼎的這些，「刻在我這個肉體上」〔註124〕，並讓這銘「放心跟這個肉體一起蒸吧」〔註125〕。對傳統的懷舊又深刻的浸潤在江文也自己

〔註121〕 廖興彰譯，江文也著《北京銘》，張己任總編輯：《江文也文字作品集》，臺北縣立文化中心出版，1992年10月，第151～200頁。

〔註122〕 胡錫敏：《中國傑出音樂家江文也》，上海書局有限公司出版，1983年3月，第115頁。

〔註123〕 胡錫敏：《中國傑出音樂家江文也》，上海書局有限公司出版，1983年3月，第34頁。

〔註124〕 江文也著：《北京銘——江文也詩集》，葉笛譯，臺北縣政府文化局出版，2002年12月，第2頁。

〔註125〕 江文也著：《北京銘——江文也詩集》，葉笛譯，臺北縣政府文化局出版，2002年12月，第224頁。

的體驗、感興之中。

　　在看過大同石佛後，他曾說「每一塊石頭都有血，流出的血都是我的」，這既是他於自己身上發現中華文化的骨血遺傳，更是他在史詩時代開鑿一條他自己的個人抒情之道。本文此處所採「抒情」、「史詩」兩個概念，所指並非文類特徵，而是沿用捷克漢學家普實克的理論。普實克在論述中國現代文學史的時候，曾說，「中國現代文學發展的過程由兩種力量在牽扯：抒情的與史詩的。所謂的『抒情』是個人主體性的發現和解放的欲望，所謂的『史詩』是指歷史對群眾主體的訴求，團結革命的意志。」抒情和史詩是「可以延伸到一種話語模式、情感的功能以及最重要的社會政治想像」〔註126〕。三、四十年代的中國，在抗日救亡的緊要關頭，急需樹立一種民族自我意識，從民族傳統文化中尋找凝聚力和對本民族屬性的自我認同，江文也正是在這樣「集體呼嘯，革命吶喊」的史詩背景下，善用中國的抒情資源，並把其導向對現代情境的思考。〔註127〕用對鄉愁的想像來建構現代性聲音的「民族傳統」。江文也對於文化尋根的內心渴望與其對於作曲藝術的現代性追求形成了一種奇特的矛盾統一的角力，正可為他作曲風格在20世紀三四十年代的突然轉變提供有力的注腳。

　　20世紀三四十年代，是江文也在作曲創作中的繁盛期，也是他風格的重要轉折期，不僅是技巧形式的問題，更屬於整個思想文化上的選擇。於是這種轉變的痕跡也一定會銘刻在江文也所涉足的其他藝術領域，他在四十年代出版的詩集《北京銘》正是其音樂創作風格轉變的一個側面影射，在此能夠較清晰的看到他在中華傳統雅文化求索道路上的認同。但是這種認同又在日文寫作下始終「隔著一層」，這提醒我們，江文也對文化傳統的回歸不乏帶有一種個人抒情性想像的色彩並顯現著他對於日本「語言殖民」的掙扎與抗爭。這種混雜（hybridity）恰恰彰顯了與江文也東方與西方融合的曲作類似的藝術創作風格。如果說這是一種張力、悖論或者獨特的藝術魅力，則毋寧說這是一種歷史的尷尬。也正因如此，1950～1970年代，要求個人絕對的消融在集體之中的政治環境，使江文也面臨著無法實現個人抒情的痛苦，乃至無法傳達自己的「聲音」。直到一九八三年，江文也終於為尋求自己的「聲音」而獻

〔註126〕王德威著：《史詩時代的抒情聲音——江文也的音樂與詩歌》，復旦大學文史研究院，中華書局編輯部編，《著壁成繪》，中華書局，2009年2月，第205頁。

〔註127〕王德威著：《史詩時代的抒情聲音——江文也的音樂與詩歌》，復旦大學文史研究院，中華書局編輯部編，《著壁成繪》，中華書局，2009年2月，第206頁。

出了性命。

江文也曾堅強地說「我認為這並不是敗北者的自我安慰，而是繼續奮鬥下去，用盡到最後一卡的體熱量。然後倒下去，把自己交給大地就是了」〔註128〕，表達了自己對民族音樂藝術的熱愛和不惜為其犧牲生命的決心和信念。這個為自己的藝術理想和弘揚中華民族文化，為自己的事業而勇於探險的音樂家和詩人，值得我們紀念和敬仰。

六、雞籠生（陳炳煌）與臺灣日據時期的漫畫藝術

臺灣的漫畫藝術創作肇始於二十世紀二十年代。最初的臺灣漫畫具有強烈的民族意識和鮮明的地域特色，以漫畫隱喻對於日本殖民統治的抗議。緊隨其後的雞籠生（陳炳煌）漫畫善於細緻觀察生活習俗，並以俏皮幽默的圖畫反映社會現實問題，同情底層民眾。作為漫畫與文學形式結合的通俗文藝樣類，雞籠生漫畫及其配圖散文皆有較高的藝術水平。於 1935 年創作並在臺灣流行的三部雞籠生原創漫畫集標誌著臺灣日據時期漫畫藝術的最高成就。雞籠生和葉宏甲等在日據時期起步的臺灣漫畫家，引領了臺灣漫畫界走出日本漫畫充斥市場的陰影、發展中國本土原創漫畫的風潮，在臺灣漫畫發展史上有著拓荒之功，對今天海峽兩岸的漫畫藝術發展也有著重要的現實啟發意義。

（一）臺灣日據時期漫畫藝術發展概況

臺灣的漫畫藝術創作可以上溯至臺灣的日據時代（1895～1945）。20 世紀初，受日本「潑克」〔註129〕文化的影響，臺灣藝術界發行了漫畫期刊《臺灣潑克》。最初的臺灣漫畫深受日本漫畫影響，較少創新。此後，具有臺灣本土特色、反映現實生活的臺灣原創漫畫在 1920 年代開始出現。最初臺灣漫畫家主要在《臺灣民報》等報刊發表評論政治時局的原創漫畫，具有濃厚的地方色彩和反抗殖民統治的抗爭意識。如 1927 年楊國城與陳繼章兩位臺灣漫畫家曾發表了一幅諷刺臺灣總督的政治漫畫，並因此遭到日據當局的處罰。

1930 年代，隨著日本兒童漫畫的興起，臺灣漫畫家也開始創作兒童漫畫。這些深受日本流行兒童漫畫影響的漫畫作品大多發表在《臺灣新民報》、

〔註128〕 胡錫敏：《中國傑出音樂家江文也》，上海書局有限公司出版，1983 年 3 月，第 58 頁。

〔註129〕 「潑克」之名源自莎士比亞戲劇中對於喜做惡作劇的頑皮小妖精的稱呼「Puck」，後來引申為滑稽的小丑的意思。

《臺灣日日新報》等報刊，作者有陳定國、王朝基、陳光熙、洪晁明、許丙丁等人，其中影響比較大的有洪晁明的《建設阿婆》和許丙丁的《現代封神榜》等。這些約於 1930 年代初期出現的臺灣漫畫家，如陳定國、王朝基、陳光熙、許丙丁，以及 40 年代出現的葉宏甲等，他們的創作，具有強烈的民族意識和鮮明的地域特色，以漫畫隱喻自己對於日本統治的抗議。

　　1935 年在臺灣流行的雞籠生漫畫標誌著臺灣日據時期漫畫藝術的最高成就。此時期出現的雞籠生的三部原創漫畫集作品頗堪注意。1935 年出版的《百貨店》一書收錄了配圖雜文、遊記，可視為漫畫與文學形式結合的通俗文學樣類；《海外見聞錄》曾在《新民報》上連載，記敘歐美見聞，幽默風趣，通俗易懂，頗受讀者歡迎，後編輯成書出版；而《雞籠生漫畫集》則為臺灣第一部專門的漫畫集。雞籠生由此成為臺灣第一個出版漫畫專集的漫畫家。同時，因為雞籠生能文善畫，善於將漫畫藝術與文學巧妙結合，充分發揮漫畫的教化功能，他也成為「臺灣第一位漫畫作家」〔註 130〕。

（二）雞籠生生平及其著作

　　雞籠生，本名陳炳煌（1903～2000），基隆市人，因出生於基隆，基隆舊稱雞籠，故取筆名「雞籠生」。其主要著作有：

　　1935 年著《百貨店》。此書計出三集，第一集刊於 1935 年，第二集刊於1954 年，第三集刊於 1959 年，收錄雜文、遊記，均屬通俗文學。

　　1935 年著《雞籠漫畫集》。為繪圖本通俗文學，是臺灣第一部漫畫集。

　　1935 年著《海外見聞錄》。繪圖本通俗文學。此書曾在《新民報》上連載，追述歐美見聞，後彙集成書，公諸於世。

　　1943 年著《大上海》。著者因曾就讀於上海，前後僑居數十年，對於上海市街，表裏生活，風俗人情，諳熟於心。《臺灣新民報》改刊日報《興南新聞》後，先在副刊陸續發表，後彙成一書出版。

　　雞籠生的職業並不是從事漫畫創作。其父是茶商，他本人的專業也是商學管理，漫畫創作只是他的業餘愛好。陳炳煌讀小學時即對繪畫有著極為濃厚的興趣，早期中秋月餅和香煙盒裏都附有圖卡，他常臨摹上面的人物、花鳥，幾可亂真，常獲長輩們的讚賞。由於父親經商之故，他隨父親出國，1916 年起就讀福州的鶴齡英華書院，兩年後轉學到香港拔萃書院，尚未結業父親就帶他

〔註 130〕 李詮林：《臺灣現代文學史稿（1923～1949）》，福建師範大學博士學位論文，
　　　　　 2005 年，第 121 頁。

前往安南、星島、爪哇、婆羅洲、蘇門答臘等東南亞國家，作長期觀光旅行。1920 年冬，他回到中國，落腳上海繼續學業。1927 年，他畢業於上海聖約翰大學，畢業後遠赴美國留學，先後於費城、紐約的大學研習商業管理。（也有學者稱研究「商業美術」。〔註131〕）1929 年，他進入美國紐約大學就讀，並開始為校刊畫漫畫，多係為校刊畫些插畫或作壁報刊頭，內容多為諷刺美國社會，漫畫生涯由此起步。1930 年取得紐約大學碩士學位後，他經歐洲返回上海，1931 年任臺灣新民報上海支局長，陸續在該報的文藝版上，發表《海外見聞錄》、《大上海》、《百貨店》與《漫畫集》等作品。

雞籠生戰後回臺，曾負責籌備臺灣航業公司。1951 年，農復會《豐年》雜誌創刊時，他即加入其中擔任編輯工作，至 1963 年以「豐年社」副社長職務卸職。此後，他曾歷任榮星保齡球館及臺灣旅行社總經理，退休後旅居美國。雞籠生能文能畫，性好遊，其足跡遍及全球。其主要作品還有《百人簽名集》《可愛的仇人》《傻瓜集》《廣告畫》等。

（三）雞籠生漫畫藝術分析

雞籠生漫畫大多用俏皮幽默的圖畫反映社會現實問題，在日據時期的臺灣掀起了一股漫畫熱。其畫風雖「有點生澀」〔註132〕，卻往往能切中肯綮地刻繪出典型社會現象，如以一個在大官面前跪著捧上布條奉承的人物來諷刺日據時代的官僚文化，以希特勒與墨索里尼握手交談的畫面來指代「軍閥」，以「一堆人擠破頭搶進大學窄門」的誇張畫面描繪入學競爭的激烈等。除了以時事入畫外，雞籠生還把風靡西方的菲力貓連環漫畫的風格融入其漫畫，漫畫人物動作俏皮，表情生動，尤其描繪人物滑跤摔倒和弔在樹上的場面，非常「生動逗趣」〔註133〕。此外，雞籠生漫畫在描繪女性形象的時候，又往往突破了漫畫一貫的誇張、諷刺的風格，表現了性感唯美的素描畫風，透露了作者在美國接受的西方教育的影響。雞籠生漫畫還改變了初期臺灣漫畫熱切關注時事、諷刺干預政治的單一主題模式，開始把目光更多地方在民生和習俗上

〔註131〕 參見臺灣省文獻委員會編：《臺灣省通志卷六・學藝志・藝文篇》全一冊，張炳楠監修、李汝和主修、廖漢臣纂修，臺中：臺灣省政府印刷廠，1971 年，第 80 頁。

〔註132〕 趙靜：《臺灣第一本漫畫書 1935 年誕生》，《市場報》，2007 年 11 月 9 日第 24版。

〔註133〕 趙靜：《臺灣第一本漫畫書 72 年前誕生　內容生動逗趣》，http://news.sina.com.cn/c/2007-11-06/095512854428s.shtml，2007 年 11 月 6 日。

面，比同時期的其他臺灣漫畫更具有耐人咀嚼的人生哲理性。

雞籠生愛好旅遊，善於細緻觀察社會瑣事和生活習俗，用畫筆描繪底層社會小人物的生活百態，並給予同情與鼓勵。於 1935 年自費出版的《雞籠生漫畫集》，是陳炳煌的代表作，也是臺灣的第一本漫畫作品集，內容有「大都會」、「古詩今畫」、「四季畫」、「俗語漫畫」、「時事漫畫」、「異地風光」、「社會漫畫」、「漫畫漫談」、「雜錦漫畫」；形式表現簡潔、樸拙，當時只印行了五百本。直到 1954 年，《雞籠生漫畫集》才出版第二集。雞籠生漫畫藝術形式多樣，最突出的是他除了畫名人肖像之外，還會親自索取這些名人的簽名。如卓別林和尼克森簽名真蹟〔註134〕便收錄於《雞籠生漫畫集》中。同年發表的《海外見聞錄》漫畫，諷喻臺灣社會生活習俗，線條清秀，具有我國繡像畫的特色，文章平易，饒有趣味，也獲得了廣大讀者的喜愛。

雞籠生漫畫既評述時事，描繪異地風光，也介紹胡適、于右任等名人，以圖畫和文字記載當時臺灣社會，其漫畫和文章皆有較高水準，其中的《傻瓜集》、《海外見聞錄》等也可以當做散文集來讀。其創作文類以散文為主，題材多以遊歷海外時的經歷為主軸，以專題的方式書寫各地風情。

（四）雞籠生及其他臺灣日據時期漫畫家的影響

在日據時期，臺灣漫畫家已取得了驕人的成就。臺灣光復以後，這些老漫畫家們除了整理舊作、出版續集以外，還迭出新作。在他們的示範作用下，一些漫畫新秀也不斷湧現。

葉宏甲（1923～1990），新竹人。他在 1940 年就讀大學時就和陳家鵬、王花、洪朝明等人共組「新高漫畫集團」，從事漫畫創作。1945 年，這一漫畫團體成為臺灣漫畫的急先鋒，他們創辦了「新新」月刊，創作了多幅評論社會現實的時事漫畫。1956 年，葉宏甲為大華出版社繪製了《臺灣民間故事》。1958 年創刊的《漫畫大王》給葉宏甲提供了發表天地，其代表作「諸葛四郎」將他推上了漫畫創作的巔峰。1963 年，葉宏甲成立宏甲出版社，創作「諸葛四郎」續集單行本，並發表了一些新作。葉宏甲擁有眾多的「諸葛四郎迷」，其漫畫風格獨特，以有趣的簡筆造型見長，人物雖略嫌圖案化，但故事情節卻曲折入勝，以蒙面人構成的懸念和神秘感的運用使其漫畫趣味橫生。其主要作品有《諸葛四郎》《青獅城風雲》《真假王子》《蝴蝶童子》《月夜飛燕》《神童靈

〔註134〕《雞籠生漫畫集中的女性形象》「樂樂樂樂翻天」博客 http://blog.sina.com.cn/s/blog_6deb21520100morn.html，2010 年 11 月 15 日。

犬》等。

　　因漫畫的煽動性宣傳效果，光復後的臺灣當局曾在軍隊普遍設置了漫畫文宣隊，將漫畫稱為「戰鬥美術」。1953 年，《學友》的發行對兒童漫畫起了巨大的推動作用，在此雜誌發表的羊鳴的「小八爺」、泉機的「三藏取經」兩部兒童漫畫作品寫下了臺灣漫畫史上的重要一頁。此後更有臺灣光復初期由大陸遷臺的黃榮燦木刻、漫畫，牛哥漫畫，乃至 1980 年代迄今的蔡志忠、敖幼祥、朱德庸和幾米漫畫等繼起並蔚為社會閱讀風潮。

　　雞籠生漫畫自問世至今雖已有近 80 多年的歷史，但仍被許多漫畫研究者收藏珍愛，並曾在近幾年在臺灣辦特展展出。雞籠生和葉宏甲等在日據時期開始起步的臺灣漫畫家，引領了臺灣漫畫界走出日本漫畫充斥市場的陰影，發展中國臺灣本土原創漫畫的一代風潮，在臺灣漫畫發展史上有著拓荒之功，對今天海峽兩岸的漫畫藝術發展也仍有著重要的現實啟發意義。

第四章　臺灣光復之後

一、南社閩集鉤沉〔註1〕

　　中國近現代史上的重要革命社團南社 1909 年成立於蘇州虎丘，雖於 1923 年停止活動，但隨之有新南社、南社湘集、粵社、越社等由原南社成員組織或發動的文學社團出現，這其中以南社閩集成立時間為最晚。

　　南社閩集是原南社社員朱劍芒於 1945 年在抗戰時期的福建臨時省會永安創立的。有關南社閩集的研究資料珍稀寥落，而其成立時間卻有 1941 年、1943 年、1945 年等三種說法。原籍江蘇的朱劍芒是於 1941 年至福建省政府任職的，據朱劍芒《我所知道的南社》一文，南社閩籍成立於「一九四三年舊曆五月初五」，但結合該文上下文所述「後來在接近日德意法西斯集團日暮途窮，即將全面崩潰，再沒有空襲警報，彼此經常敘集在羅稚華的寓所──燕尾樓，又談到組織南社問題」及「南社閩集正式成立後，只隔四個多月，日寇投降，所有這個臨時省會的機關團體都遷回福州，大家也就離別了永安」等時代背景，「一九四三年」應為「一九四五年」之筆誤。另據南社閩集成員、福建泉州詩人潘希逸在致王瑜孫信中回憶，南社閩集的成立醞釀時間較長，但實際成立時間則為 1945 年的端陽日，成立地點為位於永安橋尾的書法家羅丹家中的燕尾樓，時羅丹開辦的風行印刷社亦在此處（信見王瑜孫《南社閩集》一文）。據此二則文獻，另據《南社閩集第一次收支報告》文末所署時間，南社閩集成立時間是在 1945 年農曆五月初五端午節，應可確定無疑。

〔註1〕此部分曾以《南社閩集鉤沉》為題發表於《團結報》（北京），2021 年 1 月 28 日 06 版文史週刊。

　　據筆者所見《南社閩集第一次收支報告》（以毛筆黑墨手寫於一張白紙，落款為「南社閩籍會計幹事余雲」，時間為 1945 年 8 月 30 日），南社閩集「自成立日起至八月底止」，共收朱劍芒、王湘君等 35 人「入社費」各 50 元，共1750 元整。由此可知，至 1945 年 8 月底，南社閩集的入社社員有朱劍芒、王湘君、周召南、姚景椹、許建樞、劉永溍、趙鼎鈞、汪受田、范問照、朱玖瑩、林霞民、陸華柏、蕭而化、王承光、許鶴、張炯、潘希逸、吳志全、黃天爵、謝儁、林超然、洪健、江熙春、劉綿松、盧秋卿、張翰儀、賴先傳、黃壽祺、吳鍾良、羅丹、余雲、柯搊芬、陳明鑑、鄭寶瑜、陳葆元等共 35 人。

　　南社閩集自成立至因社員遷徙星散而不再有成規模的集體活動，共有兩次全社規模的雅集。南社閩集的第一次雅集，係與南社閩集成立會同時進行，地點在永安橋尾的燕尾樓，參加者有朱劍芒、羅丹、林霞民、胡孟璽、陳瘦愚、姚景椹、田子泉、高伯英、朱大炎和潘希逸等來自南方八省的詩人17 位。

　　南社閩集的第二次雅集，據潘希逸《續談「南社在福建」》回憶，有朱劍芒、潘希逸等八省 17 位詩人參加，「地點是在福州城北龔氏花園『環碧軒』中」，而龔氏花園即近代福州文化名人、晚清藏書家龔易圖的花園，其遺址現在位於福州市區福建省政府附近的西湖賓館院內。時為「乙酉」年「東坡先生的生日前一日」（經查對年曆及蘇軾年譜，該「乙酉」年的蘇東坡生日為農曆乙酉年臘月十九，公曆 1946 年 1 月 21 日，而其前一日，時即農曆乙酉年臘月十八，公曆 1946 年 1 月 20 日），而 1946 年 1 月 20 日這一次在福州的雅集，也是南社閩集最後一次全社規模的雅集。

　　南社閩集雖僅有兩次全社規模的雅集，但卻湧現出了不少佳作，據筆者聞見所及，第一次雅集曾收集了與會詩人詩稿，雖擬刊而未刊，但其手稿卻已具詩集規模，其中不乏佳句，如周伯壎所作《南社閩集首次盛會敬步朱社長劍翁原韻》，中有「文字訂交舊與新，燕江歡聚適良辰……重敦氣節定先因」句。而第二次雅集，從現存手稿可以看出，胡孟璽等也吟出了「生遲我媿千秋後，語雋人爭七字詩」（《乙酉東坡生日南社集環碧軒同孟璽作》）、「座上朱君真健者，詩胎唐宋字蘭亭」（《乙酉十二月十八日　林霞民君邀集南社祝東坡先生壽　朱劍芒君即席賦詩謹步原韻　呈請　諸同席　斧削　龔永叔拙言》）等妙語佳言。

　　南社閩集成員中不乏名重一方的宿儒耆老。社長朱劍芒（1890～1972），

江蘇吳江人，抗戰勝利後回到家鄉，以熱心從事中小學教育和文化事業聞名地方，曾擔任過常熟市政協副主席，著有《南社人鬼錄》、《劍廬詞存》等。朱劍芒詩歌古樸自然又不失深刻，有杜甫遺風，又有陶淵明詩歌氣韻。

副社長羅丹（1904～1983），字稚華，是廈門婦孺皆知的書法家，曾自創「羅丹體」書法，其書法作品現被製作為書法雕塑，樹立於廈門環島路木棧道旁沙灘上的書法廣場供遊人欣賞和瞻仰。羅丹詩歌喜引當下事物入詩，故其詩時代感強烈，明白曉暢，但又不乏唐詩韻味。羅丹抗戰後隨其創辦的風行印刷廠轉至廈門，後曾任廈門第一印刷廠副廠長、廈門市工商聯秘書長。2019 年 9 月 3 日，筆者從羅丹的內侄周毅先生（羅丹為周毅之姑丈）處得知，羅丹是於 1983 年 3 月 27 日逝世於廈門的。羅丹著有《稚華詩稿》。

汪受田（1889～1965），原籍臺灣臺南，是發起公車上書的晚清最後一名臺灣進士汪春源的長子，他 6 歲時隨父親汪春源內渡大陸，寄籍漳州，曾參加林爾嘉在鼓浪嶼舉辦的菽莊詩社活動，是福建漳州、廈門一帶德高望重的辛亥老人，他是晚清秀才，曾任民國時期《漳州日報》主筆、福建省銀行人事主任，也曾擔任林爾嘉公司旗下的漳州汽車公司的經理，新中國成立後曾任廈門市僑聯執行委員。汪受田詩作氣勢雄渾，格局闊大，如他的詩作「飛鴻爪跡大瀛南，萬里星槎海客談。汗漫紀遊王遡叟，輶軒問俗薛庸庵。一篇赤雅文何壯，三尺青虹氣正酣。打破天荒成信史，銘勳不律是奇男！」（為林有壬所著《南洋實地調查錄》題詩）〔註 2〕境界遠致，自成高格，其書法則字如其詩，亦於奔放中寓睿智秀雅。

陳守治（1897～1990），筆名陳瘦愚，早年在南平、沙縣、福州等地從事中小學教育，晚年主要致力於舊體詩詞創作與研究，一生作詩萬餘首。曾擔任福建省文史館館員，並曾參與編纂《南平縣志》。他在對於毛主席詩詞格律的研究方面頗有成就，曾得作者親自首肯。在南社閩集詩人中，陳守治獨愛填詞，其詞作雖格律謹嚴但卻通俗平易，清新自然。

潘希逸（1903～1989），福建南安人，長期在晉江從事中小學教育工作，是泉州一帶德高望重的舊體詩人，曾擔任校長、縣政協委員。潘希逸詩歌雅潔舒展，他擅長創作唱和往來詩詞，詩友廣布全國，著有《孟晉齋詩存》。

潘主蘭（1909～2001），祖籍福建長樂，生於福州，是擁有很高藝術造詣

〔註 2〕漳州市薌城區政協文化文史和學習委員會編：《汪春源傳略》，《薌城文史資料》第三十二輯（總五十期），2019 年 12 月，第 139 頁。

的書法家、畫家、篆刻家、古文字學家,抗戰後回到福州,曾擔任福建省文史研究館館員、福建省書法家協會副主席、福州市文聯名譽主席等職務,他除了自己勤奮創作以外,還樂育英才,桃李芬芳,在福建書畫界擁有崇高的威望。潘主蘭因專心於書畫及篆刻藝術,並旁及甲骨文研究,故常借詩談藝,或談畫技,或談書論,或談篆刻技藝,或談學理,這使得他的詩歌長於說理,近於宋詩風格。

黃壽祺(1912～1990),福建霞浦人,曾任福建師範大學教授、中文系主任、副校長等職,他長期從事中國古典文學的研究,尤其在周易的研究方面,在國內外享有盛譽,著有《周易譯注》,是當代中國德高望重的易學大師,其詩作收放自如、渾然天成,淳樸自然而又不乏人生至理和知識意蘊,合乎格律而又不拘於舊制,展現了作者深厚的國學功力和高遠的人生境界,其詩曾選為《六庵詩選》梓行於世。

而以南社老詩人身份加入南社閩集的林之夏(1878～1947)更是成就非凡,他早年曾參加同盟會,民國成立後曾被孫中山先生授予上將軍銜,他曾為南社閩集第一集書寫封面題耑,林之夏作詩喜愛用典,但又有古體敘事詩素樸古雅的氣度,著有《海天橫涕樓詩文集》等。

南社閩集是永安抗戰文化的一部分,也是中國現代文學史上一個值得重視的舊體文學社團。曾有許多學者或南社社員認為南社閩集與新南社、南社湘集、粵社、越社等文學社團均為南社的「支社」。如王瑜孫就認為:「南社的支社有湘集、粵社等等。而其最後的支社則為南社閩集。」當然,實際上,嚴格說來,上述文學社團應該界定為與南社有關的新的文學社團,而非南社的支社,所謂「皮之不存,毛將焉附?」南社既已解散,後起的文學社團就不能目之為「總社」。況且,南社閩集自成立之日起,雖與南社社長柳亞子等骨幹成員有一些唱和往來和書信聯繫,但並沒有接受原南社組織或其領導人的實質性領導或指導,實難以匹配「南社支社」之名。因此,南社閩集與南社不能看作同時期的總分關係,而是前後的繼承與被繼承的關係。之所以會有「南社支社」之說,原因有二,一是南社閩集中確實有一些南社老社員,如朱劍芒、丘復等,特別是南社閩集的社長朱劍芒就是原來南社的社友;二是因為南社的知名度與社會美譽度較高,成為南社成員是許多知識分子的願望,成為南社成員甚至已成為詩歌創作水平高的代名詞,因此,南社閩集是南社的支社實際也是南社閩集成員們的普遍願望,因此才會有南社閩集成員偽託「南社

支社」的說法以及詩評家們誤認南社閩集為南社支社的措辭。

　　南社閩集雖然不能算作南社的分支機構，但其成員卻大都繼承了南社最初成立時的堅持民族氣節，不忘根本，反帝、愛國、民主的理想和思想，是一個革命、進步的文學社團。南社閩集成員中有朱劍芒、丘復、林之夏等原為南社成員的老詩人參加，另有曾參加過南社湘集的陳守治也為南社閩集社員，因此，南社閩集確實與南社有著千絲萬縷的關聯。可以說，南社閩集是南社結束活動以後，繼起的一個有志繼承南社衣缽的重要文學社團，應該得到學界乃至社會各界的重視。但就目前的研究現狀來看，雖有學者或南社老社友給予了關注，現有的對其社團活動、社友的文學創作進行系統整理與論述者卻仍可謂鳳毛麟角。比起南社湘集來，南社閩集既無社友的作品結集出版，也無專門的研究南社閩集的論著出版，這不能不說是一個南社研究領域的缺憾。筆者願與諸位看官、大家、同好繼續齊心戮力彌補之。

　　南社閩集社長朱劍芒曾著有詩集一卷，名曰《燕江詩稿》，因燕江乃流經永安市區的內河也。目前永安市內仍存有燕江河，河上有橋，橋尾有店，名燕江國際大酒店，地處福建省三明市永安市新府路 338 號，現為三明市最高檔的酒店；另有燕江樓，號稱百年美食老店，亦以燕江為名者，想南社閩集詩人應曾駐足當年此店一啖永安風味小吃矣。撫今追昔，我們應該銘記，也應倍加珍惜，七十餘年前，在抗戰的烽火裏，來自全國各地的南社閩集愛國詩人們曾輾轉薈聚於此，雅集修禊，延續南社堅持民族氣節的文脈精神，書寫熱愛祖國、反對侵略的美麗詩篇，為我們留下了一筆筆寶貴的精神遺產和文化資源。

二、論臺灣作家的「浙江鄉愁」──以琦君散文《一對金手鐲》為例〔註3〕

　　自余光中《鄉愁》詩歌廣為海峽兩岸同胞傳誦吟唱以來，臺灣的「鄉愁」書寫及其承載的鄉愁情緒便不絕如縷，然而，臺灣作家的「鄉愁」書寫，其源頭遠早於余光中在二十世紀五六十年代的詩歌，饒有趣味的是，此類臺灣「鄉愁敘事」在余光中之前與其後，均與浙江籍作家有著深厚的淵源。祖籍浙江溫州甌海的臺灣作家琦君女士便素以「懷舊」與「鄉愁」的文學創作主題著稱，她的散文《一對金手鐲》是其「浙江鄉愁」題材作品的典型代表。

─────────

〔註3〕此部分曾以《論臺灣作家琦君〈一對金手鐲〉中的「浙江鄉愁」》為題發表於《華夏文化論壇》，2020 年第 1 期。

（一）琦君及其散文《一對金手鐲》

琦君（1917～2006），浙江省永嘉縣瞿溪鄉（今浙江省溫州市甌海區）人，1949 年赴臺，後曾旅居美國，晚年於 2004 年返回臺灣，居住並逝世於臺北淡水。琦君晚年曾於 2001 年在離開溫州 57 年之後回到故鄉溫州，也回到了祖籍地溫州市甌海區澤雅鎮廟後村，以及她的出生地和舊居地溫州市甌海區瞿溪街道。近年來溫州甌海區當地政府已在瞿溪琦君舊居設立了「琦君文學館」，在琦君的祖籍地廟後村原廟後小學所在地設立了琦君紀念館。琦君的散文《一對金手鐲》最初發表於臺灣《幼獅文藝》1976 年 11 月號，後收入琦君散文集《桂花雨》一書於 1976 年 12 月 25 日在臺灣爾雅出版社出版。

《一對金手鐲》發表以後，被臺灣教育部門選定為中學國文教材篇目。而在祖國大陸，改革開放以後，進入新時期以來，琦君的《一對金手鐲》也被選入了小學語文教材。《一對金手鐲》以「一對金手鐲」為敘事線索，運用了傳統的「睹物思人」、「借物抒情」的敘事手法。當然，選入兩岸中小學語文教材的《一對金手鐲》，與琦君的《一對金手鐲》原著在文字表述上有著很多差異，應該是教材編寫者考慮中小學生這一教學對象群體的知識水平、教育程度、年齡、心理等多種因素所做的刪節乃至改寫。

《一對金手鐲》一文曾被著名文學史家夏志清、散文學家樓肇明稱讚為「即便列入世界名作之林也無愧色」〔註4〕，夏志清甚至認為，《一對金手鐲》「是篇散文傑作，當今英美散文家不可能再有人能寫出這樣真摯樸實的文章來」〔註5〕。樓肇明先生更是進一步指出，「如果拿所寫的題材來說，琦君在許多方面與『五四』時期的冰心相似，多半寫童年記憶，母女之情，友伴之誼，但是琦君卻寫出了新水平，她在一個新的散文水準線上營造了一個只屬於她的藝術世界。……琦君堪稱以真善美的視角寫童年故家的聖手，在她筆下，童年不是一般意義上人類個體生存史上的童蒙期，而是『驀然回首，不復存在的心靈伊甸園』，她是將兒童聖潔的心靈，對童年的一次回憶，當成是滌濾心靈的一次巡禮。」〔註6〕除了在童年敘事上的創新，《一對金手鐲》中的「浙江鄉愁」敘事在眾多浙江籍

〔註4〕樓肇明：《談琦君的散文（代序）》，琦君著《琦君散文》，杭州：浙江文藝出版社，1994 年，第 3 頁。

〔註5〕夏志清發表於 1977 年 7 月 1 日臺灣《現代文學》雜誌的論《一對金手鐲》的文字，轉引自周吉敏主編：《一生愛好是天然：琦君百年紀念集》，北京：中國文聯出版社，2018 年，第 204 頁。

〔註6〕樓肇明：《談琦君的散文（代序）》，琦君著《琦君散文》，杭州：浙江文藝出版社，1994 年，第 3 頁。

作家的「鄉愁書寫」中也深具代表性，同時又個性鮮明而別具風格。

（二）浙江作家的「浙江鄉愁」

浙江籍作家素有「鄉愁敘事」的傳統。瀏覽海峽兩岸文學史，沈光文、魯迅、周作人、許壽裳、浙東作家群、鄉土作家群（柔石等），這些文學人物或文學流派的創作中都留有「鄉愁」的痕跡。

明末渡臺的寧波詩人沈光文在臺灣書寫了眾多思念家鄉的詩作，如他的詩作《思歸六首·之一》：「歲歲思歸思不窮，泣歧無路更誰同。蟬鳴吸露高難飽，鶴去凌霄路自空。青海濤奔花浪雪，商飆夜動葉稍風。待看塞雁南飛至，問訊還應過越東。」〔註7〕沈光文因這些思鄉之作而被稱作「開創了臺灣鄉愁文學的先河」〔註8〕。沈光文為浙江鄞縣（今寧波鄞州區）人，1651年渡臺〔註9〕，1688年病逝於臺灣。

現代作家魯迅、周作人兄弟寫作了《故鄉》、《社戲》、《烏篷船》等有著濃厚思鄉情緒的小說、散文。創造社作家郁達夫小說《沉淪》中的主人公也流露出了濃厚的思國思家的情感。1928年，魯迅在《中國新文學大系·小說二集》「導言」中提出了「鄉土文學」的概念，並在評價1924年的小說的時候說，「蹇先艾的作品是簡樸的……雖然簡樸，或者如作者所自謙的『幼稚』，但很少文飾，也足夠寫出他心曲的哀愁。他所描寫的範圍是狹小的，幾個平常人，一些瑣屑事，但如『水葬』，卻對我們展示了『老遠的貴州』的鄉間習俗的冷酷，和出於這冷酷中的母性之愛的偉大，──貴州很遠，但大家的情形是一樣的。……這時──一九二四年──偶然發表作品的還有裴文中和李健吾。前者……那篇《戎馬聲中》，卻拉雜的記下了遊學的青年，為了炮火下的故鄉和父母而驚魂不定的實感」〔註10〕。「蹇先艾敘述過貴州，裴文中關心著榆關，凡在北京用筆寫出他的胸臆來的人們，無論他自稱為用主觀或客觀，其實往往是鄉土文學，從北京這方面說，則是僑寓文學的作者。但這又非如勃蘭兌斯

〔註7〕　龔顯宗編：《沈光文全集及其研究資料彙編》，臺南：臺南縣立文化中心，1998年，第20頁。

〔註8〕　劉登翰等：《臺灣文學史》（上），福州：海峽文藝出版社，1991年，第104頁。

〔註9〕　關於沈光文的渡臺時間，現尚未發現史書有明確記載，有1649年說（連橫）、1651年說（季麒光、全祖望）、1652年說（劉登翰、楊雲萍等）。此處採距沈光文生活時間最近的清人之說，用作1651年。

〔註10〕　魯迅：《中國新文學大系·小說二集〈導言〉》，作於1935年3月2日，魯迅編選（影印版）：《中國新文學大系·小說二集（影印本）》，上海：上海文藝出版社，2003年，第8頁。

（G. Brandes）所說的『僑民文學』，僑寓的只是作者自己，卻不是這作者所寫的文章，因此也只見隱現著鄉愁，很難有異域情調來開拓讀者的心胸，或者炫耀他的眼界。許欽文自名他的第一本短篇小說集為『故鄉』，也就是在不知不覺中自招為鄉土文學的作者，不過在還未開手來寫鄉土文學之前，他卻已被故鄉所放逐，生活驅逐他到異地去了，他只好回憶『父親的花園』，而且是已不存在的花園，因為回憶故鄉的已不存在的事物，是比明明存在，而只有自己不能接近的事物較為舒適，也更能自慰的」〔註11〕，接著，魯迅評價了許欽文此種「鄉愁」書寫的風格：「無可奈何的悲憤，是令人不得不捨棄的，然而作者仍不能捨棄，沒有法，就再尋得冷靜和詼諧來做悲憤的衣裳；裹起來了，聊且當作『看破』。並且將這手段用到描寫種種人物，尤其是青年人物去。因為故意的冷靜，所以也刻深，而終不免帶著令人疑慮的嬉笑。『雖有忮心，不怨飄瓦』，冷靜要死靜；包著憤激的冷靜和詼諧，是被觀察和被描寫者所不樂受的，他們不承認他是一面無生命，無意見的鏡子。於是他也往往被排進諷刺文學作家裏面去，尤其是使女士們皺起了眉頭。這一種冷靜和詼諧，如果滋長起來，對於作者本身其實倒是危險的。」〔註12〕評價王魯彥的小說時，魯迅說，「看王魯彥的一部分的作品的題材和筆致，似乎也是鄉土文學的作家，但那心情，和許欽文是極其兩樣的。許欽文所苦惱的是失去了地上的『父親的花園』，他所煩冤的卻是離開了天上的自由的樂土。……作者是往往想以詼諧之筆出之的，但也因為太冷靜了，就又往往化為冷話，失掉了人間的詼諧」〔註13〕。在評價1925年10月間的臺靜農小說時，魯迅說：「在爭寫著戀愛的悲歡，都會的明暗的那時候，能將鄉間的死生，泥土的氣息，移在紙上的，也沒有更多，更勤於這作者的了。」〔註14〕受魯迅影響的1920年代的鄉土小說作家群在北

〔註11〕 魯迅：《中國新文學大系・小說二集〈導言〉》，作於1935年3月2日，魯迅編選（影印版）：《中國新文學大系・小說二集（影印本）》，上海：上海文藝出版社，2003年，第9頁。

〔註12〕 魯迅：《中國新文學大系・小說二集〈導言〉》，作於1935年3月2日，魯迅編選（影印版）：《中國新文學大系・小說二集（影印本）》，上海：上海文藝出版社，2003年，第9～10頁。

〔註13〕 魯迅：《中國新文學大系・小說二集〈導言〉》，作於1935年3月2日，魯迅編選（影印版）：《中國新文學大系・小說二集（影印本）》，上海：上海文藝出版社，2003年，第10頁。

〔註14〕 魯迅：《中國新文學大系・小說二集〈導言〉》，作於1935年3月2日，魯迅編選（影印版）：《中國新文學大系・小說二集（影印本）》，上海：上海文藝出版社，2003年，第16頁。

京、上海等都市間寫作發表了大量「鄉愁」題材小說，其餘脈一直延續至臺灣光復後赴臺的許壽裳和臺靜農。查看這些鄉土小說作家的籍貫，王魯彥為浙江鎮海人，臺靜農為安徽六安人，許傑為浙江天台人，許欽文為浙江山陰人，柔石為浙江定海人，彭家煌為湖南湘陰人，蹇先艾為貴州遵義人，浙江籍作家居半數有餘。創作此種「鄉土文學」的作家，大多是文學研究會、語絲社、未名社的成員，他們抒發「鄉愁」的鄉土文學作品大多發表在上海的《小說月報》和北京的《晨報副刊》等刊物。其中的浙江籍作家寫作的顯然是「浙江鄉愁」。

　　許壽裳 1946 年 6 月 25 日赴臺後，在臺灣工作期間撰寫了大量學術著作，所做著述從一個側面也體現了他對故鄉故人的懷念，如他對同為紹興人的故友魯迅的懷念促使他寫就了《亡友魯迅印象記》一書，祖籍浙江紹興的他赴臺以後還曾經寫過專文探討同為浙江人的明末詩人沈光文。許壽裳的日記、書信和文藝創作中也透露出了對於家鄉浙江的鄉愁。他在 1947 年 4 月 8 日到臺北士林園藝試驗所賞蘭之後，寫下了「還憶故鄉蘭上裏，滿山吹遍素馨風」〔註15〕的詩句，流露出了思鄉之情。許壽裳在臺期間來往書信最多的人，除了自己的家人以外，便是魯迅先生的太太許廣平（景宋），而與許壽裳過從最密切的也是他的浙江同鄉學者范壽康（允臧），二人交往從許壽裳飛抵臺北之後第三天的 1946 年 6 月 27 日「晤范允臧、陳達夫」〔註16〕，到他去世前一天的 1948 年 2 月 17 日「允臧以花雕酒兩瓶見贈」〔註17〕，二人往來頻繁，交情深厚，「允臧」的名字時時出現在許壽裳的臺灣日記之中。而他對李慈銘及其著作《越縵堂日記》等的研究，以及對沈光文、魯迅的研究，也可以看出他的濃濃的浙江鄉情。1948 年 1 月 29 日，許壽裳寫成了《李慈銘秋夢樂府本事考》一篇，此前（1948 年 1 月 15 日），他寫成了《沈太僕傳》及詩集序寄給了宓汝卓，另一篇論文《三百年前臺灣破荒的偉人沈光文》則於 1947 年 12 月 21 日左右交給《和平日報》發表。而許壽裳在臺去世後，其親友所寫紀念

〔註15〕 許壽裳：《民卅六四月偕曼支似顏孝焱及兒女瑛瑋至士林園藝試驗所賞蘭、主任陳君國榮出紙索書因成二首》（「滋蘭九畹占春光」詩二首，無題），見黃英哲、陳漱渝、王錫榮主編：《許壽裳遺稿》（第一卷），福州：福建教育出版社，2010 年，第 469 頁。又見許壽裳：《賞蘭二首》，倪墨炎、陳九英編：《許壽裳文集》（下卷），上海：百家出版社，2003 年，第 687 頁。

〔註16〕 相關記載見黃英哲、秦賢次、陳漱渝、蕭振鳴編校整理：《許壽裳日記：1940～1948》，福州：福建教育出版社，2008 年，第 778 頁。

〔註17〕 相關記載見黃英哲、秦賢次、陳漱渝、蕭振鳴編校整理：《許壽裳日記：1940～1948》，福州：福建教育出版社，2008 年，第 828 頁。

性文章中也印證了這一點，如許壽裳的子女回憶，許壽裳「應當時臺灣大學校長陸志鴻先生敦聘，擔任中國文學系主任，與同系教授臺靜農、戴君仁、喬大壯、魏建功諸先生相處甚歡。」〔註18〕「父親到了臺大後，請他題詩留字的事更多了。我又抓時機請他寫一扇面。這次父親錄了陸放翁的三首詩，……父親錄放翁詩不是信手拈來，他熱愛故鄉，熱愛剡曲稽山。我甚至覺得他偏愛故鄉的學者文人。」〔註19〕而臺灣本土出生的作家楊雲萍的回憶也可作為旁證：「壽裳先生受國立臺灣大學禮聘，擔任中國文學系主任。因先生極力推薦，我也受聘為臺大歷史學系教授。這對於我後半生，有決定性的影響。他是我的恩人。……一段時期，因考證沈斯庵的事蹟，更常見面。他老人家對同鄉沈氏的事蹟的研討，特別傾其熱情。我談到我的《鮚埼亭集校勘記》時，他很高興（全祖望撰，裏面有沈斯庵的資料。……）」〔註20〕。

（三）文本細讀：魯迅、周作人與琦君筆下不同的「鄉愁」敘事

琦君的「鄉愁」是一種純粹的「懷舊」，更側重於親情與友情的感情溝通，與魯迅和鄉土小說作家群筆下的有階級和階層隔膜的「鄉愁」，以及周作人筆下文人優雅氣息濃厚、超脫世俗的「鄉愁」有著明顯區別。魯迅《故鄉》中的閏土在成年後與童年玩伴相見以後，二人除了一聲「老爺」，再無其他深入的付諸言語和肢體的情感交流。而琦君的散文《一對金手鐲》，在「我」和兒時好友阿月相見後，阿月雖也有「大小姐，多年不見了」的生分話，但二人不止有敘舊長談，還有與阿月及其兩個孩子同床而眠的親密姊妹情的流露和表達。文中說道：「阿月已很疲倦，拍著孩子睡著了。床邊菜油燈微弱的光搖曳著，照著阿月手腕上黃澄澄的金手鐲。我想起母親常說的，兩個孩子對著燈花把眼睛看鬥了的笑話，也想起小時候回故鄉，母親把我手上一隻金手鐲脫下，套在阿月手上時慈祥的神情，真覺得我和阿月是緊緊扣在一起的。我望著菜油燈燈盞裏兩根燈草芯，緊緊靠在一起，一同吸著油，燃出一朵燈花，無論多麼微小，也是一朵完整的燈花。我覺得和阿月正是那朵燈花，持久地散發著溫和的

〔註18〕 許世瑮：《懷思》，見倪墨炎、陳九英編：《許壽裳文集》（下卷），上海：百家出版社，2003年，第940頁。

〔註19〕 許世瑋：《父親許壽裳生活雜憶》，見倪墨炎、陳九英編：《許壽裳文集》（下卷），上海：百家出版社，2003年，第965頁。

〔註20〕 楊雲萍：《許季茀先生的追憶》，原載1981年10月17日臺灣《國語日報》，見紹興市政協文史資料委員會、浙江省政協文史資料委員會編：《浙江文史資料第51輯‧紹興文史資料第7輯‧許壽裳紀念集》，1992年，第118～119頁。

光和熱。」〔註21〕無論是文章開篇的「我心中一直有一對手鐲,是軟軟的十足赤金的,一隻在我自己手腕上,另一隻套在一位異姓姐姐卻親如同胞的手腕上」〔註22〕,還是末尾結語「但是,無論如何,我心中總有一對金手鐲,一隻套在我自己手上,一隻套在阿月手上,那是母親為我們套上的」〔註23〕,其中所表現出和蘊含著主題的是,雖經歲月滄桑,世事變遷,變的是兩人的經濟情況、生活狀況、階層身份,但兒時友伴之間的款款深情始終未變。「我」樂意與阿月同床而眠,除了有超乎階級、階層的姐妹情誼以外,還有發乎自然的閨蜜情結和有別於男性的性別意識,這也是魯迅《故鄉》中成長為成年男性之後的迅哥與閏土所做不到的。

　　周作人的《烏篷船》除了使用書信體的形式迥異於琦君《一對金手鐲》娓娓道來的第一人稱回憶和直敘,其中的士大夫做派,閒逸的姿態,也和琦君扎根於鄉誼舊情的情感敘事不同。周作人心目中的故鄉,並不止於浙江紹興,他曾寫道:「我的故鄉不止一個,凡我住過的地方都是故鄉。故鄉對於我並沒有什麼特別的情分,只因釣於斯遊於斯的關係,朝夕會面,遂成相識,正如鄉村裏的鄰舍一樣,雖然不是親屬,別後有時也要想念到他。我在浙東住過十幾年,南京東京都住過六年,這都是我的故鄉;現在住在北京,於是北京就成了我的家鄉了」〔註24〕,還曾寫道:「老實說,我的故鄉,真正覺得可懷戀的地方,並不是那裡」〔註25〕。雖然如此,他對於故鄉的回憶仍然以對浙江物事的回憶居多,如《故鄉的野菜》(寫於 1924 年 2 月,見《雨天的書》,北新書局 1925 年版)、《烏篷船》(寫於 1926 年 1 月,見《澤瀉集》,北新書局 1927 年版)、《談酒》(寫於 1926 年 6 月,見《澤瀉集》,北新書局 1927 年版),因為他「雖是京兆人,卻生長在東南的海邊」〔註26〕。當然,周作人回憶浙江故鄉的散文

〔註21〕琦君:《一對金手鐲》,琦君著《琦君散文》,杭州:浙江文藝出版社,1994 年,第 126～127 頁。

〔註22〕琦君:《一對金手鐲》,琦君著《琦君散文》,杭州:浙江文藝出版社,1994 年,第 121 頁。

〔註23〕琦君:《一對金手鐲》,琦君著《琦君散文》,杭州:浙江文藝出版社,1994 年,第 128 頁。

〔註24〕周作人:《故鄉的野菜》,朱棟霖主編,龍泉明本卷主編:《中國現代文學作品選 (1917～2000)》第二卷,北京:高等教育出版社,2002 年,第 121 頁。

〔註25〕周作人:《烏篷船》,錢谷融主編:《中國現代文學作品選 (下卷)》,上海:華東師範大學出版社,1989 年,第 183 頁。

〔註26〕周作人:《談酒》,朱棟霖主編,龍泉明本卷主編:《中國現代文學作品選 (1917～2000)》第二卷,北京:高等教育出版社,2002 年,第 122 頁。

更突出的特點是基於兒時對故鄉事物的認知的知識性。

　　《故鄉》小說末尾所署日期為「一九二一年一月」，而《故鄉》也確實初發表於 1921 年《新青年》雜誌第九卷第 1 期，後收入《吶喊》，就文中敘事的背景來看，《故鄉》與《一對金手鐲》雖然寫作的時間相差近 60 年，但兩篇文章中的故事發生的時間差應該不會超過 10 年。《故鄉》中的閏土項上的銀圈，以及少年閏土手中的鋼叉，給迅哥，也給讀者留下了美好的印象，至少在迅哥的心目中對少年閏土有著一種近乎崇拜的喜愛。這與琦君筆下的「我」對於少年阿月的看法有著顯著不同，阿月自從在文中出現時就與「我」有著貧富的懸殊、階層的差異感，「金手鐲」也是母親贈送給阿月的，閏土項上的銀圈是不是迅哥家贈送的？《故鄉》文中並沒有說明，既然沒有說明，那麼可以說是閏土自己家的，而且從少年閏土俊氣、快樂的勞動生活來看，似乎少年閏土家的生活應該是衣食無憂的，至少，少年閏土在迅哥面前並沒有表現出尊卑之別，甚至迅哥反而羨慕少年閏土那種無憂無慮的小漁民生活，有著尊卑之感的，是中年「迅哥」（即文中第一人稱敘事者「我」）、中年閏土、和閏土的兒子。《故鄉》所強調的人生的變化，以及兒時玩伴成年後因階級、階層而產生的相互之間的感情隔膜，在琦君的《一對金手鐲》中不是敘事的重點。琦君強調的是「鄉愁」和「懷舊」。阿月的生活似乎並不像閏土那麼大起大落，她走得是鄉間女孩子一般所走的路，平淡、素樸、貧窮、生兒育女，談不上十分幸福，但卻沒有痛苦，至少阿月在談論起丈夫時是有幸福感的，是有愛的。《一對金手鐲》中沒有悲憫與苦痛，只有愛憐與回憶。

　　少年閏土在迅哥的心目中，一直是「小英雄」的形象，試看小說《故鄉》中對「小英雄」形象的描述：「這時候，我的腦裏忽然閃出一幅神異的圖畫來：深藍的天空中掛著一輪金黃的圓月，下面是海邊的沙地，都種著一望無際的碧綠的西瓜，其間有一個十一二歲的少年，項帶銀圈，手捏一柄鋼叉，向一匹猹盡力的刺去，那猹卻將身一扭，反從他的胯下逃走了。」〔註27〕這是迅哥回到闊別二十年後的故鄉的第二天，在母親告知「還有閏土，他每到我家來時，總問起你，很想見你一回面。我已經將你到家的大約日期通知他，他也許就要來了」〔註28〕之後對於少年閏土形象的回憶。而見到中年閏土之後，閏土的形象

〔註27〕　魯迅：《故鄉》，魯迅：《魯迅全集（第一卷）》，北京：人民文學出版社，2005年，第 501 頁。

〔註28〕　魯迅：《故鄉》，魯迅：《魯迅全集（第一卷）》，北京：人民文學出版社，2005年，第 501 頁。

是這樣的：「這來的便是閏土。雖然我一見便知道是閏土，但又不是我這記憶上的閏土了。他身材增加了一倍；先前的紫色的圓臉，已經變作灰黃，而且加上了很深的皺紋；眼睛也像他父親一樣，周圍都腫得通紅，這我知道，在海邊種地的人，終日吹著海風，大抵是這樣的。他頭上是一頂破氈帽，身上只一件極薄的棉衣，渾身瑟索著；手裏提著一個紙包和一支長煙管，那手也不是我所記得的紅活圓實的手，卻又粗又笨而且開裂，像是松樹皮了。」〔註29〕之後發生的事情，便是眾位看官所熟知的閏土稱呼迅哥「老爺」等疏離表現了。這裡要著重指出的是，魯迅在小說末尾的幾段議論：「老屋離我愈遠了；故鄉的山水也都漸漸遠離了我，但我卻並不感到怎樣的留戀。我只覺得我四面有看不見的高牆，將我隔成孤身，使我非常氣悶；那西瓜地上的銀項圈的小英雄的影像，我本來十分清楚，現在卻忽地模糊了，又使我非常的悲哀。」〔註30〕作者再次提到少年閏土的「銀項圈」，值得注意。「我躺著，聽船底潺潺的水聲，知道我在走我的路。我想：我竟與閏土隔絕到這地步了，但我們的後輩還是一氣，宏兒不是正在想念水生麼。我希望他們不再像我，又大家隔膜起來……然而我又不願意他們因為要一氣，都如我的辛苦輾轉而生活，也不願意他們都如閏土的辛苦麻木而生活，也不願意都如別人的辛苦恣睢而生活。他們應該有新的生活，為我們所未經生活過的。」〔註31〕「我想到希望，忽然害怕起來了。閏土要香爐和燭臺的時候，我還暗地裏笑他，以為他總是崇拜偶像，什麼時候都不忘卻。現在我所謂希望，不也是我自己手製的偶像麼？只是他的願望切近，我的願望茫遠罷了。」〔註32〕「我在朦朧中，眼前展開一片海邊碧綠的沙地來，上面深藍的天空中掛著一輪金黃的圓月。我想：希望是本無所謂有，無所謂無的。這正如地上的路；其實地上本沒有路，走的人多了，也便成了路。」〔註33〕

〔註29〕魯迅：《故鄉》，魯迅：《魯迅全集（第一卷）》，北京：人民文學出版社，2005年，第 502 頁。

〔註30〕魯迅：《故鄉》，魯迅：《魯迅全集（第一卷）》，北京：人民文學出版社，2005年，第 510 頁。

〔註31〕魯迅：《故鄉》，魯迅：《魯迅全集（第一卷）》，北京：人民文學出版社，2005年，第 510 頁。

〔註32〕魯迅：《故鄉》，魯迅：《魯迅全集（第一卷）》，北京：人民文學出版社，2005年，第 510 頁。

〔註33〕魯迅：《故鄉》，魯迅：《魯迅全集（第一卷）》，北京：人民文學出版社，2005年，第 510 頁。

再看琦君《一對金手鐲》，文章開篇點題：「我心中一直有一對手鐲，是軟軟的十足赤金的，一隻在我自己手腕上，另一隻套在一位異姓姐姐卻親如同胞的手腕上。」〔註34〕接著解釋「阿月」名字以及金手鐲的由來：「她是我乳娘的女兒阿月，和我同年同月生，她是月半，我是月底，所以她就取名阿月。……周歲前後，這一對『雙胞胎』就被擁抱在同一位慈母懷中，……一歲半以後，伯母堅持把我抱回來，於是就隨母親被接到杭州。這一對『雙胞姊妹』就此分了手。臨行時，母親把舅母送我的一對金手鐲取出來，一隻套在阿月手上，一隻套在我手上，母親說：『兩姊妹都長命百歲。』」〔註35〕而接下來作者與阿月並非如迅哥和閏土相隔二十年才相見，「七歲時，母親帶我回家鄉，第一件事就是去看阿月」〔註36〕，而金手鐲也再次在文中出現：「母親把她和我都拉到懷裏，捏捏阿月的胖手，她手上戴的是一隻銀鐲子，我戴的是一對金手鐲，母親從我手上脫下一隻，套在阿月手上說：『你們是親姊妹，這對金手鐲，還是一人一隻。』我當然已經不記得第一對金手鐲了。乳娘說：『以前那只金手鐲，我收起來等她出嫁時給她戴。』阿月低下頭，摸摸金手鐲，它撞著銀手鐲叮叮作響，乳娘從藍衫裏掏了半天，掏出一個黑布包，打開取出一塊亮晃晃的銀元，遞給我說：『小春，乳娘給你買糖吃。』我接在手心裏，還是暖烘烘的，眼睛看著阿月，阿月忽然笑了。我好開心。兩個人再手牽手出去玩，我再也不敢提『兩個人被抱錯』那句話了。」〔註37〕這裡需要注意的是，乳娘不捨得給阿月戴金手鐲、「母親」再贈金手鐲、乳娘不白拿金手鐲而是以送給小春一塊銀元的方式回贈。以及阿月與小春仍然親密無間「手牽手出去玩」，可見「母親」、小春對阿月的厚待，也可看出乳娘「人窮志不窮」的氣節和高尚品格。接著，「我在家呆到十二歲才再去杭州，但和阿月卻並不能時常在一起玩。一來因為路遠，二來她要幫媽媽種田、砍柴、挑水、喂豬，做好多好多的事，而我天天要背古文、《論語》、《孟子》，不能自由自在地跑去找阿月玩。不過逢年過節，不是她來就是我去。我們兩個肚子都吃得鼓鼓的跟蜜蜂似的，彼此互贈

〔註34〕琦君：《一對金手鐲》，琦君著《琦君散文》，杭州：浙江文藝出版社，1994年，第121頁。

〔註35〕琦君：《一對金手鐲》，琦君著《琦君散文》，杭州：浙江文藝出版社，1994年，第121頁。

〔註36〕琦君：《一對金手鐲》，琦君著《琦君散文》，杭州：浙江文藝出版社，1994年，第122頁。

〔註37〕琦君：《一對金手鐲》，琦君著《琦君散文》，杭州：浙江文藝出版社，1994年，第123頁。

了好多禮物……兩個人難得在一起，真是玩不厭的玩，說不完的說。可是我一回到杭州以後，彼此就斷了音信。她不認得字，不會寫信。我有了新同學也就很少想到她。……但每當整理抽屜，看見阿月送我的那些小玩意時，心裏就有點悵悵惘惘的。年紀一天天長大，尤其自己沒有年齡接近的姊妹，就不由得時時想起她來」〔註38〕。再相見時便是六年後兩人並肩而眠的情節了：「我十八歲重回故鄉，母親雙鬢已斑。乳娘更顯得白髮蒼顏。……阿月早已遠嫁，正值農忙，不能馬上來看我。十多天後，我才見到渴望中的阿月。她背上背著一個孩子，懷中抱著一個孩子，一襲花布衫褲，像泥鰍似的辮子已經翹翹的盤在後腦。原來十八歲的女孩已經是兩個孩子的母親了。我一眼看見她左手腕戴著那只金手鐲，而我卻嫌土氣沒有戴，心裏很慚愧。她竟喊了我一聲：『大小姐，多年不見了。』我連忙說：『我們是姊妹，你怎麼喊我大小姐？』乳娘說：『長大了要有規矩。』我說：『我們不一樣，我們是吃您奶長大的。』乳娘說：『阿月的命沒你好，她十四歲就做了養媳婦，如今都是兩個女兒的娘了。只巴望她肚子爭氣，快快生個兒子。』我聽了心裏好難過，不知怎麼回答才好」。這裡值得注意的是：阿月竟然也如閏土再見迅哥時叫「老爺」一般叫小春一聲「大小姐」！但這種隔閡似乎在兩人的徹夜長談中煙消雲散，「當晚我和阿月並肩躺在床上，把兩個孩子放在當中。我們一面拍著孩子，一面瑣瑣屑屑地聊著別後的情形。」〔註39〕但言談之中仍顯距離感：「她講起婆婆嫌她只會生女兒就掉眼淚，講起丈夫，倒露出一臉含情脈脈的嬌羞，真祝願她婚姻美滿，我也講學校裏一些有趣頑皮的故事給她聽，她有時咯咯地笑，有時眨著一雙大眼睛出神，好像沒聽進去。我忽然覺得我們雖然靠得那麼近，卻完全生活在兩個世界裏。我們不可能再像我第一次回家鄉時那樣一同玩樂了。我跟她說話的時候，都得想一些比較普通，不那麼文縐縐的字眼來說，不能像跟同學一樣，嘻嘻哈哈，說什麼馬上就懂。」〔註40〕而金手鐲呢？「我呆呆地看著她的金手鐲，在橙黃的菜油燈光裏微微閃著亮光。她愛惜地摸了下手鐲，自言自語著：『這隻手鐲，是你小時回來那次，太太給我的。周歲給的那只已經賣掉了。因為爸爸

〔註38〕琦君：《一對金手鐲》，琦君著《琦君散文》，杭州：浙江文藝出版社，1994年，第124頁。

〔註39〕琦君：《一對金手鐲》，琦君著《琦君散文》，杭州：浙江文藝出版社，1994年，第125頁。

〔註40〕琦君：《一對金手鐲》，琦君著《琦君散文》，杭州：浙江文藝出版社，1994年，第125頁。

生病，沒錢買藥。」她說的太太指的是我母親。我聽她這樣稱呼，覺得我們之間的距離又遠了，只是呆呆地望著她沒作聲。」〔註41〕可見乳娘曾說善意的謊言，但「母親」第二次贈給的金手鐲確乎在阿月出嫁時做陪嫁了。反倒是小春沒有戴她的那只金手鐲：「過了一會兒，她睜開眼來，看看我的手說：『你的那只金手鐲呢？為什麼不戴？』我有點愧赧，訕訕地說：『收著呢，因為上學不能戴，也就不戴了。』」〔註42〕阿月問起小春的金手鐲，可見她心中一直記著這一對象徵姐妹深情的金手鐲。而「我」卻也只好說著善意的謊言。此處有一段文字非常值得注意：「嬰兒啼哭了，阿月把她抱在懷裏，解開大襟給她餵奶。她用手輕輕拍著，全神貫注地注視著嬰兒，一臉滿足的樣子。我真難以相信，眼前這個只比我大半個月的女孩子已經是一位成熟的母親了。而我呢？除了啃書本，就只會跟母親鬧彆扭，跟自己生氣，我感到滿心慚愧。」〔註43〕以此「滿心慚愧」的心情與《故鄉》相比，不難看出，在小春的眼中至少成年後的阿月並不如中年閏土般一無是處。下文作者再次點出金手鐲的意義：「阿月已很疲倦，拍著孩子睡著了，鄉下沒有電燈，屋子裏暗洞洞的，只有床邊菜油燈微弱的光花搖曳著，照著阿月手腕上黃澄澄的金手鐲。我想起母親常常說的，兩個孩子對著燈花把眼睛看鬥了的笑話，也想起小時回故鄉，母親把我手上一隻金手鐲脫下，套在阿月手上時慈祥的神情，真覺得我和阿月是緊緊扣在一起的。」〔註44〕作者在文章末尾夾敘夾議，繼續深化了這對金手鐲的情感寄託物的象徵內涵：「我再回到杭州以後，就不時取出金手鐲，套在手臂上對著鏡子看一回，又取下來收在盒子裏。這時候，金手鐲對我來說，已不僅僅是一件紀念物，而是緊緊扣住我和阿月這一對『雙胞姊妹』的一樣摸得著、看得見的東西。我怎麼能不寶愛它呢？」〔註45〕作者也曾從金手鐲的失去聯想到人生，「可是戰時肄業大學，學費無著，以及畢業後的轉徙流離，為了生活，萬不得

〔註41〕琦君：《一對金手鐲》，琦君著《琦君散文》，杭州：浙江文藝出版社，1994 年，第 125 頁。

〔註42〕琦君：《一對金手鐲》，琦君著《琦君散文》，杭州：浙江文藝出版社，1994 年，第 125 頁。

〔註43〕琦君：《一對金手鐲》，琦君著《琦君散文》，杭州：浙江文藝出版社，1994 年，第 126 頁。

〔註44〕琦君：《一對金手鐲》，琦君著《琦君散文》，杭州：浙江文藝出版社，1994 年，第 126 頁。

〔註45〕琦君：《一對金手鐲》，琦君著《琦君散文》，杭州：浙江文藝出版社，1994 年，第 127 頁。

已中，金手鐲竟被我一分分、一錢錢地剪去變賣，化作金錢救急。到臺灣之初，我花去了金手鐲的最後一錢，記得當我拿到銀樓去換現款的時候，竟是一點感觸也沒有，難道是離亂喪亡，已使此心麻木不仁了？」〔註46〕雖然其中更多是對個人生活狀態和心理變化的描述和自責，但也從側面反映了戰亂和社會的動盪不安對普通民眾的不良影響。「與阿月一別已將半個世紀，母親去世已三十五年，乳娘想亦不在人間，金手鐲也化為烏有了。可是年光老去，忘不掉的是滴點舊事，忘不掉的是夢寐中的親人。阿月，她現在究竟在哪裏？她過的是什麼樣的日子呢？她的孩子又怎樣了呢？她那只金手鐲還戴在手上嗎？」〔註47〕「但是，無論如何，我心中總有一對金手鐲，一隻套在我自己手上，一隻套在阿月手上，那是母親為我們套上的。」〔註48〕

　　然而這一切，都在與中年閏土相見之後幻滅了。由此生發出「路上本沒有路」的感慨。魯迅一直救國救民的救贖意識，有一種居高臨下的拯救感，是一種知識分子的責任感，淡然也有著左翼思想者的階級意識，但與工農從一開始便有著隔閡，這隔閡並不是自成為知識分子以來便存在的。同時還有著城鄉的差別。少年閏土以及後來的水生，初到迅哥家中時，都有著鄉下人進城的新鮮感。迅哥對於少年閏土的崇拜實際也源自他對鄉下生活的好奇和神秘感，他心目中的少年閏土，實際一直是「想像」中的少年閏土，「銀項圈」所具有的驅邪鎮災的功能也給閏土形象增添了神秘感，或者說鄉間的信俗與風俗對於迅哥有著充滿神秘的吸引力。魯迅將少年閏土與中天閏土的變化歸結為戰亂、苛政、治亂等所導致的生活的艱辛，而這種社會的壓迫才觸發了中年閏土的那一聲對昔日玩伴迅哥喊出的「老爺」。《一對金手鐲》中琦君筆下少年的「我」則看不出對於阿月的鄉下生活的崇拜與嚮往，更沒有那種神秘感，因此阿月項上也沒有明晃晃的銀項圈，這應該與作者的生活經歷相關。琦君自幼在農村出生，後因喪父喪母而跟隨伯父生活，以「散文情節不可虛構」或「散文情節一般是寫實的」這一較為普遍得到認可的文學觀來看，《一對金手鐲》中的母親，實際是琦君的伯母。而魯迅自幼出生成長於城鎮，而且出身官宦之家

〔註46〕琦君：《一對金手鐲》，琦君著《琦君散文》，杭州：浙江文藝出版社，1994年，第127頁。

〔註47〕琦君：《一對金手鐲》，琦君著《琦君散文》，杭州：浙江文藝出版社，1994年，第127頁。

〔註48〕琦君：《一對金手鐲》，琦君著《琦君散文》，杭州：浙江文藝出版社，1994年，第128頁。

（雖然已然沒落，但仍屬大戶），因此幼時的魯迅對於鄉村的生活仍然是陌生的，他即使回到鄉村，落腳之地也往往是小城鎮，因此他筆下的迅哥才有著對於海邊漁村生活的陌生感、疏離感以及由此而產生的神秘感。

《一對金手鐲》中主要的感情基調是思念，是「我」在無法與兒時玩伴相見的狀態下的思念。而《故鄉》中的感情出發點以及主要敘事手法則是對比——少年閏土與中年閏土的對比、閏土和迅哥之間稱呼的前後對比、中年閏土和中年迅哥的關係之於水生和宏生的關係的對比等。閏土前後的變化主要在於，少年閏土是健康活潑、英俊秀拔、健談好動、有活力的，而中年閏土則是麻木不仁、唯唯諾諾、迂腐囁嚅、低聲下氣、死氣沉沉的。可以做一個有意思的假想：如果有機會，《一對金手鐲》中的「我」一定願意再次與阿月相聚，而《故鄉》中迅哥呢？恐怕再也不想見到閏土，至少不可能再與閏土暢談敘舊。魯迅想到的是如何找出一條「希望的路」，用此路引領閏土們走出「麻木」的陰暗生活，琦君只是懷舊和感歎，並沒有尋找道路的意識，這也正是讀者可以從魯迅的作品中得到形而上的思想啟迪，從琦君的作品裏找到形而下的人情溫暖和感情蘊藉的原因之一。

（四）懷舊、記憶與鄉愁

美國社會學家弗雷德‧戴維斯（Fred Davis）在其著作《渴望昨天：對懷舊的社會學分析》（Yearning for Yesterday: A Sociology of Nostalgia）中曾將懷舊（Nostalgia）書寫劃分為「單純的懷舊」（Simple Nostalgia）、「內省的懷舊」（Reflexive Nostalgia）及「闡釋的懷舊」（Interpreted Nostalgia）〔註49〕等三種類型，南京大學劉俊教授認為，弗雷德‧戴維斯（Fred Davis）是把「懷舊」「分為三個不斷深入的層面：第一層為『單純的懷舊』（Simple Nostalgia），主體以一種積極的姿態對待過去，過去總是美好的，而現在卻是不如意的；第二層為『內省的懷舊』（Reflexive Nostalgia），主體感傷過去而責備現在；第三層為『闡釋的懷舊』（Interpreted Nostalgia），主體會對懷舊的現象、過程和效果進行闡釋和反思。」〔註50〕以此對照，琦君的懷舊書寫與魯迅等左翼作家的懷

〔註49〕 Fred Davis. *Yearning for Yesterday: A Sociology of Nostalgia*. The Free Press. 1979, P17~26，轉引自劉俊：《從「單純的懷舊」到「動能的懷舊」——論〈臺北人〉和〈紐約客〉中的懷舊、都市與身份建構》，《南方文壇》，2017 年第 3 期，第 154 頁。

〔註50〕 劉俊：《從「單純的懷舊」到「動能的懷舊」——論〈臺北人〉和〈紐約客〉中的懷舊、都市與身份建構》，《南方文壇》，2017 年第 3 期，第 154 頁。

舊書寫相比，是一種更為純真，純粹的懷舊。魯迅的《故鄉》則是「內省的懷舊」和「闡釋的懷舊」。

　　弗雷德‧戴維斯認為，「對於過去自我中顯得『古怪和與眾不同』的層面的懷舊，恰恰成為我們加深與他人感情紐帶的基礎，同時也讓我們相信我們根本就不是那麼『奇怪』，這種貌似懷舊的分享交流，加強了我們自己狀態正常的感覺，而這是青少年和年輕成年人特別需要的感覺，因為他們正經受著巨大的社會斷裂和認同緊張」〔註51〕。琦君筆下的「懷舊」書寫，是一種大「鄉愁」，不是簡單意義上的鄉土書寫，或者說鄉村敘事。琦君以個人記憶起筆，抒寫的卻是家國流離背景下的中華民族集體記憶與大眾「鄉愁」，因而能夠引起讀者的廣泛共鳴。臺靜農筆下的喬大壯〔註52〕所體現出來的鄉愁雖與此類似，也是由追述一個人物的境遇來描繪整個時代，但更為側重於知識分子的家國憂思，是一種有著家國情懷和政治因素的社會書寫，與琦君注重追憶個人友情私誼的小品文仍有風格方面的差別。

　　正如弗雷德‧戴維斯在《嚮往昨天：懷舊社會學》（Sociology of Nostalgia）一書中指出的，「懷舊是我們用來不斷地建構、維繫和重建我們的認同的手段之一」〔註53〕，琦君在臺灣寫作的懷念家鄉、回憶大陸生活的散文，是一種「單純的懷舊」，「作品中的人物都是通過對過去某一（些）方面的肯定來反襯現時的不如意。」〔註54〕而這種不如意不是物質生活水平方面的不如意，而是表現在精神方面的失落，表達的是隔岸回望，有家不能回、逝者不可追的遺憾。「『懷舊』原本是為了宣洩由變動（時間、空間）而造成的身份認同混亂而進行的自我調適，因此，在『懷舊』中，『時間』『空間』與『認同』是構成其核心內容的三個維度。」〔註55〕琦君的懷舊散文恰恰是立足於時間變遷、

〔註51〕　〔美〕弗雷德‧戴維斯：《懷舊與認同》，周憲主編：《文學與認同：跨學科的反思》，北京：中華書局，2008年版，第115頁。轉引自陳曉娟著：《中國當代藝術的意境重構》，武漢：華中師範大學出版社，2016年，第60頁。

〔註52〕　臺靜農：《記波外翁》，寫於1978年12月，見錢谷融、吳宏聰主編：《中國當代文學作品選》，上海：華東師範大學出版社，1999年，第458～463頁。

〔註53〕　〔美〕弗雷德‧戴維斯：《懷舊與認同》，周憲主編：《文學與認同：跨學科的反思》，北京：中華書局，2008年版，第105頁。轉引自陳曉娟著，《中國當代藝術的意境重構》，華中師範大學出版社，2016年6月，第53頁。

〔註54〕　劉俊：《從「單純的懷舊」到「動能的懷舊」——論〈臺北人〉和〈紐約客〉中的懷舊、都市與身份建構》，《南方文壇》，2017年第3期，第154頁。

〔註55〕　劉俊：《從「單純的懷舊」到「動能的懷舊」——論〈臺北人〉和〈紐約客〉中的懷舊、都市與身份建構》，《南方文壇》，2017年第3期，第155頁。

空間移轉兩個維度，透過自己的真實經歷，揭示給讀者一個臺灣作家對於溫州故鄉、浙江故鄉、大陸故鄉的身份認同和情感認同。「她那只金手鐲還能戴在手上嗎？」——一個看似平淡無奇的問句，道出了琦君心頭對於故鄉故人的幾多牽掛，道出了她的濃濃的溫州鄉愁、浙江鄉愁，乃至祖國大陸鄉愁。

三、憶・情・純・真——論琦君的兒童文學書寫

溫州籍臺灣作家琦君素以寫作飽含「浙江鄉愁」〔註56〕的美文著稱，她的散文「文筆細膩，情真意切，多寫懷鄉思歸之作，感人至深，有『臺灣的冰心』之稱」〔註57〕。因為琦君居鄉的時候恰在年少，所以她筆下的情景常常以兒童的視角呈現，這便使得她的作品有了濃厚的兒童文學色彩，也使得她的作品語言清純，情感真摯，長幼咸宜，適於廣泛流播。

（一）基於鄉愁書寫的童年回憶、兒童書寫

在臺灣，琦君被稱為「說童年的魔法師」〔註58〕。琦君曾說自己「不是兒童文學作家」〔註59〕，當然，琦君這種基於鄉愁書寫的童年回憶、兒童書寫，乃至她對於自己成年以後生活情景的記述，確實不是真正意義上的兒童文學，因為這些文字不是虛構地講故事，不是童話、寓言，但是，正因如此，琦君的兒童題材文學便更有了更強烈的真實性和感染力，也使得她的兒童書寫成為了「無心插柳柳成蔭」的「無意識」而成的、而非刻意雕琢而成的兒童文學。

（二）中國文學抒情傳統的承繼

中國文學的「抒情傳統」〔註60〕在琦君文學創作，包括她的兒童文學書寫中有著鮮明的體現。「琦君服務於司法界，還兼在兩間大學教授文學課程，她自認為教書的樂趣最高。她有堅強的意志，卻有一個相反的身體。但是她常說，無論她在怎樣頭痛如裂的情形下，只要上了講臺，侃侃而談，古今文學的比較，李杜詩章的講述，病魔立刻就無影無蹤了。她在大學讀書時，是江

〔註56〕李詮林：《論臺灣作家琦君〈一對金手鐲〉中的「浙江鄉愁」》，《華夏文化論壇》2020年第1期，第324頁。

〔註57〕方愛武，左懷建主編，《中國現代文學作品經典導讀（1917～2017）》，杭州：浙江大學出版社，2019年10月，第438頁。

〔註58〕「摘要」，琦君：《琦君文集 魔筆》，北京：人民文學出版社，2021年。

〔註59〕琦君語。

〔註60〕〔美〕高友工語。

南詞宗夏承燾的得意弟子，因此她對詩詞有特殊愛好和造詣。對於寫作的風格，她喜歡引用《牡丹亭》裏的兩句詞：『一生兒愛好是天然，卻三春好處無人見』。」〔註61〕

（三）童心、真心、真實的情感

「情」與「真」，是琦君兒童文學承接中國文學傳統的主要元素。「夫童心者，真心也，失卻童心，便失卻真心，失卻真心，便失卻真人」〔註62〕，李贄的「童心說」很能傳達琦君兒童文學書寫中所蘊含的童真。正像讀者所說的，「兒時的記憶，永遠會留在我們心中。讀琦君的書就像回到兒時，她的文章隨處都洋溢著一片真摯樸實之情，懷舊、抒情……」〔註63〕。

（四）接受中西優秀文學傳統的滋養，語言純粹、乾淨，適合於青少年閱讀

琦君幼時在其養父（伯父）的呵護下，接受了良好的中國古典文學教育，「由於父親一心希望她成為一代才女，在她5歲時就請了一位葉姓家庭教師教她認方塊字。6歲學描紅，7歲讀《詩經》、唐詩，8歲讀女賦、《孟子》，9歲讀《論語》、唐宋古文、《左傳》，學做古文。10歲，她過目能誦，揮筆成文了。12歲入杭州弘道女中，讀了《紅樓夢》《三國演義》《約翰·克里斯朵夫》《簡·愛》《小婦人》等眾多中外名著。她作文比賽常得第一，被同學封為「國文大將」。高中投稿報刊，《我的好朋友——小黃狗》成為她發表的處女作。」〔註64〕由琦君友人對琦君少兒時期的讀書寫作歷程可以看出，琦君的兒童文學書寫深受中國古典文學的影響，當然，其中同時也有英國的現代兒童文學的傳統的影響。「在學校時，她的英文也學得非常好，在以後的文學生涯中，她的英譯中作品非常暢銷。她曾贈我兩本自己的譯作《愛吃糖的菲利》和《小偵探菲利》。我後來才知道，英文原作者是一位紐約的小學教師，寫了不少英文童書，但未能在美國出版。他的華人妻子在銀行工作，與琦君夫婦相識，談起丈夫想做作家未成的事，琦君立即要她把書拿來看看，而且用她的妙筆將原作譯成非常精彩的中文，使這兩本譯作在臺灣一版再版，成了暢銷書。」〔註65〕

〔註61〕林海音：《一生兒愛好是天然》，林海音：《城南舊事》，2018年。
〔註62〕〔明〕李贄語。
〔註63〕《琦君美文美繪作品　桂花雨》，北京：現代出版社，2019年，第2頁。
〔註64〕冰子：《冰子隨筆》，上海：上海遠東出版社，2016年，第323頁。
〔註65〕冰子：《冰子隨筆》，上海：上海遠東出版社，2016年，第323～324頁。

此外，琦君十分敬仰現代散文大家冰心，晚年還曾專門到北京登門拜訪冰心女士。當然，琦君的人生經歷、寫作風格也均與冰心有著諸多相似之處，正像評論家所說，「這位大文豪除散文、小說名揚天下外，還十分熱衷於『兒童文學』的寫作和翻譯，所以有人將她和大陸的冰心相提並論。她們兩位身世相似，都是大家閨秀，父親為官，母親賢惠，從小得到真摯的母愛和良好的文化教育」〔註66〕。琦君寫作的《琦君寄小讀者》正是受冰心影響寫作而成的寄小讀者體散文。《琦君寄小讀者》中所收錄的散文也是寫於海外、發表於國內，類似於冰心書寫於赴美留學途中以及在美留學期間、發表於國內的《寄小讀者》系列書信體散文。

（五）結語：童心不泯，至情至純，過濾雜質，始終注意教化功能

琦君的兒童文學書寫，基於回憶，童心不泯，至情至純，過濾雜質，始終注意教化功能。她常常以兒童的視角觀察，或者以母親的身份憶述，描繪善良、美好，規避展露人性的惡，在文中有意識地強調道德修養方面的因素。

琦君的朋友冰子曾回憶說，「琦君和冰心一樣，一生中非常關注兒童教育。她們兩位都有《寄小讀者》文集，影響了一代又一代華人。琦君知我有不少兒童書出版，一再向我索書閱讀，甚至是我曾出版的 15 本連環畫本〈獵狗利利〉，她也一一仔細閱讀，並贊許說：『你怎麼能想出這麼多有關科學知識的故事！』2004 年，臺灣『三民書店』重出她的兒童小說《賣牛記》，她一定要我為此書寫序，我說實在不敢當。她說：『你是最適合寫序的人了。』對兒童文學的共同愛好和關注，使我們的友誼更牢固，更至誠。人與人相識相交，是一種修來的緣分，也是因為有共同的愛好和興趣吧。」〔註67〕

在琦君的《鞋子告狀》等晚年兒童文學作品中，她開始自己有意識地繪圖、插圖，雖然因為她並非美術科班出身，所畫草圖達不到美術專業水準，以至於在出版社出版這些著作的時候往往將這些插圖刪去，或者換成美術專業人士專門繪製的插圖，但琦君通過這些質樸、似乎稚氣未脫的插圖，所想表現的肯定不是自己的繪畫才能，或者讓讀者進行美術作品欣賞，她借用這些稚拙的畫圖恰恰表達出了蒙童們自身對美的欣賞和渴望，這一點恐怕是被出版家們所忽視了的。相對於專業水平的美術畫，原汁原味的琦君插畫應該是更能體現圖書作者琦君的原始意圖，也更吻合琦君文章原意的藝術作品，她

〔註66〕冰子：《冰子隨筆》，上海：上海遠東出版社，2016 年，第 323 頁。
〔註67〕冰子：《冰子隨筆》，上海：上海遠東出版社，2016 年，第 324 頁。

用這些圖畫強調的正是這種與兒童讀者進行心靈溝通的教化功能，而非藝術審美功能。

　　琦君純粹、乾淨、規範、平易而又優美的語言，賦予其散文以兒童文學性，提升了其入選中小學教材的可能性，此外又加以其中多有旅外（類似於留學）生活的體現，對於自上世紀五六十年代延續至今的臺灣島內赴外留學熱潮下的青少年讀者們更加具有吸引力，這些都增強了琦君兒童文學的傳播熱度。

四、謝春木的傳奇歷程

　　謝春木（1902～1969）在臺灣近現代文學史上最初是以筆名為「追風」的日語作家的面目出現的，目前學界比較認可的一種說法是，出身彰化沙山的追風（謝春木）所寫的小說《彼女は何処へ──悩みある若き姉妹へ》（《她往何處去──給苦惱的姊妹們》，發表於 1922 年 5 月《臺灣》）是臺灣近代文學史上最早的臺灣本土小說家創作的現代日語小說，乃至最早的臺灣本土作家創作的現代作品。而謝春木在 1923 年以日文寫成的詩歌《詩の真似をする》（《詩的模仿》），由四首短詩構成，也是臺灣現代文學史上臺灣本土作家創作的第一首現代日語詩歌。

　　謝春木是臺灣現代文學的先驅者之一，因為他從事革命工作和反日本殖民侵略鬥爭工作的工作特殊性質，而且他內渡之後改名為謝南光，長期以來，臺灣文學研究界往往無法將「謝春木」與「謝南光」兩個名字聯繫在一起，因而造成了長期以來對於臺灣文學史上的謝春木「不知所終」的研究局面，對於謝春木內渡大陸之後的行跡和創作歷程缺乏瞭解，文學史上離開臺灣之後的謝春木研究甚至在一段時間內產生了空白。實際上，謝春木內渡大陸後，長期在重要部門工作，著名中國現代作家冰心和她丈夫、著名人類學家吳文藻從日本歸國工作時，正是經由當時恰在中國駐日機構工作的謝春木的動員和「牽線搭橋」，「人民至今懷念他」〔註68〕。

　　根據謝春木之子謝秋涵的回憶與介紹，另結合謝春木在大陸期間於各大小報刊發表的大量署名「謝南光」的政論文，以及兩岸報刊上有關謝南光的新聞報導，謝春木在大陸的活動軌跡目前已可以得到比較清晰地呈現。謝春木

〔註68〕謝秋涵：《我的父親謝南光》，中華全國臺灣同胞聯誼會編：《回歸──記海外歸來的臺灣同胞》，華藝出版社，2006 年，第 219 頁。

生於臺灣彰化二林的一個知識分子家庭，四歲喪父，孤兒寡母相依為命。謝春木曾在臺灣私塾學習漢文，後入二林公學校就讀。1917 年考入臺北「國語學校」（日語師範學校），1921 年赴日本東京高等師範學校留學。在這裡，謝春木「參加了進步的民主運動。結識了林獻堂、蔡培火、蔣渭水等人，尤其和蔣渭水先生結下了深厚的友誼，並於 1921 年 10 月 17 日在臺北正式成立了臺灣文化協會，提出了『反對民族差別』、『反對奴化教育』、『獲得參政權』的口號。文化協會發行會報、文化叢書和『臺灣民報』，廣泛設置讀報所，開辦通俗講習會和暑假講習會。當年文化協會在臺灣是影響最大的團體，各處群眾都成群結隊，燃放鞭炮，扶老攜幼踴躍參加，形成了民族解放啟蒙運動的高潮。……積極地參加了文協的工作，不但為『臺灣民報』、『臺灣青年』大量撰稿，而且暑期特意趕回臺灣舉辦文化講習團，到全島各地講演。後來，……參加了農會、工會的組織工作。這些工作對喚醒民眾，提高廣大群眾的認識起了很大作用。……1925 年春，……以全係第一名的成績畢業於東京高等師範後進入了高等研究科。……但是當年 10 月份二林事件發生後，……毅然中斷了學業，……立即回到臺灣參加了這場鬥爭，向社會各界揭露事件真相，並到處奔走竭力營救被捕人員。」〔註69〕

謝春木「自 1925 年由日本回臺後，一直作為《臺灣民報》的記者活躍於臺灣的新聞界，他寫了很多文章抨擊當時的黑暗社會、揭露日寇的殘酷統治，號召民眾覺醒，成為當時臺灣有名的政論家。他寫的文章受到廣人群眾尤其是進步知識分子的歡迎。……全力以赴參加民族解放運動。」〔註70〕謝春木是臺灣文化協會中以蔣渭水為代表的「占主導地位的」〔註71〕「主張進行以工農為基礎的民族運動的小資產階級知識分子」〔註72〕中的「核心人物之一」〔註73〕。1928 年，謝春木參與創辦了臺灣民眾黨。1929 年，臺灣民眾黨第三

〔註69〕謝秋涵：《我的父親謝南光》，中華全國臺灣同胞聯誼會編：《回歸──記海外歸來的臺灣同胞》，華藝出版社，2006 年，第 216 頁。

〔註70〕謝秋涵：《我的父親謝南光》，中華全國臺灣同胞聯誼會編：《回歸──記海外歸來的臺灣同胞》，華藝出版社，2006 年，第 216 頁。

〔註71〕謝秋涵：《我的父親謝南光》，中華全國臺灣同胞聯誼會編：《回歸──記海外歸來的臺灣同胞》，華藝出版社，2006 年，第 216 頁。

〔註72〕謝秋涵：《我的父親謝南光》，中華全國臺灣同胞聯誼會編：《回歸──記海外歸來的臺灣同胞》，華藝出版社，2006 年，第 216 頁。

〔註73〕謝秋涵：《我的父親謝南光》，中華全國臺灣同胞聯誼會編：《回歸──記海外歸來的臺灣同胞》，華藝出版社，2006 年，第 216 頁。

次代表大會宣言提出了「『以農工為中心進行全民聯合的民族革命鬥爭』,『對外聯繫世界無產階級和殖民地群眾』等新的綱領」〔註74〕,謝春木圍繞此一問題「於1931年專門寫了《臺灣人的要求》一書,系統論述了民眾黨的發展過程和思想的轉變。」〔註75〕臺灣民眾黨在群眾中的威信越來越高,這對日據當局來說是無法忍受的,於是「臺灣總督府」於1931年2月勒令將其解散。此後,謝春木便踏上了內渡祖國參加革命的道路。謝春木之子謝秋涵曾撰文闡述謝春木的這段心路歷程:「鬥爭的嚴酷事實使父親真正懂得改良是沒有出路的,只有革命,才能真正推翻日本殖民主義的統治,求得民族的解放,而臺灣人民的民族解放運動必須和祖國的革命鬥爭密切聯繫,才能獲得真正的勝利,懷著對祖國熱忱的嚮往,父親1929年專程回國參加了孫中山先生的奉安儀式(即孫中山先生由北京香山碧雲寺移靈到南京中山陵的儀式),瞻仰了孫先生的遺容,並藉此機會到了哈爾濱、長春、瀋陽、大連、青島、上海、南京、蘇州、杭州及廈門等地。」〔註76〕謝春木曾將這段旅程經過寫成《新興中國見聞記》一書,「向臺灣人民介紹了祖國的大好河山,淳樸民風,也揭露了當時的腐敗政治、描寫了工農革命運動,一時間這本書非常暢銷。」〔註77〕1931年,謝春木「因直接參加民族解放運動,又是領導人之一,結果遭到通緝」〔註78〕。謝春木「還公開在報紙上揭露了臺灣總督貪污犯罪的醜聞,成了當時臺灣各界哄動一時的大事,直接刺痛了當時日本在臺灣的最高統治者」〔註79〕,因此「成為日寇當局重點搜捕的要犯」〔註80〕。經歷了種種阻撓和險惡的環境,1931年12月18日,謝春木「終於逃出重圍,回到想往已久的祖

〔註74〕謝秋涵:《我的父親謝南光》,中華全國臺灣同胞聯誼會編:《回歸——記海外歸來的臺灣同胞》,華藝出版社,2006年,第217頁。

〔註75〕謝秋涵:《我的父親謝南光》,中華全國臺灣同胞聯誼會編:《回歸——記海外歸來的臺灣同胞》,華藝出版社,2006年,第217頁。

〔註76〕謝秋涵:《我的父親謝南光》,中華全國臺灣同胞聯誼會編:《回歸——記海外歸來的臺灣同胞》,華藝出版社,2006年,第217頁。

〔註77〕謝秋涵:《我的父親謝南光》,中華全國臺灣同胞聯誼會編:《回歸——記海外歸來的臺灣同胞》,華藝出版社,2006年,第217~218頁。

〔註78〕謝秋涵:《我的父親謝南光》,中華全國臺灣同胞聯誼會編:《回歸——記海外歸來的臺灣同胞》,華藝出版社,2006年,第218頁。

〔註79〕謝秋涵:《我的父親謝南光》,中華全國臺灣同胞聯誼會編:《回歸——記海外歸來的臺灣同胞》,華藝出版社,2006年,第218頁。

〔註80〕謝秋涵:《我的父親謝南光》,中華全國臺灣同胞聯誼會編:《回歸——記海外歸來的臺灣同胞》,華藝出版社,2006年,第218頁。

國大陸，從此投身於反帝抗日和無產階級革命的洪流中。」〔註81〕1932年，回到大陸後的滿懷愛國之心和報國之志的謝春木迫不及待地向祖國提出了恢復中國國籍的申請，當時（1932年）2月份的《上海市政府公報 公牘 第一百十七期》登記並發布了這一申請：「上海市政府諮第五四號 為據公安局呈報謝春木聲請回復國籍一案諮請核辦由 為諮請事案據市公安局呈稱案據福建同安縣民人謝春木聲稱前因其父僑居臺灣被編為日本國籍現欲率同妻子聲請回復本國國籍填具聲請書志願書保證書連同照片及手續印花各費銀到局請予查核轉呈等情據此當經飭派第二科科員戶籍股主任吳和孚前往調查據復稱查得該謝春木聲請各節尚屬實在報請鑒核等情前來局長覆核該民聲請各節與國籍法第四章規定尚無牴觸可得回復中華民國國籍除遵章扣領四成辦公費銀二元四角外理合檢同手續費銀三元六角印花稅銀二元及照片聲請各書等項備文呈報仰祈鑒核轉諮 內政部核辦諮覆令遵實為公便等情並附呈手續費及印花稅銀共五元六角聲請書志願書保證書各一份照片二張據此相應檢同原附各件諮請 大部查照核辦並希 見復為荷此諮 內政部 中華民國二十一年二月五日」〔註82〕。

　　緊接著，當年9月的《上海市政府公報 公牘 第一百二十五期》公布了上海市公安局呈報上海市政府後，上海市政府審核後轉報內政部核准備案頒發中國國籍許可證書的公報：「上海市政府諮第四五八號 為準諮核准填發謝春木回復國籍許可證經飭局轉發檢同報紙諮請察核備案由 為諮覆事案準 貴部民字第三一八號諮開為核准謝春木回復國籍填具證書請查照轉發等因附送許可證書一紙準此當經轉令市公安局依照國籍法指定新聞紙二種飭由該聲請人謝春木登載回復中國國籍之事實後再將許可證書轉發收執去後茲據該局呈報稱遵經通知謝春木遵照本局指定新聞報申報分別刊登三日後攜同報紙來局將證給領在案理合檢同謝春木所繳之新聞紙申報各二份一併備文呈送仰祈鑒核俯賜轉諮 內政部備案實為公便等情附呈新聞報申報各二份據此相應檢同原附報紙二份諮請 貴部察核備案即希 查照見復為荷此諮 內政部 計附新聞報申報各二份 中華民國二十一年九月十二日」〔註83〕。

〔註81〕謝秋涵：《我的父親謝南光》，中華全國臺灣同胞聯誼會編：《回歸——記海外歸來的臺灣同胞》，華藝出版社，2006年，第218頁。

〔註82〕《上海市政府諮第五四號為據公安局呈報謝春木聲請回復國籍一案諮請核辦由》，《上海市政府公報 公牘 第一百十七期》，1932年，第58頁。

〔註83〕《上海市政府諮第四五八號為準諮核准填發謝春木回復國籍許可證經飭局轉

再次內渡大陸之後，從 1932 年至 1936 年，回復中國國籍的謝春木「在上海組織了『華聯通訊社』，在揭露日本帝國主義的侵略活動及日蔣勾結的賣國行為，爭取國民黨內的愛國分子參加抗日反帝鬥爭等方面起了很大作用。當時，各國的大通訊社都以華聯社的消息為準，從而破壞了日本官方通訊社的宣傳陰謀。」〔註84〕在此期間，謝春木做出的一個巨大貢獻就是揭露了「水鳥外交」陰謀，使「水鳥外交」「成為中日外交史上的一個笑話而載入了史冊。」〔註85〕正因為謝春木的種種抗日愛國行為，他頗為日本侵略者所忌恨，據 1936 年《時報》報導：「謝南光被捕禁　◎廈門十日電、華聯社長謝南光、自滬乘輪四日過廈、為公安局扣留、十日以誤會釋出、即為日領館捕禁、稱謝原名春木、臺人」〔註86〕，可見日本侵略當局對於謝春木在大陸的行蹤已經實施了嚴密的監控。

1937 年抗日戰爭開始後，謝春木「鼓勵國民黨內不同派系的人都起來抗日、揭露蔣介石『攘外必須先安內』的反動政策、阻止蔣投降日本、促進抗日民主統一戰線的建立……足跡從熱河（現內蒙古）、青海到蘭州、重慶，以及福建、香港等地，幾乎遍及祖國大地。」〔註87〕

謝春木還在勸說張學良投入抗戰，發動「西安事變」方面發揮了重要作用。謝春木之子謝秋涵曾回憶說：「父親還對東北軍張學良做了大量工作，當時張學良剛戒煙，住在中山陵園，父親和當時華僑聯合會的會長許冀公先生請晨四時去見他，張學良身體健壯，已看不出昔日煙鬼的模樣，而且精神抖擻，意氣昂揚。父親他們用臺灣的例子向他講：『你不戰而放棄東北，情況與當年唐景崧不戰而放棄臺灣相似。當時唐接李鴻章密令棄愛國而走忠君的道路，是犯了歷史上不可饒恕的大錯誤。你在東北也有相似的情況，忠蔣乎？忠民乎？作為將領服從命令情有可原，不戰之罪在於蔣而不在於東北軍。但是全國人民是不能原諒你不報國仇和家仇的國難到了如此地步，要有大義滅親

發檢同報紙諮請察核備案由》，《上海市政府公報　公牘　第一百二十五期》，1932 年，第 195 頁。

〔註84〕謝秋涵：《我的父親謝南光》，中華全國臺灣同胞聯誼會編：《回歸——記海外歸來的臺灣同胞》，華藝出版社，2006 年，第 218 頁。

〔註85〕謝秋涵：《我的父親謝南光》，中華全國臺灣同胞聯誼會編：《回歸——記海外歸來的臺灣同胞》，華藝出版社，2006 年，第 218 頁。

〔註86〕《謝南光被捕禁》，《時報》，1936 年 7 月 12 日 0004 版，新聞發布地：廈門。

〔註87〕謝秋涵：《我的父親謝南光》，中華全國臺灣同胞聯誼會編：《回歸——記海外歸來的臺灣同胞》，華藝出版社，2006 年，第 218 頁。

的魄力呀將軍以為如何？』……聽完這一席話，張學良淚流滿面，毅然對父親他們說：『日寇侵略東北，全中國損失最大的是我張某，當時我是全國首富，現在什麼都沒有了，何況我和日寇有殺父之仇。我張某無論怎樣不中用，這個仇是必須報的。如果我不能報這個國仇和家仇，你們隨時可以殺我！』後來父親又專程到西安見過兩次張學良，張對父親再三保證一定積極投入抗戰，此後不到一個月，震驚中外的西安事件便爆發了。」〔註88〕

　　抗戰結束後，謝春木曾在日本從事外交工作，1950 年代由日本回到祖國大陸，曾任全國人大常委，1969 年病逝於北京。

五、陳若曦的「傷痕」文學創作

　　陳若曦的內渡寫作主要體現為她的可以歸為「傷痕」文學創作之屬的「文革小說」寫作。陳若曦，原名陳秀美，臺灣籍著名女作家，畢業於臺灣大學外文系，曾移居美國，現已回到臺灣居住。1960 年，她與白先勇、李歐梵等在臺灣一起創辦了《現代文學》雜誌。這份雜誌的創辦，「標誌著現代主義在臺灣小說領域中的崛起和趨向成熟」〔註89〕。陳若曦在這一時期的小說借鑒並運用了現代派的寫作手法，具有獨特的風格。20 世紀 60 年代後，其小說雖轉向鄉土寫實主義〔註90〕，但仍有現代派手法融入其中。陳若曦從美國輾轉從德國懷抱一腔報效祖國社會主義建設的熱情回到祖國的時候恰恰是文革開始的1966 年，此後她和丈夫、物理學家段世堯在南京水利學院（現河海大學）從1966 年一直工做到 1972 年，1973 年，「陳若曦正式離開中國，輾轉停留於香港，後轉往溫哥華，期間在夏志清書信的不斷鼓勵下，快速動筆寫下了這一批文革小說。」〔註91〕

（一）作品中的象徵、暗示手法

　　文學創作運用象徵手法起源於 19 世紀的法國。象徵主義主張用感官可及的具體物象隱喻或影射另一種感覺或存在物。我國最早運用象徵主義進行創作並有所收穫的是詩人李金髮。之後，新感覺派將象徵手法引入小說創作。

〔註88〕謝秋涵：《我的父親謝南光》，中華全國臺灣同胞聯誼會編：《回歸──記海外歸來的臺灣同胞》，華藝出版社，2006 年，第 218～219 頁。
〔註89〕公仲：《世界華文文學概要》，人民文學出版社，2000 年，第 117 頁。
〔註90〕劉登翰等：《臺灣文學史》（下），海峽文藝出版社，1993 年，第 230 頁。
〔註91〕參見黃文倩：《重讀陳若曦的文革小說──以女性體驗與批判意識為考察中心》，廈門大學臺灣研究院臺灣文學現代性學術研討會論文，2008 年，第 4 頁。

中國新文學史上受這種思潮影響而進行創作的不乏其人。

陳若曦小說中的象徵手法，可以說上承法國象徵主義思潮，下接五四新文學餘風。她就學於臺大外文系，歐美文學是其主攻方向，對西方文藝思潮耳濡目染，當然會影響到她的創作。而五四運動以來眾多作家用西方文論指導寫作的一些成功作品為她提供了典型的文本範例。

陳若曦的小說往往通過塑造具有象徵意義的形象或描寫具有象徵意義的場景來揭示某種哲理。

在《灰眼黑貓》中，灰眼黑貓總是和女主人公「文姐」的命運聯繫在一起。這隻灰眼黑貓在小說中共出現了三次：第一次是在文姐的少年時代，文姐和她的小朋友們，把風箏線套在灰眼黑貓的頭上，在秋天的田野裏追逐著貓和風箏奔跑，但山風太大了，風箏把貓弔了起來。貓的主人——一個戴黑紗的老婦人拼命的詛咒她們，對著摔死的黑貓說：「誰害死你呀，你就跟住他吧！」這裡實際已經暗示出文姐以後的悲劇；第二次出現是在文姐結婚那天，在陪嫁的衣櫥裏又發現了一隻灰眼黑貓；第三次出現是文姐瘋了以後，灰眼黑貓整天跟著她，趕也趕不走。正如作者在小說正式開始的題辭中所寫：「在我們鄉下有一個古老的傳說：灰眼的黑貓是厄運的化身，常與死亡同時降臨。」在這裡，灰眼黑貓實際上象徵了文姐的悲慘命運。

相對於《灰眼黑貓》的單一象徵手法，陳若曦發表於 1983 年的長篇小說《突圍》則是多層象徵手法的套用。《突圍》描寫了在美國的華人教授駱翔之，他有著深厚的民族情感，60 年代曾打算回國教書，但是由於理想中的《近代中國文學史》一書沒有寫成功，想先立名後回國，加之母親的阻撓，便沒有成行。進入 70 年代後，因臺灣留美學生林美月「闖進了他的課堂，也攫住了他的一顆心。他愛美月，興趣也跟著轉到臺灣」。他和美月結婚生子後，感情慢慢淡漠，氣得太太離家出走。太太出走後，家中留下一個患「自閉症」的孩子，弄得他狼狽不堪，不但打消了離婚念頭，而且急盼妻子回家。而作品中的另一主角李欣欣，因多年替駱翔之的老母給駱翔之寫信，便蓄謀通過駱翔之的幫助去美國留學。當她到達美國後，因各方面都要靠駱翔之的幫助，便和 59 歲的駱翔之鬼混，兩人曾背著美月在外同居，駱翔之還允諾離婚後與李欣欣結婚。當破壞了駱翔之的家庭，給美月造成了精神上的痛苦之後，李欣欣還有一套自欺欺人的理論，把責任推得一乾二淨。最後駱翔之夫婦和好，李欣欣在自我矛盾和反省中作了失敗者。書名「突圍」，表面是寫駱翔之的孩子從「自閉症」中向

外突圍,從隱蔽的深層象徵意看,是李欣欣從不正常的情感和愛情關係中向外突圍。作品不是簡單的描寫三角戀式的男女情感糾葛,探索家庭和睦之道,而是從深層意義上探討中西文化的衝突。在中西文化撞擊中,駱翔之、李欣欣、姚莉、芳妮留等是叛逆中華傳統的一幫人,而堅持中華傳統美德的則以林美月為代表。但是,所有的這些人都在「突圍」:駱翔之悔改是「突圍」;林美月離家出走是「突圍」;李欣欣的反省是「突圍」;姚莉殘廢後重新開始也是「突圍」;而芳妮留在身敗名裂後也想到了「突圍」。通過這麼多的「突圍」,作者告訴我們,我國傳統道德不可丟。整部作品就整體來說,是一種人物命運的集體「突圍」,這象徵了一種觀念形態的「突圍」。但它又象徵著小琴從「自閉」中向外突圍,這是第二層象徵。以小琴的「自閉症」來象徵李欣欣從不正當的情感和愛情關係中突圍,為第三層象徵。因此,《突圍》實際上是一種象徵手法。

陳若曦的「傷痕小說」之一、短篇小說《耿爾在北京》中同樣運用了象徵手法。小說結尾部分寫耿爾和小金就要分手時:「兩人默默地走過了一盞路燈,背後的燈把他們的身子投影在路上,他們就踩著這黑影,漫無目的地往前走著。」耿爾、小金踩著黑影往前走,象徵著人生悲劇,黑暗命運在他們面前。

短篇小說《巴里的旅程》中寫主人公巴里的社會見聞:乞丐、妓女等,最後寫道:「⋯⋯前面,空蕩的黑暗掩沒了去路,後面,來路也被濃重的黑暗切斷。⋯⋯黑暗包容了一切活動,更停頓了一切的活動。⋯⋯四面上下全是黑暗,密密的,均勻的。最後,憑直覺,他在東方發現一片更濃厚更重的黑暗,那片黑暗對他閃出一點磷火,看不見的磷火。⋯⋯」在這裡,作者是以周圍自然環境的一片黑暗象徵社會的污濁。

另外,《城裏城外》中的「城」則取意於錢鍾書的《圍城》,有「城裏的人往外去,城外的人往裏走」的象徵意義,諷刺一些不顧國格人格,想把子女送到國外的行為。《路口》中的「路口」則象徵著華人科學家人生道路的選擇。

(二)神秘主義及超現實的時空交錯的寫作手法

陳若曦在青年時代讀了許多有著神秘氛圍的西洋小說,加之她也不是絕對的唯物論者,因此,她對人鬼交通的現象、冥冥中超人的力量並不完全否定,她早期創作的小說《灰眼黑貓》、《欽之舅舅》和《婦人桃花》裏都有神秘主義(Gothic)的傾向。夏志清先生將這些小說稱為「幻想小說」〔註92〕。

〔註92〕夏志清:《陳若曦自選集*陳若曦的小說》,臺北:聯經出版事業公司,1976年,第10頁。

　　《灰眼黑貓》中額上纏黑紗的老太婆極可能是作者虛構的一個人物，作者安排這樣一個人物，給作品增添了神秘氣氛，尤其是在那種山風凜冽、暮色沉沉的場景下，陡然映入眼簾的那塊黑紗，以及淒厲地衝撞人們耳膜的惡毒的詛咒，使人在恐怖之餘預感到不幸。而那只如影隨形地綴著文姐、「死而復生」的黑貓更令人毛骨悚然。

　　《欽之舅舅》中則表現了一個在心電感應中不可自拔的人物——欽之舅舅。欽之舅舅是個才華橫溢的青年，但他性格孤僻、怪異。他曾遊歷印度六年之久，並奇怪地傷了一隻腳。他喜歡在月下散步，並在山上朝聖月亮。這個人物本身就籠罩著一層神秘色彩。作品對這個神秘人物拜月的動作有這樣一段描寫：「……月光把他的臉刻畫得清清楚楚，眼睛低垂著，嘴唇微微地顫動，蒼白的臉上表現了無限的虔誠與對某種權威五體投地的崇拜。這喃喃不絕的聲中敘述了無人能分解的希望，也許竟是詛咒。那雙手緊緊地按在胸前，彷彿壓抑了滿腔沸騰的熱血，唯恐它們泛濫出來。月亮更逼近了我們所在的中峰，圓圓的沒有一點缺陷。呢喃的音調隨著逐漸變了，由輕緩而急促，從祈求轉為哀訴。他的聲音越來越大，顯得非常激動，兩隻手輪著伸向空中，急促地搖晃，嘴唇抽搐得更厲害。他迸出來的奇異音符像冰天雪地中餓狼的嗥叫，又像野牛奔跑時的咆哮；那麼淒厲，像犯人受絞刑前掙扎的叫喊；那麼悲慘，又像奴工營囚犯低沉的呼號。聲調愈來愈高亢，幾近乎尖叫，接著一聲劃破空谷的長鳴，他霍地跳起向岩石仆倒。」作者在小說中提到，她讀過莫里哀的一篇寫一群拜月亮的女人的小說。根據小說的情節和人物來判斷，陳若曦這篇小說確實受到了英國女作家杜穆里埃《蝴蝶夢》的影響。除欽之舅舅這個神秘人物外，作者在作品中還刻畫了一個神秘人物——冷豔小姐。這個人物在作品中從未出場，對她完全是通過欽之舅舅的心電感應和「我」的調查來進行側面描寫的，這無疑增加了這個人物的朦朧感和神秘感。另外，小說中「爺爺」收養欽之舅舅時的心電感應、欽之舅舅通過心電感應得知冷豔落水身亡後跳水「殉情」、平湖中划船時不慎落水淹死的長工以及欽之舅舅的那只雕刻有「拜月圖」的火爐等都驗證了陳若曦作品中神秘主義的存在。

　　陳若曦在《欽之舅舅》中寫道：「我們不能否認，有些事物科學沒法解釋，而它們卻存在（我們不難找到成群的人來做見證）。……我們常說，心電感應有道，科學否認這個，可是它的真實性仍然存在。」她在《婦人桃花》這篇小說中又表現了一個不可知力的不可解釋的現象。《婦人桃花》寫女主人公

桃花因病臥床半年，四處求醫而不見起色，在鄰居的勸說下去巫婆閻婆仔處就醫，要求去陰間探親，在閻婆仔的幫助下與其死去的昔日情人梁在禾「陰間相見」，而最終在桃花丈夫允諾將其一子一女改成梁姓，為梁在禾的後嗣以後，桃花的病「無藥而愈」。小說中充滿了神秘的氣氛和宿命的色彩，表現了一種超人的力量。小說運用了夢魘、時空交錯的手法來表現「人鬼相通」的現象，讓桃花在近乎神經錯亂的囈語中回答閻婆仔的問話，再現了桃花年輕時與梁在禾幽會的場面，描寫了他們在陰間相聚的情景。同時，作者還間或用旁觀者的佐證來說明桃花夢魘內容的真實性，時間跨度有十幾年，而空間則時而人世時而陰間，不斷切換，如電影中的蒙太奇。所有這些手法都恰好是現代派小說的典型特徵。

（三）荒誕、幽默的反諷手法

同其他現代派作品一樣，陳若曦早期有現代傾向的小說也是運用種種現代派手法來體現某種哲理、表達自己的哲學思想。由於陳若曦早年受西方存在主義哲學影響較深，其作品中就時時透露出「哲思」的光芒，而思考的主要對象就是「存在」這一哲學範疇。適應於這種主題，其小說在藝術手法上也借鑒了西方詩歌、戲劇中荒誕、幽默的反諷。

前文提到的《巴里的旅程》也是運用了這種荒誕的反諷手法的典型作品。作品敘述了巴里在一天裏的經歷。他走到城裏，街頭光怪陸離的場景，令他眼花繚亂：教堂的鍾響；嬰兒在母親懷中啼哭；大人或厲聲呵斥或柔和哄騙；時代歌曲使空間飽和；流動的攤販爭攬生意；魔術攤比比皆是；巴里購買到一張「空前的便宜、奇蹟的廉價」的環遊太空的票，可日子訂在 30 年後；兩個招搖過市的「風中稻草人」和「小風車」般的女人；騎沒有剎車的鐵馬的青年……小說通過巴里的眼睛，攝取了臺灣城市中種種場景，跨度極大，而且其中又沒有什麼聯繫，因而顯得荒誕不經。在後來，巴里遇到在菩提樹下「說道」的年輕人，並且被問了一個難題：「是科學，還是宗教，可以挽救廿世紀的人類？如果你擁護前者，我準敲掉你的腦袋，可是你若投後者的票，他不會饒你。」巴里繼續自己的旅程，卻又發現一個老人，老人拿雞籠捉雞而不可得，由耐心而急躁，由急躁而躊躇，最終雞與他「永遠保持一段安全的距離」的相持著離去。

整部作品表面看來極其荒誕，不可理喻，但實質上，作者是通過這些場景對一些思想意識形態問題進行探索，引人深思，一方面反諷了臺灣不平等的

黑暗現實；另一方面作者通過小說的形式來試圖解決一些哲學問題。作者用巴里的話回答了上述的哲學難題：「朋友們，我不能給你們做裁判。據說我生是為了完成什麼，然而我第一件學會做的事卻是破壞。我一直在追尋、摸索，朋友們，為的是要探究出我追尋、摸索的目的。現在，我正進行一件大事，恕我不能告訴你們，雖然這是每個人畢生必有一遭的。我只能這麼說，朋友，從我旅途上的見聞看來，一切都是矛盾，沒有任何一件事物本身是正確，中庸，可信，而絕對的。所以，既不能『承認』，我便『否定』，朋友，我開始『否定』一切。」從這段話，我們彷彿看到了薩特、海德格爾關於「存在」與「無」的論述。西方現代主義對陳若曦創作的影響可見一斑。

　　寫於 1973 年的《尹縣長》被視為陳若曦的「傷痕小說」的代表作。在這部小說中，作者描寫了尹飛龍被紅衛兵槍斃的場面，這本來是一個悲劇情節，可作者卻運用了獨到的反諷手法，從荒誕、幽默中揭示了一個深刻的時代主題。槍斃尹縣長的是忠於毛主席的紅衛兵，可被槍斃者卻對著槍口連連高呼「毛主席萬歲！」這樣就造成了一種極其荒誕、矛盾、可笑又可悲的局面：捂住他的嘴，不讓他喊「毛主席萬歲！」那是不准革命，是反對毛主席的行為，而讓他喊卻又槍斃他則應該更是反對毛主席的行為。到底誰是真正忠於毛主席、忠於革命的？作者就這樣通過荒誕、幽默，而又沒有脫離事實的造成了一個絕妙的反諷，揭露了「文化大革命」的罪惡。

　　《收魂》一文寫父親、母親、姐姐對弟弟變故的不同反應。弟弟阿萱病危在醫院裏，他家人卻在家裏請道士為他「招魂」，忙得不亦樂乎。情節發展到高潮，阿萱死在手術臺上，被派去的阿生伯回來傳遞信息，父親卻微笑著對阿生伯說：「道士說了，貴人出現在東方，午夜便可安然無恙。生伯，我已經替他收過魂了。」當阿萱的父親送走道士時，道士探身向前注視門口的招牌，這一動作被阿萱的姐姐看到，她想，一定是「仁心診所」四個字令他驚異！這兩處驚人之筆，包含著極大的諷刺意味，這種黑色幽默也正是現代派作品的典型特徵。

　　發表於 1986 年的《紙婚》寫到同性戀者項患艾滋病不治而死，朱連自殺身亡，小說用現代派荒誕戲劇《等待戈多》的演出作為結尾。這就賦予小說震撼讀者心靈的哲理：在西方社會裏，戈多是個騙子，整個世界充滿了騙子。「戈多今天不來，明天來」概括了人生種種命運、歸宿。項既是騙子又是被騙者，平平既是被騙者又是騙子。

總之，陳若曦運用荒誕的情節、黑色的幽默等現代主義的反諷手法揭示各種社會問題，深化了自己作品的主題。

（四）意識流手法的運用

意識流手法也是現代派作家常用的一種藝術手法，它源於歐美，到五四時期傳入我國。郁達夫的《沉淪》、郭沫若的《喀爾美蘿姑娘》、《葉羅提之墓》等都曾嘗試運用過這種現代主義技巧。

意識流指跳躍的、反邏輯的、超常規的、不連貫的超常思維活動，或者稱為一種不正常的思維。陳若曦在《最後夜戲》、《喬琪》、《燃燒的夜》中都運用了這種現代主義藝術手法。

《最後夜戲》通過臺灣歌仔戲旦角金喜仔一次演出的臺前臺後的情景，結合她意識的流動，反映了臺灣藝人艱難的生活。預見了歌仔戲面臨著消亡的危險。小說在人物活動進程中穿插了大段的人物潛意識活動，而通過這些跳躍的、反邏輯的不連貫的思維構成了故事情節進展的暗線。小說的主題逐漸地從這些意識流動與周圍真實環境的對照中浮出水面。比如，在臺上，金喜仔本來在唱戲，可作者卻讓她的思維發散開去：「她覺得嘴唇乾裂，舌頭黏答答的，一句句臺詞都像在石磨子下壓擠出來似的，艱澀又稀鬆。只要喝口糖水，她心底開始呻吟。望著前方，迷迷糊糊地，在一堆黃黃黑黑的人頭上，她瞧見一杯糖水，透明的玻璃杯，盛著淡黃光亮的糖水。貪婪地，她瞪著它。玻璃杯開始膨脹，它上下左右地伸展，伸展；糖水逐漸晃動，晃動，接著像波浪般洶湧泛濫，終至把戲院的屋頂，牆壁，人頭全吞淹了去……」小說將意識流的現代派手法與現實主義較完美的結合在一起，反映了深刻的主題，是陳若曦早期最成功的小說之一。

與《最後夜戲》情節進展中穿插人物意識流活動不同，《喬琪》和《燃燒的夜》通篇都是誇張跳躍的意識流動，故事的進展實際上就是人物思想鬥爭、心理矛盾的進程，因而更顯示出其現代主義的特點。

《喬琪》是一篇比較典型的現代主義作品，具體地說，應該屬於心理小說之類。主人公「我」──即喬琪，是一名學畫的女大學生，「我」即將離家到美國留學，可內心卻充滿痛苦和矛盾：「我」愛陸成一，但又討厭陸成一嫉妒她和其他男朋友交往，害怕成為陸成一的佔有品；「我」爸爸和媽媽離婚了，「我」愛媽媽，但又害怕被媽媽單獨佔有，因此，在去美國時要不要在東京停留見父親的問題上，猶豫不決。故事情節很單一，人物活動也只侷限在一

間小臥室內，但人物的潛意識活動卻極為活躍，可以說是「心遊萬仞，精鶩八極」。如作者寫喬琪對臥室四壁上的畫像的感受：「四壁上的畫像全瞪著我，每張『我』都對我露出一種特殊的神氣，所有的視線都投射、集中在我身上。我覺得有些不安，覺得要口吃起來。那張側面的我，拿眼角斜睨我，嘴角微微上翹，做出一個譏諷的笑容；那張垂頭俯視的我，竟從濃密的眼睫毛下窺視我，不作聲地打量我。呵，那個我竟對我板起一副長臉！……我覺得懊惱……我聽到一個聲音在我耳邊響起：喬琪喬琪喬琪……我向四面八方去找。」故事就這樣在人物的意識流動中展開，也在人物意識流動的中止中結束——喬琪最終在痛苦和矛盾中吃安眠藥自盡了。

《燃燒的夜》寫子光在產生婚外情後被妻子安曼冷落而不堪忍受，悔改自責而決定向妻子主動道歉的心理活動過程。這些心理活動也僅在子光的家裏展開，可是，故事的覆蓋面卻很廣：有子光對以往夫妻恩愛溫馨的回憶；有子光對安曼在浴室中的神情的想像；有子光對婚外情人的回憶；有子光對在校長家被人冷嘲熱諷的回憶；也有子光對妻子發覺他的婚外情後對他態度的變化的回憶；還有子光悔改、猶豫、再猶豫，最後決心勇敢地向安曼懺悔的心理鬥爭。……小說無論是主題還是寫作技巧，都是現代主義的風格，而跳躍、超常規的意識流動則構成了作品的主要框架。

陳若曦是一個跨流派的作家，很難把她具體定義為屬於現代派或鄉土派。但對她的所有作品進行總體研究，我們可以得出一個結論：她的臺灣鄉土生活經歷、她在臺灣大學外文系學習期間所吸收的歐美現代派寫作技法、她在 1966～1973 年內渡中國大陸的一段經歷對她起到了至關重要的影響。這些影響使她在此後的寫作中自覺地將鄉土情感、社會現實關懷與現代主義藝術手法加以綜合運用。我們雖然甚至可以從她的每一篇小說中都可以找出現代派的藝術技巧，但傳統與現代及社會現實的結合讓陳若曦的小說閃爍著中西合璧、地方色彩與世界視野融合的光芒，具有獨特的藝術魅力。

六、子敏——兩岸兒童文學的「常青樹」〔註93〕

子敏，本名林良，1924 年生於廈門，1946 年赴臺，2019 年病逝於臺灣。子敏晚年長期在廈門居住，經常往返於廈門、臺灣之間，是閩臺區域最富盛名

〔註93〕本節部分內容曾發表於《閩臺文化研究》，2022 年第 4 期，參見莊雅玲、李詮林：《生活的「淺語」——論子敏《小太陽》的寫作風格及其兒童文學理論實踐》，《閩臺文化研究》，2022 年第 4 期，第 112～118 頁。

的兒童文學作家之一。子敏是臺灣現當代兒童文學之父，被臺灣兒童文學界尊稱為「大家長」、「常青樹」等，曾經獲得中山文化基金獎等諸多文藝大獎。他的兒童文學創作領域廣泛，涉及兒童詩、兒童散文、繪本等，都有著較高的成就。子敏對於兒童文學理論也有自己獨到的一番見解，提倡「淺語的藝術」，影響極大。

子敏的代表作之一就是《小太陽》，書中的散文是從子敏過往發表在《聯合報》和《國語日報》的作品中選擇出來合為一集的。《小太陽》是一本大男人寫小家庭的散文集，展現了子敏一家人十五年來的日常家庭生活，生動描繪了「我」、妻子、櫻櫻、琪琪、瑋瑋、斯諾這幾個家庭成員。這本書有著獨特的魅力，自 1972 年出版至今一直深受讀者的歡迎。《小太陽》之所以成功，主要因為它以兒童為本位，語言生動淺顯，具有生活氣息，充滿了溫馨的生活之愛，溫暖了讀者的心。

（一）兒童本位

以兒童為本位的兒童文學觀念之發端可以追溯到五四新文化運動時期。五四運動時期最大的成就之一就是「人的發現」，隨著「人的發現」，兒童也被「發現」了。兒童本位論就是在「發現兒童」之後提出的，是「以兒童為本位的兒童觀」。兒童本位論在五四時期由郭沫若最先提出，在出現後得到了周作人、鄭振鐸等眾多文學大家的支持。兒童本位論影響極大，目前被廣泛運用於兒童文學理論之中，成為許多兒童文學理論的基礎。兒童本位論認為兒童不是「縮小的成人」或「成人的預備」，兒童的世界與成人截然不同，成人需尊重兒童的特點。它是以兒童為出發點的理論，肯定兒童的精神和社會地位，呈現出對兒童生命的崇揚和精神品性的體認。〔註 94〕兒童本位被認為是兒童文學區別於其他文學形式的重要特徵，周作人在《兒童的書》中曾直言：「總之兒童的文學只是兒童本位的，此外更沒有什麼標準。」〔註 95〕一部兒童文學作品必須做到兒童本位，才能再提其他。在《小太陽》之中，子敏作為一個父親，從兒童心理世界的角度對她們的行為進行解讀，給予自己的三個孩子以充分的理解與尊重，做到了「以兒童為本位」。

〔註 94〕王黎君：《兒童的發現與中國現代文學》，上海：復旦大學博士學位論文，指導教師：吳立昌，2004 年。

〔註 95〕周作人：《兒童的書》，蔣風主編：《中國兒童文學大系　理論　1》，太原：希望出版社，2009 年，第 62 頁。

　　首先，子敏在寫作時充分做到了把話語權轉交給兒童，讓兒童發聲。讓兒童發聲，說出自己的想法，是對兒童社會地位的肯定，是「兒童本位」的重要組成部分。在書中，他並沒有以自己的描寫或話語生硬地代替兒童的話語。他充分地把孩子的「聲音」呈現在讀者面前，而「爸爸」的聲音則隱藏在幕後。在兒童「發聲」的時候，他認真地聆聽，還鼓勵他們。〔註96〕例如，在《丟》中，三女兒瑋瑋想請「爸爸」幫她找東西，卻不太能清楚描述那樣物體。要描述這件事，若按旁人的寫法，可能只會有一句「她對失物的描述，給人一種雜亂無章的印象」，而子敏卻在說明這個事實後將孩子的話保留了下來：「『爸爸，你看見那個東西沒有？』『什麼東西？』『紅紅的。』『什麼紅紅的？』『黃黃的。』『什麼黃黃的？』『白白的。』『到底是什麼、東西？』『一個東西！』」〔註97〕。這樣做完整地還原了兒童的日常生活，而不是用成人的看法遮蔽兒童，做到了尊重兒童的話語權，把話語權轉交給兒童，讓兒童發聲，傾聽兒童。

　　其次，子敏設身處地地站在兒童的角度上，承認她們的獨特想法，尊重她們的精神世界，理解兒童的做法。例如在《寂寞的球》中，描寫瑋瑋一直在打擾他人做事，讓其他人感到煩躁。然後，子敏就從瑋瑋的角度出發，認為「她也需要別人的關心。如果人人都認為不跟她接觸就是一種最值得維持的關係，她怎麼能忍受！當然，她只有攻擊。」〔註98〕對於瑋瑋的打擾，子敏從孩子的角度出發，認為孩子需要陪伴與關心，但在無人理會她時，孩子只能用這種近似於「攻擊」的辦法來尋求關注，而不是認為孩子調皮需要教訓。這位父親做到了理解、尊重孩子的精神世界，沒有用大人的眼光來規訓孩子，以兒童為本。

　　子敏原本地復現了兒童的話語，將話語權轉交給了兒童，尊重理解兒童的精神世界。這表現了子敏並沒有把兒童當成「小大人」或者是「還沒長大的大人」，做到了對兒童自身價值的肯定，認識到了兒童就是兒童自己。這樣，他的寫作就能「發現兒童」，就能做到「以兒童為本位」。

〔註96〕嚴曉馳：《成人視角下的兒童本位：以林良散文〈小太陽〉為例》，《唐山學院學報》，2016 年第 2 期，第 49〜53 頁。

〔註97〕林良主編：《小太陽──臺灣兒童文學館・林良美文書坊》，福州：福建少年兒童出版社，2014 年，第 130 頁。

〔註98〕林良主編：《小太陽──臺灣兒童文學館・林良美文書坊》，福州：福建少年兒童出版社，2014 年，第 165 頁。

（二）不「淺」的「淺語」

「淺語」是子敏的兒童文學理論主張之一，在他的兒童文學理論著作《淺語的藝術》中，他是這樣定義「淺語」的：「兒童所使用的，是普通話裏跟兒童生活有關的部分，用成人的眼光來看，也就是普通話裏比較淺易的部分。換一句話說兒童所使用的是『淺語』。這『淺語』，也就是兒童文學作家展露才華的領域。每一個兒童文學作家，都要具備運用『淺語』來寫文學作品的能力。這也就是說，他必須懂得把他所知道的種種文學技巧用在『淺語的寫作』上。」〔註99〕在自己的創作之中，子敏也一直踐行著自己關於「淺語」的主張。但是他的「淺語」只是在語言的形式、題材方面是用的淺顯易於理解的部分，在表現現實生活與人生思考的內容方面卻並不淺顯。

1. 生活化寫作

《小太陽》主要描寫的就是林家日常再普通不過的生活，是生活化的寫作，這本書生活化寫作主要體現在兩個方面。第一，《小太陽》所描寫的題材是真實生活中的平常小事，是讀者再熟悉不過的日常生活，富有生活氣息。子敏曾說他「癡心地想在『流水帳』裏尋求一點意味；入迷地拆散流水帳，組合成新秩序。」〔註100〕所以，這本書就是一本關於家庭的流水帳，文中所描寫的事情是在以往被其他人所不屑的瑣碎流水帳。比如其中的《洗澡》《「大」》這類文章，它講的是不同家庭成員的不同的洗澡、上廁所的模式。用傳統的「高雅文學」觀念來看，這都是非常「上不得檯面」的東西，但作者仍舊鄭重其事地將它寫出來成為一篇文章。所以說，《小太陽》的選材異常生活化。

第二，本書的語言生活化、口語化，文中十幾萬字全文都沒有生僻字，大量運用人們日常生活中的常用的口頭語代替較為艱深的詞彙。文中，用「大」代替如廁，用「乾地」代替乾燥的地板，用「鐵球車」代替水泥車。這些詞語都簡單易懂，即使是識字不多的兒童讀者們也能一下子明白作者的意思。子敏之所以要用這樣淺顯的文字進行書寫，是由作品的接受主體所決定的。「兒童文學作品的接受主體是兒童，一般來說，兒童運用語言的能力較成人低，文學接受能力也相對較弱，尤其年齡較小的兒童的閱讀，還需要依賴成人講述的幫助。這就要求兒童文學作品在相當程度上保留口頭文學的許多敘述特點。

〔註99〕方衛平主編；林良著：《淺語的藝術》，福州：福建少年兒童出版社，2017年，第20頁。

〔註100〕子敏：《小太陽》，武漢：湖北少年兒童出版社，2006年，第11頁。

因此當作家為兒童創作之時，他們會更理性地使用通俗直觀的富有動作性、對話性和表情性的『兒童文學口語』去進行藝術的表現」。〔註101〕這也是子敏所說的：「兒童文學是為兒童寫作的。它的特質之一是『運用兒童所熟悉的真實語言來寫』。」〔註102〕兒童是在生活中成長起來的，兒童熟悉的語言也是生活中的日常口語，為了讓兒童讀者樂於閱讀、理解其中滋味，子敏的創作的語言就必須也是生活化、口語化的。

　　子敏描寫日常生活，是以一個丈夫、一個父親的身份描寫家庭，他的寫作是家庭的寫作，是生活化的寫作。生活化的題材與生活化的語言都構成了《小太陽》的生活氣息，構成了《小太陽》的生活化特點，讓《小太陽》成為生活化寫作的優秀代表。

2. 語言生動幽默

　　《小太陽》的語言不僅是生活化的，同樣也是生動幽默的。《小太陽》語言的生動是通過多種修辭手法的巧妙運用之中呈現出來的。書中運用比喻最精妙的文章，應該就是《女廠長》了。在這篇文章中，他把家比作工廠，把自己比作能幹的技師，把自己的妻子比作女廠長，把各個家庭成員想拜託媽媽做的事情比作訂貨單，把媽媽完成大家的需求比作交貨，把經營家庭比作辦廠。這樣精妙的比喻將孩子請父母幫忙的急切與父母帶著愛認真幫助孩子的場景生動呈現出來，閱讀這篇文章時，讀者們會不禁在腦海中想像這一家四口的日常相處模式來。

　　擬人手法主要是被運用於狗狗斯諾身上，在寫狗狗斯諾被瑋瑋折磨的反應時，是這樣寫的：「斯諾剛來的時候，它的眼神帶著『稚氣』。瑋瑋把它摟『扁』了的時候，它眼中露出來的是『不知有漢，無論魏晉』的茫然神態。可是受過無數的折磨以後，它變得早熟了，眼中露出『反抗』和『向大人求援』的神氣。」〔註103〕讓狗露出人類獨有的神態，甚至還要向大人求援，充分體現出瑋瑋對狗狗斯諾的折磨之深刻，以及狗狗斯諾的痛苦來。相信正在閱讀本書的兒童讀者們看到這段時，腦中會想像出畫面，不能會心一笑。此

〔註101〕方衛平，王昆建主編：《兒童文學教程第2版》，北京：高等教育出版社，2009年，第77頁。

〔註102〕方衛平主編；林良著：《淺語的藝術》，福州：福建少年兒童出版社，2017年，第17頁。

〔註103〕林良主編：《小太陽——臺灣兒童文學館‧林良美文書坊》，福州：福建少年兒童出版社，2014年，第103頁。

外，文中也運用了排比、雙關等其他修辭手法，這裡就不再一一舉例了，這些修辭手法的運用加深了文字的表現力，使得本書的語言生動異常。

語言的幽默最主要的就是由大詞小用體現出來的。明明子敏描寫的就是瑣碎的生活小事，偏偏子敏總是用一些嚴肅正式的、意義較大的詞彙進行描寫，形成了誇張、雙關的效果。例如，子敏提起父輩的舊事——他的祖父請英國老師來教他的父親繪畫，這件事情被子敏說成是「家族第一次的中英交涉」；老大櫻櫻坐在書桌上的一角畫畫，在子敏筆下就是在父親書桌上的「租界」畫畫。〔註104〕中英交涉本應該是嚴肅的外交事件，子敏卻用它來形容普通人請外教教孩子畫畫這件尋常事；租界是外國資本主義進行經濟活動的地方，甚至略帶負面色彩，子敏用它形容孩子借自己書桌學習。這種大詞小用對比明顯，一大一小富有張力，在書中隨處可見，形成了生動幽默的語言特點。

《小太陽》這樣生動形象又幽默的語言有助於兒童讀者的接受，形成更好的效果。形象化的語言能使兒童將自己的生活經驗與文學作品所傳遞的信息相聯繫，產生聯想，使兒童的生活經驗得到有效的、最大限度的遷移，使陌生的事物變得親切和熟悉起來，從而更容易被兒童感知和理解，獲得體悟。〔註105〕

3. 寓大於小

《小太陽》的淺語雖是生活化的、生動幽默的，但是淺語也是一門藝術，是有深度的、有內容的、包含深入思考和對生活的體悟的。子敏在他的另一部兒童文學理論著作《陌生的引力》中也說道：

> 文學是一種「淺語」的「藝術」。因為它是「藝術」，所以這個「淺語」並不是「淺人」的「淺語」。它是「深人」的「淺語」。「深人」是指那種氣質不凡，有超過常人的才華，思想深刻，能巧妙地運用當代語言的人。他能在平凡的月亮和江水之間發現一種「月湧大江流」的關係。他能在星星和平野之間，尋覓出一種神秘的「星垂平野闊」的關係。他替平凡的「江」和平凡的「滾滾」，替平凡的

〔註104〕 林良主編：《小太陽——臺灣兒童文學館・林良美文書坊》，福州：福建少年兒童出版社，2014年，第72～73頁。

〔註105〕 方衛平，王昆建主編：《兒童文學教程第2版》，北京：高等教育出版社，2009年，第84～85頁。

「落木」和平凡的「蕭蕭」，安排一種「很不平凡」的「結合」。他賦
給極平凡的「白髮」極不平凡的意義。他甚至能把最無聊的天、地、
恨綿綿，安放在某一件事情上，發掘出使人柔腸寸斷的「相互關係」
來。〔註106〕

　　所以說，「深人」的「淺語」要從日常常見的生活事物之中挖掘出深意，
有深刻的思想。在《小太陽》中，「淺語」的深刻體現在寓大於小，從日常小
事挖掘出大道理來。例如在《喂》這篇文章中，子敏講到喂孩子吃飯這件事
情：孩子還較小的時候，只顧吃飯而不需要任何條件，「喂」是簡單溫暖的，
但孩子大了之後，家長就要追著孩子餵飯，更需要有充分的耐心。從喂孩子這
件事，子敏引申到了事業成就，得到了耐心才能使人成功的體悟：「一切美好
的事情都有美麗的開頭。不過，真正懂得人生的人都知道，『美好的開頭使事
情成功了一半』並不真。這個世界到處是美好的開頭，同時也到處是『只成功
了一半』的事業。美好的開頭不能結美好的果實。真正使事業成功、使一個人
有成就的，是無窮的耐心。」〔註107〕

　　給孩子餵飯，是一件生活小事；事業成功需要耐心，是一個需要人仔細體
悟的大道理，通過小事寫大道理，從小處、細節，用簡單的方式表現出來大的
立意、想法，這就是寓大於小。從平凡的生活中發現深刻的意味，用最簡單的
文字、最常見的小事表現並不簡單的思想就是子敏所提倡的「淺語」，他的「淺
語」並不「淺」，是「深人」的「淺語」，是有「深意」的「淺語」。

4. 封閉獨立的時空

　　值得一提的是，《小太陽》直到現在都還能飽受歡迎的其中一個原因是
《小太陽》的故事所發生的時間和空間都是封閉獨立的，距離感較小，更貼合
讀者的經驗。在時間方面，《小太陽》內描述事件時大多都沒有標明具體的時
間，也幾乎沒有出現與時間相關聯的歷史事件、歷史人物。描述事件的時間時
不是說一九幾幾年的什麼時候，而是說「在一個星期天」、「晚上」，這個時間
段是常常都有的，並不罕見，無法給人什麼時間感。再加上這些日常的小事也
貼近生活，讓人感覺這些事情既可以發生在上世紀的 70 年代，也可以發生在
21 世紀的今天，貼近生活，給讀者以熟悉感。在空間方面，《小太陽》中的故

〔註106〕林良：《陌生的引力》，福州：福建少年兒童出版社，2018 年，第 11 頁。
〔註107〕林良主編：《小太陽——臺灣兒童文學館‧林良美文書坊》，福州：福建少年
　　　　兒童出版社，2014 年，第 115 頁。

事除了幾篇出門遊玩的篇章，其他篇章都是發生在林家這個狹小的空間之中，都是常見之物，沒有特定時代的時代物品。這些相對封閉獨立的時空，給人獨立的時空感，構建了一個「屬於家庭的世外桃源」。這樣一個封閉獨立的時空使作品獲得了更為長久的生命力，任何一個時代的兒童讀者翻開這本書，都會以為是寫給自己的﹝註108﹞，都是發生在他身邊的事情。這樣的時空更貼合兒童讀者自身經驗，更便於兒童讀者理解並將其納入自己的認知結構之中。這樣一來，一代又一代的兒童都能身臨其境地閱讀這本書、喜歡這本書，讓這本書獲得持久的生命力，至今仍吸引無數讀者。

綜上，因為《小太陽》描寫的是生活題材且語言生活化、生動幽默，所以《小太陽》淺顯易懂，能為低齡讀者所接受理解，是不折不扣的「淺語的藝術」；但因為《小太陽》同時有著寓大於小、時空封閉獨立的特點，所以更能向讀者傳達深刻的意味，具有雋永的美感。所以《小太陽》是深入生活內部的話語，借「淺語」傳達生活的深意，這種「淺語」是不「淺」的「淺語」。

（三）愛的書寫

《小太陽》書如其名，閱讀它的時候，心裏就像照射到陽光一般暖洋洋的。之所以《小太陽》能給一代又一代的讀者帶來溫暖，主要是因為《小太陽》是愛的文學，子敏是帶著對妻子和三個女兒的愛進行書寫的。這些文字字裏行間都帶著愛，細水長流地打動讀者，自然能「以情動人」。子敏對妻子的愛是包含著尊重、感恩的，尊重妻子的工作、精神世界，感恩她為家庭付出的辛勞和所作的貢獻。《她》是專門寫妻子的文章，子敏以幽默的語氣體現了自己對於妻子的尊重：「依據家的憲法，她有不可侵犯的否決權。」兩人有了意見分歧時，「我是有點兒氣惱，但是在家的憲法面前，我只好忍氣吞聲。」孩子說，「爸爸老是把媽媽看成一片玻璃。」「我的反對黨最使我難堪的是『輕易立法』。」「其實，拋開治家的『神聖使命』不談，我跟她的私人感情是很好很好的。」﹝註109﹞這幾句幽默風趣，把自己的妻子比為神聖不可侵犯的「憲法」，自己的妻子管束家庭成員是「輕易立法」，寥寥幾句看似不經意的話語卻表現出對妻子的尊重。玻璃易碎需要保護，孩子認為爸爸保護媽媽就像保護

﹝註108﹞ 嚴曉馳：《成人視角下的兒童本位：以林良散文〈小太陽〉為例》，《唐山學院學報》，2016年第2期。

﹝註109﹞ 林良主編：《小太陽——臺灣兒童文學館‧林良美文書坊》，福州：福建少年兒童出版社，2014年，第82～85頁。

玻璃一樣,是保護過度了,二人感情之深可見一斑。在《半人》中,論及死亡,夫妻兩人是這樣想的:「我們實在怕『走』,怕得要命。並不是怕『走』的本身。從一個本來已經很可愛的地方到另外一個比這兒更可愛的地方去,這有什麼值得怕的?只是放心不下,只是怕對方那個『沒用的人』會手忙腳亂。」〔註110〕夫妻二人深厚的感情就這樣躍然紙上,令讀者動容。

同樣的,子敏對於三個女兒也有深厚的愛。三個女兒總是會有一些調皮、令人氣惱的舉動,作為父親也會被氣到。當看到孩子闖禍的時候,他就會在心裏默念《聖經》的語句:「愛是恆久的忍耐,愛是永遠不發脾氣。」在默念之後,他會忍耐、平復自己的怒火,收拾孩子的爛攤子,這是他愛的表現之一。另外,他對於家人的性情、日常小習慣也觀察入微,一一記在心中。在《丟》中,他常常能幫家人找到丟了的東西,而他之所以能找到東西,是因為他清楚每個人的習性。他知道大女兒櫻櫻比較細心,所以丟了的東西「其實是『平平安安』地放在什麼地方」;他知道二女兒琪琪喜歡堆積東西,所以丟了的東西「事實上東西並沒丟,只是她看不見罷了」;他知道太太因為太忙,所以丟了的東西是「信手擱置」了;他知道三女兒沒什麼邏輯觀念,所以丟了的東西只要讓她想起是什麼樣的就行了。〔註111〕對家人觀察得如此熟悉,能根據每個人的性格與習慣對症下藥必須是要有深刻的愛才能辦到的。

這樣深刻的愛意讓子敏在寫作時也自然而然地在文字中也傾注了滿腔愛意,文以情動人,這樣深刻的愛也是打動讀者、讓讀者產生共鳴的最大原因。這樣充滿愛意的文字就是溫暖、柔軟的,是「愛的寫作」。

(四)去淨火氣的文字

《小太陽》的文字不僅是溫暖柔軟的,還是「去淨火氣的」、節奏舒緩的。知名兒童文學作家曹文軒曾用汪曾祺的四個字形容子敏:「去淨火氣」。對於子敏的文字,他是這樣評價的:「他的文字也是去淨火氣,他一般不會寫激烈的衝突,激烈的情感和激烈的思想,不會去竭盡全力去挖掘人性的大惡,他總是很有分寸。對世界寬容和理解,是他的文字的基本態度,溫暖溫情流淌在字裏行間,這些文字讓我們跟著安靜下來,平和下來,用寧靜的世界觀

〔註110〕林良主編:《小太陽——臺灣兒童文學館‧林良美文書坊》,福州:福建少年兒童出版社,2014年,第151頁。

〔註111〕林良主編:《小太陽——臺灣兒童文學館‧林良美文書坊》,福州:福建少年兒童出版社,2014年,第126～130頁。

看待生活中的美和詩意。」〔註112〕曹文軒的評價道出了《小太陽》特有的節奏與品格。

《小太陽》就是這種節奏舒緩、「去淨火氣」、安靜平和的文字。首先，子敏本人的性格的「去淨火氣」讓其文字文如其人的「去淨火氣」。文如其人，子敏本人的性格平和、不急不徐，他以他的溫和的眼光看世界。因此在描繪人物、事件的時候，他筆下的人物和事件都是從容的。例如在忙碌的早晨，他會用自己的方法在快節奏中獲得喘息：「我的方法是分解它，對它實行『科學管理』，例如在每天早晨上班以前僅有的四十八分鐘裏，我規定了該做的每件事情的『最慢時間』：刷牙一分半鐘，洗臉兩分鐘，刮臉四分半鐘，梳頭一分半鐘，在『化學便盆』上看報二十五分鐘，吃早點十三分鐘，穿皮鞋半分鐘。事實上，每一個項目都還可以節省一點時間。因此，我能在鐘的控制下獲得休息。」〔註113〕將快節奏的出門準備拆分成一個個小塊時間，就讓清晨的多樣準備工作的節奏放緩。並且，子敏會在描繪節奏較快的事件時，巧妙切換視角，用孩子的視角觀察世界，用孩子舒緩、生動的語言描繪人們匆忙行事的模樣，在孩童的幽默話語之中無形消解了匆忙的節奏。例如，他用老三瑋瑋的話語形容另外兩個女兒的匆忙：「一向喜歡靜觀、然後發表『文學的觀感』的老三，說她們的『趕吃』是『把許多東西一下子裝進肚子』。」〔註114〕兒童生動風趣的形容沖散了文字之中的緊張感，無形之中消解了急躁的心理，消解了人與時間的衝突、帶著「火氣」的事件，讓文字去淨了「火氣」。

子敏用自己的內在性格和巧妙的視角轉換方式消解了快節奏、激烈衝突矛盾的事件，讓事件的節奏緩慢下來，讓正在閱讀的讀者的心境也平和、舒緩下來，感受不到「火氣」。藉此，他的文字去淨了「火氣」，成為「去淨火氣」的文字，《小太陽》就是其中的典型代表。

（五）結語

兒童文學是一門獨特的學科，既要立足文學，也要關注兒童。因兒童文學這種特性，兒童文學作家們在創作時更需小心，不僅要保留語言文字的美感，

〔註112〕李墨波：《只有童年是貫穿一生的——懷念臺灣兒童文學作家林良》，《臺聲》，2021年第2期，第72～77頁。

〔註113〕林良主編：《小太陽——臺灣兒童文學館·林良美文書坊》，福州：福建少年兒童出版社，2014年，第41頁。

〔註114〕林良主編：《小太陽——臺灣兒童文學館·林良美文書坊》，福州：福建少年兒童出版社，2014年，第40頁。

還要讓兒童讀者能夠接受並得到些許體悟來，更考驗作家的功力。子敏在創作之中，就真正做到了文學與兒童接受的平衡，形成了他獨樹一幟的「淺語」創作風格。

《小太陽》是子敏非常重要的代表作，它以兒童為本位，把話語權轉交給兒童，讓兒童發聲，尊重兒童獨特的心理特點，具備兒童文學最寶貴的品質。在語言方面，《小太陽》以生動幽默、生活化的語言描寫日常生活，富有生活氣息，是易於接受的「淺語」。在內容方面，子敏在《小太陽》中營造了獨立封閉的時空，在這樣的時空之中將人生的深刻道理蘊含於生活小事之中，意味雋永，更便於思想的傳達、讀者的接受。在情感方面，子敏帶著對妻子和三個女兒的滿腔愛意進行寫作，是「有情的文字」，這種深刻的情感打動了無數的讀者，讓《小太陽》經久不衰、歷久彌新。在文字的節奏方面，子敏以舒緩平和的目光看待世界、描繪事件，在無法避免快節奏、「帶著火氣」的事件時，就用兒童的視角關照之，用生動幽默的孩童語言化解「火氣」，形成了「去淨火氣」的文字。

《小太陽》是描寫生活的「淺語」，但它卻能在月光下織錦，從普通人最平凡、在常見不過的生活中挖掘出不一樣的韻味來，這就是一部作品的魅力，就是大師的出眾能力，就是文學能一直具有吸引力的原因。就像子敏在《陌生的引力》中所說明的：「一個受過相當的語文訓練的人，遲早會發現，一部最出色的（甚至最偉大的）文學作品，是由他所認識的字描繪他所能體會的生活而成的，只是那裡頭『釀造』出某些意味深長的東西，是一種『用』而不是一些『字』，使他覺得『動心』而不能『自己』就是了。」〔註115〕恰好，《小太陽》就是這樣一部「生活的淺語」，就是這個讓讀者「動心」而不能「自己」的文學作品。〔註116〕

七、老傳統與新面貌——「光復前」臺灣內渡作家傳人與「光復後」新內渡人

邱緝臣和邱韻香一家是很好地呈現出「老傳統」與「新面貌」傳承與嬗變軌跡的代表性臺灣內渡作家家庭。邱緝臣（1886～1930）與邱韻香父女二人在

〔註115〕林良：《陌生的引力》，福州：福建少年兒童出版社，2018年，第12頁。
〔註116〕本節部分內容曾發表於《閩臺文化研究》，2022年第4期，參見莊雅玲、李詮林：《生活的「淺語」——論子敏《小太陽》的寫作風格及其兒童文學理論實踐》，《閩臺文化研究》，2022年第4期，第112～118頁。

乙未割臺時內渡，曾輾轉於上海一帶，後定居於閩南地區，邱緝臣著有《丙寅留稿》，其女邱韻香著有《繡英閣詩鈔》。邱韻香（1888～1977）是一位詩人，也是一位妙手回春的醫生，她的詩歌創作一直延續到二十世紀七十年代，堪稱詩史之作。二位詩人的作品後由漳州東山文史學者王作人先生彙集整理，集為《丙寅留稿》與《繡英閣詩鈔》合刊，於 1989 年由東山圖書館陳漢波先生印刷發行。邱韻香女士可以說是一位身兼「光復前」臺灣內渡作家與「光復前」臺灣內渡作家傳人（其父、臺灣內渡作家邱緝臣的傳人）兩種身份的臺灣內渡作家。

邱韻香還是著名臺灣內渡作家、臺灣進士施士潔的弟子，她曾多次與施士潔詩詞唱和，如：

施耐公師題小照並贈尊像

每誦高吟喜不支，今朝才得拜容儀。

詩如東野清尤絕，貌似秋山瘦益奇。

同里鯤瀛邀月旦，平生鹿洞想風規。

瓣香遙祝金針度，願藉鱗鴻達絳帷。〔註117〕

邱韻香一方面承繼了家學傳統，另一方面又得施士潔等名師指點，同時她還富有可貴的愛國愛鄉情愫和濃厚的救國救民的家國情懷，其詩歌無論從意象選擇、意境營造。以及格律規範等方面都可謂是同時代女性詩人中的翹楚。以下列舉數首可證：

代家君步友人原韻（三首選一）

滄海桑田感舊遊，七鯤何日掉扁舟。

梧桐檻下誰青眼，蘆荻秋風共白頭。

豈意天邊來吐鳳，頓教海外起眠鷗。

溯回在水伊人遠，佳句空吟趙倚樓。〔註118〕

詠西施

柳比腰肢花比姿，隨風搖曳力難持。

早知香骨埋吳沼，至死含顰不展眉。〔註119〕

〔註117〕泉州刺桐吟社編：《海峽詩緣》，北京：人民日報出版社，2005 年，第 21 頁。

〔註118〕泉州刺桐吟社編：《海峽詩緣》，北京：人民日報出版社，2005 年，第 21 頁。

〔註119〕福建省文史研究館編：《百年閩詩 1901～2000》，福州：海風出版社，2004 年，第 387 頁。

亂中即事

干戈滿地劇堪哀，萬疊風波滾滾來。

猶豫自憐甘受困，焦桐誰惜欲成灰。〔註120〕

水仙花（九首選二）

風鬟霧鬢絕纖塵，一縷溫馨暗襲人。

香口媚兒差比潔，捧心西子解傳神。

閒愁欲遣詩難盡，嬌影終憐寫不真。

最是凌波微步好，春風宜喜又宜嗔。〔註121〕

大陸神州不染塵，瑤臺珠闕盡生春。

芷蘭臭味懷沙客，冰雪心腸蹈海民。

平等花開天共演，自由芽茁世維新。

如今撒遍文明種，付與枕流漱石人。〔註122〕

七夕

雙星今夜渡銀河，風雨瀟瀟訴淪謫。

天孫罷織擲金梭，偶落人間丁氏席。

惹得女兒乞巧忙，薦果陳瓜禱終夕。

一點虔誠達九天，天孫受祀有慚色。

道我前此出無心，那有工夫供物役？

斯須月落天漸明，鵲散橋空煙水隔。〔註123〕

屈原

懷沙屈子恨難伸，橈楫年年弔海濱。

落日大江流斷夢，餘音小雅泣孤臣。

山川不為興亡改，史冊長存氣節人。

千古沅湘嗚咽水，挑燈細讀一沾巾。〔註124〕

哀安海

雲冪冪，雨淒淒，通衢草長曲徑迷。

〔註120〕福建省文史研究館編：《百年閩詩　1901～2000》，福州：海風出版社，2004年，第387頁。

〔註121〕漳州市詩詞學會編：《漳州詩詞　第2集》，1994年，第9～10頁。

〔註122〕漳州市詩詞學會編：《漳州詩詞　第2集》，1994年，第10頁。

〔註123〕漳州市詩詞學會編：《漳州詩詞　第2集》，1994年，第10頁。

〔註124〕漳州市詩詞學會編：《漳州詩詞　第2集》，1994年，第10～11頁。

行人冷落黯慘悴，時聞鬼哭夕陽西。
詢之居民道安海。安海素聞不蕭條，
三里市鎮五里橋，往來商賈溢閭巷，
樵歌漁笛昕夕鬧。頻年軍馬肆躁躪，
楚人一炬阿房焦。吁嗟安海民何辜，
玉石俱焚難勝數，雕樑畫棟燕雀廈，
淪廢已成野荒圃。寥寥存者兩三家，
大半焦椽與斷宇。昔時羅綺富家兒，
今日懸鶉似俘虜。父母妻孥莫處尋，
金山炫煌委塵土。大兵之後百寇來，
綠林恣擾如雲集。匈匈兩歲不聊生，
縱存破屋亦壁立。我聞前言已涕泣，
又聞續語更於邑。曾是天涯兵燹餘，
重逢不啻我身及。滄海桑田感慨深，
數行申弔蠻箋濕。〔註125〕

遊太平山〔註126〕

汽車旋轉似龍驤，兒輩扶將躋翠岡。
絕頂襟懷空宇內，衰年步履覺郎當。
樓臺俯瞰蜂螃屋，人馬遙瞻傀儡場。
歎息江山千古在，再來吾已熟黃粱。

先夫文升去世，倏忽三年，四月十日大祥紀念

羅陳俎豆獨含悲，此日前年訣別時。
鋤後耕前空有約，水窮山盡了無期。
感懷熱淚衰年慣，世味深酸兩鬢知。
劇憫嬌癡小兒女。衣香佩玉斗花枝。〔註127〕

感事步滄舲先生原韻（四首選一）

瘡痍滿眼最傷心，烽火頻仍盼作霖。
深憫沙場堆白骨，共憐時世重黃金。

〔註125〕漳州市詩詞學會編：《漳州詩詞　第2集》，1994年，第11～12頁。
〔註126〕漳州市詩詞學會編：《漳州詩詞　第2集》，1994年，第12頁。
〔註127〕漳州市詩詞學會編：《漳州詩詞　第2集》，1994年，第12～13頁。

誰防滋蔓由荒草，那識餘燎熾茂林。

桑海回思十年事，不勝懷古復懷今。〔註128〕

慶祝中華人民共和國國慶十週年

閃閃旌旗映日紅，歌聲浩浩水朝東。

十年血汗成功日，六億蒼生覆載中。

海外僑胞欣踴躍，鄰邦兄長樂和衷。

和平陣線臻全盛，老我歡忘雪鬢蓬。〔註129〕

題畫

山居休笑古人迂，木石為鄰足自娛。

況有良朋堪問字，也教兒輩識之無。〔註130〕

　　當然，內渡的臺灣作家，其內渡的原因也各各不同，除了上文所述最大批量的因不能忍受日本殖民統治的屈辱而在乙未割臺之際內渡大陸的作家們以外，也不乏如鍾理和為個人婚姻問題而內渡東北地區和北平、劉吶鷗為了到上海發展個人藝文事業，還有王香禪（1899～1983）因丈夫謝介石至東北偽滿洲國任職而跟隨內渡大陸者。謝介石（1879～1954），出生於臺灣新竹一個商人家庭，日據之前在臺灣接受了良好的漢文教育，後到日本留學，期間與張勳之子成為同學，這也為此後他通過張勳介紹得以認識溥儀奠定了契機。謝介石曾任偽滿洲國「外交總長」、「駐日公使」，1937年由日本回到偽滿洲國後辭職，後移居北平生活，1954年於北京東城區去世。王香禪（筆名黛卿）的一生頗具傳奇色彩，她是寧波人〔註131〕，但在臺灣日據初期便已是聞名於臺灣南北的艋舺「藝旦」詩人，她雖淪落風塵，但知書達禮，詩文俱佳，曾與羅秀惠（前文所述曾與汪春源等一起參加公車上書的臺灣舉人之一）有關一段情感糾葛，後嫁與謝介石後，隨謝介石內渡大陸。王香禪在大陸期間，曾在浙江杭州一帶居住，也因此在江浙、上海一帶創作發表了一些詩文，其中既有舊體詩歌，也有言情文言小說，其言情小說屬於「禮拜六」體的通俗小說之類；王香禪也創作有部分現代白話文作品，如演講稿等。王香禪積極參加慈善捐助等社

〔註128〕漳州市詩詞學會編：《漳州詩詞　第2集》，1994年，第13頁。

〔註129〕漳州市詩詞學會編：《漳州詩詞　第2集》，1994年，第13頁。

〔註130〕漳州市詩詞學會編：《漳州詩詞　第2集》，1994年，第13～14頁。

〔註131〕參見謝白倩口述／閻崑採訪整理：《闖蕩關東的臺灣人》，採訪地點：朝陽區石佛營東里101號樓謝白倩寓所，採訪時間：2014年9月3日（星期三）上午。

會活動，在大陸期間與著名臺灣作家、《臺灣通史》作者連橫時相詩文唱和。王香禪 1983 年 4 月於北京「因為癌症去世」〔註132〕，她與謝介石育有四子一女，其中麼子謝白倩是知名的詞曲作家，著有《忘不了》等歌曲。

　　臺灣光復之後，有一批大陸文化人於臺灣光復初期到臺灣參加了臺灣文化重建的工作，其中大部分在 1949 年之前又回到大陸，如李何林、薛綏之、林斤瀾等作家。也有一些臺灣作家在「二二八」事件之後內渡大陸並定居大陸，如朱實、周青、楊夢周、張克輝等。

　　朱實（1926～1923），臺灣彰化人，臺灣日據末期及臺灣光復初期日語詩社「銀鈴會」成員，臺灣日據末期日語詩刊《邊緣草》主編。1947 年內渡大陸後曾擔任周恩來總理的日語翻譯，2023 年 3 月 21 日於上海去世。朱實是臺灣師範學院自治會的學生領袖，也是銀鈴會發起人之一，本名朱商彝，筆名朱實。林亨泰曾在《潮流會報》第一期的短評《我的印象》（1949 年 3 月 1 日）中，以「燒得熾紅的一根鐵棒」〔註133〕來描述他的富有熱情的處世風格與人生態度。朱實 1949 年 3 月為林亨泰的詩集寫成一篇以短歌代「序」的作品，署名「晨光」，「四六事件」後，朱實離開了臺灣。銀鈴會在臺灣光復初期的活動期間大約是從 1948 年 5 月到 1949 年 5 月。在此期間，銀鈴會詩人積極探索文學道路，積極參與各種文學論爭。然而不幸的是，社會的動盪很快開始了。二二八事件後，1949 年，臺大、師大又爆發了「四六事件」，同日，楊逵也因《和平宣言》一文被捕，主編張彥勳自首，朱實逃走，「銀鈴會」成員被牽連而受拘捕、通緝者頗多，會員四散，文學活動無以為繼。

　　周青（1920～2010），臺北人，本名周傳枝，日據時，14 歲公學校畢業，進日華紡織會社當保全工，認識了一些進步人士。此後，當過職員、工人、見習生、泥水匠。此間接觸了更多的抗日誌士，受其啟發，逐步養成了民族意識和左翼傾向，並開始嘗試文學創作。並曾組織「曙聲新劇研究俱樂部」〔註134〕，參加過老臺共（1931 年被破壞）外圍分子組成的「不定期會」，進行抗日活動。1940 年在花蓮米崙發動過罷工，使日本鬼井組建築的大型鋁廠軍事工程延期。1941 年至 1943 年，他曾參加了《南方》雜誌「臺灣詩人七大毛

〔註132〕 參見謝白倩口述／閻崑採訪整理：《闖蕩關東的臺灣人》，採訪地點：朝陽區石佛營東里 101 號樓謝白倩寓所，採訪時間：2014 年 9 月 3 日（星期三）上午。
〔註133〕 呂興昌譯。
〔註134〕 參見周青：《周青文藝論集》，北京：臺海出版社，2004 年，扉頁「作者簡介」。

病」的文藝論爭。

　　1945 年 8 月，日本投降後，周青與朱點人、林自溪等在臺北創立了「文學同志社」，創辦了光復初期第一份中文文學雜誌《文學小刊》，發表處女作、抗日題材短篇小說《葫蘆屯》。1945 年 12 月 15～19 日在《臺灣民報》副刊發表短篇小說《災殃》，小說寫在東京留學的明智和在日本工作的工人阿榮一起乘坐日本軍艦從日本返臺，途中遭遇米軍軍艦襲擊，船被魚類擊沉，水兵和船員乘坐救生艇逃跑，船上的臺灣百姓大多隨船沉沒，阿榮命喪大海，明智在海裏拼命掙扎……小說將戰爭的殘酷場面與阿榮「慘淡的家」、「襤褸的妻子」對阿榮的溫馨等待進行了鮮明的對照，營造了一種濃厚的悲劇氛圍，從而達到了譴責戰爭、譴責日本帝國主義、呼喚和平的目標。1945 年 12 月在《臺灣民報》副刊發表兩首散文詩《苦悶》和《死者的呼聲》〔註135〕，表達了對日本帝國主義和戰爭的憎恨，抒發了對祖國和自由和平的嚮往。其中《苦悶》〔註136〕一詩寫道：黑暗壓在頭上，恐怖在心窩亂攪？／狂風帶著惡鬼的喘息，巒山是青臉幽靈的巢穴。／啊，祖國呀！我那美麗理想的樂園。／早已雲消霧散，剩下的，只是我這個憂鬱灰色的殘骸。1946 年初應高雄《國聲報》副刊主編雷石榆之約，撰寫自由式散文「灰色的追憶」〔註137〕，該文抒發了對於自由民主的渴望，周青時任臺灣《人民導報》高雄特派員。1947 年 2 月 27 日傍晚，周青親眼目睹了「二・二八事件」的經過。「二・二八事件」期間，作為《中外日報》記者的周青大量發表文章，積極參加反暴政的抗爭，報導「二・二八」的第一篇特寫新聞即為他和吳克泰共同寫作。「二・二八暴動」被鎮壓後，周青離開臺灣，1947 年 4 月 15 日抵達上海，任臺灣旅滬同鄉會幹部。1948 年初回臺組織「鄉音藝術團」任團長，不久即被特務盯上，再逃上海。1948 年 4 月寫作了詩歌《起來吧！臺灣弟兄！》〔註138〕，大聲呼籲：「起來吧，臺灣弟兄，／光明已排在前面，／我們要勇敢趕快的突進，……前進吧，弟兄們！打倒賣國獨裁的反動政權……」1949 年 3 月參與臺灣新生報《橋》副刊關於「臺灣文學問題」的辯論，發表過論議文章《略論臺灣新文學建設諸問題》，認為臺灣文學的「特殊性」和「全體性」是不可分離的一個事物的兩面，具有互相聯

〔註135〕　此詩寫於光復前，發表於光復後 1945 年 12 月 18 日《臺灣民報》副刊。
〔註136〕　此詩寫於光復前，發表於光復後 1945 年 12 月 15 日《臺灣民報》副刊。
〔註137〕　1946 年 3 月，臺盟中央刊物《臺灣國聲報副刊》。
〔註138〕　寫於 1948 年 4 月 23 日，發表於 1948 年 5 月 1 日香港臺灣從刊《臺灣人民的出路》。

繫的緊密關係。文章認為「臺灣已是中國的一部分,相遇祖國脫離是完全不對
的,是完全錯誤的」。並進一步主張「和群眾站在一起,和群眾打成一片,來
建設新現實主義的、光輝燦爛的臺灣新文學——偉大的人民文學」﹝註139﹞。
在大陸的周青,筆耕不輟,發表了大量的小說、文學評論。周青1982年至今
任中國社會科學院臺灣研究所資深研究員,1984年11月參加中國作家協會。
周青的文學創作直抒胸臆、旗幟鮮明,但又不乏文學技巧與浪漫氣息。

　　楊夢周(1923～2011)從1946年10月至1947年9月間,發表了至少70
餘篇作品,是「光復初期臺灣文壇的重要存在。」﹝註140﹞他的作品真實反映
了「二二八事件」及「二二八」前後臺灣的社會狀況。楊夢周原名楊思鐸,小
名永和,筆名較多,有雲泥、鵬圖、思鐸、虹光、何人等。福建晉江人,出生
於福州,在福州讀小學和初中。1946年夏,他到臺灣鳳梨公司工作。他喜愛
讀書,在臺北「新公園」的圖書館閱讀了大量的大陸新文學作品,如魯迅的
《魯迅全集》、袁水拍的《馬凡陀山歌》等。魯迅作品對他產生了很大影響。
1947年夢周到臺南新營臺糖中學任教。1948年夏離開臺灣返回廈門。2011
年,楊夢周病逝於福建晉江。楊夢周在發表於1947年4月23日《中華日報》
「海風」第157期的《中夜囈語》中說明,他取筆名「夢周」,目的在於「用
於追念我們的前驅周樹人,即魯迅先生」。夢周的作品反映了光復初期的臺灣
社會狀況。因為夢周是閩南人,懂閩南語,因此與臺灣下層民眾交流起來不存
在障礙,能夠瞭解到他們的真實想法,所以,他的作品能夠真實地反映下層民
眾的心聲。其主要作品有:

　　洛茵(夢周)小說《耒陽縣》﹝註141﹞(連載於1946年11月14～16日的
《自強報》「寶島」副刊),構思類似於魯迅的《故事新編》,取材於《三國演
義》第57回,但主題和細節方面作了很大改動,在古代故事裏添加了許多現
代的人、事、物,如龐統由耒陽縣長後來陞官為副處長,以及許多新名詞,
如吉普車、救濟院、鈔票、保險箱、接收清單等,影射對象明顯,諷刺意味極
強,矛頭直指當時臺灣「接收大員」營私舞弊的醜行;夢周《謁官記》發表於
1946年11月20日《中華日報》,揭露了錄用新人時「不問能力只問關係」的

﹝註139﹞見《略論臺灣新文學建設諸問題》,1949年3月7日臺灣《新生報》「橋」副
　　　　刊。
﹝註140﹞楊夢周生平行跡參見朱雙一:《楊夢周:光復初期臺灣文壇的重要存在》,廈
　　　　門:《臺灣研究集刊》,2004年第4期,第99頁。
﹝註141﹞連載時,第一天題為《耒陽縣》,後兩天改為《萊陽縣》。

現象；發表於「二二八」事件前的夢周《春（外一章）》（1947 年 2 月 27 日《中華日報》）、雲泥《夜歌》（1946 年 12 月 12 日《中華日報》）反映了當時社會嚴重的貧富對立現象；《漲風》（1947 年 1 月 27 日《中華日報》）描繪了春節時的冷落情景；短篇小說《餘生》（1947 年 1 月 12 日《中華日報》）通過一個上學的貧家小孩小明家的貧困與同學家的富裕從側面反映了社會的不公；夢周《天運》（1947 年 3 月 30 日《中華日報》「新文藝」第 16 期）將反迷信的主題與社會上地主階級對農民的剝削聯繫在一起，別具深意；夢周《證件》（1947 年 2 月 9 日《中華日報》）揭露了官僚借「證件」問題排擠、頂替臺籍工作人員的劣跡；小說《創傷》（1947 年 4 月 20 日），寫「二二八」事件中善良的貧苦臺灣家庭救助外省籍夫婦兩人的故事；小說《末路》（1947 年 6 月 1 日《中華日報》）寫公務員被上司藉故辭退的故事，情節與《證件》類似；小說《七二七九號卡車》（1947 年 7 月 16 日《臺灣新生報》「文藝」第 11 期）以作者工作過的鳳梨公司發生的腐化行為為素材，描寫小知識分子的灰色生活，揭露官僚們的劣跡。

另有一些雖不是內渡大陸定居者，但其內渡書寫也很值得注意。如河南籍臺灣詩人瘂弦，「1998 年退休後移居加拿大，多次接受採訪，8 次回大陸探親，講述詩歌創作、中原文化、華人文學，並口述、定稿完成了《瘂弦回憶錄》，詳細記錄了對家鄉的回憶，再現了民國時期的家鄉面貌」〔註142〕，他在《瘂弦回憶錄》中的「雙村記」，曾經記述了他在兩岸開放探親之後他在回家探親時用倒塌的老房子磚土重建樓房、修墓哭墳的經歷，此情此景令人動容。「兩岸開放後，瘂弦利用其文化活動保護南陽建築。1992 年他得知南陽府衙保護不夠、住進民戶、破敗不堪，提議著名作家周大新撰寫文章，說透府衙的文化價值和旅遊價值。他 1993 年 1 月 30 日連續 3 天在《聯合報》以大篇幅報導府衙情況，引起強烈關注。瘂弦還把報紙寄給省、地區、縣級領導及文化部門，促成了南陽府衙整治修復，現已成為全國重點文物保護單位。瘂弦將此視為主編《聯合報》副刊工作二十餘年最得意的一件事。2013 年，在南陽城市快速建設時期，瘂弦寫信呼籲及早保留一條古街，建議將解放路選為『整舊如舊』的重點，既有文化意義，也可帶來商機，兩全其美。2013 年 5 月 2 日，瘂弦接受南陽日報記者採訪，詳述解放路的歷史、昔日繁華景象、水門石刻區

〔註142〕陳徵：《瘂弦文學活動中的故鄉內容》，2020 年 11 月 30 日，未刊稿，指導教師：李詮林，第 1 頁。

額「淯流錦帶」意象之美，呼籲『這條老街要保存下來！』2015 年以來，南陽市對南寨牆進行修繕，南陽古城歷史文化街區保護及修復整治工作正以解放路為中軸線展開。」〔註 143〕「瘂弦積極闡明南陽的詩歌地位，闡明南陽是《詩經》吟唱過的人間福地。他多次推介有詩僧之稱的南陽淅川老鄉、臺灣著名詩人周夢蝶，認為『周夢蝶的詩非常好』，『周夢蝶會變成一個美麗的文化傳說』。他力促南陽詩歌繁榮。1997 年提議成立白河詩社，出版《白河詩叢》。2000 年寫好序言，分析南陽詩歌發展狀況，提議做好詩選編纂、詩集刊行、詩歌教學和舉辦詩歌活動。該詩叢歷經人事變動，如陳釀老酒，2019 年《白河詩叢》終於面世，收錄了南陽籍 112 名詩人的 243 首詩歌，通過宣傳刮起了一場南陽詩風，為南陽詩文化增添了影響力。」〔註 144〕瘂弦還致力於研究河南家鄉的戲劇，「兩岸開放後，他託南陽同鄉搜集資料，研究家鄉戲劇。研究成果在《瘂弦回憶錄》中得以體現。一是描繪了家鄉演戲、看戲的情景，介紹了『浪八圈』『大金牙』『白菜芯兒』等名角，寫出了民國時期「家鄉戲劇繁盛」狀況。二是介紹了河南戲劇的來龍去脈，分析了豫劇、曲劇、越調、河南梆子等劇種的來源，河南梆子、豫劇和秦腔的淵源，曲劇和元曲宋詞的關係。三是回憶了民國時期上演的楊家將、包公故事等老戲和曲劇《李豁子離婚》、越調《武昌起義》等反映新思想的新劇目的內容特點，介紹了戲劇中穿明朝服裝的來由。四是闡述了河南戲劇先唱小書帽再演正戲的演出結構。五是介紹了豫劇在臺灣是官方支持的三大劇種之一，詳述了『飛馬豫劇隊』在臺灣的發展歷程。這些講述，既具有故事性，也具有專業性。」〔註 145〕瘂弦作為臺灣極有影響力的文學編輯人，他的內渡書寫的意義已超越了個人的情感範疇，成為一代人、一個群體的代表性情感表達，正如有的青年學者經過系統研讀瘂弦作品之後所言：「瘂弦的家族故事已經超越了家族意義，更具有社會意義。一是其家族故事，反映了民國時期農民、小地主、醫藥經營者和小知識分子的生活和命運，是當時社會的一個縮影，留下了民國時期的社會畫卷。二是瘂弦家族故事有瘂弦、三毛、宇秀等著名作家的名作名篇記載，廣為傳播。尤其是其家

〔註 143〕 參見陳徵：《論瘂弦文學活動中的中原文化》，2020 年 10 月 13 日，未刊稿，指導教師：李詮林，第 2 頁。

〔註 144〕 參見陳徵：《論瘂弦文學活動中的中原文化》，2020 年 10 月 13 日，未刊稿，指導教師：李詮林，第 4 頁。

〔註 145〕 陳徵：《瘂弦文學活動中的故鄉內容》，2020 年 11 月 30 日，未刊稿，指導教師：李詮林，第 2～3 頁。

族骨肉分離故事，真實完整、曲折動人，廣泛傳播，是根親文化的活教材。三是其家族故事有實物載體支撐。瘂弦 1990 年回家探親，在祖屋廢墟上照著記憶中老屋的樣子重新蓋了房屋。房屋中懸掛著臺灣著名詩人洛夫書寫的藏頭詩《隱題》，詩中『泥性和根性同其不朽』、『新詩舊磚都是大地的骨肉』，寫透了根親內涵。瘂弦家流傳下來的槌衣石，見證了骨肉分離之苦痛。著名作家陳建功認為『槌衣石故事本身就是一首詩』，『記載著無數中國域外遊子和詩人的故土情懷』，提議『瘂弦先生永遠把這石板置之居所的門外，旁邊立一塊碑，銘刻上這首詩』，『希望它成為中國現代文學館的（或許甚至是世界所有博物館的）獨一無二的館外文物。』」〔註 146〕

張克輝的《尋找》是一部以抗美援朝為背景、以參加抗美援朝戰爭的臺灣籍解放軍戰士為人物原型的電影劇本，曾以《雲水謠》為題拍攝為電影，兩岸電影界人士合作，由臺灣女演員徐若瑄主演女主人公王碧雲，劇中內渡大陸的男主人公名為陳秋水。該劇以小人物寫大時代，透過個人愛情悲歡參看兩岸關聯，劇本的題目及故事極具淒美的悲劇色彩，如劇中主人公的名字，正如中國古典詩詞中所言，「碧雲天，黃葉地，秋色連波，波上寒煙翠」「曉來誰染霜林醉？總是離人淚」，給讀者的第一直觀感覺便是富含悲情的悲劇人物，電影《雲水謠》的外景拍攝地目前已成為福建南靖的一個景點，名字就是「雲水謠」。劇本的作者本身便是臺灣內渡大陸人士，與劇中人物內渡大陸的男主人公構成了一種互文。

接續乙未割臺的上一代的愛國愛鄉精神的臺灣內渡作家第二代、第三代等可謂之「新內渡人」之一種類型，如盧嘉錫、汪毅夫、盧咸池等。

在「新內渡人」方面，由大陸赴臺，後由臺灣赴美定居的聶華苓也可為一例。聶華苓在赴美之後曾多次回到自己的故鄉湖北，雖不曾久居，但在兩岸的影響頗大，可說是數量眾多的「光復後」新內渡人群體之一類。聶華苓（1925～），祖籍湖北省廣水市，1948 年畢業於由重慶遷回南京的中央大學，先任教於南京一個中學，1949 年赴臺，任《自由中國》編輯，後任《自由中國》文藝欄主編，1962 年應臺靜農、徐復觀等人之邀曾在臺灣大學、東海大學講授小說創作課程，1964 年應後來成為她的丈夫的美國詩人保羅・安格爾之邀赴美國愛荷華大學，1967 年與保羅・安格爾一起創辦了愛荷華「國際寫作工作坊」

〔註146〕陳徵：《瘂弦文學活動中的故鄉內容》，2020 年 11 月 30 日，未刊稿，指導教師：李詮林，第 4 頁。

（又被稱為「愛荷華國際寫作計劃」），1977 年成為愛荷華「國際寫作計劃」
的主持人，1987 年於美國愛荷華大學退休，現居美國。1979 年，聶華苓的
《愛國獎券——臺灣軼事》被《上海文學》第三期轉載，這是海外華人作家作
品第一次在中國大陸地區被推介。濃鬱的中國情結促使聶華苓多次回國交
流，並在美國舉辦「中國周末」促成了改革開放後中國作家與世界作家的首
次交流。1978 年，聶華苓回中國大陸第一次探親，把數月見聞書寫成 43 篇文
章，彙編為《三十年後》。1978 年，聶華苓回到闊別三十年的大陸後，中國作
協對以聶華苓為代表的海外華僑文藝工作者是熱烈歡迎的，因此陸續出版和
推介聶華苓的著作。1979 年，愛荷華「國際寫作計劃」首次邀請大陸作家，
1980 年作家再次回國探親。《千山外，水長流》產生於中美關係友好的大背
景和聶華苓回國探親的小背景中，通過描述個體和家國對自由精神的追索，
體現了對中美關係的美好期盼和對中國人民的熱情頌揚。1988 年，聶華苓夫
婦和蔣勳回大陸，汪曾祺在家設宴款待。〔註 147〕世界局勢好轉後，聶華苓多
次攜帶親友回國，感受母國的劇烈變化，開啟想像中國的新方式。《三十年
後》以見聞錄的方式詳細描寫了 1978 年第一次回大陸的經歷，為之後有關中
國的激情創作奠定現實基礎。八十年代的《千山外，水長流》想像了五十至
七十年代的中國歷史，雖然也有對歷史未知性和殘酷性的揭示，但總體上洋
溢著熱烈的浪漫氣韻，構成哀而不傷的美學意蘊，這是與六七十年代中國歷
史書寫的不同之處。二十一世紀的自傳《三生三世》在個人記憶與歷史記憶
的背後，潛藏著堅定而自信的中國認同。經歷了對《毛澤東詩詞》的翻譯和七
十年代末的返鄉旅程，聶華苓為中國寫作的決心愈發強烈，與之前專注於歷
史描述不同，聶華苓看到國內作家為人民書寫的熱情後，開始思索如何用藝
術的形式表現人民喜愛的作品。〔註 148〕八十年代，重返大陸的經驗讓她在現
實的喜悅中完成了《三十年後》《千山外，水長流》，體現了海外華人重返祖國
的激動心情。二十一世紀，回憶錄的書寫表現了一代漂泊者的運動軌跡和心路
歷程，體現了一代人在二十世紀因戰亂或社會動亂漂泊離散情感〔註 149〕。聶

〔註 147〕汪曾祺：《汪曾祺全集》（第 8 卷），北京：北京師範大學出版社，1998 年，
　　　　　第 99～148 頁。
〔註 148〕聶華苓：《前言》，聶華苓：《桑青與桃紅》，北京：中國青年出版社，1980 年，
　　　　　第 7 頁。
〔註 149〕參見田莉：《空間、情感與創傷消解：聶華苓的離散美學》，福建師範大學博
　　　　　士學位論文，指導教師：李詮林，2023 年 4 月，第 99～100 頁。

華苓受其祖父與父親的影響巨大,「祖父聶輯五酷愛詩文、性格豪爽、致力教育、關懷鄉人、善行義舉,為聶華苓的文學啟蒙奠定基礎,也影響了她豁達的性格和無私奉獻的精神。聶輯五為當地著名塾師,清末宣統二年(1910)舉「孝廉方正」(副舉人)第十一名。1911 年任命為武昌知縣,上任途中遇辛亥革命爆發,半道復返。1913～1914 年在北京教書,1915 年寫抨擊袁世凱的文章被通緝後隨子聶洸回應山鄉下避難,1918 年去北平京師大學堂任教。1923 年聽聞聶家店鬧饑荒,立即成立「聶惠記濟荒襪廠」幫助鄉民解決就業問題,1926 年回應山興辦教育,創立應山永陽中學並任校長。1933 年召集楚良、漢卿等 19 人為理事,成立聶氏修譜理事會,1936 年買下聶永年四合院作為聶氏祠堂,因抗戰爆發使族譜編訂之事未果。雖然祖父重男輕女、家教嚴厲,但對孫女卻相對耐心寬容,由於教育家的身份,所以他把教育孩童視為樂趣,經常指導兒時的聶華苓臨帖、背詩,而且在家與朋友們大聲吟詩的情景使聶華苓感受了詩詞的優美腔調和文學的樂趣。祖父的義舉行為也深深流淌在聶華苓的血液中,其後期籌資創辦的愛荷華「國際寫作計劃」正是對祖父善舉精神的繼承。」〔註150〕聶華苓的父親聶洸是辛亥革命武昌首義的現場參加者,「赤心報國、抱負不凡,但時代的變動造化弄人,使父親的仕途在政權更迭中跌宕起伏。父親的命途多舛和後期的沉默不語帶給家庭壓抑的氛圍,增加了聶華苓對事物的觀察力和敏感力。當後期自我完成了離散經歷後,父輩的無常命運更加深了聶華苓對生命歸屬和認同的尋找,這些促成了其文學作品中濃厚的離散意識。聶洸早年在鄂南路高等小學堂就讀,後入湖北陸軍小學加入日知會,又升入陸軍第三中學,與同學席正銘組織知識交換部,以聯絡同學和外界革命同志。1911 年 10 月 9 日準備起義,即轉告同志、枕戈以待,10 日與同學入城起義。武漢光復後,受命到武昌、漢陽等地宣傳起義目的,揭露清政府的腐朽統治,之後任命為戰時規測員,不畏艱險測繪地形。1914 年在保定陸軍軍官學校第一期學習,1918 年入陸軍大學第五期,後任直系第三混成旅第四團團長,1926 年在武漢參與開城門迎接北伐軍,任命為唐生智第八軍參謀處處長。1926 年,一家人從宜昌到漢口,同年武昌關城。其中,吳佩孚控制武漢時,聶洸是湖北第一師參謀長,革命軍軍長唐生智打下武漢,聶洸成了唐生智第八軍參謀處處長,胡宗鐸桂系控制武漢,聶洸成了胡宗鐸衛戍司令

〔註150〕參見田莉:《空間、情感與創傷消解:聶華苓的離散美學》,福建師範大學博士學位論文,指導教師:李詮林,2023 年 4 月,第 134 頁。

部參謀長。1927 年任武漢衛戍司令部參謀長，1928 年任湖北禁煙總局局長，1929 年任國軍編遣委員會第四編遣區辦事處遣置局局長。桂系失敗後，賦閒在家。1931 年在江西南昌任旅長，1935 年任貴州第七行政督察專員兼保安司令，1936 年在紅軍長征中去世。父親的一生體現了離散時代下人生的變幻無常，反映了人物力量的渺小和歷史的驟變，對聶華苓產生了深遠的精神影響。這些思想與聶華苓後期的離散閱歷相結合，共同促成了對認同主題、離散出路的深刻思考。」〔註151〕其母親「豪爽不羈、寬厚豁達，喜愛新鮮事物，是傳統與現代兼具的女性，既有五四女性的開放性，又愛讀《三字經》《增廣賢文》等傳統書籍，在傳統大家庭中謹小慎微。儘管母親一生坎坷，飽受身心摧殘，但給予了作者深沉的愛和不懈的前進動力，對其影響最大。……在聶華苓童年時期，母親吟讀的《三笑姻緣》《天雨花》《再生緣》等激發其對文學的熱愛與想像，與朋友牌桌上的談話讓她獲得了豐富的故事來源。作者曾多次通過散文書寫表達對母親的愛和懷念，感人至深。」〔註152〕聶華苓回大陸是為了瞭解中國人的處境。「人！人！為了『人』！我是為了『人』回大陸的。這個『人』從兩個層面來說，一個是『人』看『人』，一個是小說家看『人』，我完全是為了這個回去的。」〔註153〕安格爾說「來中國之前並沒打算再來，但是在武漢、北京看到了那麼多精彩的人，讓人興奮和感動，所以會經常再回來的。」〔註154〕聶華苓回國後寫作的《三十年後》也是由她的故鄉湖北武漢的出版社湖北人民出版社在 1980 年迅速出版的。「1980 年，聶華苓夫婦再次回國，在兩個半月內走過了中國的十六個城市，欣賞了很多民間傳統地方劇，真切感受了中國文藝的新氣象。她對秦腔《臥虎令》、川劇《思凡》、漢劇《宇宙鋒》等高度讚揚，認為它們用獨特的風格刻畫了鮮明的人物形象，表現了人的複雜情感。最讓聶華苓感動的還是人——臺上演戲的「人」和臺下看戲的

〔註151〕 參見田莉：《空間、情感與創傷消解：聶華苓的離散美學》，福建師範大學博士學位論文，指導教師：李詮林，2023 年 4 月，第 134～135 頁。

〔註152〕 參見田莉：《空間、情感與創傷消解：聶華苓的離散美學》，福建師範大學博士學位論文，指導教師：李詮林，2023 年 4 月，第 135 頁。

〔註153〕 楊青矗：《不是故鄉的故鄉——訪保羅・安格爾和聶華苓》，應鳳凰編選：《臺灣現當代作家研究資料彙編 聶華苓》，臺南：臺灣文學館，2012 年，第 143 頁。

〔註154〕 聶華苓：《三十年後》，武漢：湖北人民出版社，1980 年，第 208～209 頁，參見：田莉：《空間、情感與創傷消解：聶華苓的離散美學》，福建師範大學博士學位論文，指導教師：李詮林，2023 年 4 月，第 159 頁。

「人」。」〔註155〕可見，內渡大陸，或者輾轉通過美國等第三地內渡大陸的臺灣作家，通過內渡之舉，也改變了自己的偏見，增進了對於大陸人民的瞭解，增進了與大陸人民的感情。當然，這也能促進雙方的交流和瞭解，互相促進、共同提高和進步，如，「1980 年，聶華苓夫婦回國，在四川與作家高纓等交換文學創作的意見時，聶華苓常表示中國作家注重社會性和語言是非常好的現象，但也應努力表現人的內心活動，追求藝術性。」〔註156〕

　　1949 年臺灣戒嚴開始至二十一世紀，通過各種途徑、因為各種原因內渡大陸的臺灣作家也是「新內渡人」的一種類型，如林毅夫、吳國楨、楊思澤、陳若曦、陳映真、葉嘉瑩、陳彼得、謝雨辰、蔡志忠等。如葉嘉瑩，她 1948 年末與丈夫同赴臺灣，後受白色恐怖影響被捕入獄。她 1968 年到美國哈佛大學交流任教，1978 年申請回中國大陸任教，1981 年先到北京大學訪問講學，後接受李霽野邀請到南開大學任教，此後，她在加拿大不列顛哥倫比亞大學退休，每年有一個學期回祖國大陸講學。近年來葉嘉瑩已全職在南開大學從事教學、研究工作。葉嘉瑩在從事古典詩詞和王國維研究等中國語言文學相關領域的工作的同時，也從事舊體詩詞等文學作品的創作。

　　進入二十一世紀以來，臺灣內渡作家的內渡原因更加多元化，有因求學大陸而內渡大陸者，也有因經商而內渡大陸者，也有因各種兩岸合作而內渡大陸者，還有只是單純的旅遊觀光或旅行而在大陸創作者。

　　在這些作家中，席慕蓉作為由大陸赴臺蒙古族人士第二代而頗具特色，她的著名歌詞作品《父親的草原母親的河》便是她由臺灣回到內蒙草原探親時創作的。有關席慕蓉在內渡探親之後的創作及其給兩岸文壇帶來的影響，可以看出如下幾點：首先是席慕蓉作品題材的轉變：由其早期對女性情感、心理的細膩描繪，轉變到如今對自己原鄉——內蒙古草原的謳歌，體現了她對原鄉文化的嚮往及其向原鄉文化的回歸。此外，席慕蓉作為蒙古族作家，除應該對其臺灣作家的身份予以重視以外，對其蒙古族詩人的身份也應該給予應有的重視與突顯。研讀席慕蓉的文本，可以看出其詩文中的蒙古文化成分。如她

〔註155〕參見田莉：《空間、情感與創傷消解：聶華苓的離散美學》，福建師範大學博士學位論文，指導教師：李詮林，2023 年 4 月，第 159 頁。

〔註156〕李愷玲，諶宗恕編：《中國當代文學研究資料　聶華苓研究專集》，武漢：湖北教育出版社，1990 年，第 167 頁，參見：田莉：《空間、情感與創傷消解：聶華苓的離散美學》，福建師範大學博士學位論文，指導教師：李詮林，2023 年 4 月，第 160 頁。

的作品中草原的意象。從修辭學的角度來說，漢族詩人往往將高山看得更為重要。而少數民族作家往往更為重視高原、草原的意象。特別是蒙古族作家更是對一望無際的草原情有獨鍾。席慕蓉有一首詩，題目就叫《父親的草原母親的河》。可以看出她是把草原與父親的形象相提並論的，她對草原有如對父親般的敬畏與尊重熱愛。至於「母親的河」，則與漢族文化相同，可視作席慕蓉自小受漢族文化的滋養，因為從古至今，漢族詩人們都不耐其煩地描繪著自己心目中的山山水水，他們往往是把水視作自己文明的起源，而「水」也往往被他們賦予女性形象的象徵，所以，席慕蓉的詩歌有著蒙古族的精血漢民族的骨肉，是蒙古族文化與漢民族文化的結合體。在經過如上新的視角作為參考的基礎上，通過席慕蓉的詩歌，中國少數民族文學研究也可以得到新的值得進一步開掘的體悟與線索：蒙古族詩人們的修辭往往重在平視、遙望、遠瞻的視角；他們常常著筆於平面廣闊的草原，他們的詩歌視野闊大恢弘、雍容典雅、氣象萬千；而漢族詩人們的修辭則更重視上下的視角：仰視的崇敬與俯察的憤激，用筆相對細緻綿密。

　　1980 年代出生的（臺灣文壇常稱為「七年級生」作家）臺灣青年作家謝旺霖內渡大陸之旅及其創作《轉山》的歷程頗為傳奇。謝旺霖 2004 年獲得林懷民「雲門舞集」的「流浪計劃」資助，獨自一人赴川藏邊境騎自行車「轉山」，經過千辛萬苦、生死磨難，最終成功抵達拉薩，實現了他的一個人生夙願，也得到了心靈的洗禮，「轉山」行為本身是一種挑戰與磨練、修行，寫作《轉山》這部小說的過程對於謝旺霖來說也是一種挑戰、磨煉與修行，同時也是一種精神救贖，可以說，《轉山》的寫作，是一種療傷的過程。《轉山》是謝旺霖的文學創作處女作，也成為謝旺霖的成名之作，該小說曾被改編成電影，在兩岸青少年群體中獲得了普遍好評，其中的西藏風光，神秘、神聖，壯美、冷豔、純潔，超凡脫俗，令人神往；其中的風俗人情，乃至其中的情感交流都具有原生態的地域特色，淳樸、自然，善良、溫暖，體現了發自內心深處的真摯友情，而這種表面上是人與神、人與大自然之間的，實則是人與人之間的真誠情誼正是「轉山者」最終追尋的目的地——反觀兩岸同胞之間的交流又何嘗不是如此？內渡內渡，渡己亦渡人。

結　論

一、文脈傳承與內容擴充——臺灣內渡作家新論 [註1]

　　臺灣內渡作家是一個名人輩出的作家群體，其中不乏人們耳熟能詳的著名歷史人物，如丘逢甲、汪春源、連橫、張我軍、許地山等，另外還有因為身份特殊，長期以來不為讀者熟知，但又是在歷史上有著非常重要的社會地位的人物，如謝南光（謝春木）、謝介石、王香禪等，歷史目前又湧現出了一大批隨著兩岸文化交流的日益頻繁而回大陸參加文學活動並開展文學創作的作家。這個群體中既有新文學作家，也有從事舊體詩文創作的傳統文人，顯示出多元化的書寫身份與寫作題材。除上述列論的作家以外，筆者還曾於 2022 年暑期赴山東省高唐縣梁村鎮朱樓村朱氏祖塋，瞻仰了在清代康熙、雍正年間曾擔任閩浙總督（當時的臺灣最高行政長官）朱昌祚、朱宏祚兄弟墓，並做了一次田野考察，在考察過程中課題組幸運地找到了朱弘祚墓碑，掌握了第一手資料。朱弘祚墓碑現臥於玉米田中，墓碑為青石製成，裸露曝曬在陽光下，令人心痛。墓碑通體呈白色，碑上的文字極難辨認，經仔細查看，只能看到碑文末尾的「三年季春」幾字，以礦泉水澆於碑上，碑上的字方清晰顯現，可看出，此為朱弘祚（李按：原來以前諸多臺灣方志上所記載的「朱宏祚」實際是錯誤的，這位清康熙年間的閩浙總督、管理臺灣的最高地方官員真實姓名是「朱弘祚」）與他的幾位夫人（元夫人一品夫人姚太君，配蔣太君，一品夫人

〔註 1〕　此部分曾以《文脈傳承與內容擴充：臺灣內渡作家新論》為題於 2022 年 10 月
　　　　 29 日發表於福建省臺港澳暨海外華文文學研究會、廈門大學臺灣研究院主辦
　　　　 之「閩臺風物與文化思想：閩臺文學研究」學術研討會。

王太君）及其側室（太孺人何太君、劉太君）的墓碑，落款為乾隆四十三年季春。

碑文全文如下：

> 誥授光祿大夫總督
> 福建浙江兵部右侍
> 郎兼都察院右副
> 御史加五級朱公
> 弘祚字徽蔭暨元
> 誥贈一品夫人姚太君
> 配蔣太君
> 誥封一品夫人王太君
> 室
> 敕贈太孺人何劉太君合
> 之墓
> 乾隆四十三年季春

後，筆者又於棉花田中找到了近年（2001）所立的「聊城市重點文物保護單位朱昌祚墓」政府文物保護碑。總體看來文物保護力度不太，這也為課題組的研究敲醒了警鐘，如若我等臺灣文史研究者不再立即行動起來保護這些寶貴的涉臺文物，搜集、整理相關文獻資料，許多珍貴的文物與文獻將在日曬雨淋的侵蝕之下灰飛煙滅，真的是時不我待。

在臺灣日據時期和戰後，有許多臺灣作家以求學、移居等多元化的原因內渡祖國大陸生活，而在日據時期之前古代和近代的臺灣，沈光文桴遊臺灣開臺灣文風之後，從 1738 年中舉的臺南文人陳輝始，臺灣逐漸湧現出眾多通過科舉走上仕宦道路或者為人幕僚者，其中便有許多因為清代「異地為官」的職官制度而渡海至大陸謀職者。這些宦幕大陸文人在宦幕期間寫作了一定數量的詩文，但大多分散零落，目前尚鮮有系統對其進行整理研究者。再看乙未割臺之後的臺灣內渡作家，除了施士潔、施之東、丘逢甲、汪春源等臺灣進士在大陸的寫作以外，邱緝臣、邱韻香及其《丙寅留稿》、《繡英閣詩鈔》也可以說是時空巨變下的內渡詠歎與閩臺詩史。吳坤煌則是一個重要的臺灣現代作家，但長期以來他在臺灣文學史中的地位未能得到應有的重視。吳坤煌是許多臺灣日據時期文學社團的發起者和領導者。他所參加的文學活動的價值不

亞於他所創作的文學作品的價值，可以說他是一個成功的文學活動家。他曾長
時期生活於中國大陸，並娶京師大學堂首任監督（今北京大學的前身，可以說
是北京大學的首任校長）的曾孫女為妻，兩人育有子女多人。他在北京期間與
張深切等人有著密切的聯繫。他在臺灣期間與張文環、蘇維熊、翁鬧、龍瑛宗
等人過往甚密。

　　由此可見，傳統文學史中對於臺灣內渡作家的「因臺灣被割讓給臺灣而
於甲午戰爭及《馬關條約》簽訂之後離臺內渡到大陸定居的作家」這一定義
已經無法含括新近發現的眾多由臺灣來到大陸生活、寫作的臺灣籍作家。當
然，臺灣內渡作家的基本內涵，應該是指祖籍臺灣，而從臺灣渡海來到祖國內
地學習、工作、生活的臺灣作家。提到這些臺灣內渡作家，其中一些優秀作家
及其創作已為人所熟知，如丘逢甲、連橫、汪春源、許地山、張我軍、吳濁
流、張深切、劉吶鷗、鍾理和、林海音等。除此之外，另有一些鮮為人知的臺
灣內渡作家，如明清時期的孫元衡、馮協一、吳桭臣、曾維禎、烏竹芳、陳維
英、李清琦、黃宗鼎、葉題雁、李望洋等；臺灣日據時期的許南英、施士潔、
鄭家珍、王少濤、汪受田、謝介石、王香禪、王石鵬、石中英、曾振仲（曾維
禎孫）、周定山、李友邦、宋斐如、林惠祥、何非光、林菽莊（林爾嘉，菽莊
吟社）、賴和、賴賢穎、洪炎秋、雞籠生、王白淵、吳坤煌、謝春木等；臺灣
光復後的陳若曦、席慕蓉、陳彼得、蔡志忠、謝雨辰等，他們的文學創作都有
其各自的藝術風格、歷史意義和美學價值，近年來日益得到海內外學術界的關
注和重視。但是目前的研究者大多僅僅把甲午戰後、因乙未割臺而內渡的近現
代臺灣作家稱為「臺灣內渡作家」，顯然未能把早在臺灣日據之前便已參加科
舉考試並中試到大陸為官的曾維禎、李望洋等涵括在內，也忽略了臺灣日據中
後期、戰後臺灣的由臺灣到大陸生活、創作乃至定居的臺灣作家。而這些溢出
於傳統的「臺灣內渡作家」意義的古代、現當代的「臺灣內渡作家」，恰恰對
於傳統意義上的（或曰狹義上的）「臺灣內渡作家」起到了在文藝譜系的傳承
和人文學術傳統傳遞的起承轉合的重要作用。

　　臺灣內渡作家具有群體性，但每個作家又有其各自鮮明獨特的個人風格。
此種群體美學特徵和個人藝術風格與臺灣內渡作家們的臺灣身份和臺灣生活
經歷有著密切關聯。臺灣雖僅為中國的一個有限地域，但其戰略性的地理位置
及其各種歷史際遇導致了其之於明清以來中國的重要性，也引發了近代以來
各種中華文化支流脈絡在臺灣的集中呈現和聚集發展。因此，對於臺灣內渡

作家群的研究，需要放諸整體的近現當代中國文學史乃至文化史中予以條分縷析，尤其著重研究其在整體的二十世紀中國文學中所起到的獨特作用，研究他們的學術譜系、創作技巧譜系、藝術風格譜系，看其如何傳承中國優秀傳統文化，如何輾轉進行中西文化交流，如何受到大陸新思想、新文化的影響並將此影響輻射回臺灣，看其如何將源自臺灣的優秀文化因素引至祖國大陸（當然，其中也可能會有一些文化糟粕經由其中少數作家傳染至大陸，這也是需要認真甄別和批評、激濁揚清、客觀評判的）。如丘逢甲、連橫等傳統詩人是如何懷抱愛國主義思想在大陸與主流詩人唱酬交往，並在與南社詩人的交往中接受民主共和與革命思想的，張我軍是如何接受五四新文學思想的影響並調和其已在臺灣所接受的私塾傳統文學教育的，劉吶鷗是如何將自身的臺灣文化因素、在日本留學時接受的日本教育、在上海震旦大學接受的法國文學教育涵化出獨具特色的新感覺派小說的，鍾理和是如何在臺灣、偽滿洲國、北平三個淪陷區生活創作卻能夠堅持自身的民族認同的，目睹「城南舊事」的林海音幼時生活於北平時所接受的教育如何使其在戰後回到臺灣時成為「臺灣文學的祖母」的，陳若曦的《尹縣長》與傳統意義上的中國當代文學史上的文革文學、「地下寫作」和「傷痕文學」有何關聯等等。只有梳理清楚臺灣內渡作家的文藝傳承流脈，才能體察出這些臺灣內渡作家對於臺灣文學發展的反哺及其對於整個中國現代文學發展的影響。

在兩岸文學整理觀、兩岸學術共同體的角度看，當前比較突出的是需要在進行兩岸問題的研究時增強整體意識和「兩岸文化共同體」意識。以兩岸的臺灣日據時期文學研究為例，迄今尚鮮有將臺灣日據時期文學置於傳統的「淪陷區文學」板塊中的論著，陶德宗的論文《淪陷區文學地圖的重繪與「兩岸三地」淪陷區文學之比較》（2005 年）在此方面是一個突破，他認為「在抗戰文學研究中，那種僅以『七七』事變後的大陸時空而繪製的淪陷區文學地圖是殘缺的。自 19 世紀末開始，日本帝國主義不斷的侵華戰爭，在中國的『兩岸三地』先後形成了一片又一片淪陷區。所謂淪陷區文學，除『七七』事變後的大陸淪陷區文學外，還應包括『九一八』事變後的東北文學，日殖統治下的香港文學和整個日據時期的臺灣文學在內」。因此該論文「從比較視角對『兩岸三地』淪陷區文學進行打量」，但因著重點在淪陷區文學的整體論述，論文中沒有詳細論述臺灣內渡作家的創作。

另如林海音等臺灣內渡作家的研究，林海音的文學創作在臺灣當代文學

史上有著重要的地位，林海音甚至被稱為「臺灣文學的祖母」，但她做為內渡作家的身份以及由此產生的文學風格並未得到深入挖掘和分析；鍾理和在大陸期間與大陸主流文壇的交流和所受到的影響也需認真透析；許地山，作為隨父親許南英內渡大陸並在大陸接受教育成長的現代作家，其文藝傳承譜系和對兩岸人文學術傳統的承傳具有代表性，但許地山的臺灣籍作家身份長久以來並未得到凸顯和重視；劉吶鷗，作為上世紀三十至四十年代新感覺派小說的核心作家，他的文藝傳承、學術淵源也值得深究，但目前中國現代文學研究界顯然並沒有重視或者有意遮蔽了劉吶鷗的臺灣籍作家身份。

臺灣內渡作家在大陸生活、創作的過程中，受到大陸人文學術傳統的影響，接受了大陸的文學營養，與中華傳統文化和大陸主流文學流派、文學思潮有著各種各樣的淵源。同時，臺灣內渡作家也給大陸文壇帶來了新鮮的海外文藝血液並發生了一些影響。尤其值得重視的是，臺灣內渡作家也對臺灣島內的文學產生了不同程度的影響，如從事擊缽吟詩活動的臺灣內渡詩人對同光體、擊壤派等文學技藝的繼承，這種繼承也隨著他們回到臺灣島內之後與其他臺灣島內詩人的互動而傳遞給了島內詩人群體；成立於蘇州的近代著名詩人團體南社的革命風氣也經由以菽莊吟社詩人為代表的臺灣內渡詩人而對臺灣發生了影響；曾經在北京生活、學習、工作的臺灣內渡作家張我軍、張深切、林海音、洪炎秋等的「北京腔」文學對於臺灣當代文學的發展也有著顯著的影響；1972 年，臺灣作家陳若曦反映文革題材的小說《尹縣長》是她回到大陸在華東水利學院（今河海大學）工作數年後根據自己親身聽聞的故事寫作的，如果僅從時間來說，小說《尹縣長》是中國第一篇書寫文革題材的「傷痕小說」，顯然，可以把陳若曦的此類文學創作與中國當代文學史中傳統意義上的「傷痕小說」、「反思小說」做整體性的研究和解讀。

二、臺灣「回歸原鄉寫作」與「內渡寫作」概說

《禮記‧檀弓上》言，「古之人有言曰：狐死正首丘」；屈原《哀郢》曰，「鳥飛反故鄉兮，狐死必首丘」。這些古語都顯示了中華民族不忘根本、眷戀故鄉的集體無意識和優良傳統。綜觀臺灣文學發展史，有關原鄉的記憶、想像與書寫也是一個歷久彌新的主題。海德格爾說，「詩人的天職在於還鄉」。在臺灣歷史上，就有這麼一群擁有此種可敬的詩人情懷的「回歸原鄉」寫作者：沈光文、丘逢甲、汪春源、許地山、鍾理和、余光中……這其中有內渡作家，也

有在作品中書寫渴望回歸故園的作家。臺灣的「回歸原鄉」文學作品可謂舉不勝數，特別是自鍾理和《原鄉人》以來的臺灣文學創作中，原鄉回憶、原鄉想像與原鄉回歸，更是成為了臺灣知識者筆下不斷彰顯的主題。

臺灣「回歸原鄉寫作」主要有民俗書寫、科舉書寫、鄉愁書寫、尋根書寫、故國想像書寫等幾種形態，這其中的物理意義上的作家的親身內渡「回歸原鄉」寫作便是本論題所論之「內渡寫作」。

臺灣各宮廟之「沿革志」、「簡介」等散文中，多記載有日據臺灣時期臺灣各宮廟到福建祖廟進香的記錄，這可以說是一種與民間信俗有關的「回歸原鄉寫作」與「內渡寫作」。

在日據時期之前古代和近代的臺灣，自明末清初沈光文桴遊臺灣以後，臺灣文風丕開。從 1738 年中舉的臺南文人陳輝始，臺灣逐漸湧現出眾多通過科舉走上仕宦道路或者為人幕僚者，其中又有許多因為清代「異地為官」的職官制度而渡海內渡至大陸謀職者。這些文人在參加科舉考試和宦幕大陸期間寫作了一定數量的詩文，是可謂臺灣早期的「回歸原鄉」寫作中的「內渡寫作」。

到臺灣日據時期，又有許多臺灣作家在祖國大陸創作了為數可觀的文學作品，這些文本都又或早或晚地傳播到臺灣，對臺灣島內留守作家的創作產生了舉足輕重的影響，對中華傳統文化在臺灣的薪傳、對臺灣文學吸取祖國進步文化而發展自身，起到了重要作用。

1949 年以後，因海峽兩岸阻隔，以余光中詩歌《鄉愁》為代表的鄉愁文學在臺灣開始興盛，可謂臺灣文學的大宗。但是 1987 年，臺灣開放部分人員赴大陸探親，兩岸交流範圍日益擴大，交流頻率日益頻繁，從此，阻隔變成了團聚，分別變成了相逢，於是鄉愁文學被壓縮了生存的空間，開始向探親文學轉化。到大陸探親訪問的臺灣作家們，從大陸源源不斷地獲得了新的創作題材，出版了許多大陸訪問作品專輯，如汪洋萍詩集《萬里江山故國情》（1995年）、張放的小說《走過泉城》（1995 年）等。除了鄉愁文學和探親文學之外，以聶華苓的《失去的金鈴子》和於梨華的《夢回青河》等為代表的旅居海外的臺灣作家「故國回望」寫作，描寫了中國大陸以外的華人懷戀民族鄉土的思想感情，抒發了他們由於遠離祖國大陸，渴望回歸故土，思念親人，感到無根而產生的內心痛苦。

另一種表現為「尋根寫作」的「回歸原鄉寫作」是臺灣原住民文學，即通

常稱之為的高山族文學。對民族文化的尋根和昇華是臺灣原住民文學的主題
之一。排灣族詩人莫那能在其詩歌《恢復我們的姓名》中寫道：「如果有一天，
我們拒絕在歷史裏流浪，請記下我們的神話與傳統，如果有一天，我們停止在
自己的土地上流浪，請先恢復我們的姓名與尊嚴」。可以說，莫那能發出了整
個臺灣原住民族群的民族文化尋根和抗議。對於原鄉文化的尋找也成為 1990
年代以來臺灣原住民文學的主題之一。排灣族作家亞榮隆・撒可努的小說《山
豬・飛鼠・撒可努》便呈現了臺灣原住民回歸大自然、回歸山地原鄉的渴望，
因其保護自然生態和維護生態平衡的理念，該書中的文章曾入選臺灣「國中課
本」第七課內文，甚至成為了美國哈佛大學應用中文系指定的教材。

　　臺灣文學始終貫穿著對抗強權、文化堅守、民族回歸的文學精神，原鄉書
寫已成為臺灣知識分子辨別忠奸善惡的情感載體。臺灣「回歸」寫作以流散漂
泊問題與困境的討論，表明了中華文學的根性；以童年經驗與少年情懷書寫，
顯示著故土文化屬性的烙印；以民俗風情、自然景色畫面，特別是濃鬱的鄉愁
情結抒發，見證著兩岸作家們的共同身份認同與內在情感。因此，此類「回歸」
寫作的表層顯像是書寫者的身份認同與原鄉崇拜，其內在成因是華人族群的
「葉落歸根」、「安土重遷」、慎終追遠、尋根問祖等儒家文化理念，以及文化
人類學意義上的華人族群集體無意識。

　　「臺灣『回歸原鄉』寫作」顯示了一種積極的「文化保守主義」。文化保
守主義思潮，除了一般意義上所謂的「保守」、「傳統」、「固執」之義以外，還
有其合理性的一面，主要表現為對人的異化現象的質疑與反撥，對殖民侵略行
為的抵制與反抗，對生態環境的保護等。縱觀近代以來的臺灣文學發展史，臺
灣文學的現代性因臺灣的獨特歷史遭遇而表現出「主動現代性」與「被動現代
性」兩種面貌共存的特殊性，而「回歸原鄉」寫作的表層之下湧動的文化保守
主義思潮恰恰起到了為「現代性」這柄雙刃劍糾錯、糾偏的作用。

　　臺灣「回歸」寫作現象，其動力源之一，是在祖國大陸參加科舉後回到臺
灣的臺灣士子們的文化傳播努力。如臺灣進士有多人曾擔任臺灣各書院山長，
推動臺灣教育。例如，鄭用錫曾主新竹明志書院，蔡廷蘭曾主臺南引心書院，
施瓊芳曾主臺南海東書院，楊士芳曾主宜蘭仰山書院，蔡德芳曾主鹿港文開書
院，施士潔曾主彰化白沙書院和臺南海東書院，丁壽泉曾主彰化白沙書院，林
啟東曾主臺南崇文書院和嘉義羅山書院，徐德欽曾主嘉義玉峰書院，丘逢甲曾
主臺南崇文書院，等。

　　臺灣「回歸」寫作現象，還有一個不容忽視的外部推動力是五四以來文化保守主義思潮的影響。五四新文化運動時期及其略前，「維新派」梁啟超、「甲寅」派章士釗、「學衡派」梅光迪等就指出了保護中華傳統文化的重要性。此後，又有牟宗三、徐復觀、唐君毅等「新儒家」群體繼之而起，這些學人大都遭逢了中華文明現代化轉型的巨變，因而對於中華文明在面對西方現代文明時的自我保護有著更為深刻的體驗，他們的宗旨是「返本開新」，即返回「孔孟成德」之教的本根，並從儒學開出科學和民主時代的新機相。由此出發，他們提出了具有現實針對性的傳統文化保護與發展的策略。「新儒家」成員大多由大陸遷居臺灣，後其中又有一些成員移居海外，如成中英等，他們的寫作，本身就具有臺灣及海外華人「回歸」寫作的因素。另外，他們崇高的學術威望與個人魅力，也無形中號召或影響著臺灣乃至海外華人作家們的「回歸寫作」傾向。

　　由臺灣出發而經由旅美臺灣作家進一步擴散至海外華人文學中的「回歸」寫作，具有人性書寫的多重面貌，表現出了複調敘事的獨特況味，增強了華文文學創作的包容性與開放性。對於原鄉的追尋是一種幸福的痛苦，在現代社會，地理的界限已為技術之劍所削磨，他鄉與故鄉的區分更容易被都市人快速忘卻。在故鄉的街頭與他鄉的巷尾是相似的喧囂，對於現代人來說，地理上的家鄉可能不再重要，他們最嚮往的是盡快找回一個可供靈魂安歇的家園追求的是在精神上的皈依。放逐與漂泊於海外的作家們在肉體離開原鄉之後卻終究會在精神上回歸故里，「回歸」寫作恰恰成為精神回歸的一種方式。因此，「回歸原鄉寫作」裏蘊含的「中國情結」不只有對原鄉、故土的思念、眷戀，也有著對中國、中華民族的認同，更有著對中華傳統文化的摯愛與皈依。

　　所在地特殊的歷史境遇，為臺灣作家們提供了豐富的寫作題材；臺灣旅外作家們的特殊成長背景、特殊生活環境和經歷以及特殊的文藝修養造就了他們對故國特殊和豐富的感情；祖國內地的作家面對外部現代性的衝擊與浸淫之後，也在思考著民族文化精神的回歸。正如徐復觀先生所言：「任何思想的形成，總要受某一思想形成時所憑藉的歷史條件之影響。歷史的特殊性，即成為某一思想的特殊性。沒有這種特殊性，也或許便沒有誘發某一思想的動因，而某一思想也將失其擔當某一時代任務的意義。」因此，上述三區域作家在中華身份認同、原鄉崇拜、儒家文化理念以及華人族群集體無意識的思想基礎上同時造就了「回歸寫作」的產生和發展，豐富了中華文學庫藏，成為了中華文

學板塊中的一個殊具異彩的文學領域。

　　臺灣同胞現在所享有的傳統民族文化，是源自中國大陸的，任何的過度詮釋都無法改變這種人類學事實。當然，「回歸」不是簡單的回返到既往的原初文化狀態，而是在吸納了周圍優秀的現代文化之後的回歸。正如臺灣學者彭小妍所說：「我們的『本土文化』交織著不同族群的歷史命運、生活經驗——是『外來』族群遷移到本島落地生根的結果。半世紀前國府前遷徙造成的大量移民，其中包含使用不同母語但給歸類為『外省籍』的各省籍人士和蒙、藏等少數民族；由十七世紀至十九世紀陸續移民來此的『本省籍』客家族群；『本省籍』閩南族群。四百年以前，還有一段長達萬年以上的『臺灣移民史』，因為沒有文字記錄而『空白』，只能從原住民的神話傳說、考古學者的鋤頭下『再現』了。如同何農所說，歷史可能會證明洞穴人（les homes des cavernes），甚至猩猩（orangsoutans）才是真正擁有『權利』（le droit）的物種，只是後來被『文明』人的背信忘義（la perfidie des civilisés）奪去了？」彭小妍教授幽默卻深富學理的歸謬法論述告訴我們，我們需要的是內在、自發、能動的「文化保守」和回歸，而非頑固不化、故步自封。優秀的人類學家尊重文化的多元性，喜歡尋找民族文化之根，但他們從來不拒絕正視現實、與時俱進。

　　臺灣「回歸原鄉」寫作的多元化傾向，是歷史的進步，也是世界大潮流發展的必然趨勢。有理由相信，在當前兩岸經濟文化交流日益頻繁和深入的良好形勢下，伴隨著兩岸關係和平發展的主旋律，此種包括「內渡寫作」在內的「回歸」寫作會向更深的層次和更寬廣的領域邁進。

三、「臺灣內渡作家」審美基因的淵源

　　尋找「臺灣內渡作家」的審美基因的淵源是課題「臺灣內渡作家研究」的學術興趣生發點和最終落腳點，追根溯源的目標促使課題研究者致力於從「臺灣內渡作家」與大陸作家看似各自不同的創作風格和寫作歷程中披瀝出其中的交叉點、彼此影響的結合點及其內在的規律性的文化基因，從為人所忽視的「臺灣內渡作家」（如與其他文學研究會作家融合無間、毫無疏離的現代作家許地山）的臺灣元素著手找出「臺灣內渡作家」與其同時代大陸作家的風格差異；對有關的作家創作心理、文學思潮、文學流派、師承譜系等也進行深入挖掘和窮力探求，重點從有代表性的「內渡書寫」現象（如鍾理和、許地山、劉吶鷗等的創作）來觀察整個的「內渡祖國大陸寫作」作家群體，探討臺

灣「內渡祖國大陸寫作」作家群的規律性創作風格及其共同或相似的創作傾向、審美趣味，追尋構建一個新的文學流派的可能性，辨析、梳理出臺灣內渡作家的各種文學關聯，如各個臺灣內渡作家之間的關聯（如丘逢甲與連橫、連橫與張我軍的關聯）、臺灣內渡作家與中國其他地區作家之間的關聯（如劉吶鷗與同為新感覺派作家的穆時英、施蟄存的關聯）、臺灣內渡作家與臺灣島內在地寫作的作家之間的關聯（如李望洋與蔣渭水的關聯）等，構建一個基於知識考古學和文學系譜學的臺灣內渡寫作文學系譜。臺灣內渡作家將鮮明的臺灣地區的風俗特質、美學風格帶到了大陸文壇，與整個的中國文學融合互生。臺灣內渡作家還成為西方文學影響中國文學、將中國文學介紹到西方國家的「曲線」媒介。臺灣內渡作家接受大陸的文學營養之後，又成為將優秀的中國文學、文化流灌到臺灣島內，反哺臺灣文壇的有效管道。如林獻堂曾寫有《和蘊白姊丈寄懷之作》詩作一首，「蘊白」是許南英的字，這首詩應該是寫給許南英的，詩曰：「別後匆匆又一年，遠懷珍重寄詩篇。何時歸去煩相問，今日一月六日傷痍尚未瘳。月照簷前梅欲笑，風和堤上柳初眠。此時若得輕舟返，同醉萊園學謫仙。」〔註2〕可見許南英雖已內渡大陸，但他與臺灣島內的親友有著密切的聯繫，也維持著深厚的友誼，這種交往，尤其是詩歌唱和、書信往來當然也會對臺灣文壇產生直接或間接的影響。上述臺灣內渡作家在島外創作的文學作品在不同時期傳播回了臺灣，可謂「歸岸文學」。這種「歸岸文學」對臺灣島內留守作家的創作產生了舉足輕重的影響，對中華傳統文化在臺灣的薪傳、對臺灣文學吸取其他地區進步文化而發展自身，起到了重要作用。當然，毋庸諱言的是，因為有極少數臺灣內渡作家曾在臺灣島內接受了日本皇民化教育等不良影響，他們也曾出現身份認同方面的動搖和迷惑，其個人表現也有著歷史污點和遺憾，這也需要正視、研究和批判。

在二十世紀中國文學的框架下和兩岸文學整體觀的視野裏觀察、解讀臺灣內渡作家的文學創作，耙梳二十世紀中國文學史中的臺灣內渡作家文藝傳承的肇始基因和始終未曾斷絕的繼往開來的中華文學發展譜系，梳理其與中國大陸五四新文學運動以來的現當代作家和各種文學思潮和文學流派的精神關聯、藝術風格影響流脈，釐清其中的譜系，並進一步挖掘其流播回臺灣文壇之後，對臺灣文壇，尤其是臺灣本土成長起來的作家們的影響，可以為臺

〔註2〕林獻堂：《林獻堂先生紀念集　卷二　遺著》，臺北：海峽學術出版社，2005年，第5～6頁。

灣文學研究乃至中國現當代文學研究領域提供一種「兩岸隔而不斷」、「互相影響」、「融匯互通」的變式思維方式和嶄新視角，並由此探索思考殖民現代性與中華民族文藝形式問題、整體性的中國現當代文學史如何撰寫的問題等。

　　與傳統的將 1895 年乙未割臺前後由臺灣移居祖國大陸定居的作家定義為「臺灣內渡作家」相比，本課題最終研究成果認為，經歷日據時期、戰後初期以至當今的不同歷史階段，「臺灣內渡作家」的內涵顯然已呈現了多種形式的擴容。在上述不同歷史階段，以及乙未割臺之前，許多臺灣作家有著不同原因的「內渡」之舉，因此，需要重新給予定義。當然，這些動機各異的「臺灣內渡作家」又都是本質意義相同的中華文脈中的支流，自覺或不自覺地承擔著中華文脈傳承的重任。可以說，臺灣內渡作家是一個有待於系統研究的歷時性的文化群體，並不只侷限於因乙未之變而內渡的作家，時間跨度上從明末清初一直延續至今天的當代文學階段，需要以兩岸整體觀的視野梳理其文脈傳承系譜，彰顯其文化影響。臺灣內渡作家的文學活動及其藝術傳承是研究兩岸文學交流和兩岸文化融合的重要切入點，考察臺灣內渡作家群體的創作情況，特別是臺灣籍作家在大陸的寫作、臺灣內渡作家回歸臺灣後的寫作，探析其間綿延不斷流動的文脈，梳理他們的文藝傳承系譜，既有文學方面的審美和文學史價值，就新時代兩岸關係的和平發展和中華民族的偉大復興而言，又有著重要的國家戰略意義。

主要參考文獻

1. 吳濁流:《江昶榮的遺稿》,《臺北文物》第 4 卷第 1 期,1955 年 5 月。

2. 臺灣銀行經濟研究室編:《臺灣文獻叢刊》,臺北:臺灣銀行經濟研究室,1957～1972 年。

3. 丘念臺:《嶺海微飆》,臺北:中華日報社,1962 年。

4. 〔日〕尾崎秀樹:《舊殖民地文學の研究》,東京:勁草書房,1971 年。

5. 連橫:《劍花室詩集》,沈雲龍主編《近代中國史料叢刊續輯・第十輯》,臺北:臺灣文海出版社,1973 年。

6. 丘逢甲:《嶺雲海日樓詩鈔》,沈雲龍主編《近代中國史料叢刊》第五十五輯,臺北:臺灣文海出版社,1973 年。

7. 鍾肇政、葉石濤主編:《光復前臺灣文學全集》,臺北:遠景出版社,1979 年。

8. 鄭喜夫:《民國丘倉海先生逢甲年譜》,臺北:臺灣商務印書館,1981 年。

9. 周俟松、向雲休編:《許地山》,北京:人民文學出版社,1983 年。

10. 黃得時:《五四對臺灣新文學之影響》,《文訊月刊》第 11 期,1984 年 5 月。

11. 丘鑄昌:《丘逢甲評傳》,廣州:廣東人民出版社,1987 年。

12. 王盛:《許地山評傳》,南京:南京出版社,1989 年。

13. 汪毅夫:《臺灣近代文學叢稿》,福州:海峽文藝出版社,1990 年。

14. 劉登翰、莊明萱、黃重添、林承璜主編:《臺灣文學史》(上、下卷),福州:海峽文藝出版社,1991 年、1993 年。

15. 丘晨波、黃志萍、李尚行:《丘逢甲文集》,廣州:花城出版社,1994 年。

16. 汪毅夫:《臺灣近代詩人在福建》,臺北:幼獅文化事業股份有限公司,1997 年。

17. 許地山著,高巍選輯:《許地山文集》,北京:新華出版社,1998 年。

18. 陳昭瑛:《臺灣儒學——起源、發展與轉化》,臺北:正中書局,2000 年。

19. 林海音:《我的京味兒回憶錄》,臺北:遊目族文化事業有限公司出版,2000 年。

20. 張光正編:《張我軍全集》,北京:臺海出版社,2000 年。

21. 康來新、許秦蓁編著:《劉吶鷗全集》,臺南:臺南縣文化局,2001 年。

22. 〔美〕張誦聖:《文學場域的變遷》,臺北:聯合文學出版社,2001 年。

23. 康來新總編輯:《劉吶鷗全集》,臺南縣新營市:臺南縣文化局,2001 年。

24. 〔英〕吉爾伯特著,陳忠丹譯:《後殖民理論:語境實踐政治》,南京:南京大學出版社,2001 年。

25. 〔法〕米歇爾·福柯著,杜小真譯:《尼采·譜系學·歷史》,杜小真選編《福柯集》,上海:上海遠東出版社,2003 年。

26. 陳支平主編,林國平、謝必震副主編:《臺灣文獻彙刊》,北京:九州出版社;廈門:廈門大學出版社,2004 年。

27. 〔法〕米歇爾·福柯著,謝強、馬月譯:《知識考古學》,北京:生活·讀書·新知三聯書店,2004 年。

28. 〔美〕耿德華（Edward M. Gunn）著,張泉譯,《被冷落的繆斯:中國淪陷區文學史（1937～1945）》,北京:新星出版社,2006 年。

29. 中華全國臺灣同胞聯誼會編:《回歸——記海外歸來的臺灣同胞》,華藝出版社,2006 年。

30. 鍾理和著,鍾怡彥主編:《鍾理和全集》,高雄:高雄縣政府文化局,2009 年。

31. 劉吶鷗:《劉吶鷗全集:增補集》,臺南:臺灣文學館,2010 年。

32. 張光正編:《張我軍全集》（全 2 冊）,北京:臺海出版社,2012 年。

33. 北京市臺灣同胞聯誼會:《臺灣會館與同鄉會》,北京:北京大學出版社,2012 年。

34. 吳坤煌著;吳燕和,陳淑容編:《吳坤煌詩文集》,臺北:臺灣大學出版中心,2013 年。

35. The Columbia Sourcebook of Literary Taiwan. Edited by Sung-sheng Yvonne

Chang, Michelle Yeh, Ming-ju Fan. New York: Columbia University Press, 2014. (〔美〕張誦聖、奚密、范銘如編:《哥倫比亞臺灣文學史料彙編》,紐約:哥倫比亞大學出版社,2014 年)。

36. 陳益源、鄭大主編:《科舉制度在臺灣》,臺北:里仁書局,2014 年。

37. 〔德〕揚・阿斯曼著,金壽福、黃曉晨譯:《文化記憶:早期文化中的文字、回憶和政治身份》,北京:北京大學出版社,2015 年。

38. 洪卜仁:《洪卜仁學術文集》,廈門:鷺江出版社,2018 年。

39. 林爾嘉:《菽莊小蘭亭徵文錄　鷺江泛月賦選》,廈門:廈門大學出版社,2019 年。